中國學術思想 研究輯刊

三十編

林慶彰 主編

第18冊

釋德清莊學思想體系重構

沈明謙 著

花木蘭文化事業有限公司

國家圖書館出版品預行編目資料

釋德清莊學思想體系重構／沈明謙 著 -- 初版 -- 新北市：

花木蘭文化事業有限公司，2019〔民108〕

目 4+254 面：19×26 公分

（中國學術思想研究輯刊 三十編：第 18 冊）

ISBN 978-986-485-873-6（精裝）

1. 莊子 2. 研究考訂 3. 明代

030.8 108011720

ISBN-978-986-485-873-6

9 789864 858736

中國學術思想研究輯刊

三十編 第十八冊 ISBN：978-986-485-873-6

釋德清莊學思想體系重構

作　　者 沈明謙

主　　編 林慶彰

總 編 輯 杜潔祥

副總編輯 楊嘉樂

編　　輯 許郁翎、王筑、張雅淋　美術編輯　陳逸婷

出　　版 花木蘭文化事業有限公司

發 行 人 高小娟

聯絡地址 235 新北市中和區中安街七二號十三樓

　　　　 電話：02-2923-1455／傳眞：02-2923-1452

網　　址 http://www.huamulan.tw 信箱 hml810518@gmail.com

印　　刷 普羅文化出版廣告事業

封面設計 劉開工作室

初　　版 2019 年 9 月

全書字數 243837 字

定　　價 三十編 18 冊（精裝）新台幣 39,000 元

釋德清莊學思想體系重構

沈明謙　著

作者簡介

沈明謙，台灣彰化人，國立臺灣師範大學國文研究所博士。著有〈《楚辭補注 · 離騷》對屈原形象的理解——論洪興祖對屈原形象的詮釋取向〉、〈荀子禮學建構——以「正名」爲核心〉、〈釋德清《老子道德經解》與《莊子內篇註》互文詮釋方法析論〉、〈爲何而注：釋德清注莊子動機、目的與試圖回應的時代課題〉等單篇論文。

提　要

　　本論文試圖以釋德清的莊學思想爲主要研究對象，從中構築莊學研究或莊學史書寫的方法學意識。現有相關莊學經典詮釋研究或莊學史書寫，普遍存在方法學缺乏或援借外國理論（如詮釋學）的現象，但作爲現代化的學術研究，方法學乃不可或缺的基礎；然而中文系對此卻沒有足夠的訓練，因而在論文寫作時，僅能採用如文獻對比法、義理對比法這類基本研究方法。本論文試圖以顏崑陽先生的「完境理論」爲方法學的理論基礎，在操作方面則採用三序脈絡化方法，希冀能爲莊學研究或莊學史書寫構築一可被利用的方法學，並藉此刺激後起的論文寫作者針對自身的研究議題，創構具理論基礎和操作方法之方法學。

　　除此之外，本論文還意圖重新反省封閉文本研究存在的問題，開啓不同的釋德清莊學研究視角。釋德清莊學研究存在一個普遍現象，即研究者多採用封閉文本的研究方式，也就是以文本所透露的訊息來解讀文本本身，構成詮釋循環，例如觸及釋德清爲何要注解《莊子》時，就以《觀老莊影響論》的文獻來回答。這樣的研究方式是長期以來的基本模式，好處是忠於文本，壞處是將文本與其產生的歷史存在和社會文化斷開，造成失根的狀況，則詮釋效力端看研究者是否能給予合理的解釋，卻缺乏一客觀有效之印證。本論文認爲必須考量釋德清的三重存在，透過脈絡化的方法，使釋德清之文本與思想具備歷史語境，由此豐富釋德清論述的意義，並賦予客觀有效的歷史判準，進而有助於精確詮釋釋德清的意旨。

　　最終，本論文希望回歸到研究文本與研究對象的歷史性，也才能更精確建立中國經典詮釋知識的規律。畢竟每個詮釋者都是站在自身的時代，與當時的思想家和透過閱讀前行詮釋者的作品，不斷反思與提出問題，嘗試對文本提出一套具備體系的觀點和詮釋核心思想，並將自身的理解滲透到其間。而身爲研究者的我們，若能深入研究對象與研究文本的歷史性，就能更深切理解他們爲何發言、爲何撰述，進而省察到自我的歷史性，理解自身研究的原因動機與目的動機，深化並拓展自我觀看理解世界的視域。

目次

第一章　緒　論

第一節　問題的導出與解決的企圖

　　無論在莊學或佛學發展史上，釋德清〔註1〕（字澄印，號憨山，1546～1623）〔註2〕都是極具開創性的人物。在莊學發展史中，他是第一個以佛教僧人身分，對被視爲外道經典的《莊子》進行注解〔註3〕，且運用佛教義學重新建構

〔註1〕關於釋德清的生平，可參見其弟子福善記錄的《年譜》，和譚貞默（字梁生，又字福徵，號埽庵，1590～1665）爲其所作的《憨山大師年譜疏註》；此外，《憨山老人夢遊集》卷五十五有吳應賓（字尚之，號觀我，1564～1635）撰〈大明廬山五乳峰法雲禪寺前中興曹溪嗣法憨山大師塔銘並序〉、錢謙益（字受之，號牧齋，1582～1664）撰〈大明海印憨山大師廬山五乳峰塔銘〉、陸夢龍（字君啓，號景鄴，1575～1634）撰〈憨山大師傳〉等傳記資料；另可參（清）釋了惠集：《賢首宗乘》，收入（清）西懷了惠、興宗祖旺、景林心露等撰，簡凱廷點校，廖肇亨校訂：《明清華嚴傳承史料兩種——《賢首宗乘》與《賢首傳燈錄》》（臺北：中央研究院中國文哲研究所，2017 年 2 月），頁223～226。參見（明）福善記錄，（明）譚貞默（福徵）述疏：《憨山大師年譜疏註》，藍吉富主編：《大藏經補編》（臺北：華宇出版社，1986 年）第 14冊；（明）釋德清撰，（清）錢謙益等編纂《憨山老人夢遊全集》（臺北：新文豐出版公司，2000 年 12 月 1 版 4 刷），頁 2987～3041。

〔註2〕（明）福善記錄，（明）譚貞默（福徵）述疏：《憨山大師年譜疏註》，頁 457。

〔註3〕方勇在《莊子學史》指出，第一個以佛門僧人身分詮釋《莊子》的應當是釋性㵎，理由是陳繼儒（1558～1639）在嘉靖四十五年丙寅（1566）爲《南華發覆》作序，這個說法乃因襲自嚴靈峯。嚴靈峯之說見《老列莊三子知見書目》（臺北：中華叢書編審委員會，1965 年 10 月），中冊，頁 98；方勇說見氏撰：《莊子學史》（北京：人民出版社，2008 年 10 月）第 2 冊，頁 469。不過這個理由無法成立，因爲陳繼儒生於嘉靖三十六年（1558），嘉靖四十五年

《莊子》內七篇思想體系的人；〔註4〕在佛教發展史中，釋德清透過詮釋《莊子》，將《莊子》思想佛教化，並以《觀老莊影響論》〔註5〕建構的三教判教系統，使《莊子》融攝到佛教義理結構之內，給定合乎佛教立場的《莊子》詮解，也提供佛教僧徒詮釋《莊子》的理論框架。

雖然在魏晉時期，支道林就對逍遙義予以詮釋〔註6〕，但支道林並不像釋德清那樣，對《莊子》全書或至少內七篇進行詮釋。且就支道林的逍遙義來

時陳繼儒也才八、九歲。此外，方勇亦以徐必達的序爲丙寅年所寫，推定是嘉靖四十五年丙寅，但徐必達（字德夫，生卒年不詳）是萬曆二十年壬辰（1592）進士，縱使徐必達三、四十歲才考上進士，嘉靖四十五年時他仍未滿二十，亦無隆望，釋性涵此時找他作序實在沒有道理。因此，陳繼儒和徐必達所題的丙寅，應當是明熹宗天啓六年（1626），此時陳繼儒 68 歲，而徐必達於天啓初累官至右僉都御史。此外，潘重規在《中國善本書目提要》「南華發覆八卷」一條中也指出該書爲天啓年間刊印，並指出陳繼儒序乃天啓六年（1626）年所作，方勇和嚴靈峯之說應當有誤。潘重規說見氏撰：《中國善本書目提要》（臺北：明文書局，1984 年 12 月），頁 238。關於釋性涵生卒年不詳，然據廖肇亨〈慧業通來不礙塵——從蒼雪讀徹《南來堂詩集》看晚明清初賢首宗南方系發展歷程〉一文，可知釋性涵與釋正勉曾合編《古今禪藻集》。承蒙廖肇亨先生提供上海圖書館藏萬曆本《古今禪藻集》中關於釋性涵生平，詳錄如下：「字蘊輝，姓鄔氏，梁溪人。人峭直不尚飾，具烟霞氣骨，吐水月光華，雅有古人風，不禁雕蟲技，下筆有神，搆思有論。遂長揖詞林，研窮大事，有不暇事爪髮者。集有《嘕然草》。」但四庫館臣在收錄《古今禪藻集》時，將此段生平刪去。參見廖肇亨：〈慧業通來不礙塵——從蒼雪讀徹《南來堂詩集》看晚明清初賢首宗南方系發展歷程〉，《中國文哲研究集刊》第 46 期（2015年 3 月），頁 7～8 註 33；（明）釋正勉、釋性涵輯：《古今禪藻集》，《景印文淵閣四庫全書》（臺北：臺灣商務印書館，1986 年），第 1416 冊，頁 291 下：「釋性涵，字蘊輝，應天人。」

〔註4〕 釋德清雖然是第一個以佛教僧徒身分，運用佛教義學詮釋《莊子》的人，卻不是第一個運用佛教義學詮釋《莊子》的人。唐代的成玄英雖然是道士，但他運用的重玄學本身即取用了大量的佛教義學，因此他應該是目前莊學史上第一位運用佛教義學詮釋《莊子》的人。關於成玄英運用佛教義學詮釋《莊子》的相關研究，可參考唐君毅：《中國哲學原論・原道篇卷一》（香港：新亞書院研究所，1973 年 5 月），頁 341：「佛學東來，支遁講逍遙遊、亦傳有莊子注。僧肇妙善老莊，其論更多用莊子語：其流爲成玄英以佛家言爲莊子疏。」又，周雅清：《成玄英思想研究》（臺北：新文豐出版公司，2003 年 9月）亦有詳細分析。

〔註5〕 本文對《觀老莊影響論》的處理原則如下：因《觀老莊影響論》曾被單獨刊行，因此本文通常以書名號《觀老莊影響論》表示；但若上下語脈中以篇名來指涉，則以篇名號〈觀老莊影響論〉表示。

〔註6〕 支道林對逍遙義的詮釋見（清）郭慶藩輯：《莊子集釋》（臺北：華正書局，2004 年 7 月），頁 1。

看，他也沒有刻意運用佛教義理詮釋《莊子》。所以，無論從莊學發展史或佛學發展史來看，釋德清詮釋《莊子》有其開創性意義。

　　關於釋德清《莊子內篇註》的直接或間接研究，已有一定的數量和成果。若擴及釋德清生平、佛學、經典詮釋等的相關研究成果，也有數十篇單篇論文和數本專書。在這麼豐富的研究成果上，本論文要如何再創新的研究課題，又意欲解決什麼前人未解決的問題呢？筆者以爲可由「莊學研究缺乏歷史文化語境之問題」和「釋德清莊學研究未竟之問題」兩個面向反省探討：

一、莊學研究缺乏歷史文化語境之問題

　　明代莊學〔註7〕在莊學發展的歷史上，有其重要性與關鍵性，但目前對於明代莊學的研究，與整個明代累積的莊學著作成果相較起來，可謂相當貧乏。〔註8〕熊鐵基等依據嚴靈峯（1903～1999）《無求備齋莊子集成》初、續編所收明代《莊子》注本統計，約有46種；〔註9〕方勇則擴大蒐羅範圍，估計嘉

〔註7〕莊學，或稱爲莊子學，在以莊學爲名的《中國莊學史》和以莊子學爲名的《莊子學史》中，都沒有界定莊學的本質、方法論或研究範疇，只有崔大華在《莊學研究》中明確定義莊學研究爲：「因此，全面而深入的莊子思想研究，我以爲自然首先必須從《莊子》中探索、發現莊子思想的整體內容其及內在聯繫、邏輯結構；同時還必須跨出《莊子》本身，在一種比較寬廣的中國哲學和世界哲學的背景下來觀察、分析莊子思想的理論面貌其及存在、演變的歷史。具有這兩方面內容的莊子思想研究，可稱之爲『莊學研究』。」見崔大華：《莊學研究——中國哲學一個觀念淵源的歷史考察·自序》（北京：人民出版社，1997年5月初版3刷），頁1。從崔大華的界義來看，他認爲莊學有兩個層次，第一層是《莊子》內部的總體思想、內在聯繫（篇與篇之間、概念與概念之間），以及如何將這些總體思想和部分概念連結在一起的邏輯結構，屬於探討莊學思想的始自和出自；第二層則探討其流衍變化，而這流衍變化必須放置到較廣大的哲學背景，在不同文化學術思想的時期，《莊子》一書的詮釋和解讀，如何受到時代思潮影響，或影響到時代思潮的轉變；或者將《莊子》置入比較哲學的結構中討論（崔大華書中曾將莊子和西方希臘哲學家對比，以及和印度佛學相較），突顯莊子思想的獨特性。

〔註8〕近年來台灣與大陸學者及碩博士生對於明代莊學研究有逐漸增加的趨勢，從總體進行觀照討論的有：白憲娟：《明代《莊子》接受研究》（濟南：山東大學博士論文，2009年）和張洪興：〈論明代中後期莊子學的勃興與其表現特徵〉，《蘭州學刊》2012年第1期，頁169～172轉178：其他如袁宏道、陳治安、王夫之、沈一貫、錢澄之、李贄等人的莊學，也有相關的單篇研究。

〔註9〕熊鐵基主編，劉韶軍、錢奕華、湯君合撰：《中國莊學史》（福州：福建人民出版社，2009年12月），頁19～21。2013年出版的新版也是列出46種，參見熊鐵基主編，劉固盛、蕭海燕、熊鐵合撰：《中國莊學史》（北京：人民出版社，2013年7月），頁22～23。

靖末和萬曆、天啓、崇禎時的莊學著作，〔註10〕至今仍流傳的約有 80 多種。〔註11〕

目前明代莊學著作的專著研究主要集中在較知名的學者、佛教僧人或文人，如陸西星（字長庚，號潛虛，1520～1606）、焦竑（字弱侯，號澹園，又號漪園，1541～1620）、釋德清、釋性通（字蘊輝，生卒年不詳）、袁宏道（字中郎，號石公，1568～1610）、袁中道（字小修，1575～1630）、方以智（字密之，1611～1671）、錢澄之（字飲之，號田間，1612～1693）等。〔註12〕從這些具有代表性的學者、佛教僧徒或文人詮釋《莊子》的著作入手，優點是可以釐清或建構明代莊學的重要輪廓或面貌，勾勒《莊子》在明代不同階段、經由不同社群〔註13〕或身分的思想家的詮釋，激盪出紛紜繁複的意

〔註10〕 在此，須對本論文所使用的詞彙略加限定：「詮釋」在本論文中，意指對文本作者、內容、思想等進行理解、提出自我見解的行動或經由前述行動而獲得的結論，但當涉及限定指涉時，可透過加詞（《莊子》詮釋、思想詮釋）或端詞（詮釋者、詮釋著作）來表明指稱之對象、內容或方向；「莊學」是總體指稱，當涉及限定指涉時，則藉由加詞（如釋德清莊學、明代莊學）或端詞（如莊學著作、莊學思想）來表明指稱之對象、內容或方向；「注解」、「箋釋」、「注疏」則指中國經典詮釋的特殊行為或行動，或經由前述行為或行動，靜態文字符號化的文本，和「詮釋」一樣，「注解」、「箋釋」、「注疏」都具有對象和目的，但被限定指涉在以該種型態呈現之文本，如郭象《莊子注》，但非以該種型態呈現之文本則不用這些詞來指稱，則以「詮釋」指稱，如《觀老莊影響論》、《莊子十論》，這些詞亦能透過加詞和端詞對指涉對象、內容或方向加以限定；「莊學相關著作」，指非以《莊子》為主要對象的詮釋作品，但與之有特殊相關性，而此特殊相關性可在詮釋者的論述中予以確定，以釋德清來說，《道德經解》就屬於他莊學中的「莊學相關著作」。

〔註11〕 方勇：《莊子學史》第 2 冊，頁 340～341。

〔註12〕 陸西星等人的莊學著作在臺灣都有專門的碩士論文研究，因數量較多，故不一一羅列。若加上單篇論文，則兩岸的研究已擴及到其他較不為人注意的莊學著作，但和魏晉、唐代和宋代莊學相比，明代莊學著作相當豐富，研究的成果則相對較少。

〔註13〕 在此應先界定本論文所使用的術語，並且筆者會在本論文中盡量維持用語的一致性：在本論文中，群體是指接受共同或相似特定文化傳統、教育、價值系統，依循其身分、信仰、立場而凝聚歸屬的一群人，例如佛教僧徒群體、儒士群體、道教徒（或道士）群體；社群則是在群體作為凝聚之前提下，因其理念或觀念的差異性，進行分群、結社、結黨，並且不同社群具有獨特的思想觀念及系統，而此一思想觀念與系統並不違背群體之價值系統，如本論文中的釋袾宏和釋德清分屬於不同社群，乃基於兩者對佛教僧人的入世之道觀念有所差異，而形成不同的社群歸屬，但在身分認同及信仰取向，則皆為佛教僧徒與佛教。

義；而後繼研究者若能依據這些研究成果，或能建構出明代莊學發展的脈絡或理路。

然而，以專家專書方式研究莊學著作的缺點，在於研究者採取的方法與進路，通常是針對該作者的莊學相關著作（如研究釋德清莊學，經常會涉及對《觀老莊影響論》的討論）或專就一書，採封閉文本的研究方法，就文本進行分析、詮釋、綜合論述乃至建構體系，較少跨涉到文本外部的歷史發展和時代思潮；或者專章處理外部的歷史發展和學術思潮，但進入文本分析時，則不再結合前述的歷史發展與時代思潮以探討作者言說的立場、動機與目的。

當然，這涉及到一個必須釐清的問題：在進行莊學著作內在系統建構時，外部歷史發展和學術思潮可以暫且不談，因為那不影響內部系統建構；但在討論作者詮釋《莊子》的原因、動機及目的，以及最後為了賦予該莊學著作研究的價值與意義，並試圖回應該著作在莊學發展或時代思潮中究竟擁有什麼位置或承變、啟發作用時，仍然要回到歷史發展和時代思潮中討論。

一本莊學著作或一個專家的莊學論述、系統，都是存在於特定的時空語境，因而他所書寫、生產的莊學著作、論述或系統，都不可能脫離他的歷史語境，他是「在境」的書寫者和閱讀者。可是，以某本書或某位莊學研究者為研究對象的我們，卻已經離開他所身處的歷史存在情境十分遙遠，屬於「離境」的讀者和研究者，我們所面對的是被符號化的文本。因此，當我們要開始討論研究對象的莊學或相關著作時，首要任務就是將他及其莊學相關的文本、論述放置到他言說的特殊語境中，而非望文生義解釋。

將莊學文本、相關論述等放置到語境中，不能僅是專章為作者作傳，或像許多莊學史著作一樣，在介紹每個時期的莊學著作之前，用一個固定的學術思潮框架來闡述一個時代的學術發展。況且，莊學史的書寫者們經過習慣沿用過去的時代思想分期而忽略了反省：一個時代經常橫跨數百年，而其間的學術思想是不斷在更動、演變，只用最具代表性的學術思想籠統涵蓋一個時代（如明代總用陽明心學為代表），可能無法精準確定莊學文本所接受的時代思潮為何，或更細緻推論是受哪個學派影響，而且每一個撰述者對時代思潮也未必都是全然接納。

因此，釐析清楚研究對象的言說語境是詮釋文本與進行研究不可或缺的工作。那麼，語境有哪幾個部分和層次呢？不同的層次和部分之間的關係又

為何呢？以主要的組成部分來看，語境可以分為內語境和外語境。內語境即文本內部語境，主要可分為兩個層次：第一層，文本的基本意義單元是字詞，而字詞必須在上下語脈中呈現其定義，由字詞組織為句，句與句聯結構成章，章與章聯結成篇，字詞、句子、章、篇之間存在部分與全體的關係，因此詮釋文本時，必須掌握最基本意義單元的確當，才能推擴到全篇意義的完備與確當；第二層，《莊子》一書是由不同的篇目所構成，而篇與篇之間的互文詮釋關係為何，篇旨和篇旨、篇旨和全書宗旨之間構成何種的意義連結，這是屬於第二層語境。

外語境是由作者生存際遇、社會情境、文化傳統等經驗現象所構成的語境，對於文本內部語境的解讀具有貞定和限定的作用。外語境可分為三個層次：第一層，作者生平，作者本身處在動態發展的歷史之中，他的生活經驗、成長環境、交往社群和信念等，會構成他對一件事的基本立場或意識形態，因而理解作者生平，就能避免我們以常識判斷文本字詞章句的意義，導致對文本的誤解謬釋；第二層，時代背景，每個時代都有各自的思潮、重大事件、社會現象，因此當創作者或思想家面對學術思潮、重大事件或社會現象時，他會選擇接受或提出自己的見解，形成一套自己理解該時代所發生的事件的觀點，而這個觀點也會進入到他的文本之中，限定或形塑他的文本意義；第三層，文化傳統，創作者或思想家處於不同的文化群體，就會受到該群體的文化傳統影響，如士大夫受到儒家或政治的文化傳統影響，佛教僧徒則承受來自佛教的文化傳統影響，而不同的群體也可能承受同一個較大的文化傳統影響，如中國文化既有的倫理傳統。

內語境與外語境存在相互融攝和限定的關係，不能隨意割裂，也不可能單獨存在。因此，分析、詮釋文本時，必須兼顧文本的內、外語境，理解文本的創作者從未脫離外部語境而書寫，文本內部語境也是為了回應外部語境的現象或問題，兩者辯證為用，構成了完整的言說語境。此言說語境乃是一動態語境，創作者承繼或面對過去的傳統、觀念、論點，在言說和書寫的當下創作、回應自身或外在的問題，而他的言說是為了創造指向未來的理念或理想。

所以，將文本或論述置入語境，可以避免僅是對文本本身做脫離歷史文化的封閉性研究，或者架空作者及其身處的歷史文化來討論莊學著作。每一本莊學著作都無法脫離作者的發言位階、立場與目的，而作者是生活在特定

的歷史時空，他必然受到該時代的思潮、文化、社會等因素影響，他的發言與創作除了是對文本的研討探究，也可能是他藉由文本詮釋，對當時的思潮、文化和社會等因素，進行正面或批判的回應。因此當前許多研究《莊子》詮釋的研究者，有時會脫離作者、抽離歷史文化語境，僅就哲學層面進行架空式的理論分析或系統建構，如此的詮釋進路是否能正確掌握一本莊學詮釋著作的系統或思想體系，還是僅是研究者割裂材料以填入早已預設好的框架中？這樣的研究進路，是值得重新思考和反省的。

二、釋德清莊學研究未竟之問題

本論文既然企圖重新檢討現有釋德清莊學研究所存在的問題，並嘗試將釋德清莊學相關文本及論述置入語境，以此重構他的莊學體系，進而定位其影響。那麼必須回答的問題是，已經被多次研究的釋德清莊學，為何還需要對其進行思想體系的重構呢？難道之前的研究還有尚未處理完的問題嗎？還是，目前相關釋德清莊學的研究，亦存在前述一般莊學研究的「歷史文化語境之匱乏」，因而有必要重新檢討、批判，重新建構具「歷史文化語境」的釋德清莊學體系？

台灣以釋德清莊學著作為主要研究文本的論文，有張玲芳《釋德清以佛解老莊思想之研究》〔註14〕、許中頤《釋憨山《觀老莊影響論》的義理研究》〔註15〕、李懿純《憨山德清註《莊》之研究》〔註16〕、王玲月《憨山大師的生死觀》〔註17〕和釋會雲《釋德清三教會通思想之研究──以《莊子內篇註》為中心》〔註18〕，其中許中頤的論文僅以《觀老莊影響論》為文本依據，極

〔註14〕 張玲芳：《釋德清以佛解老莊思想之研究》（臺中：中興大學中國文學研究所碩士論文，1999 年 6 月）。

〔註15〕 許中頤：《釋憨山《觀老莊影響論》的義理研究》（石碇：華梵大學東方人文思想研究所碩士論文，2001 年 6 月）。

〔註16〕 李懿純：《憨山德清註《莊》之研究》，《中國學術思想研究輯刊》（新北市：花木蘭文化出版社，2008 年），第 2 編，第 27 冊。此書改編自李氏碩論：《憨山德清註《莊》之研究》（淡水：淡江大學中國文學研究所碩士論文，2003 年 6 月），本文引用皆據花木蘭文化出版社 2008 年版本。

〔註17〕 王玲月：《憨山大師的生死觀》（臺北：文津出版社，2005 年 11 月）。該論文原名《憨山大師《莊子內篇註》之生死觀研究》（新竹：玄奘大學中國文學研究所碩士論文，2005 年），本文引用王氏論文皆依據文津出版社 2005 年版。

〔註18〕 釋會雲：《釋德清三教會通思想之研究──以《莊子內篇註》為中心》（臺灣：南華大學宗教學研究所碩士論文，2008 年 12 月）。

少涉及《莊子內篇註》或釋德清其他著作，且論證太過簡略，部分論點並未證成，〔註19〕可以略而不提。

　　張玲芳《釋德清以佛解老莊思想之研究》主要討論釋德清如何運用佛教義學注解《老子》和《莊子》。前三章分別論述釋德清的時代背景、生平傳略與著作及佛學思想〔註20〕，這樣的寫法沿襲過去專家思想研究的分章習慣，存在前述的歷史文化語境匱乏之問題，前三章的敘述，亦未能與後面的主論文產生有機聯結。舉例來說，「釋德清的時代背景」一章中，除了「學術背景」一節與釋德清以佛解老莊稍具關係外，「政治背景」、「經濟背景」和「明代的佛教背景」與後文的論述關係不大，對主論的論述方向也無決定性影響，則前三章所構作的「歷史文化」事實，並未和主論融合，構成釋德清經典詮釋的語境。此外，張玲芳的論文目的僅在描述釋德清如何從佛教的立場來解讀《老子》和《莊子》，意不在建立文本的內在系統，所以著眼於描述和詮釋釋德清的《老子》和《莊子》詮釋，較少從老學或莊學發展的角度，評價釋德清的詮釋是否契合《老子》或《莊子》思想，也未指出釋德清的老學或莊學，相對於前行學者的《莊子》詮釋有何創發。張玲芳指出釋德清以後，才逐漸開啓明代佛教僧徒詮釋《莊子》的風氣，〔註21〕但釋德清注解《莊子》和佛教僧徒開始注解《莊子》這兩件事之間，是否存在必然的因果關係，是否有更多的證據，可以證明釋德清影響後來的僧徒注解《莊子》行動呢？是否能從《莊子內篇註》和後來佛教僧徒注解《莊子》的內容相對比，檢視兩者之間的影響承傳關係呢？這些問題是張玲芳並未回答，卻是本論文意圖進一步探索之處。

　　張玲芳的目的在於釐清釋德清如何使用佛學義理來詮釋、融攝老莊，所以對釋德清莊學的思想義理僅止於描述和詮釋，對於《莊子內篇註》體系的

〔註19〕許中頤論文的問題，後續的研究者如李懿純、王玲月、蔡金昌等都曾指出，如李懿純和王玲月都指出許中頤對於《莊子內篇註》涉及的部分太少，對於研究《莊子內篇註》的幫助不大；李懿純和蔡金昌都也指出許中頤認為釋德清「唯心識觀」出自《占察善惡業報經》的論據不夠充分。參見李懿純：《憨山德清註《莊》之研究》，頁7；王玲月：《憨山大師的生死觀》，頁8；蔡金昌：《憨山大師的三教會通思想》（臺北：文津出版社，2006年6月），頁8。蔡金昌論文改寫自碩士論文《憨山德清三教會通思想研究》（臺中：逢甲大學中國文學研究所碩士論文，2005年），本文所用皆據文津出版社2006年版。

〔註20〕張玲芳《釋德清以佛解老莊思想研究》前三章分別是「釋德清的時代背景」、「釋德清的生平傳略與著作」和「釋德清的佛學思想概略」。

〔註21〕張玲芳：《釋德清以佛解老莊思想之研究》，頁179。

建構則付之闕如。李懿純《憨山德清註《莊》之研究》奠基於張玲芳的研究，以《莊子內篇註》為研究主體，試圖建立釋德清《莊子內篇註》的思想體系，並回答環繞著《莊子內篇註》的諸多問題。相對於張玲芳，李懿純的研究兼具描述、詮釋、評價乃至建構釋德清《莊子內篇註》的體系，該體系是以內七篇篇旨，而非從主要概念的分析、詮釋、綜合以建構其結構。〔註22〕本論文則以李懿純論文為基礎，藉由方法論的操作，以概念的分析、詮釋、綜合，重構釋德清莊學的思想體系。

　　王玲月《憨山大師的生死觀》乃以《莊子內篇註》為主要研究對象，而其主要的研究問題則聚焦於釋德清《莊子內篇註》所呈現的生死觀。王玲月論文首章為「晚明佛學的復興」，第二章為「憨山的生平及思想」，雖然內容遠比張玲芳豐富，但與後三章主論之間，仍存在有機連結不足的問題，且晚明佛學復興與釋德清注解《莊子》、在《莊子內篇註》扭轉莊子之生死觀以發揚佛教之生死觀，其間的因果關係或思想互滲關係為何？王玲月並沒有進一步將兩者加以結合。此外，王玲月提及，該論文的研究動機之一，是佛道生死之比較，實則應該說是「釋德清與莊子生死觀之比較」，因為佛、道是兩個極為巨大、歷史發展漫長，且內部思想多元分歧的總體全稱，以莊子統攝道家、釋德清統攝佛教，是以部分統攝全體，這在邏輯上實屬謬誤。這個研究動機也存在對中國經典詮釋的誤解，王玲月並未認清釋德清《莊子內篇註》所展現的是存有層的詮釋，意即釋德清詮釋《莊子》，本就不在進行客觀的知識建構，而是透過整合自我身處的歷史社會、文化傳統、生存經驗等因素條件，以特殊的視域理解、詮釋《莊子》。回到論文，王玲月實際上也未曾建構「莊子的生死觀」與釋德清的生死觀進行比較，而是以釋德清《莊子內篇註》中呈現的生死觀為主要對象展開論述。

　　釋會雲的《釋德清三教會通思想之研究——以《莊子內篇註》為中心》，在三教會通上僅處理佛道會通的環節。在釋會雲之前，蔡金昌《憨山大師的三教會通思想》對釋德清三教會通已有詳細的研究，不過他主要是以釋德清注解的儒道經典，分析釋德清如何援引佛教概念、教義來詮釋儒道經典，所

〔註22〕李懿純第四章將《莊子內七篇註》分為「立言真宰」（〈逍遙遊〉、〈齊物論〉）、「發明體用」（〈養生主〉、〈人間世〉）、「體用兩全」（〈德充符〉）和「內聖外王」（〈大宗師〉、〈應帝王〉），這樣的分法是否恰當，可再商榷。筆者認為，體用觀其實滲透在整個釋德清的莊學思想體系之中，詳細的論述可參見本論文第五章。

以該書第三章「憨山大師三教會通思想——《三教源流異同論》」以《觀老莊影響論》為主要文本，分析釋德清會通三教的基本理論結構和方法；第四章「憨山大師以佛解儒思想」則討論《春秋左氏心法》〔註23〕、《中庸直指》和《大學綱目決疑》三書，有趣的是，這三本書的關鍵概念都是「心」，而釋德清會通三教的重要概念就是「三教同源」，而對釋德清而言，三教相同的根源，正是「心」，只是此「心」的概念內涵是佛教的本心自性；第五章「憨山大師以佛解道思想」中，蔡金昌討論了《憨山緒言》、《老子道德經解》和《莊子內篇註》三書，其中《憨山緒言》並沒有體系可言，主要是會通佛道的概念。釋會雲對於蔡金昌的批評是，他並沒有解明釋德清所依據的《起信論》的義理內容與「唯心識觀」之重要思想，因此仍有不足之處。〔註24〕

從釋會雲的批評看來，他以《莊子內篇註》為主要研究對象，正是為了建立蔡金昌並沒有提出的會通方法論，意即釋德清依據《起信論》的義理內容，以及「唯心識觀」此一三教會通重要概念的內涵為何，可是所涉獵的文本太過狹隘，其擬定的方法論，未必能擴及《莊子內篇註》以外，釋德清其他會通佛道的著作（如蔡金昌指出釋德清佛道會通的文本，另有《憨山緒言》和《老子道德經解》〔註25〕）；另一個問題在於，釋會雲的觀點並沒有超越蔡金昌論文所提出的論點，兩人都認為釋德清的佛道會通是本於《大乘起信論》，差別只在於釋會雲專節討論《大乘起信論》的「一心」思想，蔡金昌沒有特別專節討論，而是夾雜在論述之中。〔註26〕在對總體文本的分析與體系建構方面，因為不是釋會雲的重心，所以相較李懿純通貫全書建立出《莊子內篇註》的基本架構，釋會雲僅僅討論〈齊物論註〉，

〔註23〕《春秋左氏心法》實際上已經亡佚，蔡金昌這個標題會造成誤解，目前該書僅有〈春秋左氏心法序〉留存，蔡金昌也僅是就序討論而已。

〔註24〕釋會雲：《釋德清三教會通思想之研究——以《莊子內篇註》為中心》，頁24。

〔註25〕參見蔡金昌：《憨山大師的三教會通思想》第五章第一節、第二節，頁195～235。

〔註26〕釋會雲：《釋德清三教會通思想之研究——以《莊子內篇註》為中心》第三章第二節「《大乘起信論》之『一心』思想會通三教」，頁66～85。雖然釋會雲標題為會通三教，但文中並沒有提到釋德清如何以此作為方法會通三教，因此標題的確當性可再斟酌。蔡金昌《憨山大師的三教會通思想》第三章「憨山大師三教會通思想——《三教源流異同論》」，頁95～98裡，曾指出釋德清會通的方法為「一心法界」和「唯心識觀」，並認為「唯心識觀」根本於《大乘起信論》，可是沒有分析釋德清是如何從《大乘起信論》抽取並建構自己的會通方法，而這恰好是釋會雲嘗試在專章中討論的。

因而顯得單薄許多。〔註27〕

　　大陸以《莊子內篇註》爲研究對象的，有郭建云的《憨山德清《莊子內篇註》之研究》〔註28〕。郭氏論文第一章爲「注莊緣起」，介紹釋德清的學問養成的生平及注解《莊子》的動機和條件；第二章和第三章則各別以總論和內聖篇的切入視角來解析《莊子內篇註》，郭氏認爲釋德清詮釋《莊子》內七篇時，每一篇都抓住一個特定概念，如以「無礙解脫」解〈逍遙遊〉、以「破我執」解〈齊物論〉，這種理解並不正確，因爲無論是「無礙解脫」或「破我執」，都是貫穿釋德清的《莊子》的概念，不能因爲篇章解題點出「無礙解脫」或「破我執」，就認定每一篇都只講述或強調一個概念；第四章「注莊的思想特色」中，郭氏認爲釋德清的《莊子內篇註》的特色是「融道入佛」和「唯識解莊」，這兩個特色，在前述的碩士論文中已有極爲深入的論述，但郭氏似乎沒有參考到，因此僅是略加提點而已，論述並不深入；第五章爲「注莊的方法論和作用」，其中的方法論，郭氏以「抓住『立言主意』」、「抓住『文章機軸』」和「實事求是」三者爲釋德清《莊子內篇註》的方法論，前二者姑且不論，但「實事求是」是態度問題，以此爲方法論並不適切。

　　釋德清詮釋《莊子》確實存在具有方法論，這點郭氏確實有所見，但抓住「立言主意」和「文章機軸」，前者是經由綜合直觀，指出《莊子》各篇章的主要意旨，後者則是分析語言文字的編織運用的方式，兩者實則是最基本的操作方法，稱不上方法論。不過，郭氏提出一個很好的問題：釋德清注解《莊子》的方法論爲何？筆者以爲釋德清注解《莊子》的方法，至少可析分出知人論世、以意逆志、互文詮釋和符碼破譯四種。關於釋德清如何運用此四種詮釋方法，則是本論文第四章論述的核心。

　　就上述研究成果而言，可以得出幾個重構釋德清莊學體系的理由：首先，在思想體系的建構方面，僅李懿純試圖從內七篇的主題建立起一初步的架構，但以篇章主題作爲《莊子內篇註》的思想體系架構是否恰當，是否有其他更適合的體系架構可以取代李懿純的架構呢？此外，無論莊學史書寫或如

〔註27〕釋會雲：《釋德清三教會通思想之研究——以《莊子內篇註》爲中心》第四章爲「德清之〈齊物論〉思想詮釋」，是惟一一就《莊子內篇註》文本討論的部分，但因爲釋會雲的主要側重爲三教會通，因此本章就像是爲了作爲佛道會通的範例而寫。

〔註28〕郭建云：《憨山德清《莊子內篇註》之研究》（蘇州：蘇州大學中國哲學研究所碩士論文，2011年4月）。

張玲芳、王玲月的的論文，都會先行勾勒一個巨幅的時代學術、政治背景，可是卻往往無法進一步將之與釋德清的思想有機地結合，或指出這個背景給予釋德清何種直接性的影響，因而導致這個巨幅的時代學術、政治背景虛化成裝飾用壁畫。〔註29〕

此問題的存在，意謂在探究釋德清的莊學體系時，文獻的選擇必須嚴謹篩選，而選擇的標準，在於此文獻對於解讀釋德清莊學體系，有多大的效用與意義。如此一來，我們可以運用與前行研究者或同、或異的文獻，以及詮釋視角的改變，勾勒出以釋德清為核心，探究他如何從身處的歷史文化傳統汲取知識，予以消化、選擇，並與社會不同群體的互動中，建構出他自身獨特的思想體系；而他藉由詮釋《莊子》所建構的莊學思想體系，和他本身的思想體系之間的關係為何、與其他同時代或前行《莊子》詮釋者的異同，也能被進一步分殊出來。

現行莊學史和李懿純等人的論文，在體系建構上，另一個沿襲已久，但值得反思的問題，是以特定或固定論域，靜態呈現一個思想家——在此為釋德清——經典詮釋所構成的思想形式，而從未思考思想家在撰述和詮釋經典的行動乃是動態過程。〔註 30〕靜態建構的體系如何能「再現」思想家在詮釋

〔註29〕莊學史、張玲芳、王玲月等人的書寫形式，應當受到傳統思想史的寫法所影響。對傳統思想史對大背景的勾勒，卻對思想描述生長之根本土壤（如思想家本身、思想家所處的社會群體觀念等等）的忽視的批判，可參見葛兆光：〈中國思想史導論〉，《中國思想史》（上海：復旦大學出版社，2001 年），頁 15～16。

〔註30〕舉例來說，李懿純以系統結構及其內容特色、工夫論和境界說來構成釋德清的體系（或系統），也就是主要分成這三個部分來討論，而這種討論方法實則是長久以來經典詮釋研究慣用的「固定論域」的書寫方式。早期中國哲學研究吸收西方哲學範疇論分類，切分出幾個可用於討論中國哲學的範疇，如形上學、存有論、境界論，然後將文本相關論述放入討論，形成具有某種特定交互關係的「系統」或「體系」，此即本文所謂「固定論域」。「固定論域」的闡述或研究模式，在中國哲學研究萌芽初期，對於文本的分類歸納、研究者的邏輯建構，具有一定的啟發意義與價值。然而，此一固定論域沿用至今，也產生了許多嚴重的問題，其中之一就是思想家憑藉經典詮釋而呈現的思想，被逐一切割、歸類入不同的固定論域，而使得經典詮釋所存在的書寫張力和時代問題被擱置不理，思想家在經典詮釋中所展現的整體性亦因此四分五裂。此一問題，事實上與背景虛化的書寫習慣脫離不了關係。由此衍生的問題是，經典詮釋者的思想在當代研究裡被「標本化」、「純客觀知識化」，而忽略他們是面對現實問題，從自身存有出發去發問，然後經歷一連串的追索反思，向現實也向文本追問，出入不同的脈絡並從中取用資源，重構出一套

過程的提問、反思、消化他人觀點、與在場或不在場的對話者往來辯詰等具有意向的行動呢？即使我們為了研究方便而設定出固定論域，也應該理解並進一步解釋，固定論域在經典詮釋中乃是動態而辯證的，而所有的論域在經典詮釋者的思想裡，是整體融攝的存在，絕非被切割、互不相涉、靜態的封閉論域。

　　其次，雖然這幾本論文都曾解釋釋德清詮釋《莊子》的動機和目的，但多半是根據釋德清說過的話，也就是《觀老莊影響論》裡指出的理由，卻未曾將釋德清的話放回他的言說語境中考察，因而無法豁顯釋德清話語背後隱含的歷史脈絡。舉例來說，釋德清在《觀老莊影響論・敘意》中稱他註莊的動機為：

> 吾宗末學，安於孤陋，昧於同體，視為異物，不能融通教觀，難於利俗。其有初信之士，不能深窮教典，苦於名相支離，難於理會；至於酷嗜《老》、《莊》，為文章淵藪，及其言論指歸，莫不望洋而歎也。迨觀諸家註釋，各徇所見，難以折衷；及見《口義》、《副墨》深引佛經，每一言有當，且謂一大藏經皆從此出，而惑者以為必當，深有慨焉。〔註31〕

解讀釋德清說這段話時，必須回歸到言說的語境，釐清為何釋德清要批評佛教僧徒安於孤陋。他所批判的是一般佛教僧徒，還是特指某一群人？初信之士又是指什麼類型的群體？既然釋德清將之和「吾宗末學」區隔開來，則他們或許是剛學佛的居士？還是對佛教感興趣、開始接觸佛教義理及經典的士大夫們？「酷嗜《老》、《莊》，為文章淵藪，及其言論指歸，莫不望洋而歎」一句，又是批判晚明當時的什麼現象？有什麼依據可以勾勒出釋德清所批判的社會風氣輪廓嗎？「及見《口義》、《副墨》深引佛經，每一言有當，且為一大藏經皆從此出，而惑者以為必當」一段，解釋者經常引用《莊子鬳齋口義》（以下簡稱《莊子口義》）和《南華真經副墨》「一大藏經皆從《莊子》出」的說法，卻很少深入分析，這兩本莊學著作，為何會被釋德清特意拿來批判？若是這兩本書在當時沒有影響力，則釋德清可以略而不提。所以，當釋德清刻意舉出《莊子口義》和《南華真經副墨》作為反思和批判的對象時，表示

體系來回應自己的提問，而他們的經典詮釋又可能進入不同詮釋者的前理解、進入不同的脈絡或歷史存在，持續影響或被批判反思。

〔註31〕　（明）釋德清：《觀老莊影響論》（臺北：廣文書局，1974年3月），頁1。

這兩本書在當時具有一定的代表性，而釋德清也藉由批判此二者、詮釋《莊子》，進入莊學史的發展脈絡。

因此，在解讀釋德清的言論和觀點時，不應該僅觸及文本的表層意義而已，還必須探討其話語所隱含的深層意義。每一個思想家都是具有「三重性」的歷史存在與社會文化存在，想要探究思想家話語的成因和深層意涵，必須將之還歸於他生存的歷史情境與言說語境，否則就只是經由字面翻譯而得出表層意義而已。〔註32〕然而，上述的四本論文對於這個層面的操作相對匱乏，即使有專章討論釋德清生平（如張玲芳和王玲月），但到了解讀釋德清的詮釋文本時，生平就轉變為客觀知識般的存在，難以作為研究者文本詮釋的歷史情境根據，則介紹生平的作用與後續章節的聯繫變得薄弱，有沒有生平介紹似乎也不那麼重要。

再次，若深入釋德清莊學的深層結構來看，我們至少可以從三個脈絡分別析論，而這三個脈絡又透過釋德清的《莊子》詮釋和相關論述，辯證結合為一，成為對各自擁有其傳統因變的三個脈絡而言，具有創新意義的新脈絡或新傳統，而使得這三個脈絡都可以從釋德清的莊學中取資以繼續發展，或者與新脈絡、新傳統並行。那麼，這三個脈絡倒底是什麼呢？

其一是「莊學傳統脈絡」，即經由歷代《莊子》詮釋與相關論述，所形成的詮釋方法、主要議題、經典典範等等。此一脈絡的焦點核心，是莊子其人其書本身，在不同的時代產生的不同論述或課題，而從事《莊子》詮釋的人，則必須對之前的《莊子》詮釋經典提出反思、批判或承變，使得注解《莊子》或討論《莊子》這樣的行動具備歷史連續性，因而構成傳統或延續的脈絡，此即本文所謂「莊學傳統脈絡」。如前所述，釋德清在詮釋《莊子》時，主要參照和批判的對象是林希逸和陸西星，但從他文集的記載來看，他也讀過焦竑編纂的《莊子翼》。一般莊學史或前揭相關論文，所側重的都是釋德清藉由詮釋《莊子》發揮的個人思想。然而，在詮釋《莊子》時，思想家本身也受到《莊子》文本形式和思想體系的限制，例如釋德清不可能忽略內七篇意義的有機連結和互文闡發，也必須對《莊子》書中的三言、故事、理想人物典

〔註32〕關於思想家的「三重性」的歷史存在與社會存在，此一觀點乃是轉借自顏崑陽先生。顏先生在〈混融、交涉、衍變到別用、分流、佈體──「抒情文學史」的反思與「完境文學史」的構想〉，《清華中文學報》，第三期（2009年12月），頁134～137有詳盡的論證。本處僅是略為提及，在後續的研究方法部分，將吸納顏先生的理論，轉變為可用於解讀、研究莊學詮釋的方法。

型等概念或內容進行詮釋與界義。所以，釋德清在意圖藉由詮釋《莊子》以展現自身思想、體悟時，將無法忽視或完全擺脫莊學詮釋的發展——至少無法忽略在他的時代中，具有代表意義的莊學著作——也無法徹底擺脫《莊子》文本內具的形式結構與基本思想體系。因此，一旦釋德清對莊學詮釋的發展進行閱讀、理解、接受、反思、批判，並著手進行詮釋《莊子》時，他就進入到莊學傳統脈絡之中，而他的《莊子內篇註》也隨著被後來學者所閱讀、理解、接受、批判，進而被吸納入莊學傳統脈絡之中。

　　其二則是「佛學傳統脈絡」，釋德清是晚明佛教僧徒，同時注解許多佛教經典，他的思想基礎是發展至明代、經由他自身理解與選擇的佛教義學。一般研究釋德清佛學思想者，都會認定他以禪宗為主，融攝佛教其他宗派，尤其偏好華嚴宗。〔註33〕這樣的說法或許可以再進一步釐清，或更準確地進行界說：若說釋德清屬於禪宗，則他注解佛典的行為，就和一般禪宗不立文字的慣習不合；釋德清也反對執著於參禪而不讀經典，並主張禪教合一。也就是說，釋德清是以禪宗思想為核心，在實踐層面與佛學理論層面融攝其他宗派。晚明四大師〔註34〕都主張禪教合一，對各宗派都採取包容的態度，嚴格說來，他們都無法被歸類到特定的宗派，只能從他們自身的文集、對經典的偏好中，找到他們統攝其他宗派思想的痕跡與特色，例如釋德清融攝華嚴思想、釋智旭（號蕅益，1599～1655）則融攝了天台思想。〔註35〕佛教義學的

〔註33〕何松在〈明代佛教諸宗歸淨思潮〉一文中，直指釋德清為楊岐門下禪僧；朱繼臣《憨山德清以「宗」解「教」的思想》中，也認為釋德清雖推崇華嚴思想，但基本上是以禪宗思想來闡釋華嚴宗的理論。可是，聖嚴法師指出，晚明四大師對門派正統的論爭，基本上是忽視，甚至是持反對態度的。因此，與其強硬區分四大師的宗派或含糊歸入禪宗，或許從四大師各自關心、著力甚深的經典，和他們透過融攝各宗思想，所發展出的特殊佛學體系著眼，較能具體陳述勾勒他們獨特的思想樣貌。相關論點參見何松：〈明代佛教諸宗歸淨思潮〉，《宗教學研究》2002年第1期（2002年），頁52～55；朱繼臣：《憨山德清以「宗」解「教」的思想》（蘇州：蘇州大學中國哲學研究所碩士論文，2008年）第三章「憨山以宗解華嚴教和以禪觀唯識」，頁26～33；釋聖嚴（1931～2009）著，關世謙譯：《明末中國佛教之研究》（臺北：臺灣學生書局，1988年11月），頁73。

〔註34〕釋德清在佛學研究中，有時被歸類為「萬曆三大師」，有時則被歸為「晚明（明末）四大師」。前者指釋袾宏、釋真可和釋德清，因為三人主要活動的時期為明代萬曆年間；後者則是加上釋智旭，釋智旭是釋德清的徒孫輩，他傳法活動的時間在明代天啓以後，而當時萬曆三大師已相繼棄世。

〔註35〕釋德清融攝華嚴思想，參見王紅蕾：《憨山德清與晚明士林》（北京：中國社

發展有其漫長的傳統，而釋德清等四大師面對長久以來佛教累積的經典、義
學、宗派思想，以及同時代的師長、學友信奉的經典和教派，他們也必須予
以學習、選擇，消融複雜的佛教義學和教派思想，建立起一套自己對佛教本
身的理解、世界觀和思想體系。佛學傳統脈絡是釋德清無法逃離的，因爲那
與他佛教僧徒的身分相融爲一。而佛學傳統脈絡對釋德清詮釋《莊子》的主
要影響有二：第一，釋德清著手注解《莊子》或討論《莊子》時，必須重新
省視過去佛教僧徒對《莊子》的批判或接受情形，並且提出自己的基本觀點；
第二，釋德清詮釋《莊子》時，可能將自身的佛學思想體系作爲基本框架或
方法，以詮釋《莊子》、建構他的莊學思想體系。

其三是「時代思想脈絡」，這與一般研究中經常提到，即存在於明代知識
界的陽明心學、三教合會等思想，有相同也有相異之處。方勇等人撰述莊學
史，會將一個時代的思想風潮予以靜態呈現，這是一般思想史的書寫慣例，
而這種慣例所衍生的，正是本文一再批判的歷史文化語境匱乏、背景虛化、
文本意義詮釋僅止於表層義、思想家思想體系的靜態切割等問題，也是本文
意圖要反思、排除，並重新建構釋德清莊學體系的原因動機。因此，時代思
想脈絡是從思想動態的互涉、回應，從釋德清的論述裡抽繹出的：他如何有
意識或無意識地，接受他所身處的時代思想，並予以實踐、吸納或反思，以
及他面對時代思想或風氣時，他的關懷或批判如何滲透到《莊子》詮釋之中，
使他的詮釋具有現實指向。釋德清絕對不是被動接受時代思想，並毫無異議
地承受，相反的，他的關懷、反思、批判或接受，可從他的行動意向理解與
分析，而經典詮釋也是一種行動。我們說過，中國經典詮釋必須從詮釋者的
存有層著眼，也就是說，中國古代文人或思想家在撰述或詮釋經典時，都不
是在作客觀研究，而是立基於自身的存在經驗與歷史文化語境，依藉撰述與
經典詮釋參與時代思想的建構與批判。

前述的相關研究論文比較會觸及的，是釋德清「佛學傳統脈絡」的分析，
這和他的身分爲僧人有很大的關係，但本文認爲，在進行細部分析的時候，
可以從不同的脈絡耙梳出更多的意涵，再予以綜合，建構釋德清《莊子》詮

會科學出版社，2010 年 3 月），頁 100～103；朱繼臣：《憨山德清以「宗」解
「教」的思想》，頁 26～33；黃國清：〈明末憨山德清的《法華經》思想詮釋〉，
《正觀》第 59 期（2011 年 12 月），頁 10～11。釋智旭融攝天台思想部分，
可參見釋聖嚴（1931～2009）著，關世謙譯：《明末中國佛教之研究》第五章
「智旭思想的形成與發展」，頁 407～484。

釋背後的思想線索。需要強調的是，這三個脈絡雖在其內涵、特質方面可加以切割，但當釋德清開始詮釋《莊子》時，他是主動涉入這三個脈絡，擷取他所需要的思想資源，辯證融合爲他的思想或他所欲呈現的義理取向，然後加以文字符號化爲文本。因此，當我們後設對釋德清思想予以分析研究時，必然著重於一或兩個脈絡，但在釋德清的思想意識中，這三個脈絡應該是混融爲一的。

因此，當釋德清詮釋《莊子》時，他面對的是三教合會的思想風潮，但這個風潮的主要論述者多是儒者或道教徒，而他採取的行動是接納三教合會這個風潮，但他重新反省時代思想脈絡，從佛教的立場予以論述或調整三教合一理論。詮釋《莊子》是他參與時代思想脈絡的方式，他將佛學傳統脈絡引進《莊子》，但也必須面對當時具有典範意義的《莊子》注疏，並回應莊學傳統脈絡中的課題，如「大藏經皆從《莊子》出」等。這三個脈絡都是釋德清詮釋《莊子》的前理解，而釋德清則透過注解和討論《莊子》，開創明代僧人注解《莊子》的新路向。〔註36〕晚明確實出現一批僧人注解的《莊子》，若仔細分析這批《莊子》注解，或許可以勾勒出釋德清所開出的新路向，是否有形成因變承傳的關係，若有，則該路向就成爲新的脈絡或傳統；若無，則我們仍可採用此三個主要脈絡，來檢視這些佛教僧徒注解《莊子》，呈現何種特色和傾向。〔註37〕此外，指出釋德清詮釋《莊子》背後隱含的詮釋脈絡，

〔註36〕 李懿純：〈晚明佛門解《莊》的發展脈絡——以釋德清到釋性通之師承考辨爲例〉，《書目季刊》，第 47 卷第 1 期（2013 年 6 月），頁 57～77。劉海濤、謝謙認爲雪浪洪恩等人也曾注解《莊子》，但論據並不充分，而且文獻資料上也未曾載明雪浪洪恩等人曾注解或嘗試注解《莊子》。參見劉氏、謝氏合撰：〈明代《莊子》接受史論〉，《西南民族大學學報（人文社科版)》2009 年 11 期，頁 185。然而，釋德清、釋洪恩所代表的賢首南方一系，對於詮釋《莊子》有極大的興趣，並做出了一定的貢獻，在莊學發展史上，有其特殊的地位，應是可以進一步研究討論的。相關說法參見廖肇亨：〈慧業通來不礙塵——從蒼雪讀徹《南來堂詩集》看晚明清初賢首宗南方系發展歷程〉，頁 8～9。

〔註37〕 之所以這麼說，是因爲荒木見悟的研究指出，像晚明僧人覺浪道盛（1592～1659）的《莊子》注解觀點就和釋德清不同：第一，釋德清主張「《莊子》一書乃《老子》之注疏」，是徹底的老、莊一體論，於此得出內聖外王之道；覺浪道盛則站在「闡揚內聖外王之旨，曲盡天人一貫之微」，強調老不如莊。第二，釋德清滿足於老、莊的禪化，道盛則強調莊子禪法的奇崛，特意標榜莊子正代表了禪者的孤絕雄姿。第三，釋德清雖然認爲莊子之見解在佛法東來以前，已超越諸子而逼近佛法，但畢竟需要待佛印證之；道盛則認爲莊子在佛法東來前，體現禪者處於前所未有的變局中的生存方式，實爲破天荒的先

就能更精確分辨在「以佛解莊」這種經常被研究者使用的術語，實際存在僅就表層現象而論的問題，完全沒有意識到，詮釋者背後隱含的詮釋脈絡不同，其引用佛典或佛教詞彙的態度、立場和解釋意涵就會有所出入。〔註38〕

從釋德清的身分階層和思想入手，我們確實可以指出至少以上三個脈絡作為分析他思想的進路，但在實際操作時，這三個脈絡的構成要素、效用範圍和彼此的關係究竟為何？若僅是在論述中分別闡述他的三個脈絡並予以綜合，大概只能視為操作方法，而無法賦予此操作方法理論的架構或內涵；如果僅止於提出可以用於限定研究操作方法的三個脈絡，對於釋德清莊學體系的研究，並無法給予太大的創見和新意，更遑論是「重構」他的莊學思想體系。

本論文之意圖，在於建立一套可運用於莊學研究或撰寫莊學史的方法論，同時以釋德清為主要研究對象，回應當前釋德清莊學研究或莊學史寫作方法論匱乏的問題。以釋德清莊學的前行研究為例，無論是李懿純的「文獻解讀法」、「比較研究法」〔註39〕，或釋會雲舉出的「文獻研究法」、「義理分析法」、「思想比較法」，都只能算是研究操作方法，並沒有相對應的理論基礎。因此，本論文將以顏崑陽先生的「完境理論」為基礎，結合詮釋學的主客視域融合的認識論、三序操作程序和一般研究操作方法，嘗試建構一套可用於莊學研究或莊學史寫作的方法論。

第二節　研究範圍與主題的界定

本論文既以「釋德清的莊學體系重構」為題，就有必要釐清「莊學」一般性外延範圍與內包條件為何，才能進一步確認本論文研究的範圍。確認釋德清莊學的研究範圍之後，方能指出本論文重構釋德清莊學體系的主題為

驅。因此若不進行細部的討論和研究，很難斷定釋德清對後來的僧人注《莊》的影響程度和層面為何，後來的禪者對釋德清的觀點是接受或批判反對。荒木見悟的說法參見氏撰，廖肇亨譯：〈覺浪道盛初探〉，《明末清初的思想與佛教》（臺北：聯經出版公司，2006年9月），頁263。

〔註38〕如林希逸引用佛典和佛教詞彙時，他並非嚴謹看待自己引用的佛典或佛教詞彙的意義，而是從他接受、理解的角度來引用，他的立場和目的也不是迴護佛教；陸西星是個道教徒，所以他的情形與林希逸相近。林氏背後隱含的主要詮釋脈絡是儒學和莊學，陸氏則是道教和莊學，釐清一個詮釋者背後隱含的詮釋脈絡，就能更精確且謹慎看待，他們援引非自身詮釋脈絡的詞彙或概念時的態度和立場。

〔註39〕李懿純：《憨山德清註《莊》之研究》，頁27～28。

何。本論文面對前行研究所建構的釋德清莊學體系，採取從釋德清莊學著作進行深入的分析與詮釋，引入論域的概念，跳脫一般固定論域、將文本拆解歸類入各別論域的作法，而是從莊學詮釋的發展和釋德清莊學著作中，歸類出作者論、讀者論、方法論和文本論四個論域，並討論此四個論域在釋德清莊學體系中的相互關係爲何。以下將分述本論文的「研究範圍」和「主題的界定」。

一、研究範圍

如前所述，無論是熊鐵基等人合撰的《中國莊學史》系列，或是方勇的《莊子學史》，都沒有對於「莊學」一詞進行界定，而是將之視爲一般語詞使用。同樣的語詞使用習慣，也可見於現代學術界在運用如「儒學」、「老學」等具有特殊外延範圍與內包條件的詞語時，並不界定該語詞的意義，而是隨意地在行文中使用；至於該詞的外延範圍與內包條件，則取決於作者心證及論述語脈。詞語的外延範圍與內包條件的不確定，意謂該詞乃非特殊、專用的語詞，因而論述時可以隨意且游移使用；詞語意義的不定性，也就意謂不需要，也不可能使用特殊的研究方法，對文本素材或研究議題進行限定性的研究。譬如說，如果莊學是一般性語詞，那麼只要和《莊子》一書有關的哲學、文學、藝術，或由其衍生的思想理論系統，或將《莊子》與其他思想系統進行對比的研究或論述，都可以納入莊學的範圍，如此一來，莊學的內包條件限定極小，而外延範圍則極大。

可是，若回到莊學史著作的取擇，又能明顯看到，熊鐵基等人的「莊學」取擇是限縮在《莊子》注疏，即以傳統注疏呈現的文本；方勇的「莊子學」取擇，則除了《莊子》注疏外，還包含對《莊子》一書的相關論述、以莊子作爲主角或配角的戲曲小說也納入。從其取擇對象來看，兩者的「莊學」內包條件具有一致性或至少大部分重疊，即「以莊子其人、其書及其思想爲核心，後世對莊子其人、其書及其思想之理解、詮釋，或對後世詮釋的再詮釋」，但對外延範圍的界定則有所出入。根據內包意義，熊鐵基和方勇都排斥了文學典故上對《莊子》的引用與化用，也排除了將《莊子》書中的詞語抽繹出來、予以特殊概念化的文學批評或藝術理論。熊鐵基等將莊學的外延範圍限定在現存完整的《莊子》注疏著作，排除一般性論述（如理學家對莊子其人其書的批評）；方勇則擴大外延範圍到一般論述，以及戲曲小說家以莊子爲主

角、詮釋莊子其人的作品。

　　熊鐵基等和方勇雖然沒有界定「莊學」的內包條件和外延範圍，但他們的書寫與論述中還是隱含上述的內包意義和外延範圍。所以，他們雖以使用一般語詞的習慣來運用「莊學」一詞，實際上排除了其他可以被廣泛納入的文本和領域，而賦予「莊學」限定性意涵，由此裁選文本。但是，既然在他們的理解與意識裡，「莊學」確實是一具有特定內包條件和外延範圍的語詞，卻當成一般語詞來使用，這樣對現行系統化的學術而言，並非良好的示範。

　　從以上的分析，本文將「莊學」的內包條件定義為：以莊子其人、學派、其書及思想為對象，進行理解、詮釋，以及對詮釋莊子其人、學派、其書及思想的文本，進行理解、詮釋；但排除戲曲小說等不以莊子其書和思想為探究重點的文本。「莊學」的外延範圍則為：以文字符號化呈現的《莊子》注疏，或涉及對莊子其人、學派、其書及思想的討論、相對完整的論述文章。此處可將釋德清莊學的外延範圍限定為：以釋德清文字符號化呈現的《莊子》注疏，或涉及對莊子其人、其書及思想的討論、相對完整的論述文章；更明確地說，釋德清的《莊子內篇註》和《觀老莊影響論》是本論文的主要研究範圍，並依據研究需要參照《老子道德經解》、《夢遊集》與釋德清的佛經注疏等其他著作。

　　限定研究範圍之後，還須進一步對「體系」和「重構」進行界義，以確定本論文將由何種角度、焦點進行研究。

　　「體系」和「系統」，在英文都以 system 指稱，在《社會學辭典》中，system 有三種定義，〔註40〕本論文取用「一套或一群互相關聯的成分或部分，其中一個部分的變化會影響某些或所有其他部分」的定義，並更進一步定義為：在莊學詮釋中，「一套或一群相互關聯的論域，其中一個論域的變化，會影響某些或所有其他論域」。由此，不同的論域之間的相互關聯，正是本論文的主題，至於有哪幾種論域、論域之間的關聯為何，則將在下文說明。

　　「重構」一詞援借自顏崑陽先生，他在〈中國古代原生性「源流文學史觀」詮釋模型之重構初論〉文中對「重構」的定義為：

〔註40〕　（英）戴維・賈里（David Jary）、朱利婭・賈里（Julia Jary）撰，周業謙、周光淦譯：《社會學辭典》（臺北：城邦文化公司，2002 年 5 月初版 5 刷），頁693。

> 本論文所以謂之「重構」，是指現代學者針對古代文學歷史已「建構」
> 的意義或知識世界，抱持著實存於現代世界中的主體意識，去進行
> 理解、詮釋或認識，而重新建構其系統。理解、詮釋或認識，必然
> 出於現世實存而受到當代社會文化所形塑的主體意識；但是，詮釋
> 歷史經驗及其意義，則諸多以符號化而留傳千古的文本自有其相對
> 的客觀他在性。假如，這種「重構」企圖取得其詮釋的客觀有效性，
> 就不能無視於文本所承載之歷史經驗及其意義的他在性。雖然我們
> 並不將文本僅視爲歷史客觀實在之性相及意義的「反映」，卻也不將
> 文本只當全無客觀事物之指涉的虛擬性符號。〔註41〕

顏先生界定「重構」一詞乃「指現代學者針對古代文學歷史已『建構』的意
義或知識世界，抱持著實存於現代世界中的主體意識，去進行理解、詮釋或
認識，而重新建構其系統。」並指出「理解、詮釋或認識，必然出於現世實
存而受到當代社會文化所形塑的主體意識；但是，詮釋歷史經驗及其意義，
則諸多以符號化而留傳千古的文本自有其相對的客觀他在性。假如，這種『重
構』企圖取得其詮釋的客觀有效性，就不能無視於文本所承載之歷史經驗及
其意義的他在性。雖然我們並不將文本僅視爲歷史客觀實在之性相及意義的
『反映』，卻也不將文本只當全無客觀事物之指涉的虛擬性符號。因此，一種
主客『視域融合』（Horizontverschmelzung）的『建構論』，將成爲我們『重構
中國古代原生性文學史觀』的方法論基礎。」〔註42〕顏先生討論的對象雖然
是中國古代文學歷史，但亦能挪用於莊學著作，因爲莊學著作也是一歷史性
的存在，是被符號化的文本，承載了被生產出來時的時代歷史經驗，以及作
者本身的思想。因此作爲詮釋主體的我，不可能跳脫文本承載的歷史經驗與
客觀他在性，而進行純主觀的詮釋，必須採取主客「視域融合」的方法來重
構文本體系。

　　承上所論，本論文之「重構」，乃是以釋德清莊學思想爲對象，對釋德清
經由詮釋《莊子》建構的意義或知識世界，抱持我之主體在現代世界中的主
體意識，進行理解、詮釋或認識之後，重新建構其系統。我之理解、詮釋，
是出於現世實存而受到當代社會文化所形塑的主體意識，因此我不可能不受

〔註41〕顏崑陽：〈中國古代原生性「源流文學史觀」詮釋模型之重構初論〉，《政大中
　　　　文學報》第 15 期（2011 年 6 月），頁 243～244。

〔註42〕顏崑陽：〈中國古代原生性「源流文學史觀」詮釋模型之重構初論〉，《政大中
　　　　文學報》第 15 期（2011 年 6 月），頁 243～244。

學術倫理、學術規範，以及我所生存的社會文化經驗與所吸納的知識影響限制；但面對釋德清的文本時，我仍能從釋德清生存的社會文化與歷史情境，理解、詮釋出相對的客觀性意義。爲了理解、詮釋出釋德清文本的相對客觀意義，我必須採取弱化自我主觀之詮釋意向的方法論，藉由此方法論獲得釋德清文本的客觀意義；但也必須承認，我不可能完全將文本視爲純粹的歷史客觀存在物，爲了理解、詮釋或認識文本及其作者的思想，我必須互爲主體地想像、感受，因而勢必帶入主觀之理解與認識。

既然「重構」是重新的「建構」，那麼「建構」又是什麼樣的行動呢？顏崑陽先生指出：

> 「建構」意指建造構成某一非現成之事物，乃是人類特有之生產意義或知識的行爲方式；這就關乎我們對事物及意義的存在、認識與符號化所秉持的基本立場；……因此，「建構」指的就是一種以主體意識相即於客觀現實，經由對物、我存在之意義或知識的理解、詮釋或認識，並依藉特定符號形式去指涉、象徵，從而建造構成一個有秩序、系統的意義或知識的世界。〔註43〕

既然要重新建構釋德清莊學思想體系，則一方面我必須重新檢討、反省前行研究的建構是否恰當、合宜，對其提出適切的批判和評價；另一方面我亦必須以自身的主體意識，相即我所生存的客觀現實，經由對釋德清莊學文本、我之存在的意義或知識，進行理解、詮釋或認識，並藉由特定的現代化符號形式——在此則爲文字——指涉、象徵，從而建造構成一個有秩序、系統的意義或知識的世界。此一世界靜態符號文字化，即此對釋德清莊學思想重構之論文。

二、主題之界定

本論文研究的主題，是釋德清莊學思想中的不同論域，以及這些論域的相互關聯，因爲這些論域正是構成釋德清莊學體系的要素，也是本論文所要加以重構的部分。在此，需對「論域」一詞加以定義。「論域」在本論文意指「論題領域」。在經典詮釋中，對象是作爲靜態符號化文本，其意義與思想結構是待定的，而參與界定其意義的，則是不同時代、社會文化存在經驗的詮

〔註43〕顏崑陽：〈中國古代原生性「源流文學史觀」詮釋模型之重構初論〉，《政大中文學報》第 15 期（2011 年 6 月），頁 244。

釋者，每個詮釋者因其歷史存在情境、身分階層、所屬群體、思想社群的差異，構成詮釋視域的位差，而以文本爲中心，爭奪詮釋的眞確性及有效性。在詮釋者們經由詮釋經典內容，以爭奪詮釋眞確性及有效性的過程中，某些主題會被顯題化或成爲爭論的焦點，詮釋者們會對這些主題進行範圍、對象、論述意向等限定，這些主題逐變成有其論述對象、範圍、論述意向的領域，成爲詮釋者們不斷對其重新論述或再次闡述前人意見的「論域」。經典詮釋之「論域」，是在漫長歷史發展中不斷變更或逐漸固定下來的，而不同的經典詮釋會有或同或異的「論域」，如作者論、文本論。〔註44〕

　　「論域」也可能不經反思檢討地被不斷重複使用，而變成具有特定範疇的「固定論域」，被普遍使用在不同的經典詮釋或學術問題討論上。例如近代中國哲學研究，依據西方哲學建構出「本體論」、「工夫論」、「宇宙論」等「論域」，這些被建構出來的論域，在討論不同經典或不同思想系統時，會被研究者作爲基本的範疇或討論主題。這些論域的選擇與建構，原本就具有特殊的時代因素，但當時代逐漸發展，學術的廣度與深度也不斷擴充深化時，若還不經思考反省，持續運用這些取自西方哲學概念與術語所建構的論域，則可能造成下列的問題：「固定論域」有時會忽視被研究的經典詮釋者，是否眞的對該論域指涉的內容有興趣、文本是否有相當份量蘊涵該論域的意義，而變成研究者爲了研究需要，而強行割裂詮釋者的論述，歸類論述進入某個固定論域。理想的「論域」應當是從文本或經典詮釋的漫長發展累積歸結出來，而不是採取「固定論域」的方式討論每一個文本；身爲經典詮釋的研究者，應當針對不同類型經典詮釋的特性、理解經典詮釋者所關心的議題，同情理解他所身處的時代環境、身分階層、所屬的群體及思想社群，歸結構設出專屬的論域。

　　「論域」是可以被後設建構的，但研究者必須深入理解不同經典的詮釋者，對自身詮釋經典可能擁有未言明，但隱含而內具的「論域」，而不是想當然爾地沿用舊有的「固定論域」。對詮釋文本進行後設研究分析時，研究者也必須清楚明白自己歸結出的「論域」的對象、範圍和論述意向爲何。某些「論域」可以被提出來單獨討論，但經典詮釋者在理解、詮釋時，會將各個論域

〔註44〕我們還可以提出不同思想場域如何建構、擁有不同的論域，例如南宋朱熹與呂祖謙在《近思錄》中，劃分出理、氣、鬼神等論域，對這些論域的詮釋和彼此之間的爭論，在宋明儒家的文集、語錄中不斷出現。

動態整合。因爲對他們而言，經典的作者及文本思想是一個總體觀念，因此各個論域亦不可能不放在總體的觀念下理解。此外，經典詮釋的論域通常有想像性的傾向，這是因爲經典詮釋經常是以靜態文本，而不是思想家彼此爭論的方式呈現。〔註45〕因此，當釋德清莊學在「作者論」論域，意欲與前行詮釋者爭奪論述眞確性時，他並不是眞的和前行詮釋者對峙，而是「想像」與他人爭辯，或反駁他人對《莊子》「作者論」的論述與觀點。

　　論域是構成釋德清莊學體系的要件，那論域和釋德清莊學思想之間的關係又爲何呢？依據顏崑陽先生〈論「文體」與「文類」的涵義及其關係〉一文對「體」的分析所歸結的結果，可知體有「物身義」、「形構義」和「樣態義」三個「一般概念性涵義」。〔註46〕在此，「物身義」意謂不同論域相互結合，構成釋德清莊學思想本身；然而，若是回歸到釋德清的總體思想，莊學思想本身也是構成釋德清總體思想的部分；有物身必有其用，以釋德清莊學思想爲體，則其用即顯現爲其詮釋的文本，或以思想爲體落實到現實的行動。「形構義」意謂釋德清莊學思想具備一定結構，不同的論域以特定關係結合，以辯證的方式彼此融攝；但此一結構並非靜態結構，而是在動態整合中呈現。所以即使我們能靜態分析釋德清莊學思想的各別論域，再以其關係加以建構其結構，但在釋德清詮釋《莊子》時，他思想中的各個論域，一直都是以動態辯證整合的方式而構成其體系結構。「樣態義」意指釋德清莊學思想體系，呈現某種直觀時可見的表象式樣姿態，以釋德清莊學思想體系來說，最明顯可見的「樣態義」是「以佛解莊」；構成釋德清莊學體系的各個論域，當然也存在直觀可見的「以佛解莊」。

　　在此，我們可以將釋德清莊學思想體系的論域，區分出「作者論」、「方法論」、「文本論」和「讀者論」這四大主論域，而「文本論」又可分爲「外在形式結構」與「內在思想結構」兩個次論域。「內在思想結構」論域下又可分爲「心性論」、「聖凡論」、「道論」、「工夫論」四個次論域，而「心性論」是這些次論域的核心論域，其他三個論域與它都有直接的關係。這樣的分殊

〔註45〕論域有想像性和臨場性兩種。想像性論域經常是被批判者不在場的狀態下，以靜態文本的產出呈現，例如經典詮釋或後世之人對前代之人某個論點的批判；臨場性論域，則如語錄紀錄或書信往來爭論某一論域，爭論的雙方是在場的，而且爭論是動態呈現的。

〔註46〕顏崑陽：〈論「文體」與「文類」的涵義及其關係〉，《清華中文學報》第1期（2007年9月），頁6～13。

論域是以後設邏輯的分法，不代表這樣的分法是唯一分法；而在釋德清詮釋《莊子》時，也不會認爲「作者論」比「心性論」擁有更高或絕對性的優位。

「論域」本身具有對象、範圍和論述意向，因此當釋德清討論「作者論」時，他不會將「心性論」作爲論述的主軸，因爲「作者論」的對象是作者「莊子」，或隱匿在「莊子」名下的作者群體，範圍是論述作者寫作的目的、生存的歷史情境、個人特質，論述意向是文本屬性貞定和作者思想向度的賦予。然而，這不表示論域之間絕對無關。相反的，雖然論域彼此之間應當具有清楚的界限，但古代經典詮釋並非當代哲學論述，論域論述之間的彼此滲透、辯證、互文、補述，是古代經典詮釋文本經常出現的現象。

莊學詮釋的四大論域中，「文本論」是最常被論及的，因爲文本是莊學詮釋最直接的對象。「作者論」則是《莊子》詮釋者爲了尋求詮釋的理據，經常會歸諸作者本意——是否切合經典或作者原意，是中國經典詮釋傳統中，評價一本經典詮釋價值的重要標準之一——而對莊子寫作目的、思想內涵的確認，對文本義理的貞定就具有關鍵性意義。因此，詮釋《莊子》時，詮釋者提出「作者論」，實則是爲了貞定「文本論」，而「文本論」和「作者論」之間存在相互呼應、彼此貞定的關係。此外，從蘇軾開始，就有以莊子（作者）的思想，來判斷《莊子》（文本）篇章的眞僞問題，所以宋代以降，「作者論」就經常被拿來作爲文本的篇章眞僞標準。因此，當詮釋者在詮釋《莊子》時，同時提出「文本論」和「作者論」，則兩者之間必然存在相互呼應、彼此貞定的關係。

「方法論」是詮釋者用以建構「文本論」的詮釋方法，在中國經典詮釋裡，知人論世和以意逆志是最一般的詮釋方法。〔註47〕然而，每一個時代思潮的改變，或者《莊子》詮釋者社會群體、思想社群的不同，都會試圖引入新的詮釋方法。例如唐代成玄英運用重玄學疏解《莊子注》，因爲受到唐代佛道辯論的影響，他引入了佛教中觀的「超四句」、「離百非」思想，因而被認爲是以佛解莊；但若仔細鈎索《莊子疏》，就會發現成玄英是站在道教本位融通佛教，只是爲了深化邏輯辯證，而吸納了佛教中觀思想的哲學方法。〔註48〕

〔註47〕關於知人論世和以意逆志這兩種詮釋方法，各自的功能與侷限，可參考顏崑陽：《李商隱詩箋釋方法論——中國古典詮釋學例說》（台北：里仁書局，2005年 11 月修訂一版）第三章第一節「『知人論世』與『以意逆志』在箋釋活動中的主體性解悟效用」，頁 161～181。

〔註48〕鄭燦山認爲，《莊子疏》因爲受限必須對郭象《注》的闡釋此一條件，所以比較難以看出成玄英的道教色彩，但若從《老子疏》來看，則能看出成玄英是

古代經典詮釋者通常不會明確指明自己使用的「方法論」為何，這部分需要研究者從詮釋者的論述中加以耙梳、建構。

「讀者論」則是宋代莊學發展出來的獨特論域，這和宋代文章評點的盛行有關。評點目的在於指導習文者如何閱讀文章、分析文章，並由此理解作者的心志、文章的深層意義等，目的在於使習文者能藉由此一閱讀、分析的過程，欣賞文章的優點與創作的技巧，然後加以吸收，成為自己創作時的資糧。林希逸《莊子口義》經常提出該如何閱讀《莊子》，或做為一個好的《莊子》閱讀者應該有什麼條件。「讀者論」經常會涉觸到「作者論」或「文本論」，因為「讀者論」具有「正確的閱讀視角」或「正確理解作者心志為何」的要求，所以很難跳脫作者或文本。舉例來說，林希逸曾說：「看得他文字破，不被他鼓舞處籠罩了，方是讀得《莊子》好，雖是莊子復生，亦必道還汝具一隻眼。」〔註 49〕在此，林希逸是對讀者說話，目的在要求讀者看破《莊子》文字的表面意涵，探求其深層意義，一旦讀者能夠穿透文字表面而直探其深意，就可謂「讀得《莊子》好」。這裡，林希逸是以讀者為對象，因此應當歸為「讀者論」，但「不被他鼓舞處籠罩」，則涉及了「作者論」，「方是讀得《莊子》好」又涉及了「文本論」。

本論文將透過對四大論域的分析，綜合組織以重構釋德清莊學體系。雖然四大論域在分析時必須分別處理，各自要處理的問題也不相同，但在釋德清的莊學體系中，四大論域乃是有機地結合、混融，構成了釋德清莊學思想的體系。

第三節　史料運用與研究方法

本文所謂史料運用，乃涉及研究過程中所使用之古典文獻，與當代相關研究成果兩部分資料的運用。前文已經對以釋德清莊學為主要對象的專書論文進行分析，此處將以釋德清莊學研究的單篇論文，以及相關研究為分析對象，並區分為「生平事蹟之綜合研究」、「佛學思想之研究」、「釋德清對時代

以道教為主體，融合了佛教和南北朝玄學。參見鄭燦山：〈唐道士成玄英的重玄思想與道佛融通──以其老子疏為討論核心〉，《台北大學中文學報》創刊號（2006 年 7 月），頁 151～178。

〔註49〕　（宋）林希逸撰，周啟成校注：《莊子鬳齋口義校注》（北京：中華書局，1997年 3 月），頁 34。

思想之回應」和「道家經典詮釋之研究」四個類別論述。古典文獻方面，本
論文將對所引用的釋德清文集、經典詮釋文本進行版本的梳理，確立採用的
版本，並限定本文引用之其他相關文本的範圍。

　　在研究方法方面，則採用顏崑陽先生的「完境理論」，經由操作之程序，
建構一具理論系統的方法論，本文稱之為「完境方法論」。完境方法論的理論
內容、操作方法，則詳見「完境方法論之建構」。

一、釋德清研究述評

　　目前專門研究釋德清的專書論文與單篇論文合計已超過數十篇，涉及層面
亦十分廣泛。如此繁多的資料和研究，此處無法一一闡述或析論，僅就與本論
文較具相關性的論文予以分類、評述，以勾勒出當前釋德清莊學研究的初步輪
廓。因此，本處文獻回顧與評述依照程度的相關性，由遠而近，由外部語境研
究到內部思想文本研究，依序以「生平事蹟之綜合研究」、「佛學思想之研究」、
「釋德清對時代思想之回應」和「道家經典詮釋之研究」四個部分呈現。

（一）生平事蹟之綜合研究

　　釋德清之所以被稱為晚明四大師，以及為何要遍注三教經典，和他面對
晚明佛教叢林的衰敗與僧徒的淺薄，意圖復興佛教、重振佛學的事業有關，
這方面的研究可作為對釋德清外部語境的理解。

　　徐頌鵬（Sung-peng Hsu）的《中國明代佛教領袖──憨山德清的生平與思
想》（A Buddhist Leader in Ming China: The Life and Thought of Hab-Shan
Te-Ch'ing）〔註50〕乃以宗教為主要視角，依據〈憨山老人自序年譜實錄〉為基
礎，將釋德清生平分為九個時期，依時間進行直線論述，時間跨限與範圍太過
廣泛，雖能照顧到釋德清整體生命與思想發展，卻較難深入而細緻地討論釋德
清之思想；荒木見悟〈憨山德清の生涯との思想〉〔註51〕根據釋德清生平的重
要際遇與救濟世人的善行，將釋德清生平分判為四個時期，並結合釋德清的生
平與思想發展，賦予釋德清各時期思想、入世行動簡明的輪廓。〔註52〕江燦騰

〔註50〕Sung-peng Hsu: *A Buddhist Leader in Ming China:The Life and Thought of Hab-Shan Te-Ch'ing*. University Park: Pennsylvania State University Press, 1979.
〔註51〕（日）荒木見悟：《陽明學の開展と仏教》（東京：研文社，1984 年），頁 135 ～173。
〔註52〕（日）荒木見悟：《陽明學の開展と仏教》（東京：研文社，1984 年），頁 151。另可參見李懿純：《憨山德清註《莊》之研究》，頁 16 之分析。

《晚明佛教叢林改革與佛學諍辯之研究——以憨山德清的改革生涯爲中心》〔註53〕、《曹溪之願》〔註54〕，以及後來江氏以《曹溪之願》爲基礎增補之《晚明佛教改革史》〔註55〕，三本書皆環繞釋德清的佛教改革運動，並將釋德清與所身處時代環境相結合，提出他佛教改革運動的原因、方法與目的。陳玉女認爲《曹溪之願》可說是《晚明佛教叢林改革與佛學諍辯之研究——以憨山德清的改革生涯爲中心》的補充版和擴充版；〔註56〕而《晚明佛教改革史》又可謂《曹溪之願》的補充版和擴充版。

江燦騰、徐頌鵬、荒木見悟三者皆以釋德清的生平、思想及交遊、傳道等行動爲主軸，析論釋德清對明代佛教界的批判、影響、對經典文獻的詮釋與相關佛教義學的整理與提出；顯現出釋德清作爲一典型的入世佛教僧徒，如何透過其行動貫徹思想，並建構出明代思想界與佛教的交涉、發展的具體雛形。然而，以上三人的主要焦點仍在釋德清，對於釋德清之外的其他佛教僧徒、佛學相關議題、晚明佛教的整體發展、晚明思想界和佛教僧徒的互動等，則仍有待更深入的研究。

釋見曄的《明末佛教發展之研究——以晚明四大師爲中心》〔註57〕，陳永革的《晚明佛學的復興與困境》〔註58〕和《晚明佛教思想研究》〔註59〕等，從晚明佛教遇到的困境，佛門僧徒對佛教、佛學的復興的事業著眼，以較爲宏觀的視角、綜論晚明四大師對晚明佛教遇到的內部和外部問題，以及解決的方式及遭遇的挫敗。陳玉女的《明代佛門內外僧俗交涉的場域》〔註60〕一書則從歷史發展的角度，釐清佛教僧徒與世俗的交流方式與場域，有助於理解釋德清爲何強調出世利俗之必要。

〔註53〕江燦騰：《晚明佛教叢林改革與佛學諍辯之研究——以憨山德清的改革生涯爲中心》（臺北：新文豐出版公司，1990 年 12 月）。

〔註54〕江燦騰：《曹溪之願》（臺北：新文豐出版公司，2005 年）。

〔註55〕江燦騰：《晚明佛教改革史》（桂林：廣西師範大學出版社，2006 年 9 月）。

〔註56〕陳玉女：《明代佛門內外僧俗交涉的場域》（新北市：稻鄉出版社，2011 年 6 月），頁 21 註 57。

〔註57〕釋見曄：《明末佛教發展之研究——以晚明四大師爲中心》（臺灣：中正大學歷史研究所博士論文，1997 年），後由法鼓文化出版，收入《中華佛學研究所論叢》（臺北：法鼓文化出版股份有限公司，2007 年），第 45 冊。本論文所引用爲 2007 年法鼓文化版。

〔註58〕陳永革：《晚明佛學的復興與困境》（高雄：佛光山文教基金會出版，2001 年）。

〔註59〕陳永革：《晚明佛教思想研究》（北京：宗教文化出版社，2007 年 5 月）。

〔註60〕陳玉女：《明代佛門內外僧俗交涉的場域》（新北市：稻鄉出版社，2011 年 6 月）。

　　本論文是以釋德清莊學爲主要研究對象，因而釋德清的生平並非本論文關注的側重點。上述生平事蹟的研究，主要提供筆者對釋德清個人的生命歷程、思想發展及時代背景整體而宏觀的理解，進而將釋德清莊學置入他的總體思想中。釋德清的思想與他的生命歷程、行動是無法脫離的，但我們也不應過度擴充生平事蹟對他思想的詮釋效力。因而整體而宏觀理解釋德清生平事蹟，有助於本論文對釋德清莊學的發展進行總體的掌握；然而在論述時，這部分的研究乃是作爲本論文隱含的知識背景，僅在必要時提出相關研究以作爲論述的依據。

（二）佛學思想之研究

　　釋德清佛學的研究，是研究釋德清思想的大宗。釋德清身爲佛門龍象，對晚明佛教、佛學的起弊振衰，有其關鍵地位；他強調佛教僧徒應當同時重視內典和外道的認識，才能正確理解佛學的優點和批判外道。明末四大師中，釋德清和釋智旭都相當重視佛教僧徒知識和學養的積累，並立基於華嚴教學事事無礙的宗旨，藉由詮釋儒、道經典，意欲將儒、道歸攝於佛教義學之中。這部分的研究和本論文並無直接相關性，但可以作爲理解釋德清詮釋《莊子》時，背後所隱含的佛教僧徒群體意識，或是作爲理解釋德清整體佛學思想架構的參照。

　　對釋德清佛學思想的研究，約可分爲三個面向：總體佛學思想研究、特殊觀念或佛學核心思想研究，以及佛典詮釋研究。這三個面向無法徹底切割，只是研究者在研究時側重面向與強調重點的差異而已，因爲釋德清總體佛學架構，無法脫離特殊觀念、核心觀念和佛典詮釋，而釋德清對佛學所持的觀念與對佛典的詮釋，也和他對佛學的總體認識相關。

　　「總體佛學思想研究」指統論釋德清佛學思想的總體框架，或對他的佛學思想予以歸類、輪廓式描述。此類研究有時也會指出釋德清佛學思想中「特殊觀念或核心觀念」。總括而言，前行研究者如崔森《憨山思想研究》〔註61〕、夏清瑕的《憨山大師佛學思想研究》〔註62〕都注意到釋德清會通三教特色，

―――――――――――――――

〔註61〕崔森：《憨山思想研究》，《中國佛教學術論典》（高雄：佛光山文教基金會，2002 年 4 月），第三輯第 29 冊。

〔註62〕夏清瑕：《憨山大師佛學思想研究》（上海：學林出版社，2007 年 8 月）。《中國佛教學術論典》將崔森和夏清瑕的論文合併爲一冊刊行，後夏清瑕又進行修改，由學林出版社出版，本文所據夏氏論文版本爲學林出版社 2007 年版本。

也指出釋德清以佛學爲本位的三教會通，有著刻意將儒、道統攝到佛法之中的傾向，但卻沒有進一步指出，爲何釋德清會有這樣的傾向，以及他是依據何種理論來會通三教。然而，若能深入闡釋《觀老莊影響論》，就能發現釋德清是以華嚴宗事事無礙的宗旨，將三教統攝於華嚴法界觀與五乘教法中。不過，崔森和夏清瑕並未認知到釋德清對華嚴宗思想的吸納，而是將釋德清的佛教宗派定位在禪宗，或許因此未能由此方向推想。

既然釋德清以華嚴事事無礙宗旨、法界觀和五乘教法統攝三教，那麼釋德清所依循的宗派教義，是否就是華嚴宗呢？《賢首宗乘》的作者確實是如此認爲，然而陳松柏《憨山自性禪思想之理論基礎與核心論題》〔註 63〕、朱繼臣《憨山德清以「宗」解「教」的思想》、陳堅〈晚明「四大高僧」禪教關係論比較〉〔註 64〕則認爲釋德清仍應歸屬於禪宗。陳松柏認爲釋德清「唯心識觀」的理論基礎爲《大乘起信論》的眞常心系統，並以禪宗「自性」作爲核心概念，轉化、統攝華嚴、般若、淨土等的心性思想，建構出「眞常心一乘」本體論系統，以此融攝其他宗派、儒道的思想。朱繼臣雖未進行如此哲學性的論證，但主張大抵與陳松柏相近。

若以釋德清的佛經詮釋來看，他的闡釋與解釋系統，確實是以《大乘起信論》所建構的如來藏系統爲主，對天台宗、華嚴宗、唯識的思想進行取捨融通，由此解釋他的本體論爲「眞常心一乘」，於理並無不妥。中國化佛教思想的本體論，主要都依循《起信論》，只是對於法的內容、修行的方式、世界的結構，以及這些觀念彼此的關係爲何，有各自宗派系統性的見解與經典依據。陳松柏和朱繼臣之說，雖大體無誤，但他們直接預設釋德清屬於禪宗，因此其佛學體系或本體論，必然是以禪宗爲核心、爲依歸，由此融攝諸其他宗派教義。這裡就連帶衍伸兩個可以推敲的問題：第一，聖嚴法師指出，晚明四大師實則反對分別宗派教脈歸屬，直接判定釋德清歸屬禪宗，以禪宗統攝其他各宗，卻不從佛教教派歷史發展作同情的理解，以及解釋釋德清做此選擇的原因，這樣的作法是否合理可行，或許應該再加商榷。第二，釋德清

〔註 63〕 陳松柏：《憨山自性禪思想之理論基礎與核心論題》，《中國學術思想研究輯刊》（新北市：花木蘭文化出版社，2012 年）第 14 編第 33 冊。此論文改寫自陳氏博士論文：《憨山禪學之研究——以自性爲中心》（臺中：東海大學哲學研究所博士論文，1996 年），本文所據版本爲花木蘭文化出版社 2012 年版本。

〔註 64〕 陳堅：〈晚明「四大高僧」禪教關係論比較〉，《五臺山研究》1998 年第 4 期，頁 3～5。

在對本心自性此一概念的理解，當然受到禪宗的影響，而此一影響緣由，與佛教發展的時代背景、他的生平際遇、明太祖以降對佛教界的整飭與約束有關；而且禪宗在兩者的論文中是個含糊的概念，畢竟此禪宗是六祖時的禪宗？或是永明延壽會通他宗後、調整修道模式的禪宗？抑或是屬於曹洞、臨濟、法眼、雲門、仰潙？禪宗法脈的歸屬，還是會對釋德清思想形成某種程度的影響。因此，若能從佛學脈絡與歷史發展的脈絡著眼，應該能使兩者的論述更精密確切。

潘明桂〈晚明「四大高僧」的佛學思想〉〔註65〕則從復興佛教的面向，論述四大師為了復興佛教此一目的，提出了何種佛學觀點，但論述不夠深入，僅能勾勒出四大師佛學思想之輪廓。實際上，討論四大師對佛教思想，最重要的是兩個面向——修行參悟（禪）和經典閱讀（教）——看法的異同，並從「社會群體」著眼，展現出屬於同一社會群體、不同思想社群的思想家，觀點的異同之處。

「特殊觀念或佛學核心思想研究」則專門討論釋德清佛學中某個特殊觀念或核心觀念，研究者或從「總體佛學思想」結構中，抽取特定觀念或佛學核心思想加以分析；或者認為釋德清的佛典詮釋中，可以抽繹出特定觀念或佛學核心思想。周祥鈺的《憨山大師禪修思想研究》〔註66〕、曾瓊瑤的《憨山治妄工夫之研究》〔註67〕著重探討釋德清對修行工夫的界定與實踐方法；夏清瑕的〈憨山德清的淨土思想〉〔註68〕、王双林的〈憨山大師的判教思想論略〉〔註69〕各針對釋德清的「淨土」、「判教」觀念予以闡述。前述的陳松柏論文，亦是以自性本體論為核心，討論釋德清如何融攝各宗、建立自身的佛學體系。

「佛典詮釋研究」方面，釋德清的佛典詮釋，與他的總體思想和特殊觀念或佛學核心觀念是相綰合的，研究者以文本為主要對象，或者建立佛典本身的思想結構，或者和釋德清的總體思想或特殊觀念相結合。釋念如

〔註65〕潘桂明：〈晚明「四大高僧」的佛學思想〉，《五臺山研究》1994年第4期，頁17～23。
〔註66〕周祥鈺：《憨山大師禪修思想研究》（四川大學宗教學研究所碩士論文，2005年）。
〔註67〕曾瓊瑤《憨山治妄工夫之研究》（臺北：臺灣師範大學國文研究所博士論文，2009年1月）。
〔註68〕夏清瑕〈憨山德清的淨土思想〉，《五臺山研究》1999年第3期，頁20～25。
〔註69〕王双林：〈憨山大師的判教思想論略〉，《河北師範大學學報(哲學社會科學版)》第37卷第2期（2014年3月），頁116～121。

《憨山大師對《妙法蓮華經》佛性思想之詮釋——以《法華經通義》為研究依據》〔註70〕雖以《法華經通義》為研究對象，但他鎖定的是「佛性」此一觀念；黃國清〈明末憨山德清的《法華經》思想詮釋〉〔註71〕則從《法華經通義》文本的細緻分析著手，建構起釋德清《法華經》詮釋的主要思想觀念和結構；陳松柏的〈德清楞嚴思想之「此在」解讀與通識智慧〉〔註72〕則是以海德格的存有論分析釋德清《楞嚴經》，這樣的詮釋存在以特定觀念凌駕文本的危險；許志信的〈憨山德清《憨山老人夢遊集》之「真心」與「圓融」思想研究〉〔註73〕和曾瓊瑤〈憨山德清「解脫」書寫中的禪觀與意境——以《夢遊集》為中心〉〔註74〕都以《夢遊集》為主要研究文本，各自探討釋德清「真心」、「圓融」和「解脫」的思想觀念。

　　釋德清是個僧人，在他的思想中，佛學是最為核心的，因而意欲建構釋德清莊學，對於他的佛學總體思想、佛學觀念就應該有基本的理解和掌握。上述研究中，與本論文比較相關的，應屬「總體佛學思想研究」和「特殊觀念或佛學核心思想研究」這兩個部分，如夏清瑕、陳松柏等人指出釋德清的心性論與三教判攝有密切相關；而「唯心識觀」在釋德清的總體佛學思想中是非常重要的觀念，也是他用來會通佛、莊的重要理論。而「佛典詮釋研究」雖然看似與釋德清莊學相關性較薄弱，但如果回歸到釋德清的佛典詮釋本身，則我們可以看到他的佛典詮釋與《莊子》詮釋之間的相關性。《觀老莊影響論・發明趣向》說：「愚謂看《老》、《莊》者，先要熟覽教乘，精透《楞嚴》，融會吾佛破執之論，則不被他文字所惑。」〔註75〕釋德清在此將《楞嚴經》作為閱讀《老子》和《莊子》的前理解，但這裡會產生另一個問題，所謂「精透《楞嚴》」是直接閱讀《楞嚴經》嗎？抑或釋德清在此，是要讀者透過他所詮釋的《楞嚴經》，以作為貞定《老子》和《莊子》思想的前理解呢？如果是

〔註70〕釋念如：《憨山大師對《妙法蓮華經》佛性思想之詮釋——以《法華經通義》為研究依據》（臺灣：南華大學宗教研究所碩士論文，2010 年）。

〔註71〕黃國清：〈明末憨山德清的《法華經》思想詮釋〉，頁 5～52。

〔註72〕陳松柏：〈德清楞嚴思想之「此在」解讀與通識智慧〉，《南開學報》第 10 卷第 2 期（2013 年），頁 13～27。

〔註73〕許志信：〈憨山德清《憨山老人夢遊集》之「真心」與「圓融」思想研究〉，《圓光佛學學報》第 13 期（2008 年 6 月），頁 111～168。

〔註74〕曾瓊瑤：〈憨山德清「解脫」書寫中的禪觀與意境——以《夢遊集》為中心〉，《成大中文學報》第 43 期（2013 年 12 月），頁 127～164。

〔註75〕（明）釋德清：《觀老莊影響論》，頁 45。

後者，則將釋德清對《楞嚴經》與《莊子》的詮釋相互對看，將能更精確深入理解他所建構的莊學體系。

（三）釋德清對時代思想之回應

在釋德清所處的時代中，士大夫學佛、三教合一等議題，都是他無法迴避，而必須有所回應的。現行相關研究中，有相當多的文章集中討論釋德清如何會合三教、他認為三教的彼此間存在何種關係。由釋德清對三教論題的回應、和士大夫的往來、對儒家經典的詮釋，都可看出他如何應對當時的時代思潮與主流文化。

王紅蕾的《憨山德清與晚明士林》〔註 76〕把梳釋德清與晚明士人之間的往來交遊情形，並認為與士大夫和文人的來往，是他注解儒、道經典的動能，也有助於將佛教信仰向儒士群體推廣，並使得嘉興藏的編集刊刻獲得廣大的支持。釋德清遍注三教經典，在明末四大師中，他融攝三教的意圖也最為強烈。只是，對釋德清而言，佛教才是其最高理想及終極目標。因此，無論他認為三教是「同體」〔註 77〕或「一心」〔註 78〕，佛教是儒道的源頭（無不從此法界流）與歸處（無不還歸此法界）是他堅持的基本立場。關於這點，王紅蕾並沒有將之明確說出，然而若回歸到釋德清的儒、道經典詮釋，即明顯可見他以佛學義理作為體系架構，融攝三教並判定義理階序的企圖與用心。

以釋德清三教合會為研究對象的專書，有陳運星的《儒道佛三教調合論之研究——以憨山德清的會通思想為例》、蔡金昌《憨山大師的三教會通思想》、馮劉飛《憨山德清三教關係思想研究》〔註 79〕等書。單篇則有王煜的〈釋德清（憨山老人）融攝儒道兩家思想以論佛性〉〔註 80〕、李霞的〈憨山德清

〔註 76〕 王紅蕾：《憨山德清與晚明士林》（北京：中國社會科學出版社，2010 年 3 月）。

〔註 77〕 （明）釋德清：《老子道德經解・發明體用》（據光緒十二年金陵刻經處本影印），收入《觀老莊影響論》（臺北：廣文書局，1974 年 3 月），頁 51：「或曰：『三教聖人教人，俱要先破我執，是則無我之體同矣，奈何其用有經世、忘世、出世之不同耶？』答曰：『體用皆同，但有淺深小大之不同耳。』」

〔註 78〕 （明）釋德清：《觀老莊影響論・論教源》，頁 4：「蓋古之聖人無他，特悟心之妙者，一切言教，皆從妙悟心中流出，應機而示淺深者也，故曰：無不從此法界流，無不還歸此法界。」對釋德清而言，三教古聖所言皆從妙悟之心而生，由此而論，則三教聖人之所以為聖，是根本於妙悟之心，也就是一心。

〔註 79〕 馮劉飛：《憨山德清三教關係思想研究》（合肥：安徽大學碩士論文，2013 年 4 月）。

〔註 80〕 王煜：〈釋德清（憨山老人）融攝儒道兩家思想以論佛性〉，《明清思想家論集》（臺北：聯經出版公司，1992 年 4 月第三次印行），頁 165～210。

的三教融合論〉〔註81〕、王双林的〈明末三教融合思潮之原因再剖析〉〔註82〕
和〈憨山德清「道」與「心」概念的統一〉〔註83〕、夏清瑕的〈從憨山和王
陽明的《大學》解看晚明儒佛交融的內在深度〉〔註84〕、陳永革的〈知、善
之詮釋──以王陽明與釋德清之解《大學》為中心〉〔註85〕、洪燕妮的〈德
清與智旭對《中庸》的詮釋〉〔註86〕等。

關於釋德清所面對的時代思想課題，以近人研究歸納，實則可以劃分出
三個主要部分：第一，晚明佛教如何改善自身內部的問題、重振宗風，進而
重新構築佛教義學？第二，佛教僧徒究竟該入世或出世？佛教僧徒該如何傳
法、如何取回佛教經典的詮釋權？第三，面對晚明盛行的三教會通或三教一
致風潮，身為佛教僧徒該採取什麼行動、立場和回應方式？

關於第一個課題的前半部，「生平事蹟之綜合研究」中提及的相關研究者
及著作已詳細耙梳整理；關於佛教義學的重構，釋德清則透過佛教經典的閱
讀、整理和注疏，並透過與儒士群體、居士群體的通信、論辯，在寺廟講經
說法等方式，將佛教義學的發展脈絡與自身的系統化理解，加以梳理並記錄
下來。這部分的相關研究亦可從「佛學思想之研究」中所引的書籍文章，和
王紅蕾的《憨山德清與晚明士林》一書中獲致解答。

第一個課題與第二個課題實則是一體兩面，釋德清之所以選擇進入世
間，跟他對釋迦牟尼生平的理解有關──生於人世而知世間皆苦，出離人世
以修行忘卻法我兩執，回歸人世以救執迷愚眾──佛法從來就不離世間而存
在，聖人之所以存在乃是因為有需要被救治的凡愚之眾；佛之心及佛法的指
導原則皆繫存於佛經，詮釋佛經並豁顯內蘊其中的佛法義理，則注疏者與讀
者都將能以心會心，直接把握佛之心與佛法之要，而佛法之要必須由深浸於

〔註81〕李霞：〈憨山德清的三教融合論〉，《安徽史學》2001 年第 1 期，頁 16～19。

〔註82〕王双林：〈明末三教融合思潮之原因再剖析〉，《理論界》2014 年第 2 期（總第
486 期），頁 107～110。

〔註83〕王双林：〈憨山德清「道」與「心」概念的統一〉，《理論界》2014 年第 4 期（總
第 488 期），頁 102～105。

〔註84〕夏清瑕〈從憨山和王陽明的《大學》解看晚明儒佛交融的內在深度〉，《河南
師範大學學報（哲學社會科學版）》第 28 卷第 6 期（2001 年），頁 10～14。

〔註85〕陳永革：〈知、善之詮釋──以王陽明與釋德清之解《大學》為中心〉，洪漢
鼎編：《中國詮釋學》第 2 輯（濟南：山東人民出版社，2004 年），頁 247～
259。

〔註86〕洪燕妮：〈德清與智旭對《中庸》的詮釋〉，《世界宗教研究》2012 年第 4 期，
頁 158～163。

佛教義學者來揭明、來詮釋，這也是釋德清、釋袾宏和釋智旭之所以整理、注疏佛教經典的動機與目的。上述「佛教思想之研究」的研究者大多著力在佛學思想、概念之分析，對於這個部分的著力與研究較少，然而如果能夠從釋德清等人的文集或書信，抽剝他們對儒士群體和道士群體注解佛經的批判，並從他們的佛典詮釋，來剖析其方法論、佛學思想脈絡，則第二個課題其實可以再深入探究。

第三個課題，也就是上述陳運星、蔡金昌等人所提問，並且透過研究企欲回答的問題。上述研究存在一個預設，即釋德清所面對的時代思想，主要是三教會通的風潮，而在三教會通的風潮之中，主要的發言者並非道士或佛教僧徒，而是儒者、士大夫。然而，上述研究其實已經明確點出，釋德清是站在佛教立場，運用佛教義理來詮釋儒、道經典，會通三教。不過，在釋德清會通三教的方法論、判教意圖及三教位階的歸攝上，陳運星等人多半是略為提及或是以「以佛攝儒道」帶過，卻忽略這也是他積極入世的行動表現之一。另一個值得反思與貞定的問題是，當代提及三教會通、三教調合、三教一致時，似乎都是含混其詞，並未實質進行定義。因此，在論及釋德清詮釋儒、道經典時，筆者採用吳孟謙與徐聖心兩位學者的論述，認為釋德清在本體論層次上認為三教一致，但在其詮釋行動、判釋教相上則是三教會通。〔註87〕因此，下述的「道家經典詮釋」，即是釋德清三教會通的實際成果。

（四）道家經典詮釋研究

道家經典詮釋研究，是指除了以《莊子內篇註》、《觀老莊影響論》為研究對象的專書外，其他以釋德清道家經典為研究對象的論文。《老子道德經解》雖然是釋德清注解《老子》的作品，但對釋德清而言，《老子》和《莊子》實

〔註87〕參見吳孟謙：《融貫與批判：晚明三教論者管東溟的思想及其時代》（臺北：臺大中國文學系博士論文，2014年）第四章〈管東溟的判教論述〉，頁114：「若說三教一致是對理體的契證；三教會通則涉及對事相的融通與判釋。換句話說，即是特別關注三教在具體理論與實踐上的異同，並可能因此產生判教思想。」徐聖心：《青天無處不同霞：明末清初三教會通管窺》（臺北：國立臺灣大學出版中心，2010年10月再刷）第一章〈緒論〉，頁14～15：「本書各題，在筆者的研究過程中，不得逕以『三教合一』簡括而混同。……『三教會通』，僅表示這樣的立場：不認為三教勢同水火，亦未必先假定其高下優劣，而力求彼此間之相互了解，相互補充、相互融會、相互增益；同時又不隨意以為三教同源、同旨或一致，概念間可由表面相似性逕作等同或並論。由此立場所展開與他教間之深刻對話，既能外於自身以親近他者，又能回歸自身以自持其學。」

則同屬於一個系統，兩個文本存在互文詮釋的關係。因此，兩者雖可以分別論述與詮釋，但兩者的思想乃同屬於道家系統，若要整體理解道家思想，就必須合觀兩者，而這樣的觀點也可見於《觀老莊影響論》。

統論釋德清詮釋道家經典或以佛解道的，主要有張學智的〈憨山德清的以佛解老莊〉〔註88〕和蔡振豐的〈憨山德清的禪悟經驗與他對老莊思想的理解〉〔註89〕，在上述探討三教會通思潮的部分文章中，如陳運星、蔡金昌和王煜的論文都涉及釋德清運用佛教義學、概念詮釋道家經典的討論。其中蔡振豐指出釋德清的禪悟修行經驗，促使他從妙悟、悟心的角度來解讀老莊，意即釋德清選擇「唯心識觀」和「一心法界」作為詮釋老莊的方法、批評焦竑《莊子翼》和《老子翼》是「人人之老莊」，與他的禪悟經驗有一定的關係。這個觀點對本文「以心會心」等詮釋方法的建構有極大的啟發。

以《莊子內篇註》為研究對象的，主要有李曦〈釋德清《莊子內篇注》研究〉〔註90〕、邱敏捷〈憨山《莊子內篇注》之特色〉〔註91〕、林順夫〈推門落臼：試論憨山大師的《莊子內篇注》〉〔註92〕、王紅蕾〈憨山德清注《莊》動機與年代考〉〔註93〕和〈緣起與本根：佛教與道教宇宙觀的衝突與調和——憨山德清《莊子內篇注·齊物論》研究〉〔註94〕、劉海濤〈憨山德清注《莊》時間相關問題再論——兼與王紅蕾博士商榷〉〔註95〕、韓煥忠〈高僧能解南

〔註88〕 張學智：〈憨山德清的以佛解老莊〉，《道家文化研究》第 8 輯（臺北：文史哲出版社，2000 年 8 月校訂 1 版），頁 339～350。

〔註89〕 蔡振豐：〈憨山德清的禪悟經驗與他對老莊思想的理解〉，《法鼓人文學報》第 3 期（2006 年 12 月），頁 211～234。

〔註90〕 李曦：〈釋德清《莊子內篇注》研究〉，《五臺山研究》1994 年第 3 期（1994 年），頁 16～28。

〔註91〕 邱敏捷：〈憨山《莊子內篇注》之特色〉，《中國文化月刊》第 258 期（2001 年 9 月），頁 69～95。論文標題「之特色」後有「《刪註》」二字，應為冗字。

〔註92〕 林順夫：〈推門落臼：試論憨山大師的《莊子內篇注》〉，《清華學報》第 34 第 2 期（2004 年 12 月），頁 299～326。

〔註93〕 王紅蕾：〈憨山德清注《莊》動機與年代考〉，《北方論叢》2007 年第 2 期（總第 202 期，2007 年），頁 32～35。

〔註94〕 王紅蕾：〈緣起與本根：佛教與道教宇宙觀的衝突與調和——憨山德清《莊子內篇注·齊物論》研究〉，《哲學研究》2007 年第 4 期（2007 年），頁 29～32。

〔註95〕 劉海濤：〈憨山德清注《莊》時間相關問題再論——兼與王紅蕾博士商榷〉，《重慶師範大學學報（哲學社會科學版）》2008 年第 4 期（2008 年），頁 23～26。

華意——憨山德清的《莊子內篇注》〔註96〕、李大華〈論憨山德清的莊子學〉〔註97〕、鄧克銘〈憨山德清論莊子的道、眞宰與成心〉〔註98〕等論文。上述論文都承認釋德清因其佛教僧徒身分，因此會以佛教概念或思想來詮釋《莊子》，但多數論文都是順著釋德清注疏的表層語言意義來梳理，由此指出釋德清詮釋《莊子》的動機（對《莊子口義》和《南華眞經副墨》的不滿、以佛融攝老莊）、詮釋方法（唯心識觀），但對於釋德清的詮釋動機及目的的分析不夠細膩，對方法論的建構亦不夠全面，這也是本論文在第二章及第四章，之所以企圖深入闡釋發揮釋德清詮釋目的及動機、詮釋方法論的原因。鄧克銘的文章雖僅是經由道、眞宰和成心三組概念的分析、將彼此之間的關係予以統整解釋，但對本論文對不同概念之間彼此的交涉、辯證關係的處理極富啓發意義。

以《觀老莊影響論》爲研究對象的單篇論文有林文彬的〈釋德清《觀老莊影響論》初探〉〔註99〕和李懿純的〈憨山德清「唯心識觀」試析——以〈觀老莊影響論〉發端〉〔註100〕林文彬論文仔細分析《觀老莊影響論》，由此得出釋德清乃依據「教取《華嚴》，證用《楞嚴》」的架構來會通三教；李懿純綜論各家說法，並援引《觀老莊影響論》，得出「唯心識觀」乃是「以楞嚴爲主，華嚴爲輔」以印決老莊。然而，本論文認爲「唯心識觀」實際上應當視爲釋德清經典詮釋的方法論，若要強加區分此一方法論的經典依據與思想屬性，可能很難得出極爲精確的答案。畢竟佛學在發展的過程中，不同宗派會從同一本經典取用概念，融入自身的體系中，甚至在宋代以降，以禪融攝不同宗派概念、觀點的情形亦相當普遍。因此對於《觀老莊影響論》思想的依取究竟是《楞嚴經》爲主或《華嚴經》爲主，並非本論文著力之處。

關於釋德清註《老子》的相關論文有：王闓《釋德清《老子道德經解》研究》〔註101〕分從論道、論心性、論經世、論報應四個面向析論《老子道德

〔註96〕韓煥忠：〈高僧能解南華意——憨山德清的《莊子內篇注》〉，《五臺山研究》總第 103 期（2010 年 2 月），頁 26～31。

〔註97〕李大華：〈論憨山德清的莊子學〉，《學術研究》2014 年第 4 期，頁 13～18。

〔註98〕鄧克銘：〈憨山德清論莊子的道、眞宰與成心〉，《鵝湖學誌》第 50 期（2013 年 6 月），頁 39～69。

〔註99〕林文彬：〈釋德清《觀老莊影響論》初探〉，《文史學報》第 31 期（2001 年 6 月），頁 15～33。

〔註100〕李懿純：〈憨山德清「唯心識觀」試析——以〈觀老莊影響論〉〉，《問學集》第 12 期（2003 年 6 月），頁 138～157。

〔註101〕王闓：《釋德清《老子道德經解》研究》（武漢：華中師範大學歷史文化碩士

經解》。陳松柏所撰的〈憨山老學之思考方式與世間特質〉〔註102〕、〈憨山老
學中「道」之多義性指涉與終極關懷〉〔註103〕、〈憨山《道德經解》中「道」
之詮釋特質與價值定位〉〔註104〕、〈《老子道德經憨山注》「以禪解老」之詮釋
模式與通識教育啓示〉〔註105〕等文，是以他博士論文的本體論爲框架來詮釋
《老子道德經解》，或用海德格存有論的詮釋視域解讀《老子道德經解》，如
此用既定框架來理解《老子道德經解》不能說不好，但經由此框架解讀出的
意涵，是否能說對《老子道德經解》的相對客觀意義有所把握，則是可再商
榷的。劉怡君〈釋德清《老子》學義理內蘊探析——兼論「以佛解《老》」的
詮釋向度〉〔註106〕和高齡芬〈憨山大師《老子解》之道論研究〉〔註107〕都側
重於釋德清如何以佛理解《老子》，以及他以佛解老的義理切合度與滑失之處
爲何。

　　在釋德清詮釋《老子》的研究中，或許有一個側重點，是上述作者們較
未重視，但可以再進一步思考的問題。首先，釋德清認爲作爲宇宙本體的眞
常之道是人人所固有；對老子而言，釋德清將道解釋爲眞常之道是對的，但
老子思想中，人人所固有的是德，並非道。其次，釋德清在《老子道德經解》
中的聖人，實則比較趨近於理想人格；但因爲《老子》中的聖人，含有統治
者和理想人格兩種身分，因此釋德清在詮釋時，會隨著文本而引帶出聖人統
治者的身分。所以，釋德清在詮釋時，運用了內聖外王、體用的概念來解釋、
結合這兩種身分。這兩組概念，實際上也是他詮釋《莊子》時所運用的主要
概念，這可作爲理解、掌握他的詮釋道家經典的一個進路。

　　對於釋德清莊學思想對同時代或後世莊學詮釋者的影響，則是近年來開

　　論文，2012年）。
〔註102〕陳松柏：〈憨山老學之思考方式與世間特質〉，《南開學報》第7期上卷（2002
　　年6月），頁45～61。
〔註103〕陳松柏：〈憨山老學中「道」之多義性指涉與終極關懷〉，《南開學報》1卷1
　　期（2003年9月），頁135～148。
〔註104〕陳松柏：〈憨山《道德經解》中「道」之詮釋特質與價值定位〉，《南開學報》
　　2卷2期（2004年9月），頁223～238。
〔註105〕陳松柏：〈《老子道德經憨山注》「以禪解老」之詮釋模式與通識教育啓示〉，《正
　　修通識教育學報》第9期（2012年6月），頁149～178。
〔註106〕劉怡君：〈釋德清《老子》學義理內蘊探析——兼論「以佛解《老》」的詮釋
　　向度〉，《淡江大學中文學報》第17期（2007年12月），頁265～294。
〔註107〕高齡芬：〈憨山大師《老子解》之道論研究〉，《興大中文學報》第27期（2010
　　年6月），頁191～205。

拓的另一個議題，如李懿純《晚明注《莊》思想研究——以沈一貫、釋德清、釋性通爲核心》〔註108〕以生存時代相近，注《莊》的方式與出發點相異的三人，析論以儒解莊（沈一貫）、以佛解莊（釋德清）和以道（莊）解莊（釋性通）在「心性論」、「修養論」與「境界論」的論述有何特色及差異，對本論文進行釋德清與其同時代人的注《莊》思想的對比時，具有相當重要的參考價值。黃紅兵〈釋德清和釋性通二人的莊學思想及其比較〉〔註109〕、蘇曉旭〈《南華發覆》與《莊子內篇注》釋義比較及成書年代考〉〔註110〕和李懿純〈晚明佛門解《莊》的發展脈絡——以釋德清到釋性通之師承考辨爲例〉〔註111〕三篇論文，則不約而同地藉由將研究對象鎖定在釋德清與釋性通，分析兩者《莊子》詮釋的異同，指出兩者詮釋進路與方法的類近，可能存在交互影響的關係。

　　以上研究與本論文最爲相關，也提供相當豐沛而具有價值的研究基礎。但本論文與上述研究不同之處，在於提出以不同論域爲分析的主題，經由分析、綜合，重構出釋德清莊學思想總體樣貌，而非以觀念、思想特色的分析爲主。因此，本論文將適切吸收上述研究相關的論述，作爲詮釋或理解文本的基礎；對於上述研究有疑義時，則試圖從文本本身出發，對前行研究進行批判反思，以獲得較好的理解。

二、引用版本之考訂與史料範圍界定

　　在引用史料方面，以下將對主要且頻繁引用的文本進行版本的探討，並提出爲何引述某版本的理由。因爲釋德清的佛教經典詮釋繁多，而且他的佛典詮釋並非本文討論的重心，因此只會在後續論述引用到時，對引用的版本加以標明。所以下面只對《觀老莊影響論》、《老子道德經解》（以下簡稱《道德經解》）、《莊子內篇註》和《憨山老人夢遊集》（以下簡稱《夢遊集》）四本書的版本進行討論。而這四本書，也是研究釋德清《老子》和《莊子》詮釋時，最常引用的文本，但前行研究者中，除了張玲芳曾對《道德經解》和《莊

〔註108〕李懿純：《晚明注《莊》思想研究——以沈一貫、釋德清、釋性通爲核心》（新莊：天主教輔仁大學中國文學研究所博士論文，2013 年 1 月）。

〔註109〕黃紅兵：〈釋德清和釋性通二人的莊學思想及其比較〉，《樂山師範學院學報》第 25 卷第 3 期（2010 年 3 月），頁 116～128。

〔註110〕蘇曉旭：〈《南華發覆》與《莊子內篇注》釋義比較及成書年代考〉，《周口師範學院學報》第 27 卷第 3 期（2010 年 5 月），頁 26～29。

〔註111〕李懿純：〈晚明佛門解《莊》的發展脈絡——以釋德清到釋性通之師承考辨爲例〉，《書目季刊》第 47 卷第 1 期（2013 年 6 月），頁 57～77。

子內篇註》的版本予以概述外，其他研究者則罕有涉及，大多直接使用現行
流通易得的版本進行研究。此處將吸收張玲芳的概述，對其不足處和宜加詳
釋的部分，則予以補充說明。

　　從明代嘉興藏開始，就曾對釋德清的文集和經典詮釋著作予以蒐集刊
刻。除了嘉興藏外，清代官方從雍正開始刊刻，訖於乾隆而畢功的乾隆大藏
經，以及日本大正新修大藏經和卍續藏經，也收錄釋德清的著作。更不用說
還有自明末之降，其他獨自刊行流傳的版本。這些版本之間的差異、源流為
何，雖然未必會對釋德清思想研究造成根本性的異動，卻仍有必要進一步釐
清，以作為本文引用文獻的理據。尤其光是《夢遊集》，從嘉興藏收錄印行開
始，到後來陸續整理補充而刊行的，就有五卷本、二十卷本、四十卷本、五
十五卷本四種版本，這四個版本的異同之處為何？為何會增衍到五十五卷之
多？若不進行探究確認，則或許仍會衍生本論文所使用的版本究竟是否為善
本的爭議。

　　至於在引用史料的範圍，一般研究釋德清思想的著作，並不太引用明人
筆記、日記和非官方撰述的史書，但最能反映明代民間思想風潮的，反而是
文人筆記和非官方的史書，因此本文在寫作時，將適度援引這類著作，以勾
勒釋德清身處的歷史文化傳統。此外，因為釋德清交往的對象包含佛教僧徒、
文人、居士及官吏，因此若這些人有文集存留至今，而文集中有與釋德清書
信往來，或有能夠用以建構釋德清思想面貌的詩文，本文也將適度引用。

　　以下將分述《觀老莊影響論》、《道德經解》、《莊子內篇註》和《夢遊集》
之版本，與本論文所選擇採用之版本及理由：

（一）《觀老莊影響論》

1. 明萬曆顏廣瞻刻本

　　《觀老莊影響論》在明代萬曆年間刊行時，是以單行本的方式流通，而
目前可見最早的本子，為北京圖書館藏明萬曆顏廣瞻刻本，《續修四庫全書》
曾據此影印。〔註112〕萬曆顏廣瞻刻本每半葉八行，行十七字。前有釋德清所
寫〈影響論跋〉，跋末有「釋氏德清」、「憨山道人」兩印。頁 1a「觀老莊影響
論」頂格書寫，隔行次四格為「明那羅延窟海印沙門釋德清述」，第三行又次

〔註112〕　（明）釋德清：《觀老莊影響論》，《四庫全書存目叢書·子部·道家類》（臺
　　　　　南：莊嚴出版社，1995 年）第 257 冊，頁 729 下～743 上。

三格爲「陋巷居士顏廣瞻校梓」。〔註113〕「叙意」的部分皆次格書寫。

萬曆顏廣瞻刻本與後世傳版本較爲不同處，在於「不能融通教觀，難於利俗」後面有「若夫當世君子，安心佛法，爲法城者墮者，多矣！自有神鑑，固不待言」〔註114〕一段，明天啓年間的快書本、二十卷本《夢遊集》所收之〈觀老莊影響論〉皆有此段文字，但在錢謙益編訂的四十卷本《夢遊集》中的〈觀老莊影響論〉，此段文字就被刪去了。現在通行的〈觀老莊影響論〉主要依據錢謙益編訂的四十卷本《夢遊集》而來，所以此段文字在當初釋德清寫定刊刻時是存在的，是後來被錢謙益或參與編纂四十卷本《夢遊集》的人刪去，至於刪去的動機則不明。

2. 明天啓年間快書本

閔景賢輯、何偉然校訂，在天啓丙寅（六年，1626）的東江閔氏刊本《快書》，共五十五卷，《觀老莊影響論》在第三十三卷。每半葉八行，行十八字。中央研究院傅斯年圖書館藏本有朱筆圈點，另有《叢書集成續編》影印本。〔註115〕此版本刪去〈影響論跋〉，正文前有閔景賢〈影響論題辭〉。頁一首行頂格書「快書卷三十三」，次行爲「練江閔景賢士行纂」，再次爲「西湖何偉然仙腥訂」，再次爲「觀老莊影響論憨山道人元本〔註116〕」。

3. 清順治十七年耿繼茂刻二十卷本《夢遊集》所收〈觀老莊影響論〉

此版本，雒少峰〈四十卷《憨山老人夢遊全集》編纂敘說〉〔註117〕並沒有提及，是清代靖南王耿繼茂（？～1671）請濟孫幫忙整理刊刻的。〈觀老莊影響論〉在第十八卷，每半葉十行，行二十字。其形式與快書本較接近，皆沒有〈影響論跋〉。

4. 清順治十七年四十卷本《夢遊集》所收〈觀老莊影響論〉

除了五卷本《夢遊集》外，錢謙益等人所編的四十四卷本和乾隆大藏經

〔註113〕（明）釋德清：《觀老莊影響論》，《四庫全書存目叢書・子部・道家類》（臺南：莊嚴出版社，1995年）第257冊，頁731上。

〔註114〕（明）釋德清：《觀老莊影響論》，《四庫全書存目叢書・子部・道家類》（臺南：莊嚴出版社，1995年）第257冊，頁731上。

〔註115〕（明）釋德清：《觀老莊影響論》，《叢書集成續編・子部》（上海：上海書店，1994年）第97冊，頁533～546。

〔註116〕「憨山道人元本」爲小字，書於「觀老莊影響論」之下。

〔註117〕雒少鋒：〈四十卷《憨山老人夢遊全集》編纂敘說〉，《學灯》第28期。電子全文出處：http://www.confucius2000.com/admin/list.asp?id=5775。

的五十五卷本都有收〈觀老莊影響論〉。《夢遊集》的版本下文將會談及，所以此處只針對〈觀老莊影響論〉版式進行介紹。四十四卷本《夢遊集》由常熟汲古閣的毛晉（1599～1659）之子毛褒、毛表、毛扆刊刻完成，因此應屬於汲古閣刊本，《續修四庫全書》據此影印。〔註118〕此版本每半葉十行，行二十字。此版本的〈觀老莊影響論〉在第三十卷，與〈道德經解發題〉同卷。

此版本除了將明萬曆本以降「敘意」中「若夫當世君子，安心佛法，為法城者壖者，多矣！自有神鑑，固不待言」一段刪除外，並將〈影響論跋〉移至全文之末，刪去「影響論跋」四字，添加「病後俗冗，近始讀大製《曹谿通志》及《觀老莊影響論》等書，深為嘆服。所謂『不知《春秋》，不能涉世；不知老莊，不能忘世；不參禪，不能出世』及『孔子，人乘之聖；老子，天乘之聖；佛能聖能凡，能人能天之聖』，如此之類，百世不易之論也。起元再稽顙。」一段文字。後來的〈觀老莊影響論〉內容皆依據此版本。

案：關於上述文字的作者，無論是張玲芳或李懿純都認為不知為何人，但若與釋德清〈與瞿洞觀〉的第三封信「曾憶與居士夜談三教之宗，以唯識正二氏之旨，辱心印相可。是時海上偶筆之成書，曰《觀老莊影響論》。今始菑木，楊少宰稱千古定論」〔註119〕合觀，「千古定論」即「百世不易之論」，則可知所謂起元即是楊起元。楊起元曾官至吏部左侍郎，而明代習以少宰為吏部侍郎別稱，因此釋德清稱他為「楊少宰」。

5. 乾隆年間浙江巡撫採進本

乾隆年間，則有浙江巡撫採進本，但實際的版式不明。《欽定四庫全書總目·子部》「道家類存目」記載：

> 《觀老莊影響論》一卷【浙江巡撫採進本】明釋德清撰。德清字登〔註120〕印，全椒人，即當時所稱憨山大師者也。其書多引佛經以證老莊，大都欲援道入釋，多惝恍恣肆之言，以其借老莊為名，故姑附之道家。其曰「影響論」者，取「空谷傳聲，眾響斯應」之義也。〔註121〕

〔註118〕 （明）釋德清：《憨山老人夢遊集》，《續修四庫全書·集部·別集類》（上海：上海古籍出版社，2002年）第1377、1378冊。

〔註119〕 （明）釋德清撰，（清）錢謙益等編纂：〈與瞿洞觀〉，《憨山老人夢遊全集》（臺北：新文豐出版公司，2000年12月1版4刷），頁872。

〔註120〕 案：登印為澄印之誤。

〔註121〕 （清）永瑢、紀昀編修：《欽定四庫全書總目》（臺北：臺灣商務印書館，1983年）第3冊，頁1110下～1111上。

浙江巡撫採進本《觀老莊影響論》也是以專書獨冊的方式刊行，館臣對《觀老莊影響論》的評價不高，因此將之列入存目，點出釋德清撰述的目的乃在「援道入釋」，而之所以將該書分入道家，也僅僅是「以其借老莊為名」。從實際的撰述目的與內容而言，館臣認為釋德清援老莊以入佛釋的意圖太明顯，因而不認為該書可以分入道家，但因為書名有「老莊」二字，所以姑且附屬於道家，這是不得已的歸類。

　　館臣認為「其曰『影響論』者，取『空谷傳聲，眾響斯應』之義也」，是斷章取義，且語焉不詳。釋德清於「叙意」說：「故余以唯心識觀印決之，如摩尼圓照五色，五色相鮮；空谷傳聲，眾響斯應。苟唯心識而觀諸法，則彼自不出影響閒也，故以名論。」〔註122〕由釋德清的說法可知，所謂「影響論」乃指「摩尼圓照五色，五色相鮮」之影，和「空谷傳聲，眾響斯應」之聲，此兩譬喻是意指若以唯心識觀天下眾法——無論是出世法或世法，儒家、道家或佛教義理——則一切法皆為如來藏清淨心之影響，並非本體。館臣並沒有深入理解，僅是以釋德清的話來解釋定名的根據，卻忽略了釋德清是以如來藏清淨心此一重要本體概念來論影響。

6. 清乾隆大藏經五十五卷本《夢遊集》所收〈觀老莊影響論〉

　　乾隆大藏經所收《夢遊集》將四十卷本拆分為五十五卷本，並在每卷末加上生難字詞的音釋。五十五卷本將〈觀老莊影響論〉移至第四十五卷，和〈道德經解發題〉、〈憨山緒言〉同卷，內容則和四十卷本一致。

7. 清光緒五年江北刻經處五十五卷本《夢遊集》所收〈觀老莊影響論〉

　　江北刻經處的創辦者為江都人鄭學川，從〈楊仁山居士傳略〉的記載，可知鄭學川創立江北刻經處乃與楊文會〔註123〕等人發願刊經有關：

> 乙丑（同治四年，1865）〔註124〕，來金陵，得經書數種。明年（同治五年丙寅，1866）移居宵，于時董江甯工程之役。同事真定王公梅叔，邃于佛學，相得甚歡。復與邵陽魏剛己、陽胡趙惠甫、武進劉開生、嶺南張浦齊、長沙曹鏡初諸君子遊，互相討論，深究宗教淵源，以為末法世界，全賴流通經典，普濟眾生。北方龍藏既成具

〔註122〕（明）釋德清：《觀老莊影響論》（廣文書局本），頁2。
〔註123〕楊文會（1837～1991），字仁山，是清末著名的復興佛教人物，在民間推廣佛教，並有多種經典詮釋著作傳世，其傳記資料參見〈楊仁山居士事略〉，頁1～13。
〔註124〕引文中（　）與內容皆為筆者所加，不另出註。

文，雙徑書本又燬于兵燹，于是發心刻書本藏經，俾廣流傳。……
時發心最切者，爲江都鄭學川（1826～1880）君。鄭君未幾即出家，
名妙空子，刱江北刻經處于揚州東鄉之磚橋雞園，刻經甚夥。〔註125〕

鄭學川既與楊文會等人一同發願刻經，而從文中可以得知，他們刻經的原因之一，正是「北方龍藏既成具文，雙徑書本又燬于兵燹」。龍藏即《乾隆大藏經》，其所以流於形式具文，可能是深藏於宮廷之內，不易獲得，即使眾人都知道也無法輕易取閱；雙徑書本即《嘉興藏》，因爲藏於雙徑寂照庵，因得此稱。江北刻經處的五十五卷本和乾隆大藏經本《夢遊集》分卷和內容相同，有可能是江北刻經處以乾隆大藏經本爲基礎加以重刊，同時也取消了乾隆大藏經本每卷末的音釋。

8. 清光緒十二年金陵刻經處《道德經解》、《觀老莊影響論》合刊本

嚴靈峯《老莊列三子知見書目》稱：

【存】《道德經解》附錄，又名《三教源流異同論》。〔註126〕

嚴靈峯稱《觀老莊影響論》是《道德經解》的附錄，是因爲他所見的，是清光緒十二年金陵刻經處本的《觀老莊影響論》和《道德經解》合刻，遂給予他這種印象。實則清光緒十二年金陵刻經處合刻本之前，其他版本的《觀老莊影響論》並不和《道德經解》合刻，也就沒有「《觀老莊影響論》是《道德經解》的附錄」這樣的現象。因此，嚴靈峯此處下的斷語，是就單一版本觀察得出，並無法涵括其他版本。此版本每半葉十行，行二十字。現藏國家圖書館善本書室。這個版本的《觀老莊影響論》是目前流傳最廣的，而且「一名三教源流異同論」也是從這個版本才開始標記，其他各本都沒有這個標記。

金陵刻經處之所以合刻《觀老莊影響論》和《道德經解》，可從刻經處在《道德經解》後的識文：「石埭楊文會施錢一百一千文敬刊《道德經解》并《觀老莊影響論》，連圈點計字五萬六千一百四十二箇」此段文字得知。楊文會最初捐獻刊刻時，已指定他所捐一百一千文要用於刊刻「《道德經解》并《觀老莊影響論》」，基於這個原因，金陵刻經處遂將這兩個文本合刊。這並不意謂楊文會認爲《觀老莊影響論》是《道德經解》的附錄，相反的，從他與金陵刻經處將兩者以「并」字相連，證明了在他們的認知裡，兩者並非附屬從錄

〔註125〕濮一乘：〈楊仁山居士事略〉，收入楊文會：《楊仁山居士遺著》（臺北：河洛圖書出版社，1973 年 12 月），頁 3～4。

〔註126〕嚴靈峯：《老列莊三子知見書目》，下冊，頁 14。原文僅有簡略標示，此標點爲筆者所加，以下皆是。

的關係，而是各自獨立的兩個文本，只是在此被合刊而已。廣文書局影印的《觀老莊影響論》，底本即爲光緒十二年金陵刻經處本。

必須加以補充的是，金陵刻經處的創辦者，正是楊文會。〈楊仁山居士傳略〉曾記載其開辦金陵刻經處的緣起：

> 甲戌（同治十三年，1874）〔註127〕，泛舟游歷蘇浙，……擇定金陵
> 北極閣，集資建屋，爲藏庋經板地。……乃移藏家中，延友人專司
> 其事。……丁酉年（光緒二十三年，1897），築室于金陵城北延齡巷，
> 爲存經板及流通經典之所。〔註128〕

《佛光大辭典》認爲「廿三年，於南京城北延齡巷開設藏版及流通處，即金陵刻經處之創始。」〔註129〕，如果依此說法，則與「光緒十二年金陵刻經處」此一識語不合。所謂「金陵刻經處」的名稱，應該在同治十三年，楊文會以金陵北極閣爲藏經板刻印經書之前，就有此名稱。後來雖因故遷移到楊文會家中，但仍依循「金陵刻經處」一名，直到光緒二十三年，才在金陵城北延齡巷有較大的庋存經板、刻印經書和流通的場所，但不可以因固定的場所推定「金陵刻經處」創始於光緒二十三年。因此，若〈楊仁山居士傳略〉的記載無誤，光緒十二年金陵刻經處合刊本刊印的時間點，金陵刻經處當時是在楊文會家中。〔註130〕

9. 民國三十四年上海熙光善書局《觀老莊影響論》、《道德經解》、《太上清靜經》合刊排印本

現在新文豐出版的《老子道德經憨山註（附〈觀老莊影響論〉一名〈三教源流異同論〉）》和《莊子內篇註》合刊本，是依據民國三十四年上海熙光善書局點校排版合刊本翻印。該書依序爲《觀老莊影響論》、《道德經解》、《太上清靜經》，皆有圈點或點校。此一版本點校的底本爲光緒十四年金陵刻經處《道德經解》和《觀老莊影響論》合刻本。由於是民國三十四年的點校本，因此使用的標點符號僅有點、句兩種。

〔註127〕（ ）及內文皆爲筆者所加，不另出註。

〔註128〕濮一乘：〈楊仁山居士事略〉，頁5～9。

〔註129〕佛光大藏經編修委員會：《佛光大辭典》（高雄：佛光出版社，1989年6月5版）中冊，頁3583中。

〔註130〕關於金陵刻經處的成立與變遷，可以參考羅琤：《金陵刻經處研究》（上海：上海社會科學院出版社，2010年7月）。羅琤更指出，金陵刻經處之名在同治五年就有。

頂格書寫「觀老莊影響論」，下以小字標注：「一名三教源流異同論」，次行為「明那羅延窟海印沙門釋德清撰」。「叙意」作「敍意」，「敍意」部分為小字，頂格書寫。現藏國家圖書館善本書室。

張玲芳就其所見，僅列出明萬曆顏廣瞻刻本、明天啓六年（丙寅）快書刊本和清光緒十二年金陵刊本三種〔註131〕，卻未能對清光緒十二年金陵刊本溯源，因而沒有發現，金陵刊本實根據五十五卷《夢遊集》編定的〈觀老莊影響論〉，只是將之抽出，與《道德經解》合刊而已。雖然如此，張玲芳仍掌握了《觀老莊影響論》主要流傳的版本，並對版本做了精準的介紹。本文所採用之《觀老莊影響論》為廣文書局影印清光緒十二年金陵刻經處合刊本，若有版本上的文字出入，則以當頁註予以說明。

（二）《道德經解》

據嚴靈峯《老莊列三子知見書目》稱：

> 【存】《千頃堂書目》著錄分上下兩篇，逐章作解，釋道儒三家並采，不標章目。嘉靖壬辰至丙午，凡十五年始成書。首附〈觀老莊影響論〉一篇。按：原題《道德經發隱》，明鈔本同，並有萬曆甲寅黃之裳跋。〔註132〕

案：《道德經解》，《千頃堂書目》著錄為「僧德清《道德經發隱》二卷」〔註133〕，並未言明分上下兩篇。

嚴靈峯載錄《道德經解》另有明代嶺南刊本、明五雲刊本、明南岳刊本、明金陵刊本、明玉溪菩提庵刊本（國立中央圖書館藏）、明鈔本（香港大學馮平山圖書館藏）、清光緒元年道山同慶社刊本、民國四十五年臺灣法輪書局影印同慶社本、清光緒十二年金陵刻經處刊本、民國八年廣州本、民國三十四年上海熙光善書局排印本、民國四十五年台灣建康書局影印（熙）〔註134〕光善書局本、民國四十五年基隆自由書店影印本、海幢坊流通刊本（京都大學文學部藏）和日本長谷川六兵衛刊本。其中所謂明嶺南、五雲、南岳、金陵刊本，根據釋德清〈註道德經序〉：「註成，始刻於嶺南，重刻於五雲、南岳與金陵，今則再刻於吳門。」〔註135〕可知這幾個版本實為同一版本，但實際

〔註131〕張玲芳：《釋德清以佛解老莊思想之研究》，頁90～92。
〔註132〕嚴靈峯：《老列莊三子知見書目》上冊，頁146。
〔註133〕（清）黃虞稷：《千頃堂書目》（臺北：廣文書局，1967年），卷16，頁1211。
〔註134〕嚴靈峯漏寫「熙」字。
〔註135〕（明）釋德清：〈註道德經序〉，《道德經解》，頁2。

版式爲何，嚴靈峯亦當未見。以下據臺灣圖書館收藏，筆者所見之版本進行解說。

1. 玉溪菩提庵刊本

玉溪菩提庵刊本，清代丁丙（1832～1899）的《善本書室藏書志》曾提及：

> 《老子道德經解》【明刊本】明建鄴憨山道者釋德清著。前有〈老子傳〉及〈發明宗旨〉、〈發明趣向〉、〈發明工夫〉、〈發明體用〉、〈發明歸趣〉五篇，以佛證道，具得元解。末有「版存玉溪菩提寺」木記。〔註136〕

玉溪菩提庵刊本刊刻於萬曆年間，是目前可見最早的《老子道德經解》版本。《道德經解》，每半葉十行，行二十字。版心白口，有「道德經解上篇」或「道德經解下篇」和頁數。內容如同丁丙所說，前有〈老子傳〉及〈發明宗旨〉、〈發明趣向〉、〈發明工夫〉、〈發明體用〉、〈發明歸趣〉五篇〔註137〕，後有「版存玉溪菩提寺」木記。分章但沒有標示章號或章名，經文頂格書寫，注文皆低一格書寫。現藏國家圖書館善本書室。

2. 明鈔本

此鈔本疑即嚴靈峯所謂「明鈔本（香港大學馮平山圖書館藏）」，正文卷端題「老子道德經解上篇　明建鄴憨山道者釋德清著」，每半葉七行，行十六字。有朱筆圈校和眉批。無〈老子傳〉及〈發明宗旨〉、〈發明趣向〉、〈發明工夫〉、〈發明體用〉、〈發明歸趣〉五篇。現藏國家圖書館善本書室。

3. 清同治十二年刊本

傅斯年圖書館藏有民國八年廣州芝雲客景印同治十二年刊本，每半葉九行，行二十字。此即嚴靈峯所稱「民國八年廣州本」。前有〈老子傳〉和〈發

〔註136〕（清）丁丙：《善本書室藏書志》（臺北：廣文書局，1988年），卷22，頁1069。
〔註137〕張玲芳將此五篇統稱爲〈道德經解發題〉，並指出此名稱源自《憨山老人夢遊集》卷四十五如此統稱。這樣的著錄或統稱會出現一個問題：既然〈道德經解發題〉一名源自晚出的《夢遊集》，而不是各版本《道德經解》著錄的原貌，用晚出的名詞來指涉書中各自獨立的五篇文字，是否恰當呢？筆者以爲，〈道德經解發題〉是刊刻編輯《夢遊集》的人所賦予的名稱，不該用來統稱《道德經解》中各自獨立存在的五個篇章。因此本文一律稱〈發明宗旨〉、〈發明趣向〉、〈發明工夫〉、〈發明體用〉、〈發明歸趣〉五篇。張玲芳說法見氏撰：《釋德清以佛解老莊思想之研究》，頁108。

明宗旨〉、〈發明趣向〉、〈發明工夫〉、〈發明體用〉、〈發明歸趣〉五篇，作者署名爲「明建鄴憨山道者釋德清著」。書底有「同治十二年重刊板藏省城桂耕堂」木記。

4. 清光緒元年道山同慶社刊本

書前有「光緒元年道山同慶社梓」木記，書名爲《道德經註解》，作者署名爲「明建鄴憨山道者釋德清著」，每半葉九行，行二十字。有〈老子傳〉，有〈發明宗旨〉、〈發明趣向〉、〈發明工夫〉、〈發明體用〉、〈發明歸趣〉五篇。臺灣法輪書局出版社據此影印，現藏國家圖書館善本書室。

5. 光緒十二年金陵刻經處《道德經解》、《觀老莊影響論》合刊本

此版本每半葉十行，行二十字，版心白口，有頁數。與《觀老莊影響論》合刊，依序爲〈註道德經序〉、〈老子傳〉、〈發明宗旨〉、〈發明趣向〉、〈發明工夫〉、〈發明體用〉、〈發明歸趣〉、〈老子道德經解上篇〉、〈老子道德經解下篇〉。經文頂格書寫，注文皆次格書寫。其他相關說明見《觀老莊影響論》「清光緒十二年金陵刻經處《道德經解》、《觀老莊影響論》合刊本」條。

6. 民國三十四年上海熙光善書局《觀老莊影響論》、《道德經解》、《太上清靜經》合刊排印本

與《觀老莊影響論》合刊，有點校，依序爲〈註道德經序〉、〈老子傳〉、〈發明宗旨〉、〈發明趣向〉、〈發明工夫〉、〈發明體用〉、〈發明歸趣〉、〈老子道德經解上篇〉、〈老子道德經解下篇〉。除〈老子道德經解上篇〉、〈老子道德經解下篇〉注文用逗號和句號外，經文和其他篇章皆只有頓點和句號點校。此乃以光緒十二年金陵刻經處合刊本爲底本點校。其他相關介紹參見《觀老莊影響論》「民國三十四年上海熙光善書局《觀老莊影響論》、《道德經解》、《太上清靜經》合刊排印本」條。建康書局《道德經解》、新文豐出版的《老子道德經解憨山註　莊子內篇憨山註（附觀老莊影響論一名三教源流異同論）》[註138]的《老子道德經憨山註》都是依據此版本複印。

　《道德經解》的內容，各版本都是一致的，並沒有經過大幅度的更移或改動，因此本論文選取廣文書局依據光緒十二年金陵刻經處《道德經解》、《觀老莊影響論》合刊本影印的版本。

〔註138〕（明）憨山大師：《老子道德經解憨山註　莊子內篇憨山註（附觀老莊影響論一名三教源流異同論）》（臺北：新文豐出版公司，2004 年 12 月初版 5 刷）。

（三）《莊子內篇註》

嚴靈峯《老莊列三子知見書目》稱：

> 【存】倡三教一致之說，多以儒、佛之說解《莊》。順文作注，每節
> 之末並說明大旨。〔註139〕

《莊子內篇註》作者署名為「明匡廬逸叟憨山釋德清註」，分為四卷。目前臺灣所見《莊子內篇註》，僅有乾隆大藏經本和光緒十四年金陵刻經處刊本兩個版本，兩者內容並無差異，只是光緒十四年金陵刻經處本刪去乾隆大藏經本的音釋，卷四末有「華英精舍施錢一百二十千文敬刻此部，連圈點計自六萬六千三百六十五箇。光緒十四年冬十二月金陵刻經處識」數字。本論文所依據的《莊子內篇註》，為新文豐影印本，底本為光緒十四年金陵刻經處本。

（四）《夢遊集》

《夢遊集》目前可見的版本，有五卷、二十卷、四十卷和五十五卷四種，根據雒少峰研究，他認為四十卷本《夢遊集》是目前所見較佳的版本，不僅優於五卷本，也優於被《乾隆大藏經》重新編訂的五十五卷本。〔註140〕五卷本是釋德清圓寂後，編纂者依據釋德清門人、東海那羅延窟侍者侍者福善的日錄，亦即釋德清平日講法與他人請益時回覆的紀錄，由五乳峰侍者廣益擔任編對，海陽鄭一相負責繕寫，並被收入《嘉興藏》，題名為「憨山大師夢遊全集」。〔註141〕此即錢謙益（1582～1664）在〈憨山大師夢遊全集序〉所稱「《憨山大師夢遊全集》，《嘉興藏》函，止刻法語五卷。」〔註142〕法語多書有開示對象姓名，偶爾會標識時間與地點。

關於四十卷本的編輯動機與目的，錢謙益〈憨山大師夢遊全集序〉曾如此闡說：

〔註139〕嚴靈峯：《老列莊三子知見書目》上冊，頁146。

〔註140〕雒少峰：〈四十卷《憨山老人夢遊全集》編纂敘說〉：「現在研究憨山大師，首選的本子恐怕還是《嘉興藏》中的錢謙益四十卷本。」本文為線上全文，沒有頁碼。

〔註141〕雒少峰：〈四十卷《憨山老人夢遊全集》編纂敘說〉；（明）釋德清撰，（明）福善日錄：《憨山大師夢遊全集》，《明版嘉興大藏經》（臺北：新文豐出版公司，1987年）第22冊。《中華大藏經》（臺北：中華修訂大藏經會，1968年）第2輯第88冊亦有收入。

〔註142〕（清）錢謙益：〈憨山大師夢遊全集序〉，收入（明）釋德清撰，（清）錢謙益等編纂：《憨山老人夢遊全集》（臺北：新文豐出版公司，2000年12月1版4刷），頁5。

丙申歲（清順治十三年，1656 年）〔註143〕，龔孝升〔註144〕（1615
～1673）入粵，海幢華首和尚〔註145〕（1633～1681）得余書，梜椎
告眾，訪求鼎湖棲壑〔註146〕（1586～1658）禪師藏本，曹秋岳〔註
147〕（1613～1685）諸公繕寫歸吳，謙益手自讎勘，撰次爲四十卷
本。大師著述，援筆立就，文不加點，字句不免繁拕，段落間有失
次，……今茲讎勘，僭有行墨改竄，實稟承大師墜言，非敢僭踰，
犯大不韙也。……毛子晉〔註148〕（1599～1659）請獨任鏤版，以申
其私淑之願。子晉歿，三子褒、表、扆聿追先志，遂告成事。其在
嶺表共事搜葺者，孝廉萬泰〔註149〕（1598～1657）、諸生何雲〔註
150〕、族孫朝鼎〔註151〕也。其佽助華首網羅散失者，曹溪法融、海
幢月池，及華首侍者今種、今照、今光也。〔註152〕

從錢謙益的文章中，可以獲得幾個訊息：第一，錢謙益等人編輯勘定四十卷
本《夢遊集》的時間是順治十三年，主要的協力者有龔鼎孳、曹溶、萬泰、
何雲、錢朝鼎、海幢寺的月池和道獨及其侍者、曹溪的法融，最後刊刻者則
爲毛晉父子；第二，除了五卷本之外，四十卷本《夢遊集》主要底本之一爲

〔註143〕（）及內文爲筆者所加，以下皆是，不另出註。
〔註144〕龔鼎孳，字孝升，號芝麓。
〔註145〕空隱道獨（1600～1661），錢謙益〈華首空隱和尚塔銘〉中有「往余訪憨山大
　　　　師遺集，致書海幢，師歡喜讚嘆，披衣焚香，梜椎以告眾。」可證〈憨山大
　　　　師夢遊全集序〉中的海幢華首爲空隱道獨。參見（清）錢謙益撰，（清）錢曾
　　　　箋注，錢仲聯標校：《牧齋有學集·卷 36·華首空隱和尚塔銘》（上海：上海
　　　　古籍出版社，2010 年 9 月 3 次印刷），頁 1274。
〔註146〕離際道丘，晚號棲壑，因開鼎湖山，故錢謙益稱他鼎湖棲壑。
〔註147〕曹溶，字潔躬，號秋岳。龔孝升和曹秋岳入粵時，錢謙益曾贈詩送別，《牧齋
　　　　有學集》有〈長至前三日吳門送龔孝升大憲頒詔嶺南兼簡曹秋岳左轄四首〉，
　　　　即送別龔孝升的詩。末章詩後有小記，中有「憨山大師真身漆供曹溪，屬孝
　　　　升往頂禮，并約秋岳收其遺集。」參見（清）錢謙益撰，（清）錢曾箋注，錢
　　　　仲聯標校：《牧齋有學集·卷 7·長至前三日吳門送龔孝升大憲頒詔嶺南兼簡
　　　　曹秋岳左轄四首》，頁 359。
〔註148〕毛晉，原名鳳苞，後改名晉，字子晉，晚明大藏書家及刻書家，其所刻書即
　　　　版本學所謂「汲古閣本」。
〔註149〕萬泰，字履安，晚號悔庵，爲萬斯大、萬斯同之父。
〔註150〕何雲，字士龍，生卒年不詳。
〔註151〕錢朝鼎，字禹九，號黍谷。順治四年（1647）進士，官至太常卿。
〔註152〕（清）錢謙益：〈憨山大師夢遊全集序〉，總頁 5～9。此序與收錄在《牧齋有
　　　　學集》的序頗有出入，參見（清）錢謙益撰，（清）錢曾箋注，錢仲聯標校：
　　　　《牧齋有學集·卷 21·嶺南刻憨山大師夢遊全集序》，頁 871～873。

鼎湖的離際道丘所藏釋德清文集；第三，錢謙益對釋德清的文章作了部分的改訂，這就解釋了《觀老莊影響論》為何從四十卷本以後就將〈影響論跋〉後移，並刪去「敘意」「若夫當世君子，安心佛法，為法城者壓者，多矣！自有神鑑，固不待言」一段文字。後來的四十卷本，縱使刊刻者不同，但都是依據錢謙益所編、毛晉所刊印的版本。〔註153〕

　　《乾隆大藏經》所收的是目前可見最早的五十五卷本《夢遊集》，根據雒少峰研究，是以四十卷本為底本，重新予以編排的結果。〔註154〕雒少峰認為《乾隆大藏經》的五十五卷本曾對錢謙益的四十卷本加以改動〔註155〕，但實際究竟是哪一方面的改動，雒少峰並未說明；雖然乾隆時期將錢謙益視為貳臣，並禁燬他的著作，但《乾隆大藏經》倒底對錢謙益編集的四十卷本作了何種程度的改動、刪修，若不一一比對，恐難有所定論。無論《乾隆大藏經》的五十五卷本對四十卷本進行何種改動，現行五十五卷本都是以《乾隆大藏經》為底本，包括光緒五年江北刻經處刊刻的《夢遊集》，和據之影印的香港法匯本，以及影印自法匯本、新文豐出版的《夢遊集》。本論文所依據之版本即新文豐出版的《夢遊集》，若此版本文字與四十卷本出入嚴重至影響文意者，則另行出註說明。

　　此外，在雒少峰的討論之外，還有一由靖南王耿繼茂（？～1671）刊印的二十卷本《夢遊集》。根據耿繼茂〈憨山大師夢遊全集序〉「有移鎮之命，尋將行，衲子濟孫忽從鼎湖敗簏中，得茲籍以獻」〔註156〕，結合上述錢謙益的序文，可知濟孫獻給耿繼茂的《夢遊集》，可能是錢謙益所謂「鼎湖棲壑禪師藏本」。以二十卷本和四十卷本對比，或許可以看出錢謙益對釋德清文集修潤刪改的狀況。以〈觀老莊影響論〉為例，二十卷本保留「若夫當世君子，安心佛法，為法城者壓者，多矣！自有神鑑，固不待言」，四十卷本卻刪去此

〔註153〕《明版嘉興大藏經》第 22 冊有收四十卷本《夢遊集》；《中華大藏經》第 87〜88 亦有收四十卷本《夢遊集》，兩者的刻版字體有差異，因此應當不是同一個版本，但內容並沒有差異。

〔註154〕雒少峰：〈四十卷《憨山老人夢遊全集》編纂敘說〉：「《乾隆大藏經》是雍正乾隆時期編的《大藏經》，其中收入的《憨山大師夢遊全集》將四十卷拆分成五十五卷」。

〔註155〕雒少峰：〈四十卷《憨山老人夢遊全集》編纂敘說〉曾說「《卍續藏》中帶有龍藏刪改錢謙益本的痕跡」。

〔註156〕（明）釋德清：《憨山大師夢遊全集》，《四庫全書未收輯刊》（北京：北京出版社，2000 年），第 3 輯第 25 冊，頁 4 下。

段文字。較爲可惜的是，二十卷本是殘本，並非全中失。

三、完境方法論之建構與應用

　　本論文研究方法乃奠基於顏崑陽先生「完境理論」的存有論，並以詮釋學之主客視域融合的認識論，與一般性研究操作方法，構成一系列完整的方法論。不過，因爲顏先生「完境理論」乃建立在文學史書寫的存有論，本論文則是屬於哲學研究和莊學史書寫，所以在運用時必須經過調整並進一步闡述。

　　顏崑陽先生在〈混融、交涉、衍變到別用、分流、佈體——「抒情文學史」的反思與「完境文學史」的構想〉一文，本爲反對「抒情文學史」這種將單一文學質料過分突顯，甚而將之視爲文學的普遍本質的文學史觀，但在破之外，他試圖建構一立基於文學家及其作品「歷史性」（historically）的「完境文學史」書寫理論。雖然顏先生文章側重的是文學史書寫的理論問題，但「完境理論」即是從「歷史性」〔註157〕重新省視定義人與其作品之間的關係，則無論是文學家或莊學詮釋者及其作品，都是「歷史性」的存在，討論文學作品或莊學詮釋著作，都不能跳脫歷史事實架空討論。

　　顏先生進一步界定出「完境理論」中，「作者」〔註158〕的三重歷史存在與社會存在：

> 「歷史存在」指涉的是相對於當代人們所能被感知的過去的存在情
> 境，包括著那存在情境中人們所選擇、承受的傳統文化經驗與當代
> 社會經驗所新造的文化，而最終以符號形式化的文本被留傳下來。

〔註157〕「歷史性」一詞定義，見顏崑陽：〈混融、交涉、衍變到別用、分流、佈體
——「抒情文學史」的反思與「完境文學史」的構想〉，頁135：「『歷史性』
指的是使得存有者之所是所爲的『事實』能成爲『歷史』的基礎。而『歷史
性』也就滲透在人之所是所爲的一切，尤其是對生命存在的體驗及意義的理
解、價值的選擇，終而實現文化的創造。分解言之，它一方面是人之自覺其
爲歷史的存在而是其所當是、爲其所當爲的主體，一方面又是容受一切歷史
事實而使之『意義化』爲『存在情境』的客體；而這兩者始終是主客辯證依
存著。所謂『歷史事實』，乃涵融著『文化傳統』與『社會關係』的二個時、
空向度；它實際地顯示著生命存在的『限定性』。即此而言，人的生命存在意
義既有其由主體決定的創造所開展的『無限性』，卻相對又有從所容受歷史事
實而構成存在情境『限定性』。」
〔註158〕顏先生此處本爲「文學家」，因爲「完境文學史」書寫的限定對象爲文學家，
但爲了梳理理論並加以轉化，此處改爲「作者」。

因此，所有的「當代」，從其社會文化的實踐經驗與意義而言，都必然回饋到歷史而成爲被選擇、承受的文化傳統的一部分。「傳統」並非與當代存在經驗及意義不切身相涉的純粹客體性歷史，而是與存在經驗及意義無法切割的「效果歷史」（Wirkungsgeschichte）。「社會存在」即是當代現實境域中，精神生活與物質生活的關係性結構及實踐經驗。在時過境邊之後，它終究會成爲「歷史存在」的一部分。文學家在這樣具實的歷史與社會存在中，從廣泛幅度的存在情境而言，他與所有不分階層的一般人，共享著整體性的歷史文化與社會情境；這是文學家第一重的存在。接著，從限定性幅度的存在情境而言，文學家在當代的社會結構中，卻又無可規避的必然歸屬於某一由生產關係所分化的社會階層，因而在階層限定的視域中，理解、選擇、承受了某些由「文化傳統」及「社會階層」共同形成的價值觀，並履歷了階層性的社會互動經驗過程，而塑造了某種「意識形態」；這是第二重的存在。最後，從選擇性幅度而言，文學家又由於其文學觀念及活動所自主選擇、承受的「文學傳統」與「社會交往」，而互應相求地歸屬於所認同的文學社群；這是第三重的存在。第一重存在是「地域民族」的限定，第二重存在是「社會階層」的限定，第三重存在則是「文學社群」的限定，而這三重空間性的存在限定，又都同時有著時間性的「文化傳統」限定。〔註 159〕

顏先生目的在於建構「完境文學史」書寫的理論，因此限定對象爲文學家，本論文則將之轉換爲經典詮釋者，此處以釋德清做進一步闡述。釋德清生存在晚明時期，他面對的是晚明的歷史情境，這個歷史時期的種種思想、文學、文化傳統與社會情境，是他與其他人共同面對的歷史情境，諸如陽明心學的流行、晚明偏重個體性靈的文學觀與文學流派興起、民間宗教的興盛、黨爭等等；這是釋德清的第一重存在。釋德清的社會群體〔註 160〕是佛教僧徒，他

〔註 159〕顏崑陽：〈混融、交涉、衍變到別用、分流、佈體──「抒情文學史」的反思與「完境文學史」的構想〉，頁 135～136。

〔註 160〕社會階層是指經由經濟生產關係所造成的上下階級劃分，因此當本論文指涉的是具有相同信仰或遵循相同或相近價值系統的一群人時，都會使用群體，如佛教僧徒群體、道士群體、儒士群體，這是因爲本論文提及的人物多爲知識菁英，因此運用階層加以分屬並不恰當。然而，如果涉及的是因生產或經濟、社會地位所造成的階級差異，則有時用階層稱之，如勞工階層、庶民階層、士大夫階層等等。

在佛教僧徒此一群體限定的視域中，理解、選擇、承受某些由文化傳統和社會群體共同形成的價值觀，諸如佛教義理作爲三教的根源、對外道宗教如羅教的排斥、對叢林及佛教禪教的復興等等；這是釋德清的第二重存在。釋德清有跟隨他自己的佛教僧徒、受印的俗世弟子和信眾，這些人構成他所歸屬的思想社群，他們對佛學義理、儒道經典有相同或相近的看法及觀點，而他與同群體不同社群（如釋眞可和釋袾宏所歸屬的社群），和屬於不同階層的士大夫亦有所交流往來；這是釋德清的第三重存在。雖然此處是以釋德清爲對象做進一步闡述說明，但莊學史裡的其他詮釋者，也都具備此三重歷史存在與社會存在，因此莊學史書寫亦能以此完境理論爲基礎，建立「完境莊學史」書寫的可能性。

　　前二重限定下的存在，顏先生稱之爲「社會文化存在情境」，後一重限定下的存在，我們可以稱之爲「思想存在情境」（或「學術存在情境」）〔註161〕。無論是哪一重存在情境，都是各種觀念性的及經驗性的主客因素，經緯混融、交涉、衍變而構成的整體情境。對於一個莊學詮釋者來說，這三重存在情境必然構成靜態結構性的疊合、混融與動態歷程性的交涉、衍變。最終以符號形式化的「文本」（注解或論述）呈現爲可被理解、詮釋的「思想存在情境」。〔註162〕

　　莊學詮釋者要如何更好、更正確理解《莊子》本身，及其顯性或隱性〔註163〕作者企圖表達的意旨呢？我以爲可以《荀子‧解蔽》「未得道而求道者，

〔註161〕顏崑陽：〈混融、交涉、衍變到別用、分流、佈體──「抒情文學史」的反思與「完境文學史」的構想〉，頁136。經典詮釋並非文學創作，故此處不沿用顏先生「文學存在情境」一詞。在此，必須進一步說明的是，「思想存在情境」的指涉性較爲廣泛，因爲一般民間人士亦會藉由經典詮釋來寄寓自身的思想，因此，若經典詮釋者本身沒有明顯可以被歸屬的思想向度，或雜糅太多不精確的概念與觀點（例如使用被扭曲或由自身社群規創理解的儒家、道家或佛教思想），用「思想存在情境」來定義這類經典詮釋者的存在情境較爲精確，例如三一教主林兆恩。反之，若經典詮釋者的社群有明確「思想傳統」的取向和認同，或清楚意識界定出自身所屬的學術社群，也能以「學術存在情境」做明確的限定，但本論文一律以「思想存在情境」稱之。

〔註162〕參見顏崑陽：〈混融、交涉、衍變到別用、分流、佈體──「抒情文學史」的反思與「完境文學史」的構想〉，頁136。

〔註163〕顯性作者，指可以被特指、被放入確切歷史時空的人，如莊子、孟子；隱性作者，指文本作者無法被特指，但仍可以從文本思想或產出的歷史時空等條件，假定該隱性作者屬於何種階層和社群。無論顯性作者或隱性作者，詮釋者都會對他們進行歷史文化存在情境限定，以貞定詮釋的主軸。

謂之虛壹而靜」〔註164〕的「虛壹而靜之心」，作爲莊學詮釋者的「思想心靈」內涵之一。李滌生解釋此句爲：「『虛』、虛心。『壹』、專一。『靜』、靜心。三者是人心的特性，也是工夫。以這三種工夫清明心體，強化認識，就能知道。」〔註165〕在本論文中，可以視爲詮釋者對文本有求其本意、眞意的意圖，而不滯泥於他人或自己的成說意見，以相對客觀的態度理解、詮釋文本，即是「虛壹而靜之心」。

　　荀子的「虛靜心」認可人心靈的主觀體認與客觀認知，是能由主體抉擇交互作用，並統合於一：

> 人何以知道？曰：心。心何以知？曰：虛壹而靜。心未嘗不臧，然而有所謂虛；心未嘗不〔滿〕兩也，然而有所謂壹；心未嘗不動也，然而有所謂靜。人生而有知，知而有志；志也者，臧也；然而有所謂虛；不以所已臧害所將受謂之虛。心生而有知，知而有異；異也者，同時兼知之；同時兼知之，兩也；然而有所謂一；不以夫一害此一謂之壹。……未得道而求道者，謂之虛壹而靜。作之：則將須道者之虛則〔人〕入，將事道者之壹則盡，〔盡〕將思道者靜則察。知道察，知道行，體道者也。〔註166〕

荀子承認，人會受到自己的生存經驗、情境、知識累積等因素影響，而對這世界、事物等有一套定見或觀點（心未嘗不臧、心未嘗不兩）。但他也認爲，人天生具備有認知客觀世界的能力，此一客觀認知能力雖會受到主觀存在經驗和觀念（志，已臧）影響，但在理解外在事物或文本時，人能虛其心以進入道的境域，眞切理解事物或文本的眞實意義（將須道者之虛則入）；人能夠專心致志，深入鑽研而徹底實踐道（將事道者之壹則盡）；人也能盡力避免主觀經驗與觀念，過分干涉對客觀對象的理解（將思道者靜則察）。客觀對象的樣態、類別，若與我經驗觀念中的事物有所差異，則予以別類、分殊，此之謂「兼知」，也就是對客觀對象與我之所知進行分類、分析；最後，則將所認知之客觀事物與主觀經驗觀念予以歸納和系統化。

〔註164〕李滌生：《荀子集釋·解蔽》（臺北：臺灣學生書局，1981年10月修訂再版），頁484。

〔註165〕李滌生：《荀子集釋·解蔽》（臺北：臺灣學生書局，1981年10月修訂再版），頁485。

〔註166〕李滌生：《荀子集釋·解蔽》（臺北：臺灣學生書局，1981年10月修訂再版），頁484。

　　荀子的「虛壹而靜之心」雖主要著眼於認知與知識系統建構，但仍能加以轉化爲莊學詮釋者的「思想心靈」。在此，我們可以將「虛壹而靜之心」界義爲滲透「歷史性」的莊學詮釋者，在存在情境的客觀「限定」下，對文化及他所詮釋的經典傳統，與社會情境之意義的自主性理解、選擇，並運用注疏、箋釋、論文、評點、集注集解等符號形式規範，進行「無限性」創造的「思想心靈」。在此必須加以說明的是，莊學詮釋者在自身社會情境意義的限定下，對文本進行理解，同時也會對被詮釋對象（《莊子》）的社會情境意義進行限定，以作爲探索作者（莊子）本意的範限及基準。由此，我們也可以理解釋德清爲何會批評「及搜諸家註釋，則多以己意爲文」、「因謂註乃人人之老莊，非老莊之老莊也」〔註167〕，這是因爲他所見的諸家註釋跳脫了《莊子》一書的社會存在情境與歷史存在情境，而從己身的立場出發，對《莊子》進行詮釋，其後果是「以所已臧害所將受」，使《莊子》一書的義理思想，與身爲作者的莊子的社會文化存在情境，產生不相應的理解和詮釋。

　　此外，本論文所使用的「虛壹而靜之心」概念，不是現今學術研究從《荀子》中所理解，荀學意義下的「虛壹而靜之心」。莊學詮釋者的「虛壹而靜之心」絕不是以純粹客觀、對象化的方式看待《莊子》。中國古代的經典詮釋行動，從來不是爲了求取、建立一套系統化的客觀知識，因此莊學詮釋者詮釋《莊子》，也不是爲了探究絕對客觀化的莊子「思想心靈」。莊學詮釋最後符號形式化的文本，所呈現的，皆是莊子思想心靈與詮釋者思想心靈辯證統合的結果。因此，「虛壹而靜之心」是詮釋者在面對《莊子》時，要求自身對文本進行直接的把握與理解，而將其他詮釋作品的觀點暫且不論，經由閱讀，試圖從文本的外在形式結構及內在思想結構，整體掌握莊子思想。所以，不能將《荀子》爲了建立客觀知識的「虛壹而靜之心」，與此處詮釋者的「虛壹而靜之心」等同起來，兩者的作用過程與目的有不可會同的差異。而且「虛壹而靜之心」只是詮釋者「思想心靈」的內涵之一，「虛壹而靜之心」所理解的莊子「思想心靈」，仍須經由詮釋者將之與自己的「思想心靈」辯證統合。

　　最後，界定「思想存在情境」究竟是哪些因素「混融」。從其「形式因」而言，莊學詮釋是漫長中國經典詮釋的一支，它與其他經典詮釋共享不斷發展增衍的箋釋形式──注疏、評點、論、集注集解等──每一種箋釋形式依其形式結構而有不同的詮釋基模。如評點以篇或章爲主要詮釋單元，不對文

───────────

〔註167〕（明）釋德清：《道德經解・註道德經序》，頁 1a。

本字詞、意義逐一解釋，而是從篇章的語言結構或思想予以簡約、概括性斷語，此可謂之「箋釋體製」〔註168〕。每一種箋釋體製都可以歸整出基模結構，而其基模結構與其功用、目的是相結合的。有些莊學詮釋者會明白指出自己選擇的箋釋體製依循或仿效的典範著作，或可後設從各別箋釋體製基模結構，追尋他所依循的箋釋體製，以定位其「箋釋體式」〔註169〕作品。就《莊子》而言，外在形式結構是文章呈現的組合方式，即以內篇七、外篇十五、雜篇十一爲主要架構，每篇又可分割爲不同的章節；每個莊學詮釋者對《莊子》外在形式結構的理解並不盡相同，對於每篇內章節的起訖也有各自的解讀。

　　就其「質料因」來說，則是莊學詮釋者歷史存在與社會存在的世界，提供予他們的「思想質料」、「情感質料」和「物象質料」〔註170〕。「思想質料」從其大類來分，有儒家、道家、佛教、語言文法等，一般生活經驗也涵蓋在內；至於每一個莊學詮釋者究竟使用、擁有哪些思想質料，則必須回歸到他「社會文化存在情境」與「思想存在情境」加以抽繹確定。然而，一般研究者經常會從莊學詮釋呈現之樣態，含糊歸類爲「以儒解莊」、「以佛解莊」或「以文解莊」，這完全是沒有進一步思考，莊學詮釋者的思想質料乃是「歷史性」存在，而且始終處於混融、交涉的狀態。以林希逸爲例，他的思想質料可以被細緻確立爲「艾軒學派之理學」、「大慧宗杲之禪學」、「南宋文章結構分析方法、原理」和「閩南一帶生活經驗」的混融與交涉，而不能含糊以「以儒解莊」、「以佛解莊」或「以文解莊」來統稱他《莊子口義》的思想樣貌。「情

〔註168〕 體製概念，引用自顏崑陽：〈論「文體」與「文類」的涵義及其關係〉，《清華中文學報》第 1 期（2007 年 9 月），頁 22～26。箋釋一詞亦取自顏崑陽的《李商隱詩箋釋方法——中國古典詮釋學例說》。

〔註169〕 體式概念，引用自顏崑陽：〈論「文體」與「文類」的涵義及其關係〉，頁 28～31。

〔註170〕 顏崑陽先生對質料因分類爲「物、事、情、理、意」五種，對莊子而言，他的創作質料因亦當爲此五種。然而，在莊學詮釋此一行動中，若將歷來莊學詮釋文本加以分類，確實能勉強對應出物（關注於制度、名物，及其訓詁解說）、事（以自身經驗或史事說明《莊子》寓言，或予抽象事理實證事例補充）、理（以詮釋者自身的思想或從文理解讀《莊子》）、情（將存在經驗世界所激發的個人情感投射到《莊子》文本，這類文本在晚明以降最多）和意（將自身意圖投射到莊子身上，認爲他撰書有其特殊的意圖，但此一意圖從《莊子》並無法看出，多爲詮釋者自身意圖的寄託）。假使如此細分切割，則未必每一文本都能分析出詮釋者的思想心靈混融此五種質料。因此，我將此五種質料歸整爲「思想質料」、「情感質料」和「物象質料」。若強加對比，則事、理即「思想質料」，情、意即「情感質料」，物即「物象質料」。

感質料」即莊學詮釋者面對自身存在的社會文化情境而產生之情、意，詮釋者將該情、意投射到莊子身上，然而從《莊子》文本未必能看出莊子擁有該情、意。「物象質料」即莊學詮釋者對《莊子》之名物、制度、字詞的理解，透過訓詁加以解讀、定義、解說，而這些物象質料可能不是源自一般日常經驗，如成玄英《莊子疏》的物象多爲虛構的神話或傳說之物。

就其「目的因」和「動力因」而言，則包含：（一）、莊學詮釋者由「文化傳統」的理解、選擇、承受，而形成的歷史性生命存在意識；（二）莊學詮釋者由「社會階層」的生活實踐過程與價值立場，所形成社會階層性生命存在意識；（三）莊學詮釋者由「莊學傳統」的理解、選擇、承受，而形成的莊學核心概念、特定論域或莊學歷史意識，例如三言、逍遙、齊物、物化、眞人等莊學核心概念，以及作者論、文本論等特定論域，或「莊子爲老子註疏」、「莊子陰助孔子」、「莊、屈異同」、「孟子不非莊子」等莊學歷史意識；（四）莊學詮釋者由思想社群的分流、互動所選擇、認同、定義的莊學本質觀，例如焦竑和釋德清分屬不同思想社群，他們理解的莊學本質和定位就非常不同，焦竑雖運用佛學觀念解讀《莊子》，〔註171〕但仍在序文中強調老莊是「以庶幾乎助孔孟之所不及」〔註172〕，將老莊思想置於儒學的輔助者的位置，這和他儒者的社會身分有關；而釋德清則直接運用佛學的概念與思想融攝莊學，認爲莊子實際上是作爲佛學於中土的先導者；（五）莊學詮釋者對莊子其人其書的思想本質與文本性質之認知，形成各自的「莊學意識」，並滲透到他們的行動、思想、其他經典詮釋或創作中，例如司馬承禎將「坐忘」實踐到內丹修行，王夫之將「兩行」概念運用到其他經典詮釋。這些觀念或意識混融爲莊學詮釋者主體思想心靈的「意識結叢」，在面對《莊子》文本與當代社會的各種現象，及詮釋者本身所關注的問題時，構成了詮釋《莊子》的動力與目的。

對莊學詮釋者而言，閱讀、詮釋《莊子》時，亦同時在對莊子的「社會

〔註171〕 焦竑運用佛學觀念解讀道家經典，並以之會通三教，已有許多學者深入研究分析，相關研究參見龔鵬程：〈攝道歸佛的儒者〉，《晚明思潮》（宜蘭：佛光人文社會學院編譯出版中心，1994 年 11 月），頁 73～134；劉海濱：《焦竑與晚明會通思潮》（上海：華東師範大學出版社，2010 年 1 月）；施錫美：《焦竑《莊子翼》研究》，潘美月、杜潔群編：《古典研究輯刊》第 3 編第 19 冊（台北縣：花木蘭文化出版社，2006 年 9 月）。

〔註172〕 （明）焦竑撰：《莊子翼》上冊，《中國子學名著集成》第 60 冊（台北：中國子學名著集成編印基金會景印明萬曆十六年王元貞刊本，1978 年），頁 3。

文化存在情境」、「思想存在情境」進行理解、詮釋，而他所依賴的正是《莊子》此一符號形式化的文本，而作爲一個詮釋者，他想要把握理解的，則是創作出此書的作者的「思想心靈」。與文學創作不同的是，莊學詮釋者雖亦同時是「讀者」也是「作者」，但卻無法凌駕或取代「原作者」莊子。因此，在莊學詮釋此一行動中，莊學詮釋者恆處於莊學詮釋此活動的第二階序位置，即「在場的批評者」，而莊子恆處於第一階序位置，即「創作者」。就此意義而言，莊子可類比爲顏崑陽先生論文指涉的「文學家」。莊學詮釋者則藉由理解、詮釋《莊子》，對於莊子的三重存在情境予以深入領會，甚至進行想像的重構，分析莊子「思想心靈」的「思想質料」、「情感質料」或「物象質料」，他透過散文的「形式」突顯了哪種質料，造成他突顯那種質料的動力和目的又是什麼？然而，莊學詮釋者詮釋《莊子》時，亦具有三重存在情境：在閱讀《莊子》時，藉由「虛靜心」掌握莊子的三重存在情境，理解、詮釋其「思想心靈」，並與自身「思想心靈」辯證整合；經由選擇特定的「箋釋形式」，突顯「思想質料」、「情感質料」或「物象質料」，而其之所以突顯特定的質料，必然以其存在經驗與情境作爲動力，而欲達到詮釋行動之目的。

　　面對已經符號形式化的文本時，我們必須理解，無論是莊子或莊學詮釋者，他們在進行創作、詮釋時，所有的觀念或意識皆混融、交涉爲主體「意識結叢」。雖然我們能進行後設的分析，但「意識結叢」中的所有觀念或意識的存在狀態是無法靜態切割的，不同的觀念或意識彼此都具有特殊的關係，動態混融在主體心靈中。

　　詮釋學的主客視域融合的認識論中，認爲主觀視域與客觀對象的視域並非全然隔絕的兩者，因此當我們面對釋德清文本時，他對於文本的詮釋和理解，相對於我這個研究者，是客觀對象的視域。所以，當我開始進行文本詮釋時，不能全從我的立場和觀點來解釋釋德清的文本，而必須回歸到文本語境。可是，學術創見不能沒有主觀的意識，學術研究也不可能做到全然客觀，個人主觀的涉入與評價無法避免。如此一來，主客視域融合就成爲本文認識論的基礎，我不能以片面主觀來詮釋與評價釋德清之文本，也不可能完全客觀描述而不進行詮釋和評價，惟有在有文獻準據作爲判準和支撐的合理詮釋下，方能達到主客視域融合。

　　在操作上，本論文寫作採用三序操作程序：第一序將釋德清文本及論述置入其三重存在，探討其莊學著作創作的歷史背景、動機及企圖回應的課題；

第二序則就文本內部概念進行界義、聯結以建立可能的結構或系統，以文本思想的系統與結構為優先考量；第三序則觀察並析論釋德清的莊學與同時代和前行莊學著作的相似性與差異性為何，若能力可及則進一步探討其論點對後續莊學的影響。最後，本論文的操作方法，為一般性的操作方法，即分析、詮釋、綜合，透過分析文本意義，結合語境加以詮釋，最後綜合相關分析、詮釋以重構體系。

第四節　章節安排與論述步驟

除了首章緒論，本論文皆下章節與討論的內容如下：

第二章「為何而注：釋德清注釋《莊子》之動機、目的與試圖回應之時代課題」，從釋德清所的「社會文化存在情境」切入，探討釋德清詮釋《莊子》的「原因動機」和「目的動機」為何。當釋德清試圖理解、詮釋《莊子》，然後採取詮釋《莊子》此一行動時，他必然受到自身「社會文化存在情境」的震撼或感動，因而藉此一行動指向特定的目的，而此一目的，勢必會影響他對《莊子》的觀點，以及他的詮釋呈現出的樣貌。

第三章「作者論與讀者論：釋德清對莊子其人、其書，以及該如何閱讀之基本觀點」，作者論作為一個論域，它所要探討的對象是莊子這個人及其思想的總體樣貌，而本章要從釋德清的論述中，建構出他認為的「莊子」是個什麼樣的人、他的思想又具有什麼特色。釋德清對「莊子」其人及其思想總體樣貌的論述，目的在賦予自己詮釋的向度合理性，以及提供讀者具有預設性質的「莊子」形象。讀者論在宋代之後逐漸成形，這是因為宋代的文章評點興起，因而開始經典詮釋也開始著意「讀者」此一存在，並在詮釋中提出該如何更好理解文本，以及作為一個稱職適分的讀者應具有何種心態。作者和讀者雖處於對等的位置，但對宋明經典詮釋者而言，讀者不能忽視、扭曲作者的本意或用心，而以自己的喜好或立場閱讀文本。因此該如何閱讀、一個讀者該對某個篇章段落有何適切的理解、一個讀者應有的心態及意識為何，在宋明的經典詮釋中就成為新的論域。作者和讀者雖在對等或相對的位置，但身為受訊方的讀者，和發訊方的作者，兩者關係實則相當緊密，作者必須引發讀者閱讀的興趣，而讀者必須正確理解作者的訊息，這是本章將兩者合論的原因。

　　第四章「方法論：釋德清《莊子》詮釋方法及其限制」，每一個經典詮釋都有自己的方法論，例如訓詁就是以字義貞定來達到意義揭明的方法，因此即使一個詮釋者僅是用訓詁、考據來詮釋經典，也是具有方法論的詮釋。本章將討論釋德清如何運用「以意逆志和知人論世」、「互文詮釋」和「符碼破譯」這三組方法來建構《莊子》思想的結構，以及這些方法的詮釋效力到哪種程度，又有什麼不足。

　　第五章「文本論：《莊子》內外思想結構之建構與辯證聯結」，釋德清的《莊子》文本思想結構可分為外在形式結構與內在思想結構，這兩者是無法硬性區分的，內在思想結構必須藉由外在形式結構來顯現或貞定，同樣的，外在形式結構也無法脫離內在思想結構而存在，兩者實則辯證依存。外在形式結構即所謂內七篇的次序與名稱，七篇為何要如此安排，從郭象以降都有一套自己解釋的方式，通常是將之當成分割特定範疇（如〈逍遙遊〉是境界）或線性貫串（物齊就能不因內在情緒或欲望傷身，由此可以養生），但釋德清並非以特定範疇或線性貫串的結構來看待內七篇，而是將之與內在思想結構相結合，進行辯證、融攝的闡述。

　　第六章「結論」，將綜合以上論述，並闡述本研究未來的展望。

第二章　爲何而注：釋德清注釋《莊子》之動機與試圖回應之時代課題

第一節　對佛教僧徒群體學行淺薄偏執之憂慮及補救

　　在對釋德清莊學體系論域進行分析之前，必須優先回答的問題是：釋德清爲何要注解、詮釋《莊子》？他詮釋的動機爲何？這個詮釋行動的特殊意義何在？促使他採取此一行動的社會文化情境又是什麼？他採取此行動最終達到或意欲達到什麼目的？這些問題涉及釋德清詮釋《莊子》的「原因動機」和「目的動機」，〔註1〕而且他詮釋《莊子》的原因和目的並不是純粹自娛，

而是具有其「社會性目的」〔註2〕。

　　張玲芳、李懿純和釋會雲等前行研究者分析釋德清詮釋《莊子》的動機時，主要皆依據《觀老莊影響論》，這和釋德清在《莊子內篇註》「其學問源頭，《影響論》發明已透」〔註3〕的斷語有很大的關係。前行研究者正是依據此語，試圖從《觀老莊影響論》尋找釋德清詮釋《莊子》的動機，是可以理解的。只是，貿然以《觀老莊影響論》的論述作爲《莊子內篇註》的撰述動機，會產生以下問題：第一，《觀老莊影響論》所闡明的動機，會不會只能視爲撰作該書的原因動機和目的動機，或作爲撰述《莊子內篇註》動機的參照，而不宜將之等同於撰述《莊子內篇註》的動機？此一問題，筆者將於後文詳加論證。第二，根據《憨山大師年譜疏註》、王紅蕾、劉海濤和李懿純的研究，無論《觀老莊影響論》、《道德經解》和《莊子內篇註》三者之間的完成的確切時間點爲何，《觀老莊影響論》的完成時間早於《莊子內篇註》及《道德經解》是不爭的事實，但《莊子內篇註》及《道德經解》究竟何者爲先，筆者目前仍以《憨山大師年譜疏註》爲依歸，認爲《道德經解》的完成與出版時間，早於《莊子內篇註》。〔註4〕

　　刺激行動，是行動執行的理由。但在眞實原因關係（genuine because-relation）中，計劃之前的過去經驗才是激發因素，它刺激計畫於那個時候被構成。」（頁102）在此可以簡單區分爲，「目的動機」是指向未來的，是已存在但尚未完成的目標或計畫，必須經由行動來達成；「原因動機」是指向過去的，該經驗已經完成，並且激發某個行動或計畫構成的因素。

〔註2〕 此處的「社會性目的」定義，參見顏崑陽：〈論唐代「集體意識詩用」的社會文化行爲現象——建構「中國詩用學」初論〉，《東華人文學報》第1期（1999年7月），頁45：「所謂『社會性目的』，指的就是一種指向他人的『社會行爲』，所意圖達成的目的。」因此，釋德清注解《莊子》和詮釋《莊子》，並以文字符號化的文本刊行、流傳，有其指向他人的目的，並非純粹自娛而已。實際上，詮釋經典這種行動，從來都不是無目的的，因此將詮釋、注解經典視爲個體思想的闡發，很可能會忽略詮釋者的「社會性目的」，導致脫離詮釋者的文化社會情境討論，過分強調建構詮釋者的思想體系，使詮釋者與自身的文化社會產生斷裂，難以豁顯貞定該詮釋文本在當時的存在意義與特殊價值。

〔註3〕 （明）釋德清：《老子道德經解憨山註　莊子內篇憨山註（附觀老莊影響論一名三教源流異同論）》，頁154。本論文所引《莊子內篇註》皆爲此版本。

〔註4〕 李懿純對三書完成時間的判定，基本上是依照釋德清自述、福善記錄的《憨山大師年譜》，所以她認爲《觀老莊影響論》作於萬曆十八年（1588），《道德經解》作於萬曆三十五年（1605），《莊子內篇註》完成於萬曆四十八年（1618），分別是釋德清四十五歲、六十二歲和七十五歲時。這樣的說法大致無誤。然而，王紅蕾在〈憨山德清注《莊》動機與年代考〉，《北方論叢》2007年第2期（總第202期，2007年），頁34則提出《觀老莊影響論》「創意於萬曆十六

　　以本文對動機的分類而言，《觀老莊影響論》屬於已完成的過去經驗，或許可以視爲釋德清以「撰述《莊子內篇註》，來實踐我所提出的三教判釋的理論框架，並提供佛教界一詮釋道家經典的詮釋方法與進路」，此一《莊子內篇註》寫作計畫的「原因動機」，但不宜將《觀老莊影響論》所陳列的動機，當作《莊子內篇註》寫作計畫「目的動機」。此處將詳細檢討三位前行研究者對於釋德清撰述動機理解所存在的問題，並嘗試提出釋德清注解《莊子》的「原因動機」和「目的動機」。

　　爲何選擇張玲芳、李懿純及釋會雲爲對話對象，是因爲其他研究多是直接指出釋德清詮釋《老子》和《莊子》的原因或目的，並不就《觀老莊影響論》文本抽繹動機，加以闡釋解說。例如張學智〈憨山德清的以佛解老莊〉將原因動機和目的動機概括表述爲：「德清以老莊宗旨與佛家之義相融會，亦以之比附儒家思想，發揮他的儒釋道三教一致的思想。」〔註5〕王紅蕾雖然對《觀老莊影響論・敘意》略加解說，但討論到釋德清詮釋《莊子》的根本目的是「要打破儒釋道三家互不相融或限於淺層交流的局面，從深層次上發掘三家的內在關聯。」〔註6〕夏清瑕《憨山大師佛學思想研究》亦極爲簡要地說：「他之注《老子》、《莊子》有兩個原因：一是正本清源，二是弘揚佛法。」〔註7〕這些說法都運用到了釋德清在《觀老莊影響論・敘意》中的表述，但卻又不夠全面而深入。相對的，張玲芳、李懿純和釋會雲則藉由對《觀老莊影響

年（1588），作於萬曆二十三年（1595），卒業於萬曆二十六年（1598）」、「《莊子內篇註》完成於萬曆二十六年（1598）之後」的說法，劉海濤則根據林順夫〈推門落臼：試論憨山大師的《莊子內篇注》〉一文及《憨山大師年譜》，指出《觀老莊影響論》「應是創意於東海牢山時期，並於萬曆庚寅（1590）年完成」、「《莊子內篇註》於萬曆十九年（1591）完成」。按：此處有誤，萬曆十九年爲 1589 年，此說法等於將《莊子內篇註》完成時間提至《觀老莊影響論》之前。在此，我必須澄清，劉海濤的論文將西元年分標錯，是他個人論文中的致命傷，因此本文所引都是他自己錯標的時間，王紅蕾的論文並沒有這個問題。關於三書的撰述時間，我認爲若以出版時間來分，依序爲《觀老莊影響論》、《道德經解》和《莊子內篇註》，但內容完成的時間，《觀老莊影響論》必定早於《道德經解》和《莊子內篇註》，而《道德經解》又早於《莊子內篇註》。王紅蕾和劉海濤在二書完成的時間先後的推論，存在極多臆測，讓我無法徹底認同。因此，本論文對三書的完成時間，基本上依循《年譜》和李懿純之說法，以刊刻出版的時間爲其完成之先後。

〔註5〕張學智：〈憨山德清的以佛解老莊〉，頁 339。
〔註6〕王紅蕾：《憨山德清與晚明士林》，頁 234。
〔註7〕夏清瑕：《憨山大師佛學思想研究》，頁 205。

論‧敘意》實際分析，建構出較爲全面而層次分明的原因動機及目的動機，縱使論述中有將二者混淆、分析不夠細膩的傾向。

　　張玲芳認爲釋德清注解《老》、《莊》的動機有三：一是破外道之執，二是維護佛教立場，三是闡明唯心識觀，這三個理由都是根據《觀老莊影響論‧敘意》而來，並沒有援引其他文獻來強化這三個說法的根據；這三個理由都可以視爲「目的動機」，即釋德清撰述《觀老莊影響論》此一行動後期望達到的目的。〔註8〕張玲芳的論點誠如上述，前兩個動機可以作爲撰述《觀老莊影響論》的「目的動機」，但無法作爲撰述《莊子內篇註》的「目的動機」，因爲〈敘意〉中所表述的「目的動機」，是完成《觀老莊影響論》一書的計畫，而非《莊子內篇註》；「闡明唯心識觀」不能當作一個動機來理解，因爲「唯心識觀」是一個詮釋理論與框架，所以這個動機應該是「提出唯心識觀框架來判釋三教」，〔註9〕判釋三教才是釋德清提出「唯心識觀」的「目的動機」。此外，破外道之執和維護佛教立場實際指涉的是同一件事，因爲破外道之執本就包含在佛教自身的立場中，而對外道之執著，亦和佛教僧徒群體對佛教自身立場的不瞭解有關，將之拆分爲二，是因爲張玲芳是順著《觀老莊影響論‧敘意》的文脈解讀，而不是分析、綜合理解後，提出釋德清撰述《觀老莊影響論》的動機。

　　李懿純認爲，釋德清注解《莊子》的動機有三：一是破外道之執以融攝儒道，二是援老莊之語以利俗眾生，三是明唯心識觀以印決儒道。〔註10〕李懿純的第一和第三個動機是吸收張玲芳的觀點後加以擴充，因此也屬於撰述《觀老莊影響論》的目的動機。「援老莊之語以利俗眾生」此一動機，根據李懿純論述，「援老莊之語」是僧肇譯經時採取的方針，但注解《莊子》並非翻

〔註8〕見張玲芳：《釋德清以佛解老莊思想之研究》，頁92～95。

〔註9〕此處可以參考林文彬〈釋德清《觀老莊影響論》初探〉和王双林〈憨山大師的判教思想論略〉，兩文討論《觀老莊影響論》時，都指出該書與三教判釋有很大的關係。貫穿全書的唯心識觀，實則是釋德清用來判釋三教高低的理論框架，即林文彬指出的：「比較上宗密《原人論》尚重於教理上的討論，而德清則全基於內證修爲境界爲判準」。唯心識觀是釋德清運用《楞嚴經》建立的止觀框架，而該框架將儒家放在人乘、道家放在天乘，則佛作爲佛乘自然遠高於人、天二乘，因而以此框架達到判教之目的，才是他的動機，提出框架本身並不能稱爲動機。參見林文彬：〈釋德清《觀老莊影響論》初探〉，頁15～33；王双林：〈憨山大師的判教思想論略〉，頁116～121。

〔註10〕李懿純：《憨山德清註《莊》之研究》，頁35～40。

譯，並不需要另外援引老莊之語，因此將之視爲撰述《莊子內篇註》的動機是無法成立的。李懿純的動機說和張玲芳一樣，因爲依據的文本是《觀老莊影響論》，所以「破外道之執以融攝儒道」和「援老莊之語以利俗眾生」都是《觀老莊影響論》的「目的動機」。

釋會雲明言自己是根據《觀老莊影響論》探討釋德清注解《莊子》的成書因緣與動機，而他認爲釋德清的撰述動機有四：一、破斥儒釋道三教之我執，二、提出「三教會通」思想，三、回應「將佛附莊」之《口義》、《副墨》注本，四、有請益老莊之旨者。〔註11〕釋會雲所提出的動機，對於撰述《莊子內篇註》而言，皆屬於「原因動機」。釋會雲與張玲芳、李懿純不同的是，他重新分析和綜合《觀老莊影響論》內容，提出較不同於他們的動機，前三個動機是撰述《觀老莊影響論》的「目的動機」，最後的「有請益老莊之旨者」應該列入「原因動機」，因爲那是撰述前發生的經驗，屬於過去已完成的經驗。從釋會雲的論述，可知第一和第二個動機是相關的，因爲破三教之我執，是爲了「心同則無藩籬，三教方有融合的可能性」〔註12〕，則「破斥儒釋道三教之我執」應當屬於「三教會通思想」的一部分，將之分開並沒有必要。

從上述對前行研究的分析中，可以得到這樣的結論：前行研究對釋德清注解《莊子》動機的理解，實則是對撰述《觀老莊影響論》此一行動的「原因動機」和「目的動機」的理解，或者我們可以作爲撰述《莊子內篇註》的「原因動機」來理解，但無法將之作爲撰述《莊子內篇註》的「目的動機」。此外，前行研究者僅若鎖定《觀老莊影響論》文本進行分析，沒有參酌《夢遊集》中的相關記載，就較難全面看清釋德清詮釋《莊子》的社會文化情境，也無法知曉此一行動在整個莊學史，或對釋德清所屬的佛教僧徒思想群體來說，具有何種特殊意義；亦無法由此理解釋德清採取此一行動所要達到的目的爲何，以及產生什麼樣的影響或效果。

在此，必須進一步說明的是，舒茲的「原因動機」和「目的動機」的定義與探討對象，主要是個體，但對於經典詮釋而言，雖然詮釋行動都是建基在存有層意義上，但作者本身之所以會選擇某個文本、使用某種特殊的詮釋

〔註11〕釋會雲：《釋德清三教會通思想之研究──以《莊子內篇註》爲中心》，頁46〜50。
〔註12〕釋會雲：《釋德清三教會通思想之研究──以《莊子內篇註》爲中心》，頁47。

方式來解讀經典，實際上都受到整體社會文化情境的「集體意識」〔註 13〕影響。在莊學史書寫或釋德清莊學的前行研究中，都將釋德清詮釋《莊子》此一行動視爲「個體意識」，或者將經典詮釋都放在「個體意識」此一原則來思考，但這種觀點，乃是受到近現代學術偏重從個體來看待經典詮釋行動的習慣影響。一旦將此詮釋行動放回釋德清的社會文化情境中，就能理解釋德清的詮釋行動，實際上是受到「集體意識」影響，而非單純的個體意識行爲。

經典詮釋作爲思想展現方式，在釋德清之前就已存在，而且是被整個社會文化整體認同；經由持續且反覆進行這樣的行爲，詮釋者得以凸顯個體或群體（如學派、社群）思想與文本思想的視域融合。透過詮釋某部或多部經典，詮釋者就能參與該經典內容意義、性質的界定與詮釋，獲得在該經典詮釋領域發言的權力；其行動或結果（文字符號化的詮釋文本），一旦被該時代或後來的社會文化群體接受，詮釋者所屬之群體，就被賦予合法詮釋該經典的權力，並可能促使該群體或社群的人積極參與詮釋該經典。這樣的例子俯拾即是，如漢代五經博士壟斷經典的詮釋權，魏晉名士以討論、詮釋三玄作爲名士群體的基本要求，宋代王安石學派集中詮釋特定經典〔註 14〕，都是以群體或社群的集體價值觀念來進行經典詮釋。

〔註13〕關於「集體意識」的概念，顏崑陽先生在〈論唐代「集體意識詩用」的社會文化行爲現象──建構「中國詩用學」初論〉曾以詩歌創作爲例指出：「因此，這個時期的詩歌完全植根在整體的社會文化土壤上，一切詩歌活動，不管是作詩、賦詩、説詩，都有某種社會性的目的動機。這個『目的動機』表面上是出自於詩歌活動行爲者本人，然而深層的驅力卻是集體價值觀念的共同意向。唐代孔穎達箋釋〈詩大序〉所提出的一句話：『詩人覽一國之意，以爲己心』，正可以用來概指這種個人爲表、集體爲裡的創作動機。」

〔註14〕王安石學派對儒家經典偏重《尚書》、《詩經》、《周禮》，其詮釋成果爲三經新義。王安石認爲解經必須從字義著手，爲此撰寫了《字説》；陸佃因此重視《爾雅》，撰有《爾雅新義》和《埤雅》，保留了部分王安石學派的字義學觀點。有趣的是，王安石學派在詮釋《老子》與《莊子》時，都曾援引佛經，尤其是當時流行的《楞嚴經》（又稱《首楞嚴經》），釋德清在詮釋《老子》、《莊子》時，大量援引《楞嚴經》，或以《楞嚴經》思想詮釋之，宋代老子學與莊子學可謂發其端緒的重要時期。參見江淑君：《宋代老子學詮解的義理向度・援引佛教觀點詮解《老子》的義理向度》（臺北：臺灣學生書局，2010 年 3 月），頁 177～184；沈明謙：《王雱《南華真經新傳》思想體系詮構》（臺北：臺灣師範大學國文研究所碩士論文，2008 年），頁 92～93。王安石新學受佛學影響及宋代學者的批判，可參見蔣義斌：《宋代儒釋調和論及排佛論之演進──王安石之融通儒釋及程朱學派之排佛反王》（臺北：臺灣商務印書館，1988 年 8 月）。

　　明代之前，佛教僧人並沒有注解《莊子》的習慣，雖然從魏晉以降，爲了達到格義和將佛教推廣至士人群體等目的，佛教僧人確實會閱讀和討論《莊子》和《老子》，並將之與佛教經論的義理進行比較衡度。〔註15〕可是對佛教僧人而言，《莊子》的義理文章即使再精采，仍不及佛教經論；況且《莊子》是外道經典，除非是爲了對其進行批判，或藉由經典詮釋宣揚佛法，否則詮釋《莊子》此一行動對裨益佛法或輔翼佛教的佛教僧徒，實則沒有必要性與吸引力。〔註16〕從《理惑論》以降，宋代契嵩（1007～1072）的《輔教編》、

〔註15〕 魏晉南北朝僧人談論《老》、《莊》的情形，可參考馬曉樂：《魏晉南北朝莊學史論》（北京：中華書局，2012 年 12 月）第九章「莊學與佛學的相互影響」，頁 244～272。江淑君《宋代老子學詮解的義理向度・援引佛教觀點詮解《老子》的義理向度》，頁 167～177，對於宋代之前佛、老交涉的發展脈絡，有詳細深入的剖析。

〔註16〕 佛教將老莊思想視爲外道，並嚴加排斥的現象在唐代尤烈，這主要是因爲佛教思想體系已然成熟，而且佛道論諍歷經魏晉南北朝，到唐代形成難以弭平的齟齬。另一方面，隋以佛教爲國教，李唐以道教爲國教，武后又以佛教爲國教，國家權力的介入也使兩教之間存在衝突與矛盾。唐代佛教排道的言論，可以吉藏（549～623）在《三論玄義》的論點最爲典型：「釋僧肇云：『每讀老子、莊周之書，因而歎曰：『美則美矣，然其神冥累之方，猶未盡也。』後見《淨名經》，欣然頂戴，謂親友曰：『吾知所歸極矣。』遂棄俗出家。羅什昔聞三玄與九部同極，伯陽與牟尼抗行，乃喟然歎曰：『老莊入玄，故應易惑耳目，凡夫之言、孟浪之言，言之似極，而未始詣也，推之似盡，而未誰至也。』」參見（唐）吉藏著，韓廷傑校釋：《三論玄義校釋》（臺北：文津出版社，1991 年 3月），頁 26。吉藏透過僧肇（384～414）和鳩摩羅什（344～413）的論點，意圖表示老莊和佛教在思想和境界上仍有差異。所以僧肇雖早年學習老莊，但後仍選擇佛教爲歸宿；羅什批評老、莊之說是「惑耳目」的「凡夫之說、孟浪之言」，雖似至極至妙之言，卻沒有點到世間眞理的核心。吉藏另一個論點，也常被後世佛教大德用來區別佛教與儒道：「設令孔爲儒童，老爲迦葉。雖同聖迹，聖迹不同。若圓應十方，八相成佛，人稱大覺，法名出世，小利卽生人天福善，大益卽有三乘賢聖，如斯之流，爲上迹也。至如孔稱素王，說有名儒，老居柱史，談無曰道，辨益卽無人得聖，明利卽止在世間。如此之類，爲次迹矣。」見（唐）吉藏著，韓廷傑校釋：《三論玄義校釋》，頁 37。依吉藏所論，儒、道之孔、老不過是賢者，佛則是聖者；儒、道僅能利世間，佛教則能小利人天福善，大益三乘賢聖。由此來看，吉藏認爲，儒、道不如佛，其思想、境界、作用都次於佛教。莊學在唐代之前直到唐初的發展，與三教對《莊子》一書的觀點評價，亦可參考李延倉：《道體的失落與重建——從《莊子》、郭《注》到成《疏》》（北京：中國人民大學出版社，2013 年 5 月），第一章「唐代以前莊學的演進」，頁 9～84。有趣的是，釋德清雖然正面稱許莊子的思想境界高度，但當他將莊子與佛並舉討論時，其結論和吉藏有驚人的相似之處：莊子在思想內涵、修養境界及其思想的作用範圍，都遠不及佛法。

張商英（1043～1122）的《護法論》和元代劉謐的《三教平心論》雖提倡三教融合，但他們實則站在佛教的立場，撰述的目的在於駁退、對治儒道的反佛論。〔註17〕釋聖嚴也指出，像釋德清這樣主動積極詮釋《老子》、《莊子》，並如此推崇《莊子》思想境界及高度的佛教僧徒，在明代之前實屬罕見。〔註18〕

　　因此，我們必須從晚明當時的佛教僧徒群體的集體意識切入，觀察佛教僧徒群體面對士大夫群體發起、推動的三教會通思潮，〔註19〕他們所採取的立場與看法。〔註20〕尤其是面對身處的群體和社群受到三教會通思潮的影響，而佛教僧徒群體資質良莠不齊，與佛教僧徒群體相近的居士社群也無法

〔註17〕釋聖嚴著，關世謙譯：《明末中國佛教之研究》，頁32。

〔註18〕這也是為什麼釋聖嚴會詫異地說：「不過，道教的老莊思想，之能得到這麼高的評價，這在佛教中國史上而言，實在可以說是罕有的例子。」見釋聖嚴著，關世謙譯：《明末中國佛教之研究》，頁35。然而，晚明的佛教僧徒對《莊子》的思想境界、身分定位和評價，相較明代之前，確實有更多佛教僧徒採取正面肯定和推崇的立場。因此，晚明至清初，詮釋《莊子》的佛教僧徒也明顯變多。雖然實際的人數、文本內容和導致此一現象的原因，需要進一步的考察，但這是晚明佛教界一個具體而特殊的現象，值得深入研究。廖肇亨曾指出，晚明佛教僧徒以佛解莊或莊佛會通，賢首南方系有不容或忘、開拓潮流的重要地位，此亦是可持續發展切入的進路，參見廖肇亨：〈慧業通來不礙塵——從蒼雪讀徹《南來堂詩集》看晚明清初賢首宗南方系發展歷程〉，頁9。

〔註19〕三教會通基本上是儒者發起、推廣的，而民間宗教亦加以實用雜採在其經典與教義中。佛教對於三教會通風潮，存在積極參與和保守觀望兩種態度。釋祩宏是較為保守觀望的。釋德清雖然接受三教會通，但他仍以佛教為主體，意圖建構一以佛攝儒道的理論結構，而建構此一理論結構的方法，則是透過詮釋儒、釋、道三教的經典，以此安頓三教的義理位階。關於儒者對三教會通思想的推廣，可參見劉海濱：《焦竑與晚明會通思潮》（上海：華東師範大學出版社，2009年10月）。

〔註20〕聖嚴法師在《明末中國佛教之研究》第一章第三節「與道教的關聯及儒佛道三教同源論」中，曾概要式地介紹釋德清、釋祩宏、釋真可和釋智旭對三教同源論所做的回應。有趣的是，聖嚴法師將釋德清和釋祩宏對三教同源論的回應方式歸屬於同一類，認為他們對《莊子》基本上是肯定的，但目的是：「無非是想引導心向道教的人士，誘導他們轉向佛教而已。」聖嚴也指出，釋真可和釋智旭認為道教的代表人物就是老子，對於莊子則未曾提及，因此他認為莊子在釋真可和釋智旭的心目中，無法作為道教的代表人物。釋真可和釋智旭是否漠視或不重視莊子，並非本論文處理的重點，可待他日另文探論；但是聖嚴法師所言釋德清和釋祩宏詮釋和評價《莊子》的目的，在筆者看來，還可以補充一個立場和目的：經由對《莊子》與佛教經典的再詮釋與再評價，消弭或抑止佛教界受儒士群體論述的影響，過分推崇《莊子》而貶抑佛教經典的現象與言論，進而建構起以佛教為最終理想與至高境界的三教思想階層結構。參見釋聖嚴著，關世謙譯：《明末中國佛教之研究》，頁26～37。

妥善理解教義時，屬於同一群體、不同思想社群或個體的佛教僧徒會採取何種行動，以及他們如何解釋自己行動的原因和目的。將不同思想社群的佛教僧徒的論述進行對比，歸整相同思想社群的佛教僧徒的論述，則我們將能較精確地理解，釋德清詮釋、注解《莊子》的原因動機和目的動機。

在此，可以將晚明四大師中，活動時期相當的釋德清、釋袾宏〔註 21〕和釋眞可權分爲同屬佛教僧徒群體，但不同思想社群的人，進而分析釋德清詮釋《莊子》的原因動機。〔註 22〕釋眞可、釋德清和釋袾宏屬於同一個群體卻不同思想社群，在晚明時已有相關的看法，如沈德符（1578～1642）在《萬曆野獲編》中，就認爲釋眞可的作風和思想與釋袾宏相當不同，兩人對於佛教僧徒的本質、行事上有極大的歧見；釋洪恩（字雪浪，1545～1609）和釋德清則類近於釋眞可，而釋袾宏不認同他們的作風。〔註23〕

〔註21〕關於釋袾宏的生平及思想，可參見（日）荒木見悟撰，周賢博譯：《近世中國佛教的曙光：雲棲袾宏之研究》（臺北：慧明文化公司，2001 年 12 月）。

〔註22〕關於釋德清、釋眞可和釋袾宏分屬於不同思想社群，可以參見（日）荒木見悟（1917～2017）的《雲棲袾宏の研究》（東京：大藏出版株式會社，1985年）和釋見曄的《明末佛教發展之研究——以晚明四大師爲中心》。荒木見悟將釋德清和釋眞可判爲過激派人物，將釋袾宏判爲穩健派人物；釋見曄也以思想和行爲方針爲判準，將釋眞可、釋德清歸爲前進派人物，將釋袾宏歸爲穩健派人物。從交遊狀況來看，釋眞可和釋德清的往來確實較爲頻繁，彼此對佛教僧徒應有之行爲、思想也有相互繼承和影響之處，因此可以視爲同一思想社群。然而，並非同一思想社群中的每個人對相同概念、對象與觀念的見解都會完全一致。舉例來說，荒木見悟就曾提及，釋德清與釋眞可對李通玄《華嚴合論》的評價有出入。釋德清自十九歲聽無極大師講《華嚴懸談》，慕清涼澄觀之爲人，而自命其字爲澄印，就對澄觀一系的華嚴學相當推崇關心，甚至到了晚年，仍舊關心並希望將之完成的著作即《華嚴經綱要》。荒木見悟指出，相對於釋德清，釋眞可對澄觀幾乎不置一語，但對李通玄則相當推崇。因此兩人雖然可以歸類爲同一思想社群，但在個別的議題主張上，還是可能擁有不同的意見。參見（明）荒木見悟撰，廖肇亨譯：〈李通玄在明代〉，《明末清初的思想與佛教》，頁 122～123。

〔註23〕沈德符：《萬曆野獲編・卷 27・禪林諸名宿》（影印清道光七年姚氏刻同治八年補修本），收入《續修四庫全書・子部・雜家類》（上海：上海古籍出版社，2002 年）第 1174 冊，頁 628 上～下：「竺乾一時尊夙，盡在東南，最著則爲蓮池、達觀兩大宗主。然二老行徑迥異：蓮專以西方直指化誘後學，達則聰明超悟，欲以機鋒言下醒人；蓮枯守三條，椽下跬步不出，達則折蘆飛錫，所在皈依。二老各立教門，雖不相下，亦不相笑。其後達老示寂獄中，蓮拊膺悼歎，亦微咎其昧於明哲，如白香山詩云：『當君白首同歸日，是我青山獨往時。』寓意甚遠，非幸災也。大抵蓮老一派主于靜默，惟修淨土者遵之；而達老直捷痛快，佻達少年驟聞無不心折。其時雪浪洪恩，本講經法司，而

現行關於晚明三教會通的研究，對於佛教僧徒群體如何回應儒家士大夫群體主導的三教會通之說，已有相當豐富的研究成果與理解。〔註 24〕然而，對於與佛教群體相近的居士群體，他們在三教會通的論述活動中的位置，以及對儒佛衝突矛盾之處如何調和，或選擇站在何種立場，則是有待進一步探討的課題。〔註 25〕

風流文藻，辨博自喜，有支郎蓄馬剪崔之風，則蓮老頗不謂然。蓋近日叢林議論，崇尚宗門，主于單刀入陣，寸鐵殺人，而鄙禪修爲齷齪。如雪浪顛不禪不宗，又欲兼有禪宗之美矣。憨山歸自粵中，聲譽轉盛，來游吳越，一時俊少，以得奉盤匜滌溲器爲幸，而大家妻女檀施，悲泣求片語拔度而不得，蓋雪、憨所至皆然。雪先下世，憨則至今神旺如盛年，乃罄欵間，多趨縉紳談時局，以是信向者愈繁。又作達老塔銘，語含譏諷，識者遂微有後言。至如近日宗門諸名下，爭以壇坫自高，相駁相嘲，以至相妒相詈。眞一解不如一解矣。」釋袾宏一派主張靜默念佛，隱遁山林，但釋眞可和釋德清則強調積極入世，兩者的思想行爲和對世間的態度非常不同，必然會影響到他們對佛教僧徒本質、佛法的作用與修行的方式的界定與觀點，因此本論文暫且將三者大體劃分爲兩個不同思想社群。然而，如果仔細分析沈德符的論述，他也認爲釋德清沒有完全認同釋眞可，從「又作達老塔銘，語含譏諷，識者遂微有後言」一段，即可看出。又，廖肇亨〈慧業通來不礙塵——從蒼雪讀徹《南來堂詩集》看晚明清初賢首宗南方系發展歷程〉亦討論到釋袾宏對釋洪恩行事之不滿，可參看。

〔註 24〕 參見李霞：〈論明代佛教的三教合一說〉，《安徽大學學報（哲學社會科學版）》第 24 卷第 5 期（2000 年 9 月），頁 54～57 轉 64；李霞：〈憨山德清的三教融合論〉，《安徽史學》2001 年第 1 期（2001 年），頁 16～19；夏清瑕：〈憨山德清的三教一源論〉，《佛學研究》2002 年（2002 年），頁 183～190；馮劉飛：《憨山德清三教關係思想研究》（合肥：安徽大學哲學系碩士論文，2013 年 4 月）。以上論文將明代佛教僧徒，尤其是釋德清的三教會通方式與內涵進行了解說。然而，這些論文將三教合一、三教同源、三教會通視爲同一概念的不同表述，對概念的使用較缺乏嚴謹的界定區別；對於釋德清將三教思想歸於一源——心——但對心的內涵與實質意義，卻缺乏更細緻的分析與梳理。關於三教會通的概念分梳和模式，可參見吳孟謙《融貫與批判：晚明三教論者管東溟的思想及其時代》與徐聖心《青天無處不同霞：明末清初三教會通管窺》，二書對於三教合流、一源、一致、合一等說法有較細膩的分析與處理。

〔註 25〕 佛教僧徒群體是否完全認同儒士群體提出的三教會通或三教合流的觀點，還是他們的三教會通及三教同源等論述，只是爲回應社會文化廣泛流傳的論題，是一個有待深入探討的議題。居士作爲有別於佛教僧徒群體和儒士群體的另一個群體或社群，他們的觀點或論點也不宜和佛教僧徒群體、儒士群體混爲一談。丁小明在〈眞實居士的眞實言〉一文中，認爲：「居士在萬曆朝之所以興盛，特別重要的一點是依賴於三教合流，更準確一點的說法是當時解決了釋儒合流的問題。」這樣的論斷實則是取消了居士、儒士、佛教僧徒各自群體的意識型態，認爲他們在萬曆朝時取得共識，而此共識即儒釋合流或

　　釋德清、釋眞可和釋袾宏，雖然他們身處於同一個時代，分屬於不同的思想社群，但非常清楚了解到共同所屬的佛教僧徒群體，與儒家知識分子所秉持的意識形態的差異。因此，他們的三教會通論述，亦指向維護佛教的利益，目的在避免佛教被空洞化，而不是將佛教委身於儒家。純粹從理論系統的結構上討論三教會通，並無法釐析提出理論者面對的時代問題或企圖回答的答案。若不從每個參與三教會通論述之人的群體、社群考量分析，則我們將無法理解，爲何當時許多不同群體的人都參與了三教論述，而他們論述的深層意義又是什麼。

　　無論釋德清或釋袾宏，都對世俗混淆《莊子》和佛教經典、義理，並將《莊子》抬高至佛教之上的論調提出強烈的批判。然而，若只將釋袾宏與釋德清的論述，視爲晚明三教會通思潮的普遍現象，就會忽視這些最能代表佛教僧徒群體意識形態的論點：

> 有俗士聚諸年少沙彌，講《莊子》。大言曰：「《南華》義勝《首楞嚴》。」一時緇流及居士輩，無斥其非者。夫《南華》於世書誠爲高妙，而謂勝《楞嚴》，何可笑之甚也。士固村學究，其品猥細不足較，其言亦無旨趣不足辨，獨恐誤諸沙彌耳。然諸沙彌稍明敏者，久當自知，如言鍮勝黃金以誑小兒，小兒旣長，必唾其面矣。〔註26〕

釋袾宏批判俗士以「《南華》義勝《首楞嚴》」這種缺乏實證的論述對佛典與《莊子》之間的義理思想高下進行價值判斷，混淆了世書（世道）和佛典（出世道）的分別，妄稱承載世道的《莊子》的義理遠勝承載出世之道的《首楞嚴》，是極爲可笑的事。〔註27〕不過，更令袾宏感到心寒的，是「一時緇流及

三教合流，卻沒有意識到，不同群體的意識型態是以自身群體的利益爲優先考量。因此若回歸到儒士群體或佛教僧徒群體的著作，我們會看到他們仍堅持自身群體的意識形態，所謂三教會通，還是有以何者爲終極關懷或終極價值的立場存在。丁小明之說見（明）馮夢禎撰，丁小明點校：《快雪堂日記‧眞實居士的眞實言（代序）》（南京：鳳凰出版社，2010 年 1 月），頁 18。

〔註26〕（明）釋袾宏：《竹窗隨筆》，藍吉富主編：《大藏經補編》第 23 冊，頁 171 上。

〔註27〕分判佛典與儒道經典性質上差異是袾宏的基本立場，例如《竹窗隨筆‧莊子二》，頁 171 下：「或曰：『莊子義則劣矣，其文玄曠踈逸，可喜可愕，佛經所未有也。諸爲古文辭及舉子業者，咸靡然宗之，則何如？』曰：『佛經者，所謂至辭無文者也，而與世人較文，是陽春與百卉徵顏色也，置勿論。……而況乎爲僧者之不以文爲業也。』」袾宏認爲，佛經性質爲至辭而無文，因此拿佛經之文與世人所謂文相比較，是將兩個不同層次的事物放在同一個平台相比，會做這樣的比較，是將世道和出世道兩個不同範疇的義理混同觀之。

居士輩，無斥其非者」的現象。此一現象意謂當時的佛教僧徒群體和居士社群，對於俗士提出的「《南華》義勝《首楞嚴》」這個論斷，非但沒有覺得憤怒或疑慮，反而覺得非常恰當。假如這種現象或觀念，成為佛教僧徒意識形態的一部分，將會衍生佛門中人輕視佛典、推崇外道經典，最終或將致使佛教義學或佛典的傳授和閱讀，變得不受佛教僧徒群體重視等問題。只是，面對俗士以世道經典義理凌躪佛教內典的現象，釋袾宏提出的解決之道似乎顯得相對保守——然諸沙彌稍明敏者，久當自知——將破解錯誤觀點的解決方法，寄託在聰明靈敏的沙彌們，認為他們透過長久的修養與學習，終將理解佛典義理的高深。這樣的作法看來似乎是消極，但若對照荒木見悟對釋袾宏作為穩健派代表的評價，或許應該同情理解釋袾宏此說，是認為只要在佛教經典閱讀和佛教義學持續推廣闡釋，那些原本無法分辨《莊子》和《楞嚴經》境界高低的佛教僧徒，終會因為修養與見識的積累深化，產生能夠輕易分辨二者的洞察力。因此與其說釋袾宏此處的回應是保守消極，不如說對於晚明那個過於狂熱失序的年代，冷靜面對處理世事，是最為有效的方法。〔註28〕

　　釋袾宏的批判，是立基於以佛教教義、儀式等作為其意識形態的佛教僧徒群體，因而他對俗士的批判，隱含兩個不同群體和思想社群的人，對同一事件的觀點和立場差異而產生衝突。俗士立基於他的群體意識形態及社群觀念，對他而言，「《南華》義勝《首楞嚴》」並非他提出的見解，而是他所屬群體對《莊子》一書的共同認知或知識基礎，並且一再被重複提出、論述，因而成為他認知的真理。所以當俗士——雖然無法確認他真正隸屬的群體和社群，但從袾宏以「俗士」、「村學究」來稱呼他，或可以理解為一般的讀書人，可能尚未擁有功名或僅有較低階的功名——面對佛教僧徒群體（緇流）和居士社群時，毫無忌憚地陳述「《南華》義勝《首楞嚴》」此一論斷，應非出於對佛教信仰者的傲慢無顧忌，而是他認為自己在陳述的是一個真理。同樣的，釋袾宏的反應則是為了維繫自身群體意識形態的穩固性。因為若不選擇反擊，等於沉默接受俗士的觀點，則佛教僧徒群體的意識形態必將趨向認同俗士的觀點，而解消對佛典價值的認同與堅持。所以，當釋袾宏描述「一時緇

〔註28〕　（日）荒木見悟撰，廖肇亨譯：〈中國佛教基本性格的演變〉，《明末清初的思想與佛教》，頁237。此處荒木見悟雖然以釋袾宏為例，但若回觀釋德清寫予官吏型知識分子的書信，可以發現，釋德清與袾宏一樣，贊同仰賴他力以推動末法的淨化運動。因此釋德清是否一直都屬於過激派，或是他的行動與思想在某個時期曾經有所轉變，是可再進一步探究的。

流及居士輩，無斥其非者」此一令人震驚的景象時，我們可以理解此語背後，隱含他對佛教僧徒群體和居士社群原有意識形態動搖的憂慮和悲憤。不過，同樣身為佛教僧徒群體，釋袾宏和釋真可、釋德清面對儒士群體意識形態的衝擊，他們選擇回應的方式、行動的意向並不相同，這與他們所屬的思想社群在思想、理念上的分殊與差異有極大的關係。

　　在此事件中，有一點值得注意的是，俗士「《南華》義勝《首楞嚴》」的論斷，為什麼是將《莊子》和《楞嚴經》進行比較和價值判斷，而不是其他經典？《楞嚴經》在晚明是相當流行的經典，無論在佛門內部或在家居士，持誦《楞嚴經》的風氣非常盛行，對《楞嚴經》的評價也很高。〔註29〕例如釋德清對《楞嚴經》有「《首楞嚴經》者，諸佛如來大總持門，祕密心印，統攝一大藏教」、「可謂澈一心之源，該萬法之致，無尚此經之廣大悉備者，如來以一大事因緣出現世間，捨此別無開導矣」等評價。〔註30〕如此看來，釋袾宏記錄這一則故事，或許不是隨意擇錄，而是因為這個事件在當時而言，是一件必須慎重看待的事情。《莊子》和《楞嚴經》在晚明時期都是被高度推崇、重視的作品，因此當俗士對二者進行優劣評價時，必然會引起當時重視《楞嚴經》者的不滿，甚至可能觸及佛、道優劣及思想境界高低的問題。

　　釋袾宏對俗士或對世俗觀念的批判與提出的解決之道，與其說消極，實則反應他復興佛教、改正僧徒學習思想弊端的切入點和側重點在於佛教內部本身，因此與其和世俗觀念周旋、辯論，不如回歸到佛教內典的閱讀與實際修行。在《竹窗隨筆》中，袾宏認為佛經不可不讀，否則「不讀如是書，幾虛度一生矣」〔註31〕；對於當時盛行的三教會通之風，則抱持謹慎態度，如上述對俗士「《南華》義勝《首楞嚴》」意見的駁斥，以及反對將王陽明的良知與佛說的真知混為一談〔註32〕，乃至直接點出儒釋合會雖然存在「慧解圓

〔註29〕　參見陳永革：《陽明學派與晚明佛教》（北京：中國人民大學出版社，2009年11月），頁135～138。

〔註30〕　（明）釋德清：《楞嚴懸鏡、首楞嚴經通議合刊》（臺北：財團法人佛陀教育基金會，2012年12月，景印光緒二十年金陵刻經處本），頁87。

〔註31〕　（明）釋袾宏：《竹窗隨筆・佛經不可不讀》，頁176上。

〔註32〕　（明）釋袾宏：《竹窗隨筆・良知》，頁178上：「新建創良知之說，是其識見學力深造所到，非強立標幟以大張其門庭者也。然好同儒釋者，謂即是佛說之真知，則未可。何者？良知二字，本出子輿氏。今以三支格之：良知為宗，不慮而知為因，孩提之童無不知愛親敬長為喻。則知良者美也，自然知之，而非

融，亦引進諸淺識者，不復以儒謗釋」〔註 33〕，使儒者不再堅持批判佛教無益世道而加以排斥的好處，但如果僅是窮究經典的概念文義、拘泥文字表相，則終淪為戲論，非但無益儒者，也謬解佛典，反而使兩者各受其害。〔註 34〕釋真可和釋德清則不斷涉入世間，並以出世、世法不二的觀念作為自身行為的依據，他們認為必須讓不同群體的人，尤其是居士們與士大夫、儒士群體理解到正確的佛教教義，學習正確的佛典閱讀方法與修為方式，才能讓佛教脫離被誤解、批判否定的命運。因此當面對同樣的問題時，釋德清的觀點、解決之道，就與釋祩宏有很大的差異。

　　釋德清與釋祩宏一樣，對於僧眾不知本宗經典、迷惑於世俗觀念的風氣極不以為然：

> 西域諸祖造論，以破外道之執，須善自他宗。此方經論諸師，未有不善自他宗者；〔且〕〔註 35〕吾宗末學，安於孤陋，昧於同體，視為異物。不能融通教觀，難于利俗。〔若夫當世君子，安心佛法，為法城塹者多矣，自有神鑑，固不待言。〕〔註 36〕其有初信之士，不能深窮教典，苦於名相支離，難於理會。至於酷嗜《老》、《莊》，為文章淵藪，及其言論指歸，莫不望洋而歎也。迨觀諸家註釋，各徇所見，難以折衷；及見《口義》、《副墨》深引佛經，每一言有當，且謂：「一大藏經皆從此出」，而惑者以為必當，深有慨焉。
>
> 〔註 37〕

現存《觀老莊影響論》有經過錢謙益刪修的痕跡，而錢謙益之所以刪去「若夫當世君子」一段，可能是因為此一段前是批評吾宗末學，後來卻夾了一段稱讚當世君子理解佛法，能護持佛法的文字，然後繼而批評初信之士。所以錢謙益為了文氣的順暢，遂將「若夫當世君子」一段刪去。這樣的刪除並沒有必要，因為釋德清原本就是將「此方經論諸師」和「吾宗末學」對比，因

造作者也。而所知愛敬，涉妄已久，豈真常寂照之謂哉？真之與良，固當有辨。」
〔註 33〕　（明）釋祩宏：《竹窗隨筆・儒釋和會》，頁 167 下。
〔註 34〕　（明）釋祩宏：《竹窗隨筆・儒釋和會》，頁 167 下：「雖然，據麤言細語，皆第一義，則誠然誠然。若按文析理，窮深極微，則翻成戲論。已入門者，又不可不知也。」
〔註 35〕　「且」字據明萬曆本補。見（明）釋德清：《觀老莊影響論》（明萬曆本），頁 731 上。以下凡〔〕內文字皆據此版本校補。
〔註 36〕　〔〕內文字補自（明）釋德清：《觀老莊影響論》（明萬曆本），頁 731 上。
〔註 37〕　（明）釋德清：《觀老莊影響論・敘意》（廣文本），頁 1。

而「當世君子」是爲了和「初信之士」對比，從文章整體結構來說，並沒有多餘或文氣不順的問題。〔註38〕

　　從釋德清對吾宗末學和初信之士的批判，我們可歸結出他憂慮的對象有二：一是憂慮佛教宗門內部的僧眾安於孤陋，無法深入佛教教義、經典和踏實修行，因而難以達到利於世俗的目的〔註 39〕；一是擔憂非僧眾的初信之人，懼於佛經的繁多、名相複雜支離，無法深入理解，甚至受到當時風潮影響，像釋袾宏口中的俗士一般，認定《莊子》義理遠勝佛藏，從而將佛教經典、義理妄自歸諸《莊子》等外道之下。這兩者看似分別有所指，實則安於孤陋、不能融通教觀的現象，也是居士和一般學佛之人會犯的毛病；無法深窮教典，酷嗜《老》、《莊》，迷惑於「一大藏經皆從《莊子》出」的論點，亦是佛教僧眾存在的問題，此從上述釋袾宏的批評即可印證。更嚴重的是，這兩種人會相互影響，因爲吾宗末學極可能就是初信之士訪尋佛法的對象，而初信之士也可能經由訪僧論道，而將自身錯誤的觀念帶給佛教僧徒。因此，雖然釋德清在此是指涉兩個不同群體或社群的人，但在現實社會情境中，兩者卻是不斷往來交涉，長久以往，一旦錯誤的觀念在兩個群體或社群形成固著的成見，則將嚴重威脅或破壞佛教僧徒群體以佛法教義、經典爲核心的意識形態。

　　這些論述皆是釋德清從自身經驗歸結而得出，是已經完成、過去的經驗，由此構成他詮釋《莊子》的「原因動機」。在《觀老莊影響論》中，其實提及了兩組指向不同對象的經驗，而這兩組經驗混融，才構成他詮釋行爲的「原因動機」。一組是他所屬的社會群體及與之相近的思想社群（如居士、初信之

〔註38〕錢謙益雖然自稱爲釋德清弟子，並且蒐羅編纂《憨山老人夢遊集》，但在運用他對釋德清的評價與相關紀錄時，仍須謹愼核對。如譚貞默在《憨山大師年譜疏註》中，就曾批評他未能詳核《年譜》和釋德清的事蹟：「其間興復曹溪事，似略聞之宣化蕭玄圃雲舉；而東遊未詳始末，與《年譜》迥異。今肉身在曹溪，〈五乳塔銘〉失傳信矣！」

〔註39〕利俗，即利他，一般意義即「利益他人，即非爲己利，而爲救濟諸有情而致力行善」。然而釋德清這裡指的利俗的內涵，應與《發菩提心經論》所指的「教化調伏使無慳吝」、「教化眾生令不犯惡」、「化導眾生皆令和順」、「教化眾生令勤修善」、「教化眾生令修正念」、「教化眾生令得調伏」等行爲比較接近，意即讓眾生經由正確瞭解佛教教義、經典、修行法門，秉持正確的修行方法而得以無慳吝、不犯惡、和順、勤修善行、修正念、調伏內心的妄想執著，是佛教僧徒應具備的利俗行爲。參見佛光大藏經編修委員會：《佛光大辭典》，上冊，頁 2522 上～2523 上。

士）給予他的經驗，另一組則是當時流傳盛行的《莊子》詮釋，及圍繞著那些詮釋作品產生的論題給予他的經驗。這兩組經驗雖可以分別析論，但兩組經驗乃交融混合、彼此相關聯，其現實問題是釋德清對佛教僧徒群體的意識形態動搖乃至崩解，產生深刻的危機意識；而且這兩組經驗都產生於釋德清生存的時代與所屬的社會群體，是釋德清「社會文化存在情境」的總體經驗，由此構成他詮釋行動的「原因動機」。

　　釋德清稱佛教宗門內部孤陋，可從兩個面向理解：其一，佛教內部對禪、教二者孰輕孰重沒有一致的意見，因而有人偏重參禪，輕視對佛典的閱讀與教義的探究，如此一來，佛教僧眾的學問根基就相對薄弱，對於佛教教義和典籍難有廣博深入的理解﹝註 40﹞，而這也是釋真可推動刊刻嘉興藏的動機之一；袾宏也批評自負參禪頓悟和徒執念佛而不讀經典，二者非議經教的觀念是「邪因」、「邪解」﹝註 41﹞。其二，是未通達教觀，就妄以佛法知見凌人傲

﹝註40﹞ 明代中期以前，佛教宗門偏重參禪的風氣，可參考陳玉女：《明代佛門內外僧俗交涉的場域》（板橋：稻鄉出版社，2011 年 6 月）第二章〈明中葉以前禪教學佛模式之得失〉，頁 33～88。釋德清自陳學佛經過時，也曾指出：「惟我聖祖，以廣大不二真心，御寰宇、修文之暇，乃以《楞伽》、《金剛》、《佛祖》三經試僧得度，如儒科。特命僧宗泐等註釋，頒布海內，浸久而奉行者亦希。清幼入空門，切志向上事，愧未多歷講肆。嘗見古人謂：『文字之學，不能洞當人之性源。』貴在妙悟自心，心一悟，則回觀文字，如推門落白，固不難矣。因入山，習枯禪，直至一字不識之地。」明太祖曾頒布《楞伽》、《金剛》、《心經》三經作為考試定本，凡欲為僧者必須先考過三經，但到了釋德清為僧的嘉靖、隆慶時期，奉行三經註釋的人已極為稀少；而他亦曾參枯禪，不讀佛典文字，但他解釋自己之所以參枯禪，目的是先透過實行之後，再回過頭更好地理解經典。從釋德清的對他為僧時代的描述，可以窺見當時僧眾對佛典閱讀的不重視，以及當時參禪行為對佛典文字的排拒傾向。雖然釋德清仍回觀文字，但未必每個參禪僧徒都會回歸到佛典文字中，長久以往，恐將造成參禪者對佛典文字的陌生和疏離。釋德清之說見（明）釋德清撰，（清）錢謙益等編纂：《憨山老人夢遊集·卷 23·觀楞伽寶經閣筆記》，頁 1202。

﹝註41﹞ （明）釋袾宏：《竹窗隨筆·經教》，頁 183 上～下：「有自負參禪者，輒云『達磨不立文字，見性則休。』有自負念佛者，輒云：『止貴直下有人，何必經典。』此二輩人，有真得而作是語者，且不必論；亦有實無所得而漫言之者，大都不通教理，而護惜其短者也。予一生崇尚念佛，然勤勤懇懇勸人看教，何以故？念佛之說，何自來乎？非金口所宣，明載簡冊，今日眾生何繇而知十萬億剎之外有阿彌陀也？其參禪者，藉口教外別傳，不知離教而參，是邪因也；離教而悟，是邪解也。饒汝參而得悟，必須以教印證，不與教合，悉邪也。是故學儒者，必以六經四子為權衡；學佛者，必以三藏十二部為模楷。」

物，因此釋德清在〈示極禪人辛丑〉批評這類人「不知自心，不知本法」〔註42〕。這類人和著重參禪而疏忽佛典文字的僧眾，兩者表現於外的行為略有不同，他們是「以世人不知本分具足，將謂別有，乃於一切言教中求」〔註43〕，不知回歸到本有真心，反而拘泥執著於經典文字，企望憑藉閱讀經典文字追求悟道的可能，乃至以對佛法的知見、對文字知識的理解自滿。

　　這兩者雖然在行為上有所分別，對釋德清而言都是執於一端，以我見為執，對於我執之外的事物予以排斥，而不見佛法之全貌，自我侷限而衍生孤陋的思想及行為。執於我見，則會衍生偏隘的弊病，因而無法正確理解佛法，更遑論以真確的佛法，與謬解佛法的世俗言論相辯詰。釋德清於〈學要〉也指出：

> 嘗言為學有三要：所謂不知《春秋》，不能涉世；不精老莊，不能忘
> 世；不參禪，不能出世。此三者，經世、出世之學備矣，缺一則偏，
> 缺二則隘；三者無一，而稱人者，則肖之而已。〔註44〕

釋德清撰寫《觀老莊影響論》的目的動機之一，正是闡釋他理解的老莊之學，指明老莊學問之要，以救治佛教僧徒群體學行的淺薄偏執。從釋德清對佛教僧徒群體的批評，可以看出許多佛教僧徒不僅不參禪，對於老莊學問之要也不精通，因而有偏隘的弊病。釋德清認為，佛法是兼融經世、出世之學，如此才能圓融通攝其他二教，而這也是《觀老莊影響論》想要表達的意旨。

　　佛教僧徒和居士護法辯邪，多是直接回擊儒、道對佛教的批判與謬解，如唐代法琳（生卒年不詳）的《破邪論》〔註45〕和《辯正論》〔註46〕、宋代

〔註42〕　（明）釋德清撰，（清）錢謙益等編纂：《憨山老人夢遊集・卷3・示極禪人辛丑》，頁147：「末法弟子，去聖時遙，不蒙明眼真正知識開示，往往自恃聰明，大生邪慢。不但以佛法知見凌人傲物，當作超佛越祖之秘，且復以世諦文言，外道經書，惡見議論，以口舌辯利，馳騁機警，當作撥天關的手段，將謂閻老子定管束不得，亦不復知有世出世間因果事。此蓋由不識自心，不知本法，於己躬腳跟下一步，了不干涉，徒恃癡狂，增長夢中顛倒耳。」

〔註43〕　（明）釋德清撰，（清）錢謙益等編纂：《憨山老人夢遊集・卷3・示極禪人辛丑》，頁146。

〔註44〕　（明）釋德清撰，（清）錢謙益等編纂：《憨山老人夢遊集・卷39・學要》，頁2082。

〔註45〕　（唐）法琳：《破邪論》，大藏經刊行會編輯：《大正新修大藏經》第52冊，頁474c～489c。

〔註46〕　（唐）法琳：《辯正論》，大藏經刊行會編輯：《大正新修大藏經》第52冊，頁489c～550c。

張商英（字天覺，1043～1121）的《護法論》〔註47〕；或者認為三教各有擅
場，雖然仍秉持佛教至高最上的立場，但在描述闡釋中盡量調和三教，並主
張三教各有所長、各有擅場，三教聖人都是導人為善的，例如宋代釋契嵩（1007
～1072）《鐔津文集》中的〈輔教編〉〔註48〕、元代劉謐（號靜齋學士，生卒
年不詳）的《三教平心論》〔註49〕。如北宋時，釋契嵩稱「聖人為教不同，
而同於善也」〔註50〕，主張從聖人之教的本質會通儒釋；到了元代劉謐寫《三
教平心論》時，則提出「大抵儒以正設教，道以尊設教，佛以大設教，觀其
好生惡殺，則同一仁也。……而三教之意，無非欲人歸之于善耳。」〔註51〕
提出三教設教的主張雖不一致，但其本質與追求的目的（意）是一致的，即
釋契嵩所謂的「同於善」，使人心、社會同歸於良善。劉謐進一步從歷史事例
中，尋找帝王與學者對三教各自職能與施用的論點：

> 故孝宗皇帝製《原道辯》曰：「以佛治心，以道治身，以儒治世。」
> 誠知心也，身也，世也，不容有一之不治，則三教豈容有一之不立？
> 無盡居士作《護法論》曰：「儒療皮膚，道療血脈，佛療骨髓。」不
> 容有一之不療也。如是，則三教豈容有一之不行焉？〔註52〕

宋孝宗（趙眘，1127～1194）〈原道辯〉將三教擅長與施用的領域分割為心、
身、世，是凸顯三教各自的特殊面向，實則三教在心、身、世都有一套治理
回應的理論與法則，這種強硬的區分並沒有意義。然而，宋孝宗的御製詔辯，
與其說是要強分三教，不如說這是會通三教、意圖弭平三教爭論的一種方式：
人生於世，必然必須理心、調身、應世，三教不只對一般人具有此三種不可
或缺的功能，對於帝王之家亦是如此。因此強分孰善孰劣、相互攻訐衝突，
在君王我（宋孝宗）之前，實無必要。劉謐引用張商英的《護法論》來強調
三教皆有療效，但對什麼病有療效呢？

〔註47〕 （宋）張商英：《護法論》，大藏經刊行會編輯：《大正新修大藏經》第 52 冊，
　　　　頁 637a～646c。
〔註48〕 （宋）釋契嵩：《鐔津文集》，大藏經刊行會編輯：《大正新修大藏經》第 52
　　　　冊，頁 646c～750c。
〔註49〕 （元）劉謐：《三教平心論》，大藏經刊行會編輯：《大正新修大藏經》第 52
　　　　冊，頁 781a～794b。
〔註50〕 （宋）釋契嵩：《鐔津文集・原教》，頁 649b。
〔註51〕 （元）劉謐：《三教平心論》，頁 781b。
〔註52〕 （元）劉謐：《三教平心論》，頁 781b～c。

　　張商英說的：「群生失眞迷性，棄本逐末者，病也；三教之語，以驅其惑者，藥也。儒者使之求爲君子者，治皮膚之疾也；道書使之日損，損之又損者，治血脈之疾也；釋氏直指本根，不存枝葉者，治骨髓之疾也。其無信根者，膏肓之疾，不可救者也。」〔註53〕從張商英的總體敘述來看，實則他還是將佛教視爲至高最上，將儒貶抑爲三教之末。然而，我覺得應該注意的是釋德清的論述，與張商英的表述方式有極度近似之處：第一，張商英和釋德清都是以某一事項、領域來談論三教的效用與有效程度，張商英是以「群生失眞迷性，棄本逐末」作爲眾生之疾，釋德清則是以人涉入世間之深淺向度爲焦點，討論三教在這個領域向度能提供何種程度的幫助；第二，兩者都是將三教效能由低淺到至高排列，一層深入一層，而不是像宋孝宗攤散在不同的領域層面來談；第三，他們都強調三教對於該領域向度有某種程度的功效，而且彼此無法凌駕取代，身爲一個人必須至少信從遵循三教之一，否則在張商英和釋德清看來，不啻無藥可救，徒有人形而已。

　　由此可知，釋德清撰述《觀老莊影響論》，是想要確立三教之間的位階和彼此的關係，並以佛教立場出發，給予佛教僧徒群體對三教的基本認知。因此《觀老莊影響論》的撰述目的動機之一，是救治佛教僧徒群體的學行淺薄偏執；《莊子內篇註》則以《觀老莊影響論》爲基礎，經由實際的詮釋，展現如何將《莊子》置入《觀老莊影響論》所架構的框架下，並以佛學的觀念來詮釋《莊子》。

　　正因如此，所以釋德清在《莊子內篇註》末篇結語說：

　　　　但以佛法中人天止觀而參證之。所謂天乘止觀，即《宗鏡》亦云：「老
　　　　莊所宗，自然清淨無爲之道，即初禪天通明禪〔註54〕也。」吾徒觀

〔註53〕（宋）張商英：《護法論》，頁643a。

〔註54〕釋德清依據永明延壽的說法，將老莊止觀判定爲初禪天通明禪，而關於通明禪的內涵，他卻從沒進一步解釋。雖然我們可以將「初禪天通明禪」這個概念暫時擱置，只從《觀老莊影響論》詮釋所謂人乘止觀和天乘止觀。但若瞭解通明禪的禪法、境界，再和釋德清的天乘止觀的解釋合觀，不僅會對他佛教（學）化老莊思想有更深的認識，也能更具體認是他眼中的老莊，究竟達到何種修養境界。隋代天台宗大師智顗（號智者，538～597）在《法界次第初門・通明禪初門第二十》中記載通明禪的相關說法：「次十六特勝，而辨通明禪。……此禪雖是實觀深細。而未具無漏得解。……所言通明者，修此禪時，必須三事通觀，故云通明；亦以能發六通三明，故云通明。」老莊爲初禪天通明禪，亦即老莊仍未至無漏法，不能出三界之外，這與《觀老莊影響論》之說相符。三事（身心息）通觀、六通（神足通、天眼通、天耳通、他

者，幸無以佛法妄擬爲過也。〔註55〕

釋德清在《觀老莊影響論》中，稱「吾教五乘，進修工夫，雖各事行不同，然其修心，皆以止觀爲本。故吾教止觀，有大乘、有小乘、有人天乘，四禪八定，九通明禪。」〔註56〕所謂五乘，依據《觀老莊影響論》的說法，即人、天、聲聞、緣覺、菩薩五乘，而佛猶在五乘之上。〔註57〕從釋德清將儒、道各自安放進人、天二乘，並以止觀統攝其修行之道，就能看出他和張商英、劉謐等三教會通或調和者之間，有一極爲關鍵性的差別：張商英和劉謐仍承認三教系統各自獨立性與差異性，只是試圖尋找其間可會而通之的類近之處，但釋德清卻是以佛教系統統攝、籠罩儒道二教的系統，將其系統歸攝到佛教系統。如此一來，就能理解釋德清爲何要用「妄擬」來預防可能而至的批評——因爲即使是釋袾宏，也不曾思考要將儒家和道家系統收攝到佛教系統之中，而且儒、道理論上仍屬外道，將外道系統經過改造後，再融攝到佛教系統之中，在三教的論爭與會通史上，實屬罕見——但釋德清卻藉由《觀老莊影響論》、《道德經解》和《莊子內篇註》三書，徹底轉化道家系統，使其成爲佛教系統的分支。這樣的作法，雖然是基於華嚴宗事事無礙的宗旨，認爲三教乃心同跡異，〔註58〕因此實際上可以運用佛教系統統攝之，而此一

心通、宿命通、漏盡通）、三明（天眼明，宿命明，漏盡明）是阿羅漢所達到的境界，而《莊子內篇註·德充符》，頁346中亦暗示莊子已能臻至阿羅漢果境：「蓋忘形骸，一心知，即佛說破分別我障也。能破分別我障，則成阿羅漢果，即得神通變化。今莊子但就人中說老子忘形釋智之功夫，即能到此境界耳，即所謂至人忘己也。」參見《法界次第初門·通明禪初門第二十》，大藏經刊行會編輯：《大正新修大藏經》第46冊，頁674c～675。

〔註55〕（明）釋德清：《老子道德經解憨山註 莊子內篇憨山註（附觀老莊影響論一名三教源流異同論）》，頁452～453。

〔註56〕（明）釋德清：《觀老莊影響論·論工夫》，頁19。

〔註57〕（明）釋德清：《觀老莊影響論·論教乘》，頁12：「所言五乘，謂人、天、聲聞、緣覺、菩薩也。佛則最上一乘矣。」當釋德清將儒、道分別置入此一五乘結構中的人乘和天乘時，就意謂著他以佛教系統中對人乘與天乘的界義，來詮釋和定義儒家思想與道家思想——不是比附或平行對比，而是以此定彼——如此一來，勢必造成對儒、道二家思想的簡化與扭曲。

〔註58〕李懿純：《憨山德清註《莊》之研究》，頁107～109；（明）釋德清：《老子道德經解·發明歸趣》，頁56：「是知三教聖人，所同者心，所異者跡也。以跡求心，則如蠡測海；以心融跡，則似芥含空。心跡相忘，則萬派朝宗，百川一味。」在此須注意的是，釋德清追求的極致乃是心跡相忘，因此以心融跡，可以華嚴宗的事事無礙法界觀之；但心跡相忘，則已是禪宗的說法或追求的境界了。

所同之心，乃是超越五乘的佛心〔註59〕，事實上卻是貶抑道家系統，並對道家既有的體系作爲某種程度的曲解和再詮釋之後的統合。

因而在《莊子內篇註》中，釋德清運用佛教的名相概念來詮釋、誤讀《莊子》，由此揭示以佛教立場詮釋道家經典的方法與取徑，將老莊思想體系融入他所創造的以五乘判三教的架構之中，也是釋德清《莊子內篇註》的撰述目的動機之一。

釋德清撰述《觀老莊影響論》和《莊子內篇註》的原因動機與目的動機是多元的，而且經常是相通的，但在討論時，不應當將原因動機與目的動機混淆。釋德清撰述《觀老莊影響論》的原因動機，實際上可以作爲《莊子內篇註》的原因動機，因爲釋德清面對的問題是相同的；但在理解、探討目的動機時，則必須將兩書分開處理，因爲兩書探討的範圍、撰述的形式都不同，其指涉的目的也不盡相同。從上述的分析，我們可以指出兩書撰述的共同原因動機之一，是釋德清憂慮佛教僧徒群體學行的淺薄偏執，深怕長此以往，佛教僧徒將無法正確理解、傳遞佛法，甚至難以與淆亂不眞的異說抗辯；兩書共同的撰述目的動機之一，則是補救佛教僧徒學行淺薄偏執的危機。《觀老莊影響論》提供以佛教統攝二教的理解框架，《莊子內篇註》則是實際文本詮釋的展示，讓佛教僧徒理解如何以佛法詮釋道家經典，擴充自己的學問與對佛法的眞切理解。

第二節　回應明代《莊子》詮釋發展衍生之課題

釋德清在《觀老莊影響論‧敘意》中，點出明代《莊子》詮釋發展到他所身處的時代，他所感知到的幾個重要問題：「一大藏經皆從《莊子》出」、「《莊子》爲文章淵藪」、「諸家註釋，難以折衷」。釋德清特意舉出這些問題，並試圖回應這些問題，是要藉由回應這些問題來表明自身的立場。他將這些問題予以顯題化，意謂這些問題是他撰述《觀老莊影響論》和《莊子內篇註》的原因動機，而辯駁這些論點、提出屬於自身立場的觀點，則是他的目的動機。

〔註59〕在釋德清詮釋系統中，佛心和禪宗所謂的自性、本心實爲相同概念，參見陳松柏：《憨山自性禪思想之理論基礎與核心論題》一書；林順夫：〈推門落臼：試論憨山大師的《莊子內篇注》〉，頁317～318指出，這是釋德清詮釋《莊子》的第一個假定，也是最爲關鍵的假定。

一、一大藏經皆從《莊子》出：三教位階判定中貶抑佛教之論述

〔註60〕

釋德清在《觀老莊影響論・敘意》中，批評「及見《口義》、《副墨》深引佛經，每一言有當，且謂一大藏經皆從此出，而惑者以爲必當，深有慨焉」〔註61〕，對於林希逸《莊子口義》和陸西星《南華眞經副墨》引用佛典，卻將佛教義理歸攝到《莊子》的論點感到遺憾，並在〈論學問〉分析，這樣的現象，與佛教僧徒群體和儒士群體對佛法、諸子百家關係的認知錯謬有關：

> 余每見學者披閱經疏，忽撞引及子史之言者，如攔路虎，必驚怖不前，及教之親習，則曰：「彼外家言耳。」掉頭弗顧。抑嘗見士君子爲《莊子》語者，必引佛語爲證，或一言有當，且曰：「佛一大藏盡出於此。」嗟乎！是豈通達之謂耶？質斯二者，學佛而不通百氏，不但不知世法，而亦不知佛法；解《莊》而謂盡佛經，不但不知佛意，而亦不知莊意，此其所以難明也。故曰：「自大視細者不盡，自細視大者不明。」余嘗以三事自勖曰：不知《春秋》，不能涉世；不知老莊，不能忘世；不參禪，不能出世。知此，可與言學矣。〔註62〕

此處的學者，專指佛教僧徒群體，而非一般的學者。這可從他們將子史之言稱之爲「外家言」印證，也更證實了《觀老莊影響論》訴求的主要對象爲佛教僧徒群體。釋德清在此指出，「一大藏經皆從《莊子》出」這樣的觀念，不再僅是《莊子口義》、《南華眞經副墨》的見解，而是儒士群體經由閱讀、傳

〔註60〕 此處釋會雲僅是依循釋德清之說帶過，完全無法凸顯釋德清撰述的目的動機。釋會雲之說見《釋德清三教會通思想之研究——以《莊子內篇註》爲中心》，頁48～49。另外，釋祩宏在《正訛集・佛法本出老莊》中也批判宋儒的佛法出於老莊之說：「宋儒云：『佛典本出老莊，世人不知，駭謂奇語，譬之被虜劫去家珍，反從虜借用。』此訛也。老莊之書具在，試展而讀之，其所談，虛無自然而已。虛無自然，彼說之深深者也，尚不及佛法之淺淺，而謂佛從老莊出，何異謂父從子出耶！清涼大師以邪因、無因二科斷老氏爲外道，況莊又不及老。宋儒膚見，至此可哂也。或又云：『解佛經者，多引用六經諸子，何也？』噫！此方文字惟孔老爲至極，不此之引，而將誰引？然借其語，不用其意，深造當自得之。」參見（明）釋祩宏：《正訛集》，藍吉富主編：《大藏經補編》（台北：華宇出版社，1986年）第23冊，頁285上。釋祩宏將佛法本於老莊之說溯源自宋儒，並批判莊子之學不如老子，這樣的觀點，釋德清應當會認同前者而反對後者。這也可以看出，雖然同屬佛教僧徒群體，但不同思想社群對莊子的觀點與定位，存在著極大的差異。

〔註61〕 （明）釋德清：《觀老莊影響論・論學問》，頁1～2。

〔註62〕 （明）釋德清：《觀老莊影響論・論學問》，頁10～11。

播兩書，將此一觀念推擴、散布到其他群體或社群；長此以往，必然會形成一種成見，然後以此成見扭曲佛法與諸子百家之間關係的認知理解。儒者會有這種成見，並不單純是受了《莊子口義》影響而已，或許還跟明代以朱子學爲官學，朱子的排佛言論中，曾嚴厲批評佛經是剽竊抄襲自《莊子》與《列子》。因此，部分恪遵朱子之學的學者，或者以此爲話頭批判佛教的儒士，就成爲釋德清此處批評的「不知佛意，亦不知莊意」之人了！

　　釋德清認爲，這不應該歸罪於單一群體的錯謬認知，而是佛教僧徒群體和儒士群體對彼此的學問無法相互深入理解，又貶抑對方的學問所致。想要打破這樣的成見，就有必要以新的視角、態度來重新審視佛法和世法、莊意和佛意。因此，釋德清提出的新視角與態度，即以「不知《春秋》，不能涉世；不知老莊，不能忘世；不參禪，不能出世」來統合三教，並指出儒家專於涉世，老莊之學足以忘世，學佛參禪則能出世。表面看來，釋德清似乎將三教放在同等的位階上，但若將《觀老莊影響論》和《莊子口義》、《南華眞經副墨》關於三教位階判定的論述加以仔細比較，則能看出釋德清的回應方式，正是對三教位階判定予以重新建構，扭轉《莊子口義》和《南華眞經副墨》建構的三教位階。

　　林希逸對三教位階的判釋，是以儒家最高，道家次之，佛教又次之。《莊子口義・發題》說：

> 若《莊子》者，其書雖爲不經，實天下所不可無者。郭子玄謂其不
> 經而爲百家之冠，此語甚公。然此書不可不讀，亦最難讀。東坡一
> 生文字只從此悟入，《大藏經》五百四十函皆自此中抽繹出，左丘明、
> 司馬子長諸人筆力未易敵此，是豈可不讀！〔註63〕

林希逸認同郭象稱《莊子》「不經而爲百家之冠」。所謂不經，是以儒家的觀點作爲判準，對莊子思想進行的判定，也可以看出林希逸是將莊子的思想位階判定在儒家之後。「《大藏經》五百四十函皆自此中抽繹出」一語，則是批評佛教思想義理多取用自《莊子》等書。林希逸這段話並非在闡述一件歷史事實，而是在北宋人知識份子所了解的佛教，大致是指禪宗；〔註64〕但將《莊

〔註63〕　（宋）林希逸撰，周啓成校注：《莊子鬳齋口義校注・發題》（北京：中華書局，1997 年 3 月），頁 1。

〔註64〕　參見勞思光：《新編中國哲學史（三上）》（臺北：三民書局，1987 年 2 月 3版），頁 304。

子》作爲佛經的文字思想根源，這種說法應當是沿承自朱熹的批判。〔註65〕

　　無論如何，對林希逸而言，佛教位階次於《莊子》，是眞切無可辯駁的事實。這樣的觀念，遂成爲《莊子口義》的基本立場，因此有「後之禪家，其言語多是此等意思」〔註66〕、「死生亦大矣，此五字，乃《莊子》中一大條貫。釋氏一大藏經，只從此五字中出，所謂『死生事大，如救頭然』是也」〔註67〕等論斷，強調後世禪宗言語思想、佛教的看破生死等基本觀念，都是源於《莊子》。

　　陸西星對三教的判釋並沒有林希逸這麼明顯，但以他身爲道士群體的立場，隱約可以看出他的立場是以道家爲至，佛教次之，儒家最末。陸西星在〈南華眞經副墨序〉中曾指出《莊子》在性命之學方面仍勝佛教一籌：

> 若乃斷言語，絕名相，混溟茫沕，迴出思議之表，則竺乾先生譚之西方，未始相襲也，而符契若合。故予嘗謂，震旦之有《南華》，竺西之貝典也。貝典專譚實相，而此則兼之命宗，蓋妙竅玄同，實大乘之祕旨。學二氏者，烏可以不讀《南華》？〔註68〕

林希逸認爲佛經出於《莊子》，但陸西星反對這個觀點，他認爲佛教在竺乾（印

〔註65〕　（宋）黎靖德編：《朱子語類・卷126・釋氏》（台北：文津出版社，1986年12月），頁3011：「後漢明帝時，佛始入中國。當時楚王英最好之，然都不曉其說。直至晉宋間，其教漸盛。然當時文字亦只是將莊老之說來鋪張，如遠師諸論，皆成片盡是老莊意思。」又同頁：「因論佛，曰：『老子先唱說，後來佛氏又做得洒脫廣闊，然考其語多本莊列。』」朱熹認爲晉宋時期的佛經譯者與論師剽竊《老子》、《莊子》和《列子》，以使經論更爲精妙，因此論斷所謂佛學、經論，實際上乃植根於老子、楊朱、列子和莊子的思想。因此在《朱子語類》中，除前引兩段文字外，還有「佛氏之學亦出於楊朱」（頁3007）、「宋景文〈唐書贊〉，說佛多是華人之譎誕者，攘莊周、列禦寇之說佐其高。……佛家先偷列子。列子說耳目口鼻心體處有六件，佛家便有六根，又三之爲十八戒」（頁3008）等等。然而，朱熹也批評道教竊取佛教義理，如他說《清淨經》：「佛經所謂『色即是空』處，他把色、受、想、行、識五箇對一箇『空』字說，故曰『空即是色。受、想、行、識，亦復如是』，是謂空也。而《清淨經》中偷此句意思，卻說『無無亦無』，只偷得他『色即是空』，卻不曾理會得他『受、想、行、識，亦復如是』之意，全無道理。佛家偷老子好處，後來道家卻只偷得佛家不好處。」（3008～3009）朱熹所說道家，其實就是道教，如《朱子語類・卷125・論道教》中，朱熹都用道家表示道教。
〔註66〕　（宋）林希逸撰，周啓成校注：《莊子鬳齋口義校注・齊物論第二》，頁16。
〔註67〕　（宋）林希逸撰，周啓成校注：《莊子鬳齋口義校注・德充符第五》，頁82。
〔註68〕　（明）陸西星撰，蔣門馬點校：《南華眞經副墨・南華眞經副墨序》（北京：中華書局，2010年3月），頁2。

度）產生發展，和道家老莊沒有相互因襲，而兩者都絕斷言語、名相，在思想義理上較爲接近。雖然陸西星沒有批評儒家，但以他的思想偏向、身分群體來看，他確實將道家置於較高的思想位階，而與道家思想義理較近的佛教，其思想位階應當高於儒家。陸西星指出佛教思想義理不及道家的地方，在於「貝典專譚實相，而此則兼之命宗」。實相，即諸法眞實的面貌，其說出於鳩摩羅什。陸西星此句在強調，佛教重點在於談論諸法眞實的樣態，以他的理論體系來說，佛教只有性宗；而《莊子》不但有關涉性宗的思想與理論，還多了養氣坐忘等修養工夫（命宗）。在他看來，這正是《莊子》略勝佛教的地方，也透露了他是以道士群體的意識形態，來看待三教思想位階高低。陸西星將儒家思想判在三教之末的證據，還有他對儒者的批判，如他在〈讀南華眞經雜說〉中，批評儒者以爲《莊子》是「非聖之書，掩卷廢之，殊可惜也」〔註69〕、「今儒者直謂不然，往往斥之以爲異說，反以老氏爲見小，是蝸與鷽鳩同其同也」〔註70〕。儒者認爲老莊非祇聖人，於是貶抑老莊思想，認爲他們見解淺小，這本來就與儒士群體的意識形態有關；而陸西星批判儒者這樣的見解，實際上也是本於道士群體的意識形態，兩者並非在客觀討論老莊思想的內涵，而是意識形態的對抗。林希逸將儒家置於三教之上，也是基於他儒者的意識形態所致。

釋德清身爲佛教僧徒，以他的立場，當然不能容許林希逸將佛教判釋爲三教之末，也不可能容許陸西星將老莊置於佛教之上。釋德清判釋三教的方法，是以佛教僧徒群體的意識形態爲主，運用佛教判教的觀念來判定三教思想位階：

> 或問：「三教聖人本來一理，是果然乎？」曰：「若以三界唯心，萬法唯識而觀，不獨三教本來一理，無有一事一法，不從此心之所建立；若以平等法界而觀，不獨三聖本來一體，無有一人一物，不是毗盧遮那海印三昧威神所現。」……所言五乘，謂人、天、聲聞、緣覺、菩薩也，佛則最上一乘矣。然此五乘，各有修進，因果階差條然不紊。所言人者，即蓋載兩間，四海之內，君長所統者是已，原其所修，以五戒爲本。所言天者，即欲界諸天，帝釋所統，原其所修，以上品十善爲本。……由是觀之，則五乘之

〔註69〕　（明）陸西星撰，蔣門馬點校：《南華眞經副墨‧讀南華眞經雜說》，頁 8。
〔註70〕　（明）陸西星撰，蔣門馬點校：《南華眞經副墨‧讀南華眞經雜說》，頁 10。

法，皆是佛法；五乘之行，皆是佛行。良由眾生根器大小不同，故聖人設教淺深不一，無非應機施設，所謂教不躐等之意也。由是證知孔子，人乘之聖也，故奉天以治人；老子，天乘之聖也，故清淨無欲，離人而入天；……佛則超聖凡之聖也，故能聖能凡，在天而天，在人而人，乃至異類分形，無往而不入，且夫能聖能凡者，豈聖凡所能哉？據實而觀，則一切無非佛法，三教無非聖人。若人若法，統屬一心，若事若理，無障無礙，是名為佛。故圓融不礙行布，十界森然；行布不礙圓融，一際平等，又何彼此之分、是非之辯哉？〔註71〕

釋德清判釋三教思想位階的方法，是以「三界唯心，萬法唯識」所構成的「唯心識觀」為核心理論，將三教思想乃至世間萬法萬象統攝到一心。關於「三界唯心，萬法唯識」一說，釋德清在《性相通說》曾做理論溯源與詮說，並以《大乘起信論》的生滅門和真如門為架構、以《楞嚴經》為依歸，以八識變現來解釋三界沉淪生死之因、萬法建立之由，並提出唯有真如一心能斷絕諸妄、破除二執。〔註72〕他對「唯心識觀」的詮釋與理解，並非從某一特定的教派的理論著眼，而是融攝了華嚴、天台、禪宗等教派的理論，並以《華嚴經》、《楞嚴經》、《楞伽經》、《大乘起信論》等經典為準據，而建立的理論

〔註71〕 （明）釋德清：《觀老莊影響論‧論教乘》，頁11～14。
〔註72〕 （明）釋德清述：《性相通說》，收入（後秦）鳩摩羅什等撰：《佛藏經‧裝相發菩提心文‧性相通說‧入楞伽心玄義》（臺北：新文豐出版公司，1974年），頁1a～2a：「佛說一大藏教，只是說破三界唯心，萬法唯識。及佛滅後，弘法菩薩解釋教義，依唯心立性宗，依唯識立相宗。各豎門庭，甚至分河飲水，而性相二宗不能融通，非今日矣！唯馬鳴大師作《起信論》，會相歸性，以顯一心迷悟差別：依一心法立二種門，謂心真如門、心生滅門。良以寂滅一心，不屬迷悟，體絕聖、凡。今有聖、凡二路者，是由一心真妄迷悟之分，故以二門為聖、凡之本。故立真如門，顯不迷之體；立生滅門，顯一心有隨緣染淨之用。故知一切聖、凡修證，迷悟因果，皆生滅門收。其末後拈華為教外別傳之旨，乃直指一心，本非迷悟，不屬聖、凡，今達磨所傳禪宗是也。其教中修行，原依一心開示，其所證入，依生滅門悟至真如門以為極則。其唯識所說十種真如，正是對生滅所立之真如耳，是知相宗唯識，定要會歸一心為極。此唯《楞嚴》所說一路涅槃門，乃二宗之究竟也。學人不知其源，至談唯識一宗，專在名相上作活計，不知聖人密意，要人識破妄相以會歸一心耳。故今依生滅門中，以不生滅與生滅和合成阿賴耶識，變起根身器界，以示迷悟之源。了此歸源無二，則妙悟一心，如指諸掌矣。」釋德清在此談三界唯心，萬法唯識的唯心識觀，仍是辯證地談，並沒有強調二者孰為極致，而以《楞嚴經》為依歸。

系統。〔註73〕釋德淸此段，大量化用了華嚴宗的理論：「無有一事一法，不從此心之所建立」，即化用自《華嚴經・夜摩天宮偈讚品》中覺林菩薩所說的：「心如工畫師，能畫諸世間。五蘊悉從生，無法而不造。」〔註74〕平等法界、毘盧遮那、海印三昧、圓融不礙行布、行布不礙圓融，都是華嚴宗的重要概念。華嚴宗認爲，從理法界而言，萬物之本體皆爲眞如，因此平等而無差別；毘盧遮那是《華嚴經》中蓮華藏世界之教主，是報身佛；海印三昧是《華嚴經・賢首品》中十種三昧之一，則能顯現十方法界眾生，法藏稱之爲「眞如本覺」〔註75〕。「圓融不礙行布，行布不礙圓融」，是華嚴宗認爲修行階位，有次第行布、圓融相攝二門，次第行布從淺至深，階位歷然；圓融相攝是說

〔註73〕 參見李懿純：《憨山德淸註《莊》之研究》，頁43～56。李懿純羅列了眾多前人研究中對「唯心識觀」的解釋，並指出釋德淸應是結合「華嚴」、「法華」、「楞嚴」、「禪宗」思想，但認爲他老莊學下的唯心識觀和佛學的唯心識觀必須分別處理。我認爲這並沒有必要，釋德淸很明顯是要以佛學的理論系統來統攝三教，因此他所運用的唯心識觀是同一套理論系統，並無佛學理論與老莊學理論之差異；此外，這套理論系統被廣泛用在他詮釋的經典中，甚至存在以此判教的意圖。還有，我認爲在研究唯心識觀理論時，我們確實可以抽繹出該理論系統的主要結構，是取自澄觀華嚴宗的理論，但經過釋德淸的調整，已經成爲以他這一思想主體消化再重構的理論系統。且釋德淸在〈徑山雜語〉中曾說：「教眼宗眼，原無二眼。永明師提示，全撮教語印入，恐人一向無義路邊錯下腳，若不得教眼，便落邪見。我註《金剛》、《法華》、《楞伽》、《楞嚴》等經書，從情識不到處、沒義路邊迸出者拈取，却欲以教印宗。學者當自得之。」永明延壽解釋名相概念，一向引用經典，依循一定之道理、程序來解釋；但釋德淸卻自言自己詮釋經書，所使用的方法，是出於人情識的認知之外、沒有一定的道理與程序。然而，想要以這樣的方式詮釋經典，則他自身必然有一套融整的思想系統，而不是依循執守特定經教來詮釋諸經。參見（明）釋德淸撰，（淸）錢謙益等編纂《憨山老人夢遊全集》，頁2483。

〔註74〕 （唐）實叉難陀譯：《大方廣佛華嚴經・夜摩宮中偈讚品第二十》，大藏經刊行會編輯：《大正新修大藏經》第10冊，頁102a。

〔註75〕 （唐）實叉難陀譯：《大方廣佛華嚴經・賢首品第十二》，頁73c：「如是一切皆能現，海印三昧威神力。」（唐）法藏：《華嚴妄盡還源觀》，大藏經刊行會編輯：《大正新修大藏經》第45冊，頁637b～c：「一者、海印森羅常住用。言海印者，眞如本覺也。妄盡心澄，萬象齊現，猶如大海因風起浪，若風止息，海水澄淸無象不現。《起信論》云：『無量功德藏，法性眞如海。』所以名爲海印三昧也。《經》云：『森羅及萬象，一法之所印。』言一法者，所謂一心也，是心即攝一切世間出世間法，即是一法界大總相法門體，唯依妄念而有差別，若離妄念唯一眞如，故言海印三昧也。《華嚴經》云：『或現童男童女形，天龍及以阿脩羅，乃至摩睺羅伽等，隨其所樂悉令見，眾生形相各不同，行業音聲亦無量，如是一切皆能現，海印三昧威神力。』依此義故，名海印三昧也。」

得到一個階位，就能前後諸位相即相入，始終無礙。圓融不礙行布，行布不礙圓融，意謂縱使位階次第儼然，但仍互相攝貫，融通無礙。〔註76〕釋德清在此運用這些概念，並不全然取用概念原本的意思，而是在使用時，依行文賦予意義。文中「若以平等法界而觀」，雖化用自理法界和華嚴宗的觀法，但實際的意思卻是自一真法界此一絕對的本體概念出發〔註77〕；「毗盧遮那海印三昧」在此即是指一味清淨如來藏真心（或稱常住真心、一味清淨法界如來藏真心、真心，釋德清會在行文中更換同一概念的名稱）〔註78〕，他將毗盧遮那（毘盧舍那）、海印三昧兩個在經文中指涉不同對象的概念結合在一起，構造出指涉真如本體的新詞彙。至於「圓融不礙行布，行布不礙圓融」，意謂從三教聖人皆本於此一真心本體，縱使三教聖人所處的位階（人乘、天乘、佛乘）不同，但行迹的差異並不會影響三教聖人心同此一事實；儒、道二乘既是將人、天渡向佛乘的必要位階，佛乘也融攝人、天二乘，重重相融。

　　釋德清運用佛教五乘的修行位階，將孔子判定為人乘之聖、老子判定為天乘之聖，而佛則在二者之上，屬於五乘最高的佛乘之聖。釋德清以三教的創始者來作為三教思想極致的代表，以孔子代表儒家，老子代表道家，佛則為佛教；三教思想位階以佛教最高，道家次之，儒家最低。然而，釋德清的三教判釋並非如林希逸和陸西星那樣，只停留在思想價值的判定上。雖然他以「然此五乘，各有修進，因果階差條然不紊」來穩固三教位階，指出這個架構是以修行程度和境界高低來判定，三者不可躐等；但他也承認三教皆是

〔註76〕（唐）清涼澄觀：《大方廣佛華嚴經疏・世主妙嚴品》，大藏經刊行會編輯：《大正新修大藏經》第35冊，頁504b：「六彰地位者，為顯菩薩修行佛因，一道至果有階差故。夫聖人之大寶曰位，若無此位，行無成故。此亦二種：一行布門，立位差別故；二圓融門，一位即攝一切位故。一一位滿即至佛故。初地云一地之中，具攝一切諸地功德。信該果海，初發心時便成正覺等。然此二無礙，以行布是教相施設，圓融是理性德用。相是即性之相，故行布不礙圓融；性是即相之性，故圓融不礙行布。圓融不礙行布，故一為無量；行布不礙圓融，故無量為一。無量為一，故融通隱隱；一為無量，故涉入重重。」

〔註77〕一真法界，即釋德清註《楞嚴經》中說的「一味清淨法界」，見（明）釋德清：《楞嚴懸鏡》，《楞嚴懸鏡、首楞嚴經通議合刊》（景印光緒二十年金陵刻經處本，臺北：財團法人佛陀教育基金會，2012年12月），頁10：「而此經者，蓋以一味清淨法界如來藏真心為體。」又《楞嚴通議》，頁138：「原夫一真法界，不生不滅，常住真心，諸佛眾生同稟此心，本源無二者也。」

〔註78〕（明）釋德清：《楞嚴懸鏡・首楞嚴鏡序》，頁7：「而其所談，直指一味清淨如來藏真心為體。」又，頁10：「而此經者，蓋以一味清淨法界如來藏真心為體。」又，頁11：「而此體者，所謂常住真心性淨明體。」

聖人，從華嚴平等圓融、理事無礙的觀點看來，三教的存在都有其意義。因爲眾生根器深淺不一，不能用同一套思想來施教，依眾生根器施以淺近或深閎的思想，是三教各自的功用。

釋德清在此運用了體用辯證的觀念，這個觀念是他詮釋經典的基本觀念。三教聖人是一體的，即三教思想皆出於一心，而此一心的內涵，必須以佛教的立場加以理解；儒、道和佛三教各有其施教的內容和施教的對象，儒家是奉天治人，道家則是離人入天，佛教則統攝人天，無往不入，這是三教之用。體是一心，但施諸於用則有三教，一心又保證了三教之用的效果及價值。釋德清藉由佛教判教與體用觀念，將三教統攝到佛教之中。〔註 79〕以佛教統攝儒、道，與林希逸、陸西星僅以教義思想判釋高低的做法非常不同；然而，以佛教統攝儒、道，將三教思想放入佛教判教架構來評斷高低，是釋德清依據佛教僧徒群體的意識形態所做的詮釋，這和林希逸、陸西星依據自身群體的意識形態，對三教思想進行判釋的行爲，並沒有不同。

二、《莊子》爲文章淵藪：拘泥《莊子》表層語言之意義

釋德清指出晚明時期《莊子》詮釋衍生的問題中，其中一個是過分拘執於《莊子》作爲文章學習的典範，因而產生許多似是而非的觀念，例如依循林希逸從文字著眼，認定大藏經奇幻變化的文字都從《莊子》出，或者認爲《莊子》的文章遠勝佛經。釋袾宏《竹窗隨筆》就紀錄當時人認爲《莊子》文章成就遠過佛經，吸引儒士群體學習仿效的現象：

> 或曰：「《莊子》義則劣矣，其文玄曠疏逸，可喜可愕，佛經所未有也。諸爲古文辭及舉子業者，咸靡然宗之，則何如？」曰：「佛經者，所謂至辭無文者也，而與世人較文，是陽春與百卉爭顏色也，置勿

〔註 79〕釋德清的觀點與釋眞可相近，這或是因爲他們屬於同一社群，因此思想有相似之處。釋眞可〈長松茹退〉中說：「宗儒者病佛、老，宗老者病儒、釋，宗佛者病孔、病李。既咸謂之病，知有病而不能治，非愚則妄也。或曰：『敢問治病之方？』曰：『學儒而能得孔氏之心，學佛而能得釋氏之心，學老而能得老氏之心，則病自愈。』……且儒也，釋也，老也，皆名焉而已，非實也。實也者，心也。心也者，所以能儒、能佛、能老者也。……知此乃可與言三家一道也，而有不同者，名也，非心也。」釋眞可認爲，三教之本體（道）是一致的，而此道即心，亦即釋德清所謂的「三教一心」。見（明）釋眞可：《紫柏老人集》，趙恆愿等編：《中華大藏經》（臺北：修訂中華大藏經會，1983年）第 2 輯第 86 冊，頁 35445 下。

論。子欲論文，不有六經、四子在乎？而大成於孔子。吾試喻之：
孔子之文，正大而光明，日月也；彼《南華》，佳者如繁星掣電，劣
者如野燒也。孔子之文，渟蓄而汪洋，河海也；彼《南華》，佳者如
瀑泉驚濤，劣者如亂流也。孔子之文，融粹而溫潤，良玉也；彼《南
華》，佳者如水晶琉璃，劣者如玟珂碔砆也。孔子之文，切近而精實，
五穀也；彼《南華》，佳者如安南之荔、大宛之葡萄，劣者如未熟之
梨與柿也。此其大較也，業文者宜何師也？而況乎為僧者之不以文
為業也。」〔註80〕

釋袾宏的紀錄中，問話者指出當時對《莊子》文章成就的普遍肯定，即使他
以「《莊子》義則劣矣」為前提，認為《莊子》義理雖不如佛經，但文章成
就卻是「佛經所未有也」，因而吸引學習古文辭的人和準備時文的舉子們競
相仿效。

　　學習古文辭的人模習《莊子》，或許是受到後七子的影響，如王世貞（1526
～1590）就曾說李攀龍（1514～1570）將《莊子》視為古文辭的模習典範之
一：「今夫《尚書》、《莊》、《左氏》、〈檀弓〉、〈考功〉、司馬，其成言班如也，
法則森如也。吾擷其華而裁其衷，琢字成辭，屬辭成篇，以求當於古之作者
而已。」〔註81〕李攀龍將《尚書》、《莊子》、《左傳》、《禮記·檀弓》《周禮·
考工記》和司馬遷《史記》並列為他學習古文辭的模習典範，以此六者都有
法度規矩，可以仿效，因此吸納六者的表層語言文字之華，理解取裁他們為
文的意旨，作為自己書寫學習的準則楷模。作為後七子領袖的李攀龍都以《莊
子》為模習典範之一，那麼跟隨認同後七子的人們以《莊子》為模習典範，
也是十分自然的事。

　　至於學習時文舉子業的儒生仿效《莊子》，萬曆十五年時，禮部上書稱：
「國初舉業有用六經語者，其後引《左傳》、《國語》矣，又引《史記》、《漢
書》矣。《史記》窮而用六子，六子窮而用百家，甚至佛經、道藏摘而用之，
流弊安窮。」〔註82〕從明代初年以降，舉子不斷擴充時文仿效、引用的文章
典範，從六經而擴及《左傳》、《國語》、《史記》、《漢書》，至於舉子為何要引

〔註80〕（明）釋袾宏：《竹窗隨筆·莊子二》，頁171上～下。
〔註81〕（明）王世貞：〈李于麟傳〉，收入（明）李攀龍：《滄溟先生集》，《明代論著
　　　　叢刊》（台北：偉文圖書公司，1976年）第33冊，頁1389。
〔註82〕（清）張廷玉：《新校本明史并附編六種·志第四十五·選舉一》（台北：鼎
　　　　文書局，1982年），頁1689。

用仿效這些書，應與前後七子的復古運動有很大的關係，但這並非本文的重點，因此暫且不論。其中需要注意的是六子書，六子書在晚明非常盛行，有許多書坊甚至會請名人評點，或僞造名人評點的六子書，因此現在留存的明代善本中，有許多以六子書爲名的類書。〔註83〕所謂的六子書，即揚雄（西元前53～前18）的《法言》、王通（584～617）的《中說》、《荀子》、《老子》、《莊子》和《列子》，其中儒家、道家各半。六子書的盛行，和時代思潮、文學觀念的推衍改變有很大的關係，而從事舉業的士子既受時代思潮的影響競相閱讀、模習六子書，也推動了六子書在士子群體的影響力。

釋袾宏對於《莊子》文章勝於佛經的論點的駁斥，除了以「佛經者，所謂至辭無文者也，而與世人較文，是陽春與百卉爭顏色也」，將佛經的地位提升到至高之處，從文章來比較《莊子》和佛經兩者的差別，一如比較春天和百花何者爲美，是沒有意義的爭論外；還以孔子之文與《莊子》相比，點出《莊子》之文有佳、劣之別，與其學《莊子》還不如學孔子。釋袾宏以陽春比佛經、以百花比世人之文，是相當有趣的比喻：春天保證了百花的盛開，而春天雖然沒有鮮豔的色彩，但若沒有春天，百花也無法盛開；且春天是四時循環，年復一年的必然存在，而百花會隨著春天的暫時離去而凋謝。由此看來，對釋袾宏來說，佛經是超越世俗之文，恆常性的存在；不過至辭無文此一表述，卻隱隱有《老子》用語的痕跡，亦饒有趣味。

釋袾宏以日月、河海、良玉和五穀比喻孔子之文，強調孔子之文具備「正大光明」、「淳蓄汪洋」、「融粹溫潤」、「切近精實」等特點，至於《莊子》文章的佳優者，也不過是繁星、瀑泉、水晶琉璃和荔枝、葡萄之類的水果，根本難以和孔子之文相較，何況《莊子》還有粗劣不堪的文字。釋袾宏拒絕討論《莊子》和佛經文章優劣勝負的問題，反而轉用儒士群體的意識形態來否定《莊子》文章，至於他是否眞心認爲孔子之文有如此之好，孔子之文所指涉的範圍和對象爲何，則不是他論述的重點。

不同於釋袾宏認爲「僧者之不以文爲業」，釋德清所身處的思想社群，對撰寫文章、與儒士群體詩文往來的社會行爲非常習以爲常，因此即使「不以文爲業」，他們還是重視自身的文章寫作與鑑賞能力。所以當釋德清面對「《莊

〔註83〕潘重規《中國善本書目提要》著錄有四種六子書刻本，最早爲嘉靖六年許宗魯刻本，後來則有嘉靖十二年世德堂刻本和後來的翻刻本。由世德堂本六子書的多次翻刻，可見六子書在嘉靖後的盛行。參見潘重規：《中國善本書目提要》（臺北：明文書局，1984年12月），頁217。

子》爲文章淵藪」的課題時，他的反應並非如釋袾宏一樣貶抑《莊子》，而是從閱讀方法失當來批評時人過分拘執《莊子》表層語言意義，以扭轉《莊子》和佛經爭勝負的時論。

首先，釋德清仍是將《莊子》放在上述的判教框架下來談論，因此雖然他認同《莊子》文辭精妙，但前提是莊子思想仍次於佛：

> 至若精研世故，曲盡人情，破我執之牢關，去生人之大累。寓言曼衍，比事類辭，精切著明，微妙玄通，深不可識。此其說人天法，而具無礙之辯者也，非夫現婆羅門身而說法者耶？〔註84〕

釋德清指出莊子精通人情世故，因而對人的存在意義有其深刻的看法，而莊子認爲人之所以徬徨茫然於世，正是由於我執太深。不同於釋袾宏否定《莊子》的思想和文章，釋德清以爲《莊子》一書載負了莊子的思想，無論是曼衍寓言來寄託事理，或者以事物比喻、連類屬辭；其文字則精妙著明，其義理則微妙玄通、深不可識。然而，縱使莊子文章、思想如此精妙、微妙，釋德清仍將之放在天乘境，因此才說莊子是婆羅門身、說人天法，其境界並不如佛。

其次，世人之所以會認爲《莊子》文字、思想勝於佛經，是因爲世人根本錯認重點，以錯誤的前理解（濁亂之心）來閱讀《莊子》：

> 後人以一曲之見而窺其人，以濁亂之心而讀其書，茫然不知所歸趣。苟不見其心而觀其言，宜乎驚怖而不入也。且彼亦曰：「萬世之後，而一遇大聖知其解者，是旦暮遇之也。」然彼所求之大聖，非佛而又其誰耶？吾意彼爲吾佛破執之前矛，斯言信之矣。世人於彼尚不入，安能入於佛法乎？〔註85〕

不懂莊子是說人天法，而妄以爲《莊子》文章勝佛經，是因爲世人以一曲之見、濁亂之心讀《莊子》，結果便是茫然不知《莊子》的意旨和歸趣。釋德清爲此開出的閱讀方法，是「見其心而觀其言」，如此才能正確理解莊子。釋德清引用〈齊物論〉「萬世之後，而一遇大聖知其解者，是旦暮遇之也」，指出莊子之心，正是期待佛來印證他的思想是人天法，而佛就是他所期待的大聖。既然佛是莊子所期待的大聖，莊子的思想、文章不過是佛破世人迷執的前矛，則《莊子》一書就不是大藏經皆從此出的源頭，而是通向佛法的前階，這正

〔註84〕 （明）釋德清：《觀老莊影響論・論教乘》，頁 17。
〔註85〕 （明）釋德清：《觀老莊影響論・論教乘》，頁 18。

是釋德清此一論點意圖表達的觀念。因此在《莊子內篇註・齊物論》「萬世之後，而一遇大聖知其解者，是旦暮遇之也」一段，釋德清注云：

> 言必待萬世之後，遇一大覺之聖人，知我此說，即我與之爲旦暮之遇也。意此老賢中早知有佛，後來必定印證其言。不然，而言大覺者其誰也耶？〔註86〕

一般世人認爲《莊子》文章勝佛經，是因爲憑藉自己錯誤的認知成見來閱讀《莊子》，因此無法深入理解莊子思想的眞義，釋德清以此駁斥林希逸以降的「一大藏經皆從《莊子》出」以及「《莊子》爲文章淵藪」的觀念。文章不過是表層語言，莊子著書立說的重點不在文章，而在期待來世大覺聖人印證他的著書立說之心，而這份用心才是閱讀《莊子》應予以把握的重點。釋德清認爲，莊子所期待的人正是佛，因此莊子的思想亦當以佛法印證。既然不該將《莊子》視爲文章淵藪，那麼讀《莊子》時，要如何了解其眞義呢？釋德清由此提出把握「立言主意」的閱讀法。言是表層語言意義，想要理解《莊子》一書，必須掌握深層的作者之意，如此一來，就能打破「《莊子》爲文章淵藪」的迷執，確實理解莊子思想及其書。

那麼，有沒有眞確認知莊子之心的取徑呢？釋德清在《道德經解・發明趣向》中明白揭示一條能夠直達莊子之心，打破他文字語言所構成的障礙的進路：「愚謂看老莊，先要熟覽教乘，精透《楞嚴》，融會吾佛破執之論，則不被他文字所惑。」〔註87〕爲何要「熟覽教乘，精透《楞嚴》，融會吾佛破執之論」呢？因爲釋德清《觀老莊影響論》中，已將老莊置入五乘判教結構內，則老莊已然成爲佛教系統內部的一支（天乘）。因此以釋德清的立場與系統而言，想正確理解他所謂的老莊或孔子思想，都必須以佛教義學爲前理解，才能進入他所建構的系統。由此來看，釋德清的唯心識觀理論、以五乘攝三教結構，已經不僅僅停留在將三教置於同一平台，相互比較的三教會通了。

三、諸家註釋，難以折衷：詮釋視域的侷限與另闢之可能

在一般人的理解中，莊子或屬道家，或與顏回關係密切。縱使成玄英以佛教用語解《莊》，他也不曾認爲莊子思想和佛教有關；林希逸對莊子和佛教

〔註86〕　（明）釋德清：《老子道德經解憨山註　莊子內篇憨山註（附觀老莊影響論一名三教源流異同論）》，頁261。

〔註87〕　（明）釋德清：《老子道德經解・發明趣向》，頁45。

之間關係的論述，則是貶抑佛教、抬高莊子；陸西星雖然認爲佛、道二教思想接近，但對他而言，《莊子》一書兼性、命二宗，思想屬性仍歸爲道教。面對這個《莊子》詮釋傳統，釋德清既然意圖將莊子作爲佛教和道家思想之間的橋梁，則批判此一詮釋傳統，指出《莊子》詮釋視域的侷限和另闢的可能性，遂成爲他撰述《觀老莊影響論》和《莊子內篇註》的目的動機。

釋德清對《莊子》詮釋視域的侷限提出批評，並指出其另闢的可能性，較早的紀錄是他寫給焦竑的信：

> 聞披老、莊《翼》，乃集諸家之大成，雖註疏多峻，乃人人老莊，非老莊老莊也。惟公入此三昧甚深，何不徹底掀翻耶？某常論此：老出無佛世，竊且以類辟支。如莊則法執未忘，自入遊戲神通，變化多端，眩人眼目，自非把臂共行，鮮不爲其播弄；若覷破底蘊，眞有別解脫門。此老萬世之下，與公可謂旦暮之遇也。某昔行腳中，嘗以二老爲伴，時時察其舉動，頗有當心者，但難以言語形容耳。
> 內篇曾有數字點掇，尚未錄出，容當請正。〔註88〕

釋德清對於焦竑所輯《老子翼》和《莊子翼》的評價，是「集諸家之大成」，既然是集諸家大成，爲什麼又批評是「人人老莊，非老莊老莊」呢？這是因爲諸家大成的詮釋視域，仍侷限於儒、道，釋德清批評焦竑所選的註疏依然受限於《莊子》詮釋傳統，正是希望焦竑打破既有的詮釋傳統，開啓或認同他所想要開展的詮釋進路——以佛教立場解《莊子》。〔註89〕因此，「惟公入此三昧甚深，何不徹底掀翻耶」以下，釋德清明確表明要從佛教的立場、視域來重新解讀《莊子》，徹底翻轉或推倒以儒、道立場爲主的詮釋傳統，並以此尋求焦竑的認同。稱莊子「法執未忘」、「遊戲神通」，與後來將老、莊判列在天乘，認爲兩者雖然已忘我執，但尚不如佛我、法兼忘的論點一致；「變化多端，眩人眼目，自非把臂共行，鮮不爲其播弄」，則強調《莊子》一書文章變化多端，因此世人迷於文章語言表層，未曾見透莊子立言主意，因此容易被文章詞采所迷惑。

以《觀老莊影響論》「諸家註釋，各徇所見，難以折衷」〔註90〕一語和〈與

〔註88〕 （明）釋德清撰，錢謙益編：《憨山老人夢遊集・卷16・與焦從吾太史》，總頁 854～855。

〔註89〕 當然，釋德清在此也有批判集註體無法呈現經典詮釋內在體系完整性的意圖，而以焦竑正是當時推動經典集註的代表人物，因此釋德清該語實意有所指。

〔註90〕 （明）釋德清：《觀老莊影響論》，頁1。

焦從吾太史〉「雖註疏多峻，乃人人老莊，非老莊老莊也」並觀，以釋德清的
立場來看，各家註釋既然各循己見，縱使可以折衷，也還是人人之老莊，並
不是老莊之老莊。因此最好詮釋《莊子》方式並不是依循原有的詮釋傳統，
而是跳出諸家註釋的框架，重新開創一個詮釋進路。然而，這個詮釋進路的
開創勢必會造成兩方的質疑，一方是當時遵循《莊子》詮釋傳統的儒士群體，
另一方則是視儒、道為外道的佛教僧徒群體的質疑。面對儒士群體的質疑，
釋德清採取的方針是順著三教會通的風潮，採取經典詮釋的方法，運用佛教
觀念對道家經典進行詮釋，意圖獲得認同；面對佛教僧徒群體的質疑，他則
必須釐清佛教內部對道家看法、定位為何，試圖以佛教僧徒能認可的思想框
架來融攝道家。

第三節　融攝老莊思想以歸於佛

　　在晚明三教會通的風氣下，佛教僧徒群體無法逃脫這個時代思潮，因此
他們被迫必須對三教的關係予以回應。如上所述，釋德清認為三教一理，但
巧妙以佛教之理統攝其他二教。與釋德清分屬不同思想社群的釋袾宏，對於
三教關係，也採取類似的論點：

> 人有恆言曰：「三教一家。」遂致漫無分別，此訛也。三教則誠一家
> 矣，一家之中，寧無長幼尊卑親疏耶？佛明空劫以前，最長也，而
> 儒、道言其近；佛者天中天、聖中聖，最尊，而儒、道位在凡；佛
> 證一切眾生本來自己，最親也，而儒、道事乎外。是知理無二致，
> 而深淺歷然。深淺雖殊，而同歸一理，此所以為三教一家也，非漫
> 無分別之謂也。〔註91〕

釋德清以佛教的觀念來理解三教關係，因此無論是用五乘修行位階，或「三
界唯心，萬法唯識」的觀念來判釋三教，都很明顯是從佛教的視域來解讀三
教關係。釋袾宏在面對三教或《莊子》、佛經關係時，則採用儒家的觀念來解
釋；因此當他討論當時流行的「三教一家」觀點時，他所運用的是儒家長幼
尊卑親疏的觀念。釋袾宏認為，佛知曉世界形成以前、萬物未生的「空劫以
前」，因此以年歲而論，佛最為年長；佛是聖中之聖，儒、道位階為凡夫，此
處釋袾宏也以佛教的五乘位階、四聖六凡的十法界來判釋三教，而以佛為最

〔註91〕　（明）釋袾宏：《正訛集》，頁 290c。

尊；佛要人看清自己本來面目，要人實踐本心自性，而儒、道從事著重於外。以釋德清的論點來看，則是儒家仍有我執，道家猶有法執，因而佛教最切近本心。釋袾宏認為，三教一家是可以成立的，但三者思想義理雖然同歸一理，卻有淺深不同，不可混為一談，也不必要以佛教來融攝儒、道；因此他並沒有規定一理的內涵，也不強調佛教可吸納儒、道，反而是強調三者的差異。由此來看，縱使釋德清所處的思想社群主張以佛攝儒道的觀點來回應三教議題，但在佛教僧徒群體內，釋袾宏所身處、領導的思想社群，就未必會認同他們的主張。

　　另一個佛教僧徒群體遇到的問題，是佛經注疏和中土造論引用《莊子》的問題。《莊子》既然是外道，那為什麼佛經注疏、中土造論會引用外道文字呢？釋袾宏對此提出的解釋是，這是為了讓中土之人理解天竺佛教的道理，不得不的權宜之策：

> 曰：「古尊宿疏經造論，有引《莊子》語者何也？」曰：「震旦之書，周、孔、老、莊為最矣。佛經來自五天，欲借此間語而發明，不是之引，而將誰引？然多用其言，不盡用其義，彷彿而已矣，蓋稍似而非真是也。南人之北，北人不知舟，指其車而曉之曰：『吾舟之載物而致遠，猶此方之車也。』借車明舟，而非以車為舟也。」〔註92〕

釋袾宏指出，過去的高僧大德注疏佛經、造論之所以引用《莊子》，純粹是為了用中國人熟悉的語言文字來解釋佛經的義理，並非認為《莊子》的思想可用來比擬佛經或佛法。這就如同南方人對不曾看過船的北方人，以北方人的車來比擬自己的船，兩者不論功用或實體都不完全相同，但在載運人和貨物這項功能則是一致的。「然多用其言，不盡用其義，彷彿而已矣，蓋稍似而非真是也」一段明確指出，高僧大德用《莊子》語，是用表層語言來表述，但內在的思想義理，則未必依循《莊子》，是表面引述（稍似），而內在意義實際仍以佛法為主（非真是）。「非真是」即蘊含對《莊子》思想的不認可。

　　釋德清面對佛教僧徒群體內部對內典、外道的判別，則認為過去的高僧大德引用《莊子》，不僅是要借彼明此；而且《莊子》確實有其精妙好處，與其貿然排斥，不如釐清過去的佛教高僧們是如何看待、運用儒、道典籍，將可以效法與學習的方法與模式，吸納進三教會通的系統內，建構出以佛教為本位的三教思想位階：

〔註92〕　（明）釋袾宏：《竹窗隨筆·莊子三》，頁171c。

吾佛經盡出自西域，皆從翻譯。然經之來始於漢，至西晉方大盛。
晉之譯師，獨稱羅什爲最，而什之徒生、肇、融、叡四公，僧之麟
鳳也，而什得執役。然什於肇亦曰：「余解不謝子，文當相揖耳。」
蓋肇尤善老莊焉。然佛經皆出金口所宣，而至此方，則語多不類，
一經而數譯者有之，以致淺識之疑。殊不知理實不差，文在譯人之
巧拙耳。故藏經凡出什之手者，文皆雅致，以有四哲左右焉。故《法
華》理深辭密，曲盡其妙，不在言；《維摩》文勢宛莊，語其理自昭
著。至於肇四論，則渾然無隙，非具法眼者，斷斷難明。故惑者非
之，以空宗莊老孟浪之談，宜矣！清涼觀國師，華嚴菩薩也。至疏
《華嚴》，每引肇論，必曰肇公，尊之也。嘗竊論之，藉使肇見不正，
則什何容在座？什眼不明，則譯何以稱尊？若肇論不經，則觀又何
容口？古今質疑頗多，而辟不及此，何哉？至觀《華嚴疏》，每引老
莊語甚夥，則曰：「取其文不取其意。」圭峰則謂二氏不能原人，《宗
鏡》闢之尤著。然上諸師，皆應身大士，建大法幢者，何去取相左
如此？〔註93〕

釋德清以僧肇（384～414）、清涼澄觀（737～838）、圭峰宗密（784～841）、
永明延壽（904～975）四個人，來論述佛教內部對老莊的立場和態度。由釋
德清的論述看來，僧肇、清涼澄觀精熟老莊，因此善於借用老莊經典的語言
文字及論述技巧來闡釋，讓經典的文彩變得豐富，也讓一般民眾或知識分子
對佛經產生親切感，藉此推廣佛教思想。這不僅與上述袾宏之說相近，也和
釋德清意圖資借儒、道，傳播佛法、世出世法不二的立場相近。圭峰宗密則
批評儒、道二教不能原人，永明延壽的《宗鏡錄》更是批評儒、道尤烈，則
代表了佛教內部認爲二教仍屬外道，表現了佛教以二教思想高度不如佛的基
本立場。釋德清的論述做了一定程度的簡化，而目的在於舉出佛教內部對儒
道的看法，以及是否吸納儒道思想、又該如何吸納的爭論。此外，應該強調
的是，釋德清選取這四位大師以作爲自己論述的佐證與進路，並非要將他們
視作論辯的正方與反方，而是意圖順勢引帶出自己會通三教——或該稱之爲
以佛攝儒道——的詮釋進路與方法。

　　不過，釋德清有意識地在此塑造出僧肇、澄觀作爲佛教內部融攝老莊、
宗密和延壽爲佛教內部批判老莊的代表，目的在於丟出這樣的問題：現今佛

教內部對老莊的見解分歧，並非現今才有的問題，過去四位佛教的大師們——既是釋德清最推崇的四位大師，他們的思想與論述在晚明時期也具有相當大的影響力——也曾提出相似的論題。釋德清既注疏過《肇論》，因敬愛澄觀而字澄印；身爲賢首宗人，他對華嚴五祖宗密亦多所崇敬。而將四祖澄觀與宗密論述對比，是爲了將論題顯題化。延壽對晚明僧人的影響相當深廣，尤其是他會通諸宗的思想，對釋德清、釋袾宏、釋智旭遍註經典、會通佛教諸宗的行爲，有深刻的影響。

在「然上諸師，皆應身大士，建大法幢者，何去取相左如此？」此一問題後，釋德清提出了經典譯介的歷史情境，將釋袾宏的答案賦予歷史脈絡，並提出了不得不如此的解釋：

> 嘗試論之，抑各有所主也。蓋西域之語，質直無文，且多重複；而譯師之學，不善兩方者，則文多鄙野，大爲理累。蓋中國聖人之言，除五經束於世教，此外載道之言者，唯《老》一書而已。然《老》言古簡，深隱難明，發揮老氏之道者，唯莊一人而已。《筆乘》有言：「老之有莊，猶孔之有孟。」斯言信之。然孔稱老氏猶龍，假孟而見莊，豈不北面耶？間嘗私謂中國去聖人，即上下千古負超世之見者，去老唯莊一人而已。載道之言，廣大自在，除佛經，即諸子百氏究天人之學者，唯《莊》一書而已。藉令中國無此人，萬世之下，不知有眞人；中國無此書，萬世之下，不知有妙論。蓋吾佛法廣大微妙，譯者險辭以濟之，理必沈隱，如《楞伽》是已。是故，什之所譯稱最者，以有四哲爲之輔佐故耳。觀師有言：「取其文不取其意。」斯言有由矣。設或此方有過老莊之言者，肇必捨此而不顧矣。由是觀之，肇之經論用其文者，蓋肇宗《法華》。所謂善說法者，世諦、語言、資生業等，皆順正法，乃深造實相者之所爲也。圭峰少而《宗鏡》遠之者，孔子作《春秋》，假天王之令而行賞罰，二師其操法王之權而行褒貶歟！清涼則渾融法界，無可無不可者。故取而不取，是各有所主也。〔註94〕

前述釋袾宏對經文翻譯多引用《莊子》的解釋有二：第一，是「震旦之書，周、孔、老、莊爲最矣。佛經來自五天，欲借此間語而發明，不是之引，而將誰引」，亦即既然中國的典籍是以儒家（周孔）和道家（老莊）爲代表，那也僅能引用這兩家的典籍文字，來翻譯原是西域文字與梵文的佛典。釋德清

〔註94〕（明）釋德清：《觀老莊影響論・論去取》，頁7～9。

在此說得更詳細明確：「蓋西域之語，質直無文，且多重複；而譯師之學，不善兩方者，則文多鄙野，大爲理累。蓋中國聖人之言，除五經束於世教，此外載道之言者，唯《老》一書而已。然《老》言古簡，深隱難明，發揮老氏之道者，唯莊一人而已。」西域之文不能直譯爲中土之文，否則就會有「質直重複」和「文鄙理累」的毛病，如此一來根本無法吸引讀眾；而儒家「束於世道」，《老子》文字古簡，因此《莊子》就成了最好的選擇。第二個原因是「然多用其言，不盡用其義，彷彿而已矣，蓋稍似而非眞是也。」釋袾宏說過去翻譯經論、撰寫論疏的大師運用《莊子》的文字（多用其言），但不取用《莊子》的意義，是因爲老莊思想和佛教義理相似（稍似而非眞是），這是因爲佛、道對現實的既定存有懷抱質疑，認爲萬物都具有相同的本質，而不像儒家多站在既存的事物上談論眞理。釋德清則進一步闡述爲「間嘗私謂中國去聖人，即上下千古負超世之見者，去老唯莊一人而已。載道之言，廣大自在，除佛經，即諸子百氏究天人之學者，唯《莊》一書而已。藉令中國無此人，萬世之下，不知有眞人；中國無此書，萬世之下，不知有妙論。」在此，釋德清賦予莊子一個極爲關鍵的地位：莊子賦予中國之人一種特殊的視域，就是超越現實的既定事物與現象，去思考構成世界與事物的本質；莊子喚醒了中國之人的想像力和感受能力，讓中國之人能體驗、進入一個廣大自在的心靈世界。如果莊子思想從不曾存在，中國之人從未擁有這樣的能力，釋德清認爲，佛教思想也無法進入中國人的心靈世界。這就是釋德清賦予莊子破執之前矛此一關鍵地位的原因。

就釋德清的論述來看，僧肇精熟老莊，是因爲在文字技巧上面，能妥善運用《老子》和《莊子》的優點，因而使譯文精巧可讀，避免了「質樸重複」和「文鄙理累」的毛病，但保留了經典本身的佛理。所以鳩摩羅什（334～413）說「余解不謝子，文當相揖耳」、釋德清說「佛經皆出金口所宣，而至此方，則語多不類，一經而數譯者有之，以致淺識之疑。殊不知理實不差，文在譯人之巧拙耳。故藏經凡出什之手者，文皆雅致，以有四哲左右焉」，都在強調僧肇等人對老莊的取用在「語言文字」（文皆雅致），至於老莊之「理」，則捨棄不用。因此，僧肇《肇論》雖偶有引用《莊子》〔註95〕，但總體而言，其思想還是屬於佛教義理而非道家思想。所以釋德

〔註95〕僧肇明確引述《莊子》的文字並不多，如〈物不遷論〉「然則莊生之所以藏山，仲尼之所以臨川，……所謂有力者負之而趨，昧者不覺，斯其之謂歟？」是

清批評那些無法分辨文理之殊，或將僧肇之文理混爲一談，而說「以空宗莊老孟浪之談」的人是「惑者」。

　　同樣的，清涼澄觀撰《華嚴懸談》，雖經常引用《老子》和《莊子》，但也說「取其文不取其意」〔註96〕。不過，僧肇和澄觀還是有些微的差別。釋德清指出，僧肇是秉持《法華經‧法師功德品》「若說俗間經書，治世語言，資生業等，皆順正法」〔註97〕的觀念，認爲佛法的認知與出發點是正確的（意根清淨），則縱使是世俗的經書（如儒道之書）、治世語言和一般的工作職業，作爲引導啓迪人趨向正道的媒介，使人證得實相般若。〔註98〕澄觀則是站在華嚴宗事事無礙的宗旨與立場，認爲佛與儒道雖然表相不同，但皆爲一眞法界所流現，其本質相同，可以相互融通。

　　又如圭峰宗密〈原人論〉雖然稱「孔、老、釋迦皆是至聖，隨時應物，設教殊途」〔註99〕，但強調儒道二教只是權法，並非實法，唯有佛教兼實權二法〔註100〕，因此三教是有所分別的：「策萬行，懲惡勸善，同歸於治，則三教皆可遵行；推萬法，窮理盡性，至於本源，則佛教方爲決了。」〔註101〕釋

明確引用《莊子‧大宗師》「夫藏舟於壑，藏山於澤，謂之固矣。然而夜半有力者負之而走，昧者不知也」。因此，僧肇得益於老莊的地方，是他表述的方式和語言文字的修飾、運用方面。見（後秦）僧肇：《肇論‧物不遷論》，大藏經刊行會編輯：《大正新修大藏經》第45冊，頁151b。

〔註96〕　（唐）清涼澄觀：《華嚴經懸談》（台北：新文豐出版公司，1975年7月），卷1，頁5a：「然眾妙兩字，亦老子意。彼《道經》云：『道可道，非常道；名可名，非常名。無名，天地之始；有名，萬物之母。常無欲，以觀其妙；常有欲，以觀其徼。此兩者同出而異名，同謂之玄。玄之又玄，眾妙之門。』釋曰：然彼意以虛無自然以爲玄妙，復拂其迹，故云又玄。此則無欲於無欲，萬物由之生，故云眾妙之門。今借其言而不取其義，意以一眞法界爲玄妙體，即體之相爲重妙矣。」

〔註97〕　（明）釋德清：《法華通義‧卷十五‧法師功德品》，楊文會編：《釋氏十三經註疏》（濟南：齊魯書社，2013年1月），頁1145下。

〔註98〕　（明）釋德清：《法華通義‧卷十五‧法師功德品》，楊文會編：《釋氏十三經註疏》（濟南：齊魯書社，2013年1月），頁1146上：「此意根清淨之功德也。以意根清淨，離諸思量分別，故於一句一偈，達無量義，以深達實相。故說俗間經書、治世語言、資生業等，皆順正法。」

〔註99〕　（唐）圭峰宗密：《原人論‧序》，大藏經刊行會編輯：《大正新修大藏經》第45冊，頁708a。

〔註100〕　（唐）圭峰宗密：《原人論》，頁708a：「雖皆聖意而有實有權，二教唯權，佛兼權實。」

〔註101〕　（唐）圭峰宗密：《原人論》，頁708a：「雖皆聖意而有實有權，二教唯權，佛兼權實。」

德清和釋袾宏對三教的判釋，與宗密的說法相似，只是判釋的標準不同。三人都認同三教的創始者皆是至聖，其學問教義都可以教化世人，但佛教明顯高於其他二教。宗密以權、實法和是否能夠原人爲標準，釋袾宏以長幼、尊卑、親疏爲標準，釋德清以五乘位階爲標準，判定二教遠不如佛教。但釋袾宏與宗密都不曾試圖將其他二教歸攝到佛教之中，而釋德清卻積極將二教歸攝到佛教，並以佛教的五乘架構來賦予二教位階，這在佛教僧徒群體提出的三教關係論點裡，自然是相當特別的觀念。

既然釋德清意圖將老莊思想融攝到佛教的義理體系之中，則老莊思想的在佛教義學中所屬的層級，也有必要進一步予以界定。因此在論及四位佛教高僧對老莊思想的觀點立場後，釋德清認爲老莊思想之於佛教義學，猶如婆羅門之於菩薩：

> 故余於《法華》見觀音三十二應，則曰：「應以婆羅門身得度，即現其身而爲說法。」至於妙莊嚴二子則曰：「汝父信受外道，深著婆羅門法。」且二子亦悔生此邪見之家。蓋此方老莊，即西域婆羅門類也。然此剛爲現身說法，旋即斥爲外道邪見，何也？蓋在著與不著耳。由觀音圓通無礙，則不妨現身說法；由妙莊深生執著，故爲外道邪見。是以聖人教人，但破其執，不破其法，是凡執著音、聲、色、相者，非正見也。〔註102〕

釋德清以《法華經・觀世音菩薩普門品》「應以婆羅門身得度者，即現其身而爲說法」〔註103〕和〈妙莊嚴王本事品〉「汝父信受外道，深著婆羅門法」〔註104〕，構塑出一幅有趣的想像畫面：佛就像〈妙莊嚴王本事品〉中的觀世音菩薩，此書的讀者就像妙莊嚴之子，而老莊正是妙莊嚴。我們或許可以這麼想像：釋德清要說的不是佛現身說法，而是我這個精通佛法、洞察老莊執著的僧人，注解老莊、用老莊的文字話語，是要告訴你們——對佛法有所理解，但又信從老莊的僧徒、居士、儒士們——不要執著於老莊說的道、語言文字等等，因爲你們的執著，會使你們看不見老莊既有所見、亦有所不見。我化用老莊，或詮釋老莊，是要使你們了解到老莊說到底亦是婆羅門法，是外道邪見；如果你們仍執著於用老莊來批判佛法、貶抑佛法，則仍是陷入外道邪

〔註102〕（明）釋德清：《觀老莊影響論・論去取》，頁7～10。
〔註103〕（明）釋德清：《法華通義・卷第十九・觀世音菩薩普門品》，頁1181上。
〔註104〕（明）釋德清：《法華通義・卷第二十・妙莊嚴王本事品》，頁1190上。

見之中。〔註 105〕因此，釋德清於此，是要強調自己扭曲老莊思想，是出於正見和善意，但也隱隱指出，他的老莊詮釋，實則是觀世音菩薩（佛法）所化現的婆羅門（老莊），其詮釋的意旨終究不是爲了還老莊一個道家的本色，而是將之歸攝到佛教體系內。或許在他心裡，就算老莊復活，他也會用佛法，引導老莊認知到己說爲邪見，歸返於佛法之中呢！

　　由上可知，釋德清詮釋《老子》和《莊子》的目的，在於論證佛教義學如何融攝老莊，以及老莊思想在他所規劃的三教思想結構中，所身處的層級爲何。釋德清稱老莊如「西域婆羅門類也」，則老莊思想的層級，在三教中比依人設教的儒家高，但不如聲聞、緣覺和菩薩，當然也不可能和超越五乘的佛相提並論。從釋德清所引〈妙莊嚴王本事品〉內容觀之，他同意老莊並非內典，而是外道，因此兩者不能如林希逸、陸西星一樣混爲一談；而從〈觀世音菩薩普門品〉觀之，他認爲老莊雖是外道，但不妨礙佛教僧徒談論老莊之學，重點在於談論者是否精通佛理，並能以之批判老莊不如佛法處。

　　釋德清提出以佛教義理融攝三教的框架，我認爲存在以下幾個目的：第一，回應晚明由儒家知識分子（如焦竑）和道教徒（如陸西星、林兆恩）提出的三教會通框架，並提出屬於佛教的三教會通理論，藉以對抗儒、道建構的三教論述；第二，廓清佛教內部對內典、外道的強烈分殊與排他性，爲了推廣佛教與強化佛教的世間影響力，必須有條件接受外道經典，而提出屬於佛教的三教經典思想位階結構，能調和長久以來的內典、外道衝突，但此一調和過的外道經典內涵，實則已歷經佛教化的詮釋；第三，爲迷惑於時代風潮、偏滯於禪而不習經典的佛教僧徒，提供回歸佛教經典的理由與動力，並賦予佛教僧徒群體理解、詮釋外道經典的取徑。

第四節　建立佛教僧徒詮釋外道經典之合理性及方法論

　　雖然釋德清沒有明說創作《莊子內篇註》的目的動機，但我們可以合理推論他的目的動機之一，很可能是想藉由《莊子內篇註》的完成與刊印創立典範，建立佛教僧徒群體詮釋外道經典——尤其是當時盛行的《莊子》詮釋

〔註105〕此一有趣的想像，乃受口考委員涂豔秋老師啓發，但若有任何不當之處，當由我自負文責，特此說明。

——的合理性及方法論。爲何我認爲釋德清會有這樣的想法呢？從上文的論述，可以清楚得知，在釋德清之前，佛教僧徒所接觸的《莊子》詮釋，都是儒家知識分子和道教徒所書寫，而這些詮釋背後隱含的思想結構，也是以儒士群體和道教徒群體的意識形態爲主，因此釋袾宏才會如此排斥這些《莊子》詮釋和論點。釋德清作爲經由入世來推廣佛教義理的高僧，他無法像釋袾宏一樣堅守叢林出世的路線，也無法接受佛教僧徒只能一味從儒士和道教徒所詮釋的文本來理解《莊子》，因此創作以佛教義理爲主的《莊子》詮釋典範，就成爲他急迫且必要的責任。

　　或許有人會問，《觀老莊影響論》不是已經提供了以佛教爲主的理論架構嗎？那爲何還需要《莊子內篇註》呢？對古代經典詮釋者而言，提出理論架構是一回事，落實到耙梳實際文本的經典詮釋又是另一回事，理論只是一個觀念、論點，但要長久且廣泛地發揮影響，仍必須落實到文本詮釋上。若以中國哲學的體用辨證比擬，經典詮釋中的理論結構是體，文本的實際詮釋是用，兩者必須體用相即，才能使身處在經典詮釋傳統中的各個群體信服與接受。釋德清也身處在這個詮釋傳統之中，他理解《觀老莊影響論》不過是新的觀點、視角的提出，想要眞正讓這個觀念爲人所接受、普遍傳遞，還是要透過《莊子內篇註》的完成及刊刻發行。

　　在釋德清《觀老莊影響論》與《莊子內篇註》之前，各個群體所閱讀的《莊子》詮釋，以及透過這些《莊子》詮釋所理解的「以佛解莊」，多半是林希逸和陸西星所建立的零散觀點，更別提這些對佛教的誤解，正是釋德清與釋袾宏反對的。舉例來說，在晚明最被推崇的集大成之作——焦竑的《莊子翼》——最常被舉來論證以佛解莊的段落，實則是他引用陸西星《南華眞經副墨》的內容：

> 昔劉歆學道，有神人謂之曰：「君心力精猛，必破死生。」學者知死
> 生事大，猛着精采，奮然勘破，如勇夫有不懼之實，便可雄入死生，
> 縱橫無礙。此出離生死學問，莊生等聞于此發出，當時西竺之經未
> 至，而佛法已在中國，孰謂「佛者，夷狄之一法」哉！〔註106〕

如果將焦竑的引述與《南華眞經副墨》比對，會發現上述引文實則夾雜了焦竑自己的觀點，並非將完整引用《南華眞經副墨》的文字。如「昔劉歆學道，

─────────────

〔註106〕（明）焦竑：《莊子翼》，《中國子學名著集成》（臺北：中國子學名著集成編
　　　　印基金會，影印明萬曆十六年金陵王元貞刊本，1978年）第66冊，頁174。

有神人謂之曰:『君心力精猛,必破死生。』」一段,就不見於《南華眞經副
墨》,應當是焦竑自己加入,作爲論證的文字。有趣的是,陸西星在這段注文
裡,其實強烈表達出他道士群體對佛教的觀點,但焦竑在引述時,卻加以改
寫,將「一藏佛乘言不能盡者,今以數語該之」〔註107〕兩句具有強烈道教徒
群體意識的文字刪去。不過,焦竑保留「此出離生死學問,莊生等閒于此發
出,當時西竺之經未至,而佛法已在中國」一段,看似融會佛、道,但仔細
推敲,陸西星稱「佛法已在中國」,而且是「莊生于此等閒發出」,則佛教思
想最爲迷人且關鍵的出離生死學問,在陸西星和焦竑眼中,也不過是出於莊
子,或與莊子相近的思想而已。如果連在當時對儒士群體極具影響力的《莊
子翼》,也是如此看待佛、道之間的關係的話,則晚明當時的《莊子》詮釋,
幾乎可說沒有以佛教僧徒群體意識形態爲主的詮釋文本。

　　因此,釋德清若想從當時流傳的《莊子》詮釋中,找到能夠符合佛教僧
徒群體意識形態的文本,根本是緣木求魚。爲了將《觀老莊影響論》裡的佛
教觀點與經典詮釋方法予以落實及推廣,《莊子內篇註》的撰述,就成了釋德
清必須進行與完成的工作。從上文釋德清寫給焦竑的信中提到「內篇曾有數
字點掇,尚未錄出,容當請正」,則釋德清在撰述《莊子內篇註》的過程裡,
可能嘗試將未完成的篇章,寄予當時有名的《莊子》詮釋者焦竑,一方面希
望他爲自己的撰述提供意見,一方面則希望影響他對《莊子》詮釋的立場,
讓儒士群體理解佛教僧徒群體的詮釋觀點。焦竑的文集裡,並沒有他對釋德
清書信的回覆,因此難以得知他對釋德清觀點的評斷。〔註108〕不過,釋德清
曾將老莊相關的論述寄給《說莊》的作者李騰芳〔註109〕,希望他能對自己的
觀點提供意見,此由兩人的來往信件可見一斑:

> 夜讀《老》、《莊》、《大學》論,甚獲我心,至《楞嚴》、《楞伽》,尚
> 當有面請教處。夫《老》、《莊》、《大學》,公之所不屑道也,而其精
> 若此,則二楞爲公之精可知;而不佞尚欲有請焉者,蓋以初學生淺

〔註107〕（明）陸西星撰,蔣門馬點校:《南華眞經副墨·靜字集·內篇德充符第五》,
頁78。

〔註108〕林順夫對此事有細膩的考證與分析,並對釋德清詮釋《莊子》之假定、方法
有獨特的創見,參見氏撰:林順夫:〈推門落白:試論憨山大師的《莊子內篇
注》〉,頁299～326。

〔註109〕李騰芳（1564～1632）,字子實,號湘洲,官至宮保,故又稱李宮保。著有《說
莊》、《孫子說》、《峋嶁文集》、《印王衡集》、《備鑑錄》、《批選王陽明集》、《湘
潭縣志》等書。

之故也。〔註110〕

> 先是諸經實未通達，因思《佛楞嚴》，以一心三觀爲宗，向以文字障礙。貧道澄心諦觀，只以理觀爲主，理觀一通，餘文可略。嗣隱東海，潛心力究，忽然有得，遂直述此書，自爲必信，即法門疑者不無。久慕玄解，特請印正，當有面決處。〔註111〕

李騰芳的信爲「與憨公」，從內容來看，可能是釋德清贈書予他，在閱讀之後，他寫信回覆釋德清個人想法與意見；釋德清的信題爲「答李湘州太史」〔註112〕，則應是收到李騰芳來信後，再次回信，重申自己寄書的用意，並希望有機會和李騰芳共同商討。依李騰芳所言，他至少讀了釋德清所寫的《大學綱目決疑》和《觀老莊影響論》，至於釋德清是否有將他的《楞嚴經》和《楞伽經》注疏〔註113〕一併寄給李騰芳，由於李騰芳並沒有細說，無法進一步判斷。「至《楞嚴》、《楞伽》，尚當有面請教處」一句，可以解釋爲李騰芳對釋德清學術根柢的理解與推崇，畢竟《觀老莊影響論》引用、運用了許多《楞嚴經》和《楞伽經》的文句，而且釋德清詮釋《觀老莊影響論》的理論基礎，也是建基於他對《楞嚴經》和《楞伽經》的理解與詮釋。〔註114〕

釋德清的回信提及他之所以寫《觀老莊影響論》，是先受到《楞嚴經》啓

〔註110〕（明）李騰芳：《李宮保湘洲先生集‧卷10‧與憨公》，收入《四庫全書存目叢書》（臺南：莊嚴出版社，影印南京圖書館藏清刻本，1995年），別集類，冊173，頁412上。

〔註111〕（明）釋德清撰，（清）錢謙益等編纂：《憨山老人夢遊集‧卷17‧答李湘州太史》，頁901。

〔註112〕古代答、荅通用，湘州當爲「湘洲」之誤。

〔註113〕釋德清關於《楞嚴經》的相關著作有《楞嚴經通義》與《楞嚴經懸鏡》，關於《楞伽經》的著作有《觀楞伽經記》。

〔註114〕李懿純認爲釋德清註莊體系以「唯心識觀」爲中心，並定位爲「楞嚴爲首，華嚴爲次」。《楞嚴經》作爲釋德清詮釋老莊的主要根據殆無可疑，然而，釋德清在《觀老莊影響論》裡也提及，一般人閱讀《莊子》時，會有所執泥，因此破邪顯正亦是釋德清詮釋《莊子》時必須予以提挈的部分；而《楞伽經》「單破外道二乘偏邪之見，令生正智，以一心爲眞，以摧邪顯正爲大用」，正好能破人之執泥。由此來看，釋德清從《楞嚴經》汲取「唯心識觀」，並以五乘等第建構詮釋《莊子》的基本結構；而《楞伽經》則揭示了外道之執的類別，並提供各種破執的方法。不過，我認爲，釋德清詮釋《莊子》時，應該不是憑藉特定佛教經典或宗派的觀念，而是融攝宗、教，有一套自身內在消化建構的佛學理論體系來進行詮釋。李氏論點見《憨山德清註《莊》之研究》，頁97～104；釋德清之說見《憨山老人夢遊集‧卷23‧觀楞伽寶經閣筆記》，頁1205。

發，從理觀入手，不執著膠泥於文字，直接運用一心三觀的概念詮釋《老子》和《莊子》。然而，我們是如何確認釋德清回信所談及的文本是《觀老莊影響論》，而不是《楞嚴經》的注疏呢？畢竟，釋德清一開始談的是《楞嚴經》，並非《觀老莊影響論》。在此，有兩個線索可以判斷釋德清回信所談及的書籍是《觀老莊影響論》，而不是《大學綱目決疑》和二楞相關著作：第一，李騰芳稱自己對二楞「初學生淺」，而且他也沒有關於二楞的著作，因此釋德清「久慕玄解，特請印正，當有面決處」所指的，絕非二楞相關著作，如此一來，只可能是《大學綱目決疑》和《觀老莊影響論》；第二，以中國詮釋傳統而言，儒家經典的詮釋作品，不會使用「玄解」一詞，只有佛教和道家道教的經典詮釋，才會使用「玄解」，而李騰芳曾著有《說莊》一書，因此釋德清希望李騰芳印正面決的，應是《觀老莊影響論》，而非《大學綱目決疑》。

釋德清將自己的著作寄予對儒士群體具有影響力的焦竑和李騰芳，並非僅僅想進行學術問題的討論，而是試圖藉由此一社會性行為，將佛教僧徒群體的《莊子》詮釋觀點介紹給儒士群體，並藉此建構佛教僧徒群體詮釋《莊子》的合理性及方法論；當佛教僧徒群體擁有詮釋、注疏道家與儒家經典的話語權時，釋德清以佛教義理融攝三教的理想才能實踐。

第五節　小結

過去關於釋德清的儒道經典詮釋研究，經常是以文本為中心，力圖從文本中，尋找釋德清運用佛教哲學詮釋儒家與道家的經典的方法，釐清他佛教化儒道文本的基本立場，勾勒他所建構、用來安頓三教次第的結構，卻鮮少有人質問釋德清在文本詮釋外的社會性行為，以及他的詮釋動機為何。然而，中國的經典詮釋從來就不是一種自我滿足的行為，經典詮釋者總是生活在社會中，從日常的閱讀、思考、感受中觸發問題意識，藉由經典詮釋的行為來質疑、反對、贊成或提出問題，因此每個時代的經典詮釋都烙著該時代特有的印記，回應著該時代的特殊問題。面對釋德清的《莊子》詮釋、儒道經典詮釋，都該抱持這樣的理解，從更宏觀的社會性行為、群體互動，分析他詮釋行為背後的原因動機與目的動機，才能明白他對佛教僧徒群體應有行為的要求、以佛教為本位的三教融合論點、堅持佛教入世的立場、入世行動和經典詮釋行為，實則是社會實踐與思想觀念一致的體現，才是釋德清此人整全

的樣貌。

　　釋德清創作《莊子內篇註》，是爲了在當時缺乏佛教僧徒群體的《莊子》詮釋中，建立起佛教僧徒群體詮釋《莊子》的合理性和詮釋方法論，希望藉此改變佛教僧徒群體在討論《莊子》時的話語弱勢，並與儒、道群體建立起的詮釋觀點相抗衡，進而影響、扭轉他們的立場和觀點。釋德清的嘗試與開創，確實影響當時與後來的佛教僧徒群體。在他之後，以僧人身分注疏《莊子》的人數顯著增加，而佛教僧徒群體也轉而主動積極參與《莊子》詮釋的討論、嘗試以佛理來詮釋《莊子》，或意圖以佛教術語、佛典詮釋方法來解讀《莊子》。當我們從社會性行爲、不同社會群體的互相往來，以及他們對相同文本的詮釋、辯論背後隱含的話語權競爭切入，會發現詮釋者撰述經典詮釋的原因與目的動機相當複雜，不能只從文本內部分析，還必須由詮釋者的書信和當代社會各群體的意識形態，進行抽絲剝繭的析論辯證，才能較完整地掌握詮釋者的原因動機與目的動機。掌握了詮釋者的原因動機與目的動機，就能進一步貞定我們分析經典詮釋文本的方向，理解詮釋者撰寫文本時的問題意識與想達成的目的。

　　釐清釋德清撰述《觀老莊影響論》與《莊子內篇註》的原因動機與目的動機之後，以下將從「作者論」、「方法論」、「文本論」和「讀者論」四個論域，探討釋德清如何批判、吸收前行莊學注疏觀點，進而提出自己的觀點，運用自己建立的詮釋結構來解釋《莊子》文本。

第三章　作者論與讀者論：釋德清對莊子其人、其書，以及該如何閱讀之基本觀點

第一節　救世化俗：莊子撰書之意圖

　　釐清釋德清撰述《觀老莊影響論》與《莊子內篇註》的原因動機與目的動機之後，接下來的三章，將藉由對釋德清「作者論」、「讀者論」、「方法論」和「文本論」四大論域論述〔註1〕的分析，抽繹他莊學的主要概念、詮釋方法與整體觀念，進而建構他的文本思想體系。四大論域是古代經典詮釋本具的論述場域，一個好的經典詮釋作品，必定包含對作者身處的時代及思想系統的闡述（作者論）、指導讀者應如何理解或正確閱讀該經典（讀者論）、詮釋者採取的詮釋方法及核心觀點（方法論／詮釋方法論）、對經典文本思想結構的總體呈現與細部勾勒描繪（文本論），而此四大論域彼此相互論證、補充，

〔註 1〕 本論文在使用論域、論述場域、論域論述和論時，有特定的區分意涵。論域即論述場域的簡稱，亦即某一論題或議題因其複雜與重要性，引起許多同社群或不同社群的人參加討論、辯議，則此一論題或議題即因為這些彼此相應或針鋒相對的論述，構成一想像之場域，本論文稱之為論域或論述場域，而與此一議題或論題有關的論述，則稱之為論域論述。論則是論述的簡稱，主要是從屬於個人、單一文本或同性質、理念一致的社群。因此，論域不可以用來指涉單一對象的論述。舉例言之，若以陽明學中的四句為論域，我們不能用「王龍溪的四句說論域」來表述，而應以「王龍溪的四句說論」表述，但可以說「陽明學者們的四句說論域」。

形成具有辯證性的總體論述或思想體系。

因此，若要適切評價一本經典詮釋作品，可從該經典詮釋的四大論域著手分析，檢視四大論域彼此是否形成合理、具邏輯性的詮釋循環，而不宜單從某一論域逕自評判該書的價值。此外，釋德清在各個論域提出的論點或概念，並非完全獨創，而是深受各個論域的詮釋傳統、時代思潮、自身的學術社群或不同知識社群的影響。然後，以此為基礎消化融通，進一步延伸或闡發，形成符合自身思想體系的論點或概念。所以，在分析他提出的主張與觀點時，應當結合《莊子》詮釋傳統、他身處的學術社群及其他相關的學術群體主張，一併討論。如此方能知曉他在四大論域所提出的概念與觀念，有哪些屬於個人的獨創，哪些實則是吸納既有論述，加以創造性的詮釋而形成的。

在面對《莊子》一書，深入探討作者的思想體系與學術傳承前，一個詮釋者最需要解答的重要問題，是作者為什麼需要撰寫這本書，以及撰寫的目的意圖為何？一部經典值得被詮釋，是因為該書的思想價值能夠超越其存在的時空，解決詮釋者身處的當代發生的社會或人生困境，或賦予當代新的思考視角及解決方案。

一部具有重要價值的經典，被一個具有卓越思想的作家創作出來，是因為那位作家面對他的時代問題，懷抱深刻的同情理解與感受，期待經由書寫或創作來紀錄、探索、回應，甚至提出可能的解決之道。作者的撰述意圖會定義他自身的思想高度，也會範限該經典內容跨涉的問題向度。因此，釋德清在詮釋《莊子》之前，必須先告訴讀者：莊子是一個怎樣的作者？他所面對的時代困境或自身處境存在什麼問題？他為什麼要寫《莊子》一書？他藉由撰述想達到的目的為何？他的終極關懷究竟是什麼？

對釋德清而言，莊子之所以撰述，最主要的原因動機，是他觀察到戰國動亂造成人心的執著與不安，於是承繼老子清淨無欲的道家思想，希冀能破除人心的執著造作，回歸自然清靜的境地；莊子的目的動機，則是希望能救濟世人，讓人超脫生死、去人乘而入天乘，最終達到絕對的逍遙。然而，他也認為，莊子的思想存在著個人與時代的侷限，因而必須由佛來完成其讓眾人澈底自由解脫的終極關懷：

> 老子，天乘之聖也，故清淨無欲，離人而入天。……由其言深沈，
> 學者難明，故得莊子起而大發揚之，因人之固執也深，故其言之也
> 切。至於誹堯舜、薄湯武，非大言也，絕聖棄智之謂也。治推上古，

道越羲皇，非漫談也，甚言有爲之害也。詆訾孔子，非詆孔子，詆學孔子之迹者也。且非實言，乃破執之言也，故曰：「寓言十九，重言十七。」訶教勸離，墮形泯智，意使離人入天，去貪欲之累故耳。至若精研世故，曲盡人情，破我執之牢關，去生人之大累。……況當羣雄吞噬之劇，舉世顛瞑，亡生於物欲，火馳而不返者衆矣。若非此老崛起，攘臂其間，後世縱有高潔之士，將亦不知軒冕爲桎梏矣。均之濟世之功，又何如耶？然其工夫由靜定而入，其文字從三昧而出，後人以一曲之見而窺其人，以濁亂之心而讀其書，茫然不知所歸趣。苟不見其心而觀其言，宜乎驚怖而不入也。且彼亦曰：「萬世之後，而一遇大聖知其解者，是旦暮遇之也。」然彼所求之大聖，非佛而又其誰耶？吾意彼爲吾佛破執之前矛，斯言信之矣。世人於彼尚不入，安能入於佛法乎？〔註2〕

對於莊子的創作意圖與表述方式，釋德清採用了辯證的詮釋方式來解釋：首先，他從莊子生存的戰國亂世背景剖析，指出當時因戰亂、孔孟之學發展的僵化，導致人心浮動不安、貪婪執求等問題，造成人心普遍以我執爲核心，把持自認正確的道理與欲望，無法眞正理解孔孟之學乃僅止於人乘，停留於此階段並無法達到眞正的解脫；〔註3〕而拘執於世間形塑出來的道德標準與聖人形象，如湯武、堯舜所代表的道德標準與價值、有爲於世的汲汲追求，更只會強化自身對人間事物的貪求與固執，還將這些行爲與價值觀視爲眞理。因此，他稱戰國之世的人心是「舉世顛瞑，亡生於物欲，火馳而不返者衆矣」，正是在批判這種根本於我執，強化錯誤的價值觀念，將自身深深捲入欲望與僵化定著的價值觀的現象。〔註4〕

在這段文字中，我們可以分析釋德清的論證的進路：第一，釋德清對莊子生存時代的預設，是人心處於迷妄的狀態，而此一狀態，是孔子（人乘之聖）無法處理的。也就是說，人乘五戒對於我執與貪欲並無法有效的對治，

〔註2〕　（明）釋德清：《觀老莊影響論・論教乘》，頁 14～19。
〔註3〕　將莊子批判的孔子與儒家詮釋爲戰國時僵化的孔孟思想，並非釋德清的創見，而是宋明《莊子》詮釋頗蔚爲主流的傳統，相關的說法參見徐聖心：〈「莊子尊孔論」系譜綜述──莊學史上的另類理解與閱讀〉，《臺大中文學報》第17 期（2002 年 12 月），頁 5～45。
〔註4〕　因此，釋德清認爲莊子的問題意識與針對的根本問題是我執，但仍在陷於法執之中，這也是爲何他認爲莊子思想無法獲致澈底解脫，達到絕對無待境界的原因。

因此《觀老莊影響論・論教乘》說孔子之學：「其法嚴，其教切，近人情而易行。但當人欲橫流之際，故在彼汲汲猶難之。」〔註5〕第二，釋德清將莊子批判的對象，設定爲學孔子而有爲的孔子後學，而他的表述方式是「非實言，乃破執之言」，思想內涵爲「訶教勸離，墮形泯智」，其目的是「意使離人入天，去貪欲之累」、「破我執之牢關，去生人之大累」。釋德清強調孔子後學是有爲的孔子之迹，是因爲他的論述是以心（本、理）、迹（法、教）的方式來呈現三教之異同，因而儒、道各自的思想本位就被取消，而被統攝到佛教之內。所以三教彼此攻訐或矛盾之處，都可以歸諸於教法、迹相的不同，但其本心之理是相同的；離人入天，顯現了五乘結構推崇境界的提升，並以此爲應然與必然的行爲，而境界提升意謂著對我執的破除、對生人之大累（貪欲、形軀）的捨離。釋德清以佛教立場所提出的進路，實則隱含對儒家的貶抑，以及對莊子思想某種程度的誤解。對莊子而言，生命境界的提升，是否意謂著形軀與欲望必須捨離，仍可進一步商權；但釋德清以佛教的立場來解釋莊子時，就必須強調離人入天，批判儒家所代表的人乘的不完滿，並強調莊子所代表的天乘對形軀欲望捨離的必然性。

我們可以進一步質疑與逼問的是，釋德清以我執來解釋戰國時期世間紛亂的原因，將外在環境的混亂根源都歸諸於人心的執著所致，會不會過度簡化了問題，進而對莊子思想的豐富與複雜性進行了某種程度的化約？這樣的問題其實是存在的，因爲當我們涉入文本的詮釋之中時，如釋德清將〈齊物論〉中探討的語言與自我意念的真僞性（言有真僞、是非、隱顯）、人我溝通問題與認知價值的判定（辯論、名實、然可、成虧、類與不類等）時，將語言所呈現的紛紜現象視爲眾生執著的面相，而忽略了莊子實則想藉由語言的形成（形上學、社會學、語言學層面），探討語言的使用方式與面向，如何影響人的心理構成與認知，最後造成了他所面對的時代困境。此外，依釋德清的五乘結構，每一乘的智者或修道者，都懷抱著引渡次乘之人，將之渡入己乘或更高的境界，並以佛乘爲最高的理想境界，這樣的理解和詮釋，是否真的合乎莊子思想呢？莊子的逍遙，是屬於同質、單一境界的逍遙嗎？難道莊子並非站在認同眾生萬物的差異性，從生命個體發展的極限與才性來討論逍遙嗎？釋德清以佛學詮釋莊子思想時，是以外在系統來籠罩、改造莊子的思想系統，因此肯定會造成兩個思想系統之間的矛盾；但釋德清的處理方式，

〔註5〕　（明）釋德清：《觀老莊影響論・論教乘》，頁15。

是以他所設定的佛學系統爲主，所以當兩者系統不相容，或莊子思想系統太複雜時，難免就會以約化或忽略的方式來處理。

　　不過，釋德清的優點是，當他將莊子置入自己建構的理論系統後，就以此理論來框限、詮釋莊子思想，並且極力避免系統內部的矛盾與歧義。所以在《莊子內篇註》中，他亦一再強調莊子對世俗、對人以自身爲中心所發展蔓衍的各種執著的批判，並指出這些執著的核心就是我執：

> 莊子立言本意，意謂古今世人，無一得逍遙者，但被一箇血肉之軀爲我所累，故汲汲求功求名，苦了一生，曾無一息之快活。且只執著形骸，此外更無別事。〔註6〕

> 此〈齊物〉以喪我發端，要顯世人是非都是我見，要齊物論，必以忘我爲第一義也。〔註7〕

從釋德清的論述中，可以看出他眼中的莊子認爲：人生於世，最基本也最深刻的執著，就是以我此一血肉形軀爲中心，發展衍生的我執，而功名、利祿、口腹之欲，都是爲了滿足我執；而所有的言論、爭執，對他人言論的評價，也都是以我見爲中心所形塑的「意見」。我執使人無法放棄有形的物質貪求，回歸到自身最根本的心性，追求超越血肉形軀的眞實逍遙，反而坎陷在以我見攻擊他人、追逐功名利祿、滿足口體之欲等這類殘生傷性、與物相刃相靡的自我傷害行爲裡：

> 此篇教人養性全生，以性乃生之主也。意謂世人爲一身口體之謀，逐逐於功名利祿，以爲養生之策，殘生傷性，終身役役而不知止，即所謂迷失眞宰，與物相刃相靡，其形盡如馳而不知歸者，可不謂之大哀耶？〔註8〕

在莊子眼中，這些迷失眞宰、不知回歸大道的世人，是如此可悲可哀。釋德清在此用「迷失眞宰」，意謂由血肉形軀所構成之我，以及由此衍生之我執、我見，並非人眞正的主宰，而人之眞宰乃是性（性乃生之主）；人陷溺於我執，是處於「迷」的狀態，而與之相對的，則是「悟」。養性全生，則暗示人必須透過工夫修養來保全自我生命主體。因此釋德清在提及莊子的寫作用心時，都是以此視角切入發揮，如在詮釋〈德充符〉惠子與莊子論人有情無情的故

〔註6〕　（明）釋德清：《莊子內篇註·逍遙遊》，頁173。
〔註7〕　（明）釋德清：《莊子內篇註·齊物論》，頁193。
〔註8〕　（明）釋德清：《莊子內篇註·養生主》，頁277～278。

事時說：「此篇以忘情絕欲以全天德，故其德乃充。前已發揮全德之妙，故結以無情非人，以盡絕情全德之意，所以警俗勵世之意深矣。」〔註9〕莊子要人忘情絕欲以全內在的天德——在釋德清的詮釋中，天德其實就是人內在的心性，而此心性便是貫穿他所有經典詮釋的主要核心觀念，亦即《觀老莊影響論》中的「一心而現十界之像」〔註10〕、「妙明一心」〔註11〕中的一心——忘情絕欲，就是洞破環繞血肉形軀我執爲中心，所蔓衍發展的一切外在物欲貪求，回歸到人存在最根本的心性，然後經由修行達到與大道相融的逍遙境界。

釋德清將莊子佛教化的一個有趣面向，是將莊子之心與菩薩慈悲之心結合在一起。所以，當莊子看見世人迷失真宰，與物相刃相靡時，他並非怨恨或譏笑，而是感嘆「可不謂大哀」，而此一大哀，正是他悲憫這個亂世人心的真實表現。《觀老莊影響論》中亦稱莊子：

　　觀其慈悲救世之心，人天交歸，有無雙照，又似菩薩。〔註12〕

「人天交歸，有無雙照」，兼融了華嚴事事無礙的法界觀，和智者大師在《摩訶止觀》所謂的「雙照生滅不生滅」〔註13〕。交歸、雙照，指出莊子既能分別觀見洞照有（人乘執有）、無（天乘執無），又能融攝二者；如此的辯證思維與實踐行動，是釋德清佛學體系的本質，也是他詮釋《莊子》的邏輯。因爲有這樣的認知與前提，所以他強調，莊子的目的在警俗勵世，〔註14〕而不

〔註9〕　（明）釋德清：《莊子內篇註・德充符》，頁368。

〔註10〕　（明）釋德清：《觀老莊影響論・論行本》，頁22：「原夫即一心而現十界之像，是則四聖六凡，皆一心之影響也，豈獨人天爲然哉！」

〔註11〕　（明）釋德清：《觀老莊影響論・論宗趣》，頁27：「然吾人迷此妙明一心，而爲第八阿賴耶識，依此而有七識爲生死之根，六識爲造業之本，變起根身器界生死之相。」

〔註12〕　（明）釋德清：《觀老莊影響論・論工夫》，頁21。

〔註13〕　（隋）智顗：《摩訶止觀》，大藏經刊行會編輯：《大正新修大藏經》第46冊，頁7a。釋德清在討論莊子工夫論時，比較傾向天台止觀——雖然其內容經過他的調整——而非華嚴的觀法。這裡的「雙照」亦可理解爲運用華嚴的觀法，但如果是涉及工夫修養的話，則從天台止觀的角度理解比較適切。

〔註14〕　釋德清經常在註中提到莊子警世、勵世或悲世的用心，例如《莊子內篇註・人間世》，頁335「南伯子綦遊乎商丘」一段註：「此極言不材之自全，甚明材美之自害也。唯神人知材之爲患，故絕聖棄智，昏昏悶悶，而無意於人間者。此其所以無用得以全身養生，以盡其天年也。此警世之意深矣！」在《莊子內篇註・應帝王》，頁447～448「壺子四現」一段註也稱：「此一節因上言明王立乎不測，以無爲而化。莊子恐世人不知不測是何等境界，爲何等人物，故特撰出簡壺子，乃其人也；即所示於神巫者，乃不測之境界也。如此等人，安心如此，乃可應世，可稱明王，方能無爲而化也，其他豈可彷彿哉！言此

是否定輕蔑世人的迷失，所以即使遇見與自己學派相衝突的儒者，莊子的用心也是：「將以破迂儒執禮法之曲見，以解憒憒之執情，亦將使其自得超然之境，斯正此老著書之本意也。」〔註15〕莊子著書之目的，不是藉由取笑批判執著禮法的儒者，來表彰自身學派見解的卓越與超脫，而是希望將他們也從我執中拔升出來，使他們能進入自得超然的境界，若不是具備菩薩般的慈愍世人之心，又如何能如此！

釋德清以為，面對戰國亂世所造就的混亂人心，莊子若使用莊重嚴肅的沉痛口吻勸告我執深刻之人，並不能吸引他們的注意，由此重新省思自己的生存方式，反而容易被淹沒在當時流行的辯者巧飾花言和虛浮論辯下。因此莊子為了針砭如此牢不可拔的人心沉疴，於是以強烈的表述方式來斬斷人的深切固執，所以釋德清說莊子批判儒家的表述是「因人之固執也深，故其言之也切」、「非實言，乃破執之言」。莊子真正要破除的，是那些「學孔子之迹」卻傷人心性的錯誤行為及觀念，將人從片面拘執有為的狀態中解放。莊子這種過度激烈的語言表述方式，郭象稱其為「狂言」、「不經」〔註16〕；林希逸也認為這是不得已的作法：「但其著書初意，正要鄙夷世俗之儒，故言語有過當處，不可以此議之。」〔註17〕無論莊子對儒家的批判如何強烈，在釋德清和林希逸眼中，他都是為了揭示僵化停滯、已遠離孔孟儒學真義的俗儒言行，對於世間有害而無益，將強烈的批判語言視為手段，才能真正理解莊子之用心。

那麼，我們要怎麼確認莊子不僅只是站在自身學派的立場，對孔孟思想進行批判與貶抑呢？釋德清認為，有一個非常重要的判斷關鍵，那就是經典作者的「心」。在〈春秋左氏心法序〉中，他就明確點出，閱讀與詮釋經典，必須結合作者之心與作者之文，單從文字表層並無法鉤索出經典所要傳達的要旨與作者真正意圖：

> 因經以見志，而善惡之機凜焉，則反求諸心而知懼，一懼而《春秋》之能事畢矣。由是觀之，丘明之心，即仲尼之志也。不求其心，而

段學問，亦可學而至，只貴信得及，做得出，若列子即有志信道之人也。此勵世之心，難以名言矣。」

〔註15〕（明）釋德清：《莊子內篇註·大宗師》，頁417。

〔註16〕（清）郭慶藩輯：《莊子集釋·莊子序》（臺北：華正書局，2004年7月），頁29：「夫莊子者，可謂知本矣，故未始藏其狂言，言雖無會而獨應者也。……此其所以不經而為百家之冠也。」

〔註17〕（宋）林希逸撰，周啟成校注：《莊子鬳齋口義校注·逍遙遊》，頁9。

求之事與詞之間，無當也。〔註18〕

這裡釋德清雖然是討論左丘明寫《春秋左氏傳》的意圖，但《左傳》和《莊子》在釋德清的眼中頗爲相似：第一，《左傳》是對孔子《春秋》的闡釋，而《莊子》則是對《老子》的發揚，《春秋》和《老子》都存在文字過於簡潔且隱晦難明的問題，所以才需要《左傳》和《莊子》對其進行詮說，揭明其義；第二，《左傳》和《莊子》在經典詮釋發展過程中，都存在文人單方面抽繹文本語言來作爲仿效與討論的對象，而捨棄深入探討兩書的作者撰述用心及意圖的現象，這種現象在釋德清生存的晚明時期，仍然存在，並且頗爲流行；第三，對釋德清而言，經典的表述方式是作者獨特的印記，想要了解經典的撰述意旨與作者意圖，必須結合經典文字與作者之心，明白兩者乃是辯證融合，而以讀者（我）之心穿透文字表層，體會作者之心乃至與之相感相融，才能正確理解經典。〔註19〕

所以，釋德清說讀《左傳》「不求其心，而求之事與詞之間（間），無當也」，說讀《莊子》「後人以一曲之見而窺其人，以濁亂之心而讀其書，茫然不知所歸趣。苟不見其心而觀其言，宜乎驚怖而不入也」，都意在明確指責那些錯誤的詮釋與謬讀，是源於對作者之心的不理解，或主客之心缺乏適當的辯證融合所致。那麼，莊子之心究竟爲何呢？我們又該如何正確的理解莊子爲文之用心呢？

釋德清認爲，莊子是秉持菩薩般的慈悲救世之心，悲憫世人困陷在由自我形骸爲核心所發展出的，各種對壽命、名利、富貴等的執著貪求，於是「訶教勸離，墮形泯智，意使離人入天，去貪欲之累故耳」，破除人從對形骸的執著，使人的智慧與精神境界由人乘轉入天乘，捨棄環繞著形骸所延伸的各種欲求。〔註20〕最終，莊子乃是希望能經由《莊子》一書，「破我執之牢關，去

〔註18〕（明）釋德清撰，（清）錢謙益等編纂：《憨山老人夢遊全集・卷19・春秋左氏心法序》，頁1016。

〔註19〕（明）釋德清撰，（清）錢謙益等編纂：《憨山老人夢遊全集・卷19・春秋左氏心法序》，頁1018：「偶讀《春秋》，忽於左氏之心有當，始知異之爲言，未探其本也。」值得注意的是，釋德清將探《左傳》意旨根本和「於左氏之心有當」結合起來，提出的經典讀法及詮釋法。這個讀法和詮釋法實際上貫串了他所有的經典詮釋。這和晚明公安、竟陵闡釋詩的方法其實有相近之處，講究主客辯證融合以達到詮釋的確當性，是頗有趣的議題。

〔註20〕（明）釋德清：《莊子內篇註・齊物論》，頁209也說：「向下只說世人迷眞逐妄，乃可哀之大者，蓋悲愍之意也。」可見對釋德清而言，莊子的用心乃是慈悲愍世，不是在進行學派之間的抗爭或否定世俗。

生人之大累」，使閱讀己書的世人能達到解脫逍遙的境界，不再被痛苦煩惱所束縛。當然，作爲佛教僧徒，他對莊子廓清世人執迷，希冀爲世人指出的大道，賦予了佛教的意涵與詮釋。因此，莊子的撰述意圖除了發揚《老子》、破除世人的我執、揭櫫天乘之道外，還有將世人之解脫與救世的終極希望寄託在佛法上，莊子也因此成了釋德清三教思想關係結構中，最爲關鍵的橋樑人物。當然，在前一章中也提到，對釋德清而言，理解老莊最佳的取徑，實則是「熟覽教乘，精透《楞嚴》，融會吾佛破執之論」，亦即進入他所建構的三教五乘的系統內來理解老莊；而精透《楞嚴經》，在此當然不是只讀《楞嚴經》原典，而是經由他所詮釋的《楞嚴經》要旨，來進入他的莊學體系之中。

第二節　《莊子》爲《老子》註疏：莊子思想之傳承

關於莊子思想傳承的源流，在釋德清注《莊子》之前，主要有莊子傳承老子思想和作爲孔子後學而尊孔兩種說法。〔註21〕

自司馬遷（約 145～90B.C.）《史記·老子韓非列傳》稱莊子「其學無所不闚，然其要本歸於老子之言」〔註22〕，莊子傳承老子之道的觀念，就成爲莊子學術傳承淵源的說法之一。〔註23〕如唐代陸德明（約 550～630）〈經典釋文序錄〉稱「莊生獨高尚其事，優遊自得，依老氏之旨，著書十餘萬言」，成玄英（約 601～690 之間）〔註24〕也說「夫《莊子》者，所以申道德之深根」〔註25〕。陸德明指出莊子思想依本於老子，鋪衍己說以成十餘萬言；成玄英

〔註21〕　熊鐵基、劉固盛、劉韶軍：《中國莊學史》，頁 45～47 也只針對莊子究竟歸屬於道家或儒家做出討論，但這不代表關於莊子思想歸屬只有這兩類說法，而是比較盛行的說法是這兩類。

〔註22〕　（漢）司馬遷撰，（南朝宋）裴駰集解，（唐）司馬貞索隱，（唐）張守節正義：《史記正義·老子韓非列傳》（台北：藝文印書館，2005 年 2 月），頁 859 下。

〔註23〕　司馬遷這種說法的根據已不可考，但這個觀點，在魏晉之後，與莊子作孔子後學、尊孔的說法並存流行，因此向秀、郭象注解《莊子》時，就隱然透露出莊子亦認同堯舜與孔子思想。唐代成玄英雖主張老莊一脈相承，但亦建立起莊——孔思想的內在聯繫，韓愈更進一步提出莊子乃孔子後學的論點。林順夫〈推門落臼：試論憨山大師的《莊子內篇注》〉，頁 318～320 有相關討論，可參考。

〔註24〕　成玄英之生卒年不詳，此處採用鄭燦山之說。鄭氏之說見氏撰：〈唐道士成玄英的重玄思想與道佛融通——以其老子疏爲討論核心〉，《台北大學中文學報》創刊號（2006 年），頁 153。

〔註25〕　（清）郭慶藩輯：《莊子集釋·莊子序》，頁 33。

所言「道德之深根」，即指當時被冊封爲《道德經》之《老子》的思想義理。
〔註26〕《經典釋文》是唐代官方認可的經典音義定本，成玄英也是官方敕封
的高道，所以他們的說法確實足以代表唐代官方對《莊子》一書的基本態度。

在宋代，因爲認爲老、莊同屬道家此一義理血脈，因此像王安石學派，就
曾援引《莊子》以詮解《老子》，以此會通莊、老。〔註27〕在中晚明時期流傳
甚廣、成書於南宋的林希逸《莊子口義》，認爲「莊子之學本於老子」〔註28〕，
可見林希逸亦贊同老莊思想具有學術傳承的特質。然而，宋人雖然承認老莊同
屬道家系統，莊子某種程度上也確實繼承、發揚老子的思想學說，但兩者的思
想還是有不同之處。朱熹曾點出老、莊思想有不同之處，如「莊子說得較開闊，
較高遠，然却較虛，走了老子意思。若在老子當時看來，也不甚喜他如此說」
〔註29〕，在朱熹眼中，莊子雖然在義理思想的表達層面，說得比老子更開闊高
遠，但却更虛浮，甚至認爲老子若在當時，也會討厭莊子陳述表現出來的思想；
這就是爲何莊仲批評莊子：「莊子雖以老子爲宗，然老子之學尙要出來應世，
莊子却不如此」〔註30〕，在應不應世這一點上，判定老子更爲實際，而莊子未
免虛浮。由此看來，縱使宋人秉持老、莊同屬道家系統，但也承認二者在思想
取向上，擁有各自的特殊性，不可以毫無分別地混爲一談。

明代初、中期大部分的莊學詮釋者如朱得之（生卒年不詳）〔註31〕、陸
西星和焦竑，基本上都贊成這種說法，但對明代的莊學詮釋者來說，「莊子述
老」或「莊子依老氏之旨」並不等於莊子否定孔孟，反而在儒道互補和三教
會通的時代風向下，使莊子成爲孔孟的輔翼者，或彌補孔孟之道不足之處。

〔註26〕 雖然成玄英《莊子疏》強調莊子與老子之間的思想承繼，但在疏文中，也隱
然建立起莊──孔之間的繫聯，此說甚至比韓愈僅道及「莊、儒」關係的論
點，更具貢獻。相關論證，參見徐聖心：〈「莊子尊孔論」系譜綜述──莊學
史上的另類理解與閱讀〉，頁12～13。

〔註27〕 參見江淑君：《宋代老子學詮解的義理向度》第六章〈援引《莊子》詮解《老
子》的義理向度〉，頁211～250。但文中也明確指出，宋人對於老莊之異也有
明確而清楚的認知，王安石學派引《莊》解《老》也有一定的詮釋進路和限制。

〔註28〕 （宋）林希逸撰，周啓成校注：《莊子鬳齋口義校注·養生主》，頁54。

〔註29〕 （宋）黎靖德編：《朱子語類·卷125·老子書》，頁2995。

〔註30〕 （宋）黎靖德編：《朱子語類·卷125·老子書》，頁2995。

〔註31〕 （明）朱得之：《莊子通義》，《續修四庫全書·子部·道家類》（上海：上海
古籍出版社，影印明嘉靖四十四年浩然齋刻三子通義，2002年）第955冊，
頁604下：「大抵此籍多敷演老子之言，以發揮其精神者。」

道士或佛教僧徒群體基本上都主張莊子傳述老子之道〔註 32〕，並且認爲老莊與孔孟有其異同處，但他們兩者的相異性實際上難以相互融通，這點在前面提及的陸西星和釋袾宏的表述中相當明顯。身爲佛教僧徒，釋德清對莊子思想的傾向，也是接受此一說法，但實際的內涵與意義則經過調整。

宋代蘇軾撰寫〈莊子祠堂記〉提出「余以爲莊子蓋助孔子者，要不可以爲法耳」、「莊子之言，皆實予而文不予，陽擠而陰助之，其正言蓋無幾」〔註 33〕的論點，則莊子的立場究竟道爲儒，就存在了詮釋的歧異。「莊子尊孔」在晚明莊學詮釋的作者論域，亦具有相當多的支持者，而支持莊子尊孔或「莊子儒門」〔註 34〕的學者，則依循郭象、蘇軾所提出的表（狂言、文不予）、裏（知本、實予）分殊來論證莊子思想偏向孔子而非老子。〔註 35〕提出莊子尊孔，或認爲莊子與老子貌似相近、實則異派的人，多爲士大夫及儒士社群，例如譚元春〔註 36〕、沈一貫〔註 37〕、陶望齡〔註 38〕等人。

〔註 32〕佛教僧徒群體中，釋德清所推崇的僧肇、清涼澄觀、宗密、永明延壽等，基本上都將老、莊視爲同一系統的思想家，常以老、莊合稱，所以釋德清認爲老、莊爲具有思想上的繼承性，也可能是從此一佛學傳統脈絡而來。然而，在釋德清之後，道盛、藥地（方以智）並不認爲莊子是承繼老子，反而主張莊子是孔子託孤，則此一論述究竟在晚明清初的發展爲何，以及此一論述是否動搖僧肇以降、佛教闡釋老莊關係的論述脈絡，亦是值得一探的課題。此外，廖肇亨認爲明代賢首宗南方系喜歡詮釋《莊子》，或許這也是促使釋德清對《莊子》如此推崇的原因之一，參見廖肇亨：〈慧業通來不礙塵——從蒼雪讀徹《南來堂詩集》看晚明清初賢首宗南方系發展歷程〉，頁 8～9。

〔註 33〕（宋）蘇軾撰：〈莊子祠堂記〉，收入（宋）蘇軾撰，張志烈、馬德富等主編：《蘇軾全集校注》（石家莊：河北人民出版社，2010 年 6 月）第 11 冊，頁 1085。

〔註 34〕「莊子儒門」一語乃借自楊儒賓，參見氏撰：〈儒門內的莊子〉，《儒門內的莊子》（台北：聯經出版社，2016 年 2 月），頁 126：「明末清初曾有一股將莊子迎向儒家陣營的思潮，爲方便定位起見，筆者稱之爲『莊子儒門說』。」

〔註 35〕莊子偏向孔子而非老子的論述發展脈絡，可參見徐聖心：〈「莊子尊孔論」系譜綜述——莊學史上的另類理解與閱讀〉，頁 5～45。

〔註 36〕譚元春《遇莊·閱馬蹄第九》稱「莊子非不知聖人者，觀其『六合之外，聖人存而不論；六合之內，聖人論而不議；《春秋》經世，先王之志，聖人議而不辯』，其踪跡聖人至矣。」此處所言的聖人，只能是孔子。譚元春認爲莊子「踪跡聖人」，則他眼中的莊子對孔子或儒家並沒有詆毀之意，反而相當尊敬。譚元春《遇莊》的某些觀點和釋德清亦有相呼應處，而譚元春亦有〈答憨山師寄老莊影響論〉一詩，或許譚元春也受到釋德清的影響也未可知。不過在作者論方面，譚元春卻體現了儒士群體的意識形態，極爲有意的想要綰合孔、莊或融會儒道，和釋德清判釋三教教乘位階，以老莊之見高於孔孟的觀點並不相同。譚氏之說見（明）譚元春撰，陳杏珍標校：《譚元春集·卷三

　　因此，明代莊學詮釋者在理解莊子這位作者時，對他思想立場的界定往往也存在不同的理解，而其理解則往往和詮釋者的外語境及深層脈絡有關，並依此與文本詮釋的內語境相結合。當詮釋者界定莊子思想立場時，會觸及對《莊子》一書文本結構的理解，此即作者論域對文本論域的影響，導致晚明出現一批強行更改文本外在結構的莊學詮釋者，例如有的人會刪去蘇軾認爲是僞作的篇章；莊子此一作者表述手法眞僞虛實交錯的特性，亦促使詮釋者提醒讀者，必須注意文詞表面意義與莊子實際意旨的疏離與反諷性，因而從此涉入讀者論域；最後，爲了使各個論域維持彼此相互影響又不造成詮釋的矛盾，明代的莊學詮釋者都會有隸屬於自己的詮釋方法，即使有的並不嚴謹——如運用眉批、集注——但仍然具有詮釋者的主張和選擇意識，並盡可能使自身的立場與詮釋的一貫性顯現出來，而這正是歸屬於方法論域的內涵。

　　是以，對於釋德清提出的莊子思想立場，不能斷裂式地進行批判，因爲這樣是簡化了他透過《莊子內篇註》和《觀老莊影響論》、《道德經解》等書構成的自身莊學體系。或許有人會以注疏一詞具有注疏者依循、附屬於被注疏者之下的涵義，因而批駁釋德清「《莊子》一書，乃《老子》之注疏」論點過分貶抑莊子思想的價值。〔註39〕這樣的論點可能存在兩個方面的誤解：第

〔註37〕　（明）沈一貫：《莊子通·序》，《續修四庫全書·子部·道家類》（上海：上海古籍出版社，影印明萬曆二十四年八閩書林鄭氏光裕堂刻本，2002年），第956冊：「莊子本淵源孔氏之門而洸洋自恣於方外者流，竺乾氏未東來而語往往與之合，故當居三教間。」

〔註38〕　（明）陶望齡解，（明）郭明龍評：《解莊》，《無求備齋莊子集成續編》（台北：藝文印書館，影印天啓元年刊本，1974年）第24冊，頁10：「莊子甚尊老，而其學與老異派，觀末章所列道術可見。」

〔註39〕　李懿純：《憨山德清註〈莊〉之研究》，頁71：「據此，吾人以爲，憨山以莊子爲老子註疏之立場，乃是將莊子思想比附於老子之下，如此確實忽略了莊子本身不同於老子的思想價值；然而，卻也由此凸顯在歷代注莊的不同詮釋架構之中，憨山『註莊』之特殊性。」釋德清某種程度上確實犯了李懿純說「忽略了莊子本身不同於老子的思想價值」，但我認爲他這種作法有兩種原因：第一，佛學傳統脈絡中，本來就習慣將老莊歸爲同一系統，這是論述簡化的問題，也就是用兩者的相似、類近來分類，將之併爲同一系統；第二，將老莊歸屬於同一系統，釋德清就能用天乘來收攝道家，而不必考慮要將莊子放在另一個位階。其實從釋德清將莊子思想位階提升至老子和佛之間，和詮釋《道德經解》及《莊子內篇註》的側重點不同，就能隱約感覺得到，他其實也覺得兩者思想有差異。

一，釋德清不是將莊子思想比附於老子思想之下，而是認為莊子和老子都屬於道家，彼此屬於同一系統，而莊子進一步發展了老子的思想。《觀老莊影響論・論去取》稱「然《老》言古簡，深隱難明，發揮老氏之道者，唯莊一人而已。」〔註40〕又說：「由其言深沈，學者難明，故得莊子起而大發揚之。」〔註41〕發揮與發揚並不全然是指莊子思想乃比附於老子，而應理解為莊子認同老子的道，原因是《老子》一書的文字過於簡略、隱約，令人難以直接把握，所以莊子用自己的表述方式，將《老子》書中的道予以推展宣揚。〔註42〕第二，「《莊子》為《老子》注疏」這一觀點，釋德清可能是直接取用當時已存在的對老、莊關係的論點，目的是將老莊思想統歸為道家，如此一來在判釋三教教相時，也就能較具體判釋莊子應處的教乘。

　　釋德清最先觸及老、莊關係，是在《觀老莊影響論・論去取》：

> 蓋中國聖人之言，除五經束於世教，此外載道之言，唯《老》一書而已。然《老》言古簡，深隱難明，發揮老氏之道者，唯莊一人而已。《筆乘》有言：「老之有莊，猶孔之有孟。」斯言信之。〔註43〕

以往研究者在理解此段文獻時，如蔡金昌認為「《莊子》是最直接繼承《老子》思想者」〔註44〕。然而，我們應當先確認，釋德清所引焦竑《焦氏筆乘》（以下簡稱《筆乘》）究竟是在什麼前後語脈下此斷言，以及老、莊及孔、孟兩組儒、道代表人物之間的關係倒底為何呢？

　　從文獻看來，釋德清所引的《筆乘》應當是焦竑《莊子翼》的敘文，而非《筆乘》原文，所以若非釋德清錯引，就是焦竑將之從《筆乘》刪去。然則焦竑在《筆乘・傳注》中有一說，則可以作為參照：

> 古人未為訓傳，子思、孟軻欲發明《論語》，皆別自為書，《中庸》與《七篇》是也。《道德經》之有《列》、《莊》，亦猶是也。〔註45〕

焦竑《莊子翼》敘文之說與此意並無不同，不過《筆乘》更明確指出，子思與孟軻為了發明孔子《論語》中的義理，於是各自撰寫了《中庸》、《孟子》

〔註40〕　（明）釋德清：《觀老莊影響論・論去取》，頁8。
〔註41〕　（明）釋德清：《觀老莊影響論・論教乘》，頁16～17。
〔註42〕　發揮、發明的對象不是文字本身而是精神底蘊，這點朱得之說得很清楚：「大抵此籍多數演老子之言，以發揮其精神者。」參見（明）朱得之：《莊子通義》，頁604下。
〔註43〕　（明）釋德清：《觀老莊影響論・論去取》，頁7。
〔註44〕　蔡金昌：《憨山大師的三教會通思想》，頁210～211。
〔註45〕　（明）焦竑撰，李劍雄點校：《焦氏筆乘》（北京：中華書局，2008年），頁337。

七篇，而列子、莊子也基於想要發明或發揮《道德經》而各自著書。因此，將釋德清之語和焦竑此語並觀，可以得出「老之有莊，猶孔之有孟」的前提與歷史語脈意義爲：第一，因爲古人沒有做訓傳的習慣，因此若要發明前人或特定文本的意義，習慣上是單獨著書；第二，所謂發明或發揮，意謂子思、孟子、列子、莊子並不是按著文本逐字逐篇註解，而是從主要概念加以擴展、陳述，使其意涵更爲詳細精密，因此不能以後世狹義的注疏、傳注形式來理解。

此外，釋德清對老莊、孔孟的關係的論述，若與同時代或稍前的《莊子》注疏合觀，就能發現他的詮釋吸納了前人注疏的論點，並非完全原創。朱得之在《莊子通義》中稱「間嘗閱之，而有覺其與孔孟相發者」、「或謂二氏之書不當以儒者之學爲訓，竊惟道在天地間，一而已矣。初無三教之異，猶方言異而意不殊」〔註46〕，提出老莊之學和孔孟之學實際上不存在絕對的差異，兩者的差異點在於表述的方式不同，〔註47〕但所欲闡發的道卻是一致的。焦竑的觀點與朱得之頗類近，認爲老莊乃是爲了救治孔孟後學的僵化而攻擊儒者：

> 夫老之有莊，猶孔之有孟也。老子與孔子同時，莊子又與孟子同時，孔孟未嘗攻老莊也。世之學者顧諮諮然沸不少置。豈以〔註48〕孔孟之言詳於有，而老莊詳於無，疑其有不同者歟？嗟乎！孔孟非不言無也，無即寓於有。而孔孟也者，姑因世之所明者引之，所謂下學而上達者也。彼老莊生其時，見夫爲孔孟之學者，局於有而達焉者之寡也，以爲必通乎無而後可用於有，於焉取其所略者而詳之，以庶幾助孔孟之所不及。……今第易道器爲有無，轉上下爲徼妙，其詞異耳。以其詞之異而害其意之同，是攻之者之自病也，曾足以病老莊乎？孔、孟、老、莊閔學者之離其性也，而爲之書以覺之，不知反其性而嘵嘵然異同之辨，非余之所知也。〔註49〕

〔註46〕（明）朱得之：《莊子通義・讀莊評》，頁605下。
〔註47〕（明）朱得之：《莊子通義・讀莊評》，頁605上：「莊子亦周末文勝之習，今觀其書，止是詞章之列，自與五經辭氣不同，然其指點道體、天人異同處，卻非秦漢以來諸儒所及，故從事於心性者有取焉。」朱得之此說亦是從表（詞章）和裏（心性）分別來論述，試圖弱化《莊子》強烈批評儒者的字眼，使其具有更大的詮釋空間。
〔註48〕以，原本作㕥。明代刻本常會運用俗字，在引述時，本文會盡量更改爲常用字，以利閱讀。
〔註49〕（明）焦竑：《莊子翼》，《中國子學名著集成》（臺北：中國子學名著集成編印基金會，影印明萬曆十六年金陵王元貞刊本，1978年）第66冊，頁2～5。

焦竑和朱得之都屬於儒士〔註 50〕，因此他們的意識形態是以孔孟爲主，老莊是爲了補救孔孟後學的不足而爲書立說，並不是爲了批判孔孟。〔註 51〕在焦竑和朱得之的觀念裡，老莊和孔孟的差別在於聚焦的對象不同，但在思想層級上，孔孟還是遠高於老莊。「孔孟非不言無也，無即寓於有」的說法，即表明了老莊強調無的思想仍未跳脫孔孟的思想高度；而且對焦竑來說，老莊是「助孔孟之所不及」，其角色是輔翼儒家，而不是與儒家相抗衡。與朱得之相同的，焦竑也分殊莊子之詞和意的差異，作爲自己詮釋與立論的方法論，並指出老莊著重和足以輔助儒者之不足的，正是對心性的理解與詮說。釋德清在《觀老莊影響論》中稱莊子「詆訾孔子，非詆孔子，詆學孔子之迹者也」〔註 52〕，與朱得之、焦竑的論點相近，認爲莊子並未批判孔子，而是批判學孔子而固著在孔子之迹的後學者。然而，釋德清對於儒道思想位階的判定，則比較接近陸西星的「太史公論大道，則先黃老而後六經，的有眞見，未可輕議」〔註 53〕、「自非莊子灼見道體，不能如此形容。若會得如此，便舜禹有天下而不與，顏子陋巷簞瓢不改其樂，曾子弘大剛毅、任重道遠，皆是這箇」〔註 54〕，將道家老莊的思想位階置於孔孟之上或與孔孟相等，並認爲莊子已經眞確認知見證道體。因此，釋德清將孔孟判定爲人乘之聖，而將老莊判爲天乘之聖，使老莊的思想位階高於孔孟，而莊子更成了「吾佛破執之前矛」〔註 55〕。

　　「《莊子》爲《老子》註疏」一語，蔡金昌以爲憨山受到陸西星的啓發，認爲「憨山所體悟的《莊子》其實對《老子》而言是扮演著承繼與發揮的角

〔註 50〕焦竑雖然主張三教會通，並且在《莊子翼》運用了佛教的觀念、引用佛教經典，但此處筆者想指出的是，因爲他社會身分與思想社群認同的關係，他在《莊子翼》中仍將莊子視爲孔孟的輔教者而非對立批評者；釋德清則很明顯將莊子歸入佛教認同者的陣營，並將孔子思想置入較爲低階的境界。然而，釋德清並非否定儒家的思想，他的判教安排實際上是有其階序性，而儒家則位在最基本、重視世界實有的位階，以佛教的立場而言，重視實有是種執迷，但卻是一般人都位處的狀態。

〔註 51〕林希逸也認爲莊子並不是激底否定儒家，而是「著書初意，正要鄙夷世俗之儒，故言語有過當處」，不能單從語言文字的激烈過當推導出莊子否定儒家這樣的論點。見（宋）林希逸撰，周啓成校注：《莊子鬳齋口義校注·逍遙遊》，頁 9。

〔註 52〕（明）釋德清：《觀老莊影響論·論教乘》，頁 17。

〔註 53〕（明）陸西星撰，蔣門馬點校：《南華眞經副墨·讀南華眞經雜說》，頁 9。

〔註 54〕（明）陸西星撰，蔣門馬點校：《南華眞經副墨·逍遙遊》，頁 12。

〔註 55〕（明）釋德清：《觀老莊影響論·論教乘》，頁 19。

色」〔註56〕、「憨山的立場實是與陸西星相同,認為必先透徹《老子》方能看通《莊子》」〔註57〕。然而,釋德清「《莊子》為《老子》註疏」的論述,與其說是認同陸西星,不如說是接受當時老、莊關係的基本觀點,並以此展開進一步的論述;〔註58〕但在閱讀策略上,釋德清並不認為必須先透徹《老子》方能看通《莊子》,蔡金昌之說是泥於「《莊子》為《老子》註疏」字面意思,並沒有仔細推敲釋德清對自身閱讀經驗的闡述。對釋德清而言,想要讀懂老莊,乃要回歸到佛教典籍,尤其是《楞嚴經》之中。

「《莊子》為《老子》註疏」此一論題還有一個特殊目的:《莊子》在釋德清的判教意義上有舉足輕重的地位,所以他必須將之抬高,以達到他判教的意圖:

原彼二聖,豈非吾佛密遣二人而為佛法前導者耶?〔註59〕

既然「《莊子》為《老子》註疏」,則莊子必定將老子隱而未顯的義理予以闡發,而這個隱而未顯的義理,在釋德清看來,就是將老子之道引導到佛教的系統內。釋德清不能打亂自己預設的歷史發展脈絡和三教判教系統,因而一方面他將儒家孔子推為人乘之聖、道家老子推為天乘之聖,佛陀為超聖凡之聖,則在判教系統上,佛教必然統攝儒、道,而道家又高於儒家,所以憨山說「假孟而見莊,豈不北面」、「除佛經,即諸子百氏、究天人之學者,唯《莊》一書而已。藉令中國無此人,萬世之下不知有真人;中國無此書,萬世之下不知有妙論」,將儒家的經典、代表人物侷限在孔、孟,而道家侷限在老、莊,並將莊子其人其書作為中國諸子思想的極致,但認為儒道義理仍不如佛教。

就實際的歷史情境而言,孔、老與釋迦牟尼並沒有實際的接觸,且春秋

〔註56〕 蔡金昌:《憨山大師的三教會通思想》,頁236。

〔註57〕 蔡金昌:《憨山大師的三教會通思想》,頁236。

〔註58〕 將老莊思想相聯繫並非陸西星一人的獨有的觀點,因此與其說釋德清認同陸西星,不如說當時確實存在此一主流論點,而釋德清認為該論點符合自身的詮釋觀點而選擇之。舉例來說,陳深《莊子品節》就稱「莊周巨子,則老氏其宗祖也。」該書刊行於萬曆年間,卻鮮少提及《南華真經副墨》,因此不能稱該書受陸西星影響;而陳深之所以提出和陸西星相似的觀點,只能說該觀點是莊學史或當時莊學詮釋中已存在的觀點,他只是選取該觀點來作為老莊思想關係的界定而已。參見(明)陳深:《莊子品節》,《無求備齋莊子集成初編》(臺北:藝文印書館,據明萬曆十九年刊本影印,1972年)第11冊,頁460。

〔註59〕 (明)釋德清:《觀老莊影響論·論教乘》,頁14。

戰國期間並沒有佛學傳入，釋德清受限於這個歷史事實，因此只能說孔、老是佛「密遣」──這個佛或許非指釋迦牟尼，而是過去佛──以及說老子「未見佛法」。這個說法並非釋德清自創，而是化用了《清淨法行經》的說法：孔子是儒童菩薩的化身，而老子是摩訶迦葉的化身，顏回是光淨菩薩的化身，三人是佛派遣至中國宣化佛法。〔註60〕莊子作為老子之道的闡釋者，釋德清賦予他十分重要的橋樑地位，並且指出莊子並非一字一句拘泥於老子之言。首先，釋德清指出莊子身處的時代遠比老子更混亂：「羣雄吞噬之劇，舉世顛暝，亡生於物欲，火馳而不返者眾矣」〔註61〕，物欲作為驅策眾人爭奪、貪競的動力，使人無法獲得正確的取捨判斷，只是沉迷於物欲我執而已；這樣的世間使人深陷錯亂的價值觀裡，所以莊子的存在使得人重新思索事物的價值，以及得以認清物欲而加以避免。其次，釋德清指出莊子超逸獨特於老子之處，是他的文字，仔細觀看釋德清的用語──其工夫由靜定而入，其文字從三昧而出──用「三昧」這佛家用語，已顯現釋德清企圖透過莊子此一橋樑，將老子這未見佛法的天乘之聖安頓到佛教的判教系統內。因此，在將老、莊思想系統的承繼關係予以確定之後，釋德清又說：「彼所求之大聖，非佛而又其誰」、「吾意彼為吾佛破執之前矛，斯言信之」、「世人於彼尚不入，安能入於佛法乎」〔註62〕等語，這並非僅止於推論而已，而是以莊子所闡發的老子義理最終將融入歸攝到佛法中，使得釋德清自己能妥善安置老、莊關係的歷史脈絡與三教判教系統。

　　由此，回歸到「《莊子》為《老子》註疏」的命題，此一命題隱含了釋德清的詮釋方法，也是釋德清用以安置思想發展的歷史脈絡，與三教歸佛的判教系統的方式。但是，光是如此還不夠，因此釋德清以《莊子》「深不可識」為由，將自己的詮釋動機合理化，也將自己處處將莊意導入佛教義理或應合佛典的舉動正當化。因此，莊子之於老子之道是合理的、正確的闡釋者與代言人，而釋德清也認為自己之於莊子之道，是合理而正當的闡釋者。

〔註60〕　（唐）釋道宣（596～667）：《廣宏明集・辨惑篇・二教論》，大藏經刊行會編輯：《大正新修大藏經》第52冊，頁140a：「又清淨法行經云。佛遣三弟子振旦教化。儒童菩薩彼稱孔丘。光淨菩薩彼稱顏淵。摩訶迦葉彼稱老子。」
〔註61〕　（明）釋德清：《觀老莊影響論・論教乘》，頁18。
〔註62〕　（明）釋德清：《觀老莊影響論・論教乘》，頁18～19。

第三節　究天人之際：佛教立場所見莊子思想之侷限

　　釋德清將莊子的思想高度與地位置入天乘與佛乘之間，認爲讀者能夠經由自己所詮釋的《莊子》，一方面更精確地理解莊子的眞義，一方面則藉此邁入更高深的佛教思想。對釋德清而言，將莊子思想抬升至天乘與佛乘之間，並稱許他是諸子百家中的翹楚，卻仍難與佛教思想相匹敵，這樣的論點不僅是種詮釋策略，也隱含著他認爲莊子思想與佛教思想相比起來，確實有相當程度的差異與不足。

　　正因如此，釋德清將老、莊思想判定爲「現婆羅門身而說法」，其思想僅超越孔孟儒家所代表的人乘，最高境界也僅是天乘，在五乘判教的系統中，還不及聲聞乘、緣覺乘和菩薩乘：

> 故吾教止觀，有大乘、有小乘、有人天乘、四禪八定、九通明禪。……莊子亦曰：……此其靜定工夫，舉皆釋形去智，離欲清淨，所謂「厭下苦、麤、障，欣上淨、妙、離」，冀去人而入天。按教所明，乃捨欲界生，而生初禪者，故曰：「宇泰定者，發乎天光。」此天乘止觀也。……由是觀之，老氏之學，若謂「大患莫若於有身」，故滅身以歸無；「勞形莫先於有智」，故釋智以淪虛。此則有似二乘。且出無佛世，觀化知無，有似獨覺。原其所宗虛無自然，即屬外道；觀其慈悲救世之心，人天交歸，有無雙照，又似菩薩。蓋以權論，正所謂「現婆羅門身而說法」者。據實判之，乃人天乘精修梵行而入空定者是也。……吾故曰：「莊語純究天人之際，非孟浪之談也。」〔註63〕
> 蓋就其所宗，以得其立言之旨，但以佛法中人天止觀而參證之。所謂天乘止觀，即《宗鏡》亦云：「老莊所宗自然清淨無爲之道，即初禪天通明禪也。」〔註64〕

釋德清在此言「故吾教止觀，有大乘、有小乘、有人天乘、四禪八定、九通明禪」，關於他在此處提到的各種止觀的定義，可以參照天台宗智顗大師的著述。釋德清在詮釋時，其實並不會拘泥於特定的教法，而是以自己的理解來選擇、使用佛教的名相與概念，此處講「大乘、小乘、人天乘」，用的可能是《華嚴一乘教義分齊章》中提到的，將教行果位分爲四種中，其

〔註63〕　（明）釋德清：《觀老莊影響論‧論工夫》，頁19～22。
〔註64〕　（明）釋德清：《莊子內篇註‧應帝王》，頁452。

一爲「二謂一乘三乘小乘人天爲四」的說法。〔註65〕四禪八定，四禪是色界天之四禪；八定則是色界天之四禪與無色界天之四無色定，合之而成八定，所以八定包含四禪。爲何釋德清要說老莊的止觀法爲通明禪，除了本於永明延壽的說法外〔註66〕，還有就是他認定老莊爲「天乘」（捨欲界而生）〔註67〕，並認定老莊思想位階實已得阿羅漢果〔註68〕，而修行通明禪可獲得之果位，正是阿羅漢果〔註69〕；老莊並不離世間，而通明禪屬於世間法〔註70〕。

釋德清稱老莊屬於初禪天、修離欲禪，又說：「據實判之，乃人天乘精修

〔註65〕（唐）法藏：《華嚴一乘教義分齊章》，大藏經刊行會編輯：《大正新修大藏經》第45冊，頁479c。

〔註66〕（五代）永明延壽：《宗鏡錄》卷46，大藏經刊行會編輯：《大正新修大藏經》第48冊，頁685c：「周弘正釋三玄云：『《易》判八卦陰陽吉凶，此約有明玄；老子虛融，此約無明玄；莊子自然，約有無明玄。』自外枝派，祖原出此，今且約此以明得失。如莊子云貴賤苦樂，是非得失，皆其自然。若言自然，是不破果；不辯先業，即是破因。禮制仁義衛身安國，若不行用，滅族亡家。但現世立德，不招後世報，是爲破果不破因。若言慶流後世并前，則是亦有果亦無果也。約一計即有三行：一謂計有行善，二計有行惡，三計有行無記，如玄理分應爾。富貴不可企求，貧賤不可怨避；生無足欣，死何勞我？將此虛心，令居貴莫憍、處窮不悶、貪恚心息、安一懷抱。以自然訓物，作入理咔胤，此其德也。德有多種：若言常無欲觀其妙，無何等欲，忽玉璧、棄公相、洗耳還牛，自守高志，此乃棄欲界之欲，攀上勝出之妙，即以初禪等爲妙。何以得知？莊子云：『皇帝問道觀神氣，見身內眾物，以此爲道。』似如通明觀中，發得初禪之妙。若言諸苦所因，貪欲爲本；若離貪欲，即得涅槃。此無三界之欲，此得滅止妙離之妙。」永明延壽只說莊子似通明禪，但將老莊判入天乘、定其止觀爲通明禪，則是釋德清個人的創見。

〔註67〕（隋）智顗：《釋禪波羅蜜次第法門》，大藏經刊行會編輯：《大正新修大藏經》第45冊，頁480b：「次此應明十六特勝，橫則對四念處，豎則從欲界乃至非想。但地地中立觀破析，故能生無漏。次應說通明觀，前十六特勝總觀故麤，今通明別觀故細，此禪亦從欲界至非想，乃至入滅定。」通明觀是亦有漏亦無漏，在釋德清的系統裡，老莊無法跳脫三界，因此不可能修得無漏法，通明觀既兼有漏無漏，則判定老莊是通明禪並不會有矛盾。此外，通明禪乃出欲界，和老莊天乘相合。

〔註68〕（明）釋德清：《莊子內篇註・德充符》，頁346～347：「蓋忘形骸，一心知，即佛說破分別我障也，則成阿羅漢果，即得神通變化。今莊子但就人中說，老子忘形釋智之功夫，即能到此境界耳，即所謂至人忘己也。此寓六骸，象耳目，一知之所知，即佛說假觀，乃即世間出生死之妙訣，正予所謂修離欲禪也。」

〔註69〕（隋）智顗：《法門次第初門》，頁675b：「彼無明矣，名獲阿羅漢果。」

〔註70〕（隋）智顗：《釋禪波羅蜜次第法門》，頁475a：「一以息爲禪門者，若因息攝心，則能通行心，至四禪四空四無量心，十六特勝、通明等禪，即是世間禪門，亦名出法攝心，此一往據凡夫禪門。」

梵行而入空定者是也」，這些判教的內涵與根據，可以與他的《楞嚴通議》合觀，理解他爲何以此判定老莊思想，以及這些判定的意義何在。《楞嚴通議》卷九「阿難！世間一切所修心人，不假禪那，無有智慧，但能執身，不行婬欲。若行若坐，想念俱無；愛染不生，無留欲界。是人應念，身爲梵侶，如是一類，名梵眾天」一段下注：

> 議曰：此下色界四禪十八梵天也。梵者，淨也。以此諸天不知眞修無漏，但修欣厭禪，謂厭下苦、麤、障，欣上淨、妙、離，名欣厭定，以爲正因。此經專依斷婬而爲次第，未得眞修，故云：「不假禪那，無有智慧，但能執身，不行婬欲」而已。若婬心不動，於一切時想念俱無。愛染不生，謂不起愛心，已伏欲界惑，故無留欲界。身爲梵侶，名梵眾天，此梵民也。〔註71〕

以此段文字對比上引《觀老莊影響論》，就不難發現他運用了《楞嚴經》的文字與觀念來理解與定位莊子思想，也能理解爲何《觀老莊影響論》中引述了大量《楞嚴經》文字來詮釋莊子思想。所謂老莊屬於初禪天，即以《楞嚴經》中的初禪三天——梵眾天、梵輔天、大梵天——爲老莊思想的境界，而這三天的特色在於「不知眞修無漏，但修欣厭禪」、「愛染不生，無留欲界」。釋德清認爲，老莊修行的是有漏法，力求支離形體與認知智想，意圖藉此獲得逍遙，在他們的觀念與認知中，形知與主體的相對構成了一切煩惱爭端，因而惟有離形去知、滅身忘智，方能眞正回歸到自然的存在狀態。對釋德清而言，老莊的理想、修行方法、認知、目標都未能達成佛所指出的究竟涅槃境界：老莊所關注的，是去除造成我執的根源，而所欲臻至的自然境界，不過是《楞嚴經》所謂的八識精明之體。

在此有必要稍微解釋，釋德清以八識精明之體詮釋老莊之道的用意。在他經典詮釋的思想體系中，八識與眞如心既屬於形上學的範疇，同時含有本體與位階判屬的意涵，因此他會使用這兩個概念來解釋世界是如何變現，並以此判定不同的思想系統屬性或位階的高低。例如他認爲老莊以八識精明之體爲道（創生之本源與最高之依歸），就是誤認絕對本體的生滅心爲眞實本體，因此其思想體系明顯無法洞察自身本體認知不足的問題，因此認定老莊思想遠不如佛，甚至不如聲聞、圓覺和菩薩三乘。對於絕對本體與八識精明

〔註71〕　（明）釋德清：《楞嚴通議》，卷9，頁822。

之體的由來，釋德清用《大乘起信論》「一心開二門」的結構來解釋世間之人、三界眾生為何有迷悟，世間萬有又是如何變現而成：一心是絕對本體，也就是他一再強調的一真法界如來藏清淨心或佛心、佛性、真性，因為是絕對本體，所以此一心是絕待的、沒有相對於此一心的對立性存在；體證一心，就是悟入佛乘境界，亦即斷卻人我二執，直入解脫。一心開二門的結構，既是為了解釋迷悟、世界之變現、三教五乘結構的判教準則，也可以解釋為何已入佛乘之菩薩，會同時擁有真如心和生滅心。

　　釋德清認為，每一個眾生都擁有真心，也就是如來藏心（性），但當人因為我執和法執而迷失時，就會將認為八識精明之體認作真心，因此陷入熏習變現各種萬法的迷失執著之中。〔註72〕因此，我們可以這麼說：釋德清將一心作為絕對本體，保證了眾生覺悟的可能性，並以此作為最終的理想依歸；一心既是本體，也是依歸，但個體的迷悟導致心的雙重屬性開啟，此心在本體意義上仍是絕對，但在現實個體中卻變成具有雙重屬性（生滅心與真如心）。對佛家而言，迷者不是深陷我法二執，就是陷於法執——通常陷於我執，就會有法執，因為我執之人無法跳脫自身，以超越自我的視角看待世間萬法的異同，只能抓住對我而言有意義之法為真理——儒家在佛教的判定中，一直都是陷入對真實世界肯定、我法皆執的思想，因此佛教三教判定的傳統中，通常都會將儒家思想的層次貶得比道家低。而釋德清認為老莊以八識精明之體為妙道之源，是執著於心的生滅屬性為本體，也就是萬事萬法是由本體變現，而萬事萬法的外顯之相既非真實，也非本體。這樣的說法，在釋德清的思想系統中，是比儒家思想層次高，但也只是掌握了一心的生滅屬性，將生滅本體，也就是八識精明之體視為道、視為本體，乃是對於世間萬物變現的原理沒有正確的理解；以此熏習，也只是以迷執熏習迷執，無法真正認清一心本體的真相。這是他以佛教立場判定的莊子思想侷限。〔註73〕

　　由此看來，釋德清稱老莊所修為初禪、離欲禪、梵行，其說法根據與實

〔註72〕（明）釋德清：《楞嚴通議》，卷3，頁269：「意謂如來藏性，唯一堅密身，了無能所，本不可入。良由一念妄動，遂起無明。迷此真心而為八識，所謂識精元明也。」

〔註73〕釋德清對藏識與真如心的關係，在他的經典詮釋中有其系統性，對應到三教，也存在著漸進的境界與修為意涵，相關討論可參考蔡金昌《憨山大師的三教會通思想》第五章，頁202～206討論心與識關係的部分；陳松柏《憨山自性禪思想之理論基礎與核心論題》第五章第二節，頁141～147討論釋德清三教思想位階的判定，與修行實踐進程的關係。

際的含意，都須與《楞嚴通議》的註疏合觀，否則就只能從表面意涵來解讀他對老莊思想位階的判定，而無法更精準說明使用這些詞彙的目的與原因。當我們將《觀老莊影響論》與《楞嚴通議》合觀，便能知曉初禪是指老莊思想境界被歸屬於初禪三天；離欲禪和梵行則可從《楞嚴經》卷九對梵輔天的描述來界義：「二梵輔天：欲習既除，離欲心現，於諸律儀，愛樂隨順，是人應時能行梵德，如是一類，名梵輔天。」〔註74〕離欲心現，故老莊所修是離欲禪；能行梵德，由此稱老莊所行爲梵行。若將老莊思想放入《楞嚴經》四禪十八天的修行境界中，則更能凸顯釋德清雖以三乘判定三教，但老莊思想和佛法之間的落差之嚴峻，實在不言可喻。因此，若從三乘判三教的結構來看，我們確實能說釋德清給予老莊思想的評價相當高，然而一旦將背後隱含的《楞嚴經》四禪十八天結構相疊置入時，老莊思想與佛法之間的差距，大到兩者根本無法並列比擬。

因此，當我們由此來重新閱讀上述釋德清對老莊的評判時，就能深刻體會到在他的判教系統中，道家思想縱然比儒家卓越——而此一判教標準涉及釋德清對一心三觀的詮釋與操作運用——但當置入佛教的思想體系位階時，也僅僅是脫離欲界的初禪天，僅比欲界好一些而已。儒家思想是執現實之實有爲實際存在，而老莊所執的道，即釋德清所謂的八識精明之體，則是用來解釋世界萬物萬法變現的緣由：

> 老氏所宗虛無大道，即《楞嚴》所謂「晦昧爲空」、「八識精明之體」也。……至若老氏以虛無爲妙道，則曰「谷神不死」，……破前六識分別之執，伏前七識生滅之機，而認八識精明之體，即《楞嚴》所謂「罔象虛無，微細精想」者，以爲妙道之源耳。……不知其所以然而然，故莊稱自然。且老乃中國之人也，未見佛法而深觀至此，可謂捷疾利根矣！借使一見吾佛而印決之，豈不頓證眞無生耶？……吾意老莊之大言，非佛法不足以證嚮之。〔註75〕

《楞嚴經》說「晦昧爲空，空晦暗中，結暗爲色」〔註76〕，釋德清引此，是爲與八識精明之體結合，說明世間萬法萬象萬物生成的道理。因此對《楞嚴經》此段討論識變現象世界的過程，他的解釋是：

〔註74〕（明）釋德清：《楞嚴通議》，卷9，頁823。
〔註75〕（明）釋德清：《觀老莊影響論・論宗趣》，頁27～34。
〔註76〕（明）釋德清：《楞嚴通議》，頁185。

> 原夫一眞法界如來藏清淨眞心，本無身心世界之相也，但由眞淨界
> 中，一念妄動而成不覺之無明。以此無明，蓋覆眞心，遂將靈明廓
> 徹之眞空，變爲頑然無知之虛空，故云晦昧爲空。依此頑空無明，
> 凝結變成四大之幻色，故云結暗爲色。〔註77〕

若從此段分析，我們可以更清楚地理解釋德清想要描繪的三教五乘思想輪
廓、層次：首先，我們的身心與世界並非實有、是不眞實的，我們之所以能
看到、感知身心和世界萬象，是因爲我們迷於我法二執，也就是他說的「一
念妄動而成不覺之無明」、「以此無明，蓋覆眞心，遂將靈明廓徹之眞空，變
爲頑然無知之虛空」。必須注意的是，對他而言，老莊亦是如此，所以老莊並
沒有眞正的覺悟。老莊仍然在某種程度上認同萬事萬象萬法實際上是存在
的，只是從本體上解釋萬事萬物的生成，要人從本體（生滅本體）去觀察、
看待，斷絕我執。「罔象虛無，微細精想」，據《楞嚴通議》所言是「以爲識
陰之體，由是觀之，五陰皆以妄想爲體」〔註78〕。由此看來，釋德清亦是在
批評老莊認爲是妙道之源的本體，就佛法來看，不過是識陰本體，也就是前
述的生滅本體。識陰本體是什麼，又如何運作呢？若能了解釋德清對它的解
釋，就能理解他是什麼樣的視域來詮釋與理解老莊的道：

> 識陰本非有也。元是眞精妙明心體，但受妄想熏習蓋覆眞性，故名
> 識耳！然此識體，元是眞精湛不搖處，在此身中不出見聞覺知，皆
> 識之用也！〔註79〕

識陰之體、生滅本體，或釋德清眼中老莊的妙道之源，都指涉同一個對象，即
八識精明之體。它原是眞精妙明心體，因爲生滅與眞如是一心的兩種屬性而非
兩個不同之物，在本體意義上，它們是同一本體。啓觸生滅與眞如屬性，也就
是致使一心開啓二門的原因，是迷妄心作，導致妄想熏習覆蓋眞性（一心），所
以是不眞實的；因此他說「識陰本非有也」，意謂識陰不過是因迷妄遮蔽眞心而
產生的妄識，並未具有眞實的本體。見聞覺知，都是識之用，因爲那是眼識、
耳識、觸識、鼻識、舌識、身識、意識等作用，經由統合所造成的認知結果。
因爲老莊之道是八識精明之體，所以在釋德清看來，依照老莊的思想、修養方
式來生活、修行，縱使到達極致，亦不過是了悟八識精明之體。用佛教的概念

〔註77〕（明）釋德清：《楞嚴通議》，頁186。
〔註78〕（明）釋德清：《楞嚴通議》，卷10，頁984。
〔註79〕（明）釋德清：《楞嚴通議》，頁982～983。

來說，以妄想熏習，是不可能臻至真性。在他的莊學思想系統中，莊子已是老莊道家的極致與巔峰，但若想真正了解他對莊子的評價，仍必須將之放入三教五乘的結構中，搭配唯心識觀來理解。然後，會發現他的佛教本位依然將老莊所推崇的道，貶抑成因妄想而產生，變現世界一切萬物萬象萬法，所以想由老莊思想印證絕對本體，無異緣木求魚。這樣的評價與作法，對老莊的思想系統並不那麼公允，而且所有的前提預設，都是以佛法為基礎，等於是強行將老莊系統刪枝剪葉，斷幹移接到佛學為主幹的思想系統中。如此一來，老莊系統的精采處，都經過某種程度的調整變換，雖有皮肉，但骨幹內已非我們所知的道家，而是佛教系統下認知的道家。有此理解，再回觀《道德經解》和《莊子內篇註》對道體的詮釋，我們就能用更正確的心態來理解釋德清的詮釋，其實還是有分支系統與總體系統的差異：在老莊系統內，他並不會貿然批判老莊道體是不究竟的，但若從他的總體系統，也就是以唯心識觀和三教五乘所建構的以佛學為主幹的系統來看，老莊系統的不究竟是不證自明的。無論他在詮釋中多麼稱許老莊的道體（大道、超乎名相思議之表〔註80〕），都只是為了依隨該系統所做的詮釋，若從總體系統來看，老莊系統的道體，亦不過是八識精明之體，老莊之聖人也仍是在妄想熏習之中，未能臻至究竟佛乘。

「現婆羅門身而說法者」乃取自《妙法蓮華經‧觀世音菩薩普門品》「應以婆羅門身得度者，即現婆羅門身而為說法」〔註81〕和《楞嚴經》卷六：「若諸眾生，愛諸數術，攝衛自居，我於彼前，現婆羅門身，而為說法，令其成就。」釋德清《法華通義》稱觀世音菩薩「此現人道。……婆羅門術數攝衛。其實百工四民，皆能現之，但舉其大者耳。」〔註82〕《法華經》中現婆羅門身的是觀世音菩薩，釋德清以此句比擬莊子，呼應他對莊子「觀其慈悲救世之心，人天交歸，有無雙照，又似菩薩」的評價。釋德清此處的解釋，若與《楞嚴通議》卷六對上文引述的《楞嚴經》註解合觀，就能更精確理解他對婆羅門的界義：「議曰：此現婆羅門身也。婆羅門，此云淨行。呪禁算藝，調

〔註80〕 如《老子道德經解》，頁93：「此言大道體虛，超乎聲色名相思議之表，聖人執此以御世也。」我們必須注意，釋德清這樣的詮釋，是依順《老子道德經》文本而做的詮釋，因此這個大道是八識精明之體，這個聖人亦是老莊思想體系中的聖人，不能和三乘（聲聞、緣覺和菩薩）或佛乘相提並論。

〔註81〕 （明）釋德清：《法華通義‧卷19‧觀世音菩薩普門品》，楊文會編訂：《釋氏十三經》（濟南：齊魯書社，2013年1月），頁1181。

〔註82〕 （明）釋德清：《法華通義‧卷19‧觀世音菩薩普門品》，楊文會編訂：《釋氏十三經》（濟南：齊魯書社，2013年1月），頁1181。

養方法，皆為數術。菩薩乘機現相，獎而成之，亦何物而不化。」〔註83〕淨行是婆羅門的通稱，釋德清應是繼承《楞嚴經》傳統注疏的說法，〔註84〕而他以婆羅門稱莊子，亦表示莊子並非如孔孟一樣停留在人道，而是超脫了人乘的獨特智者；此外，婆羅門也未能臻至佛乘，符合他對莊子「純究天人之際」而隸屬天乘的判定。

釋德清對莊子思想的評價雖然有相當程度的認可，但對身為佛教僧徒的他來說，佛法的思想位階永遠是第一序、最終極且完滿的境界和歸宿。因此無論他多麼認可莊子思想，莊子在他的理想思想圖譜裡，只能是窮究了天人之際、作為佛法與中國思想之間的橋樑，永遠無法取代或凌駕於佛法之上，這即是他稱莊子「莊語純究天人之際，非孟浪之談也」、「然彼所求之大聖，非佛而又其誰耶？」的原因。他先將莊子的思想抬高至純究天人之際，意謂莊子已然洞察天、人二乘的眞諦，理解我執是當世之人所以痛苦不安的原因，但莊子的思想或論述並無法消除法執，因此即使消除了我執，仍無法像佛一樣，帶給人究竟的喜悅與智慧；甚而言之，釋德清認為莊子思想的境界在戰國和當時無法被正確理解，是因為惟有佛法能印證他獨特的觀念，且能實踐莊子救世之心理念的，也只有佛法，這就是他說「吾意老莊之大言，非佛法不足以證嚮之」、「吾意彼為吾佛破執之前矛，斯言信之矣」的理由與根據。如此一來，在釋德清的莊學體系中，莊子之矛終歸是為佛法開路，而他所建立的思想體系雖完善精彩，卻仍是不究竟、存在缺陷的思想體系；唯有越過莊子之矛，直入佛法，眾生方能覺悟。這就是他的作者論隱而未說，卻處處暗示的論斷。

第四節　讀者論：一個好讀者之條件及正確閱讀法

一個經典詮釋者之所以對經典進行詮釋，並以注疏的方式將自己對文本的理解予以開展陳述，就必然懷抱著一種信念：我知道如何更好地理解文本

〔註83〕（明）釋德清：《楞嚴通議》，卷6，頁529。

〔註84〕如元代天如惟則（1286〜1355）編纂的《楞嚴經會解》中對婆羅門的解釋，就引述宋代溫陵戒環之說：「婆羅門，此云淨行，四姓之一也。」參見（唐）般剌密帝（生卒年不明）譯，（元）天如惟則（1286〜1354）會解：《大佛頂首楞嚴經會解》（上海：上海古籍出版社景印清末常州天寧寺刊本，2011年12月），卷11，頁119：「溫陵曰：『……婆羅門，此云淨行，四姓之一也。愛諸數術，即和合占相、推步盈虛也。」此處的溫陵是宋代禪師溫陵戒環（生卒年不詳），有《楞嚴經要解》傳世。

內的意義，而這些是其他或之前的詮釋者，可能未曾思考或嘗試過的切入點，因而我有義務與責任提示讀者——這裡的讀者，同時是經典原典與注疏的閱讀者——正確的理解向度，並釐清經典中的關鍵概念及術語的意義，甚至是作者本身隱而未顯的著述用心。

　　中國的經典著述和經典詮釋，大都在撰述時就預設了讀者的存在，甚至有預設了「理想的讀者」的樣貌。例如先秦諸子的著述，主要是學派內部彙整集結的教本或思想紀錄，但像《老子》和《韓非子》預設的讀者卻是帝王，是掌握權力並有能力改變政治現實的人；《尉繚子》和《孫子兵法》的預設讀者也是帝王或將軍，或至少是具有戰爭經驗的人，否則就無法用自身的經驗來印證或體會書中的抽象原理。中國古代經典撰述或注疏詮釋都不是出於無病呻吟，而是存在原因動機及目的動機的有為而發。無論觸發撰述的動機是個人情志或現實境況，經典作者和詮釋者都希望透過撰述作品來影響他人或獲得共鳴，因此一個好的讀者，或擁有正確理解態度的讀者，就顯得非常重要。

　　作者論域與讀者論域是相應相對的兩個論域，作者本身不可能跳出來指導讀者應該如何正確理解自身的作品，也無法猜測或限定自己的作品會被什麼樣的人或群體、以何種方式閱讀及理解、闡釋，但經典詮釋者卻能在詮釋的過程中同時涉入兩個論域：一方面由自身的閱讀經驗及理解，建構作者的思想面貌與創作動機；一方面將自身閱讀及理解的經驗，歸納整理為一套理解的進路及原則，指出最適當的理解態度及視域，同時批判他不認同的詮釋視域和進路。若從上述的論點來看，作者論和讀者論似乎極易成為經典詮釋者主觀意見的規範與抒發，但實際上並非如此。每一部經典詮釋都存在各自的文本詮釋傳統及詮釋脈絡，詮釋者本身也受限於自身時代思潮、社群思想等客觀條件，因此經典詮釋者提出的作者論與讀者論，乃是主、客觀辯證融合的視域。

　　郭象在《莊子注》中，曾提及《莊子》的理想讀者應該具備的閱讀態度：

> 鯤鵬之實，吾所未詳也。夫莊子之大意，在乎逍遙遊放，無為而自
> 得，及小大之致以明性分之適。達觀之士，宜要其會歸而遺其所寄，
> 不足事事曲與生說。自不害其弘旨，皆可略之耳。〔註85〕

郭象以「達觀之士」稱呼理想的《莊子》讀者，並提出閱讀原則：「要其會歸

〔註85〕（清）郭慶藩輯：《莊子集釋‧逍遙遊》，頁3。

而遺其所寄」，而這個閱讀原則，也正是郭象詮釋《莊子》一書的方法。〔註86〕要其會歸而遺其所寄，要求讀者捨棄對《莊子》一書故事內容眞實性的探究與考察，捨棄漢代經學注疏從名物著手，進而探究文章篇旨和作者用意的詮釋進路，而是直接去把握「不經而爲百家之冠」〔註87〕的作者所眞正要表達的意旨。郭象在此強調「不足事事曲與生說」，正是因爲魏晉上承漢代經學的詮釋方法，而漢代經學的詮釋方法特別強調對經典中名物、制度、史實等的考索驗證，並由此歸整出經典意涵和作者本意，但這種方法對於詮釋《莊子》有害無益，只是提供許多瑣碎的資料，卻無法完整提挈經典意涵和作者本意。從《經典釋文》所保留的資料，就不難看出郭象界定的理想讀者「達觀之士」與閱讀原則，跟崔譔、司馬彪等人側重名物、音訓的《莊子》注疏，確實形成強烈的對比。〔註88〕

　　在提出理想讀者和閱讀原則的同時，郭象也明確告訴讀者，莊子這位作者撰寫《莊子》一書的本意，目的在於賦予讀者正確的閱讀進路；而這個「莊子之大意」，實際上是由他這個詮釋者解讀並建構出來的。郭象所提出的莊子本意和閱讀原則，也不全是他獨自創發的，而是立基於魏晉時對莊子其人其書的理解，並吸納了向秀、嵇康等名士對莊子的討論，加上自己的閱讀經驗所得出的論點。

　　作爲晚明時期廣泛流行，且是釋德清《莊子內篇註》試圖與之對話和批

〔註86〕簡光明認爲寄言出意並非郭象的注《莊》方法，而是莊子的撰書方法，郭象的注《莊》方法應該是忘言存意，因此「要其會歸而遺其所寄」應爲忘言存意，而非寄言出意。參見簡光明：〈當代學者以「寄言出意」爲郭象注《莊》方法的檢討〉，方勇主編：《諸子學刊》第 6 輯（上海：上海古籍出版社，2012年 3 月），頁 159～185。

〔註87〕（清）郭慶藩輯：《莊子集釋・莊子序》，頁 29。

〔註88〕郭象在「北冥有魚，其名爲鯤。鯤之大，不知其幾千里也。化而爲鳥，其名爲鵬。鵬之背，不知其幾千里也」中，以「鵬鯤之實，吾所未詳也」帶過，但崔譔卻著重於解釋鵬音鳳，並引用《說文》、《字林》解釋鵬即古文鳳字。參見（清）郭慶藩輯：《莊子集釋・逍遙遊》，頁 3。錢穆《莊子纂箋》（臺北：東大圖書公司，1989 年 4 月重印三版）在「本書采摭諸家・陸德明」下也說：「有《經典釋文》，多存唐以前舊詁。辨音義、考訓釋，此書當先治。然兼備眾說，不無冗碎。」雖然錢先生意在批評陸德明彙集唐以前的《莊子》詮釋沒有進一步的挑選、太過蕪雜，但也能看出陸明德所抉擇保留的兩漢《莊子》詮釋，多以音義、文字的訓釋爲主，對思想義理多不做深入的闡釋。這點和魏晉時期側重思想義理的發揮，較少討論音義、物象、文字訓釋的《莊子》詮釋，有極大的不同。

判的文本，林希逸的《莊子口義》和陸西星的《南華眞經副墨》也各自提出
了理想的讀者和閱讀《莊子》的基本原則，而他們規範的閱讀原則和各自的
作者論預設，是相互辯證融合的：因爲作者思想具有其基調，讀者也必須以
該基調作爲閱讀、理解、詮釋的進路；讀者唯有遵循我所提出的作者思想基
調原則來閱讀、理解和詮釋，才能眞正理解《莊子》。

　　林希逸的預設讀者實爲儒士，因此在《莊子口義‧發題》中，他認爲一
個眞正理解儒家經典的、能夠判別文字血脈的人，才能眞正辨別《莊子》思
想的特色，和文字編織的虛實故事中的眞諦：

> 是必精於《語》、《孟》、《中庸》、《大學》等書，見理素定，識文字
> 血脉，知禪宗解數，具此隻眼而後知其言意一一有所歸着，未嘗不
> 跌蕩，未嘗不戲劇，而大綱領、大宗旨未嘗與聖人異也。〔註89〕

一個想要正確理解《莊子》意旨的讀者，在林希逸的要求中，必須是一個對
儒家經典相當熟稔，且對經典的義理及文字概念、敘述筆法（文字血脉）等
具有完整而通透理解的人，才能辨別《莊子》中借用儒家經典文字概念與批
判的儒家式人物，和實際的經典有何不同；林希逸將儒家經典設定爲四書而
非五經，也可以看出他的觀點，極可能受到朱子或南宋理宗將四書列爲考試
範本的時代因素影響。有趣的是，林希逸希望想要閱讀《莊子》的讀者，必
須知曉禪宗的語言表達模式和傳遞思想的方法（禪宗解數），並且認爲唯有精
於四書、通透儒家經典義理及文字血脉、知曉禪宗解數，辯證融合爲獨到的
詮釋視域（具此隻眼），方可清楚辨析《莊子》文字與意旨（知其言意）。

　　林希逸對理想讀者能力的限定，應該是從自己出發，並以自己身處的思
想社群的文化素養爲參照來規範。他的觀點，確實存在客觀的閱讀方法及要
求，諸如區分《莊子》運用儒家經典的文字時，概念意義與儒家經典的本義
並不相同、《莊子》的敘述及書寫模式與儒家經典亦有相異之處，應該採用不
同進路來理解；但他認爲只有通曉儒家經典的概念及文字血脉、知曉禪宗解
數，進而辯證融合的詮釋視域，才能眞正理解《莊子》。這樣的觀點，是以他
個人經驗與所身處的知識社群的共識爲依歸，所得出來的主觀意見。

　　陸西星在《南華眞經副墨》的詮釋正文之前，有一篇〈讀南華眞經雜說〉，
這是他提出的《莊子》閱讀方法，及對讀者的基本要求。這種在書前以單篇
文章提出全書的總體觀念、詮釋原則和閱讀方法的書寫方式，其實可以追溯

〔註89〕　（宋）林希逸撰，周啓成校注：《莊子鬳齋口義校注‧發題》，頁1～2。

到林希逸的〈莊子口義發題〉或更早之前，只是在林希逸之前的《莊子》詮釋多是以序提挈意旨或點出詮釋方法，很少有系統的分析《莊子》作者思想、全書總體觀念、詮釋者的詮釋方法和提出對讀者的要求。然而，明代以降，這種在書前以單篇文章，來歸納整理經典作者的思想及時代背景、文章風格及成因、全書總體觀念、詮釋者的詮釋方法及感想、要求閱讀者應該秉持的態度及正確閱讀視域等等的模式，越來越常出現在《莊子》詮釋的作品中。例如焦竑的《莊子翼》前的〈讀莊子〉、朱得之《莊子通義》前有〈讀莊評〉、沈一貫《莊子》前的〈讀莊概辨〉、潘基慶《南華真經集注》前的〈南華真經集注總論〉等等。釋德清則在《莊子內篇註》的序文中表示，讀者可以去看《觀老莊影響論》，因為文章說明了他對《莊子》的基本理解和詮釋觀點。〔註90〕

　　在〈讀南華真經雜說〉中，陸西星明確要求讀者幾個閱讀《莊子》應具備的基本前理解和閱讀態度，例如在討論作者思想依歸時，陸西星說：「欲讀《南華》，先須讀《道德經》，大要先識其立言宗旨」〔註91〕，要求讀者必須先精讀《老子》，才能掌握《莊子》的主要意旨及觀點；釋德清在《莊子內篇註》中也討論到《莊子》立言本意，但他和陸西星不同，認為《莊子》的立言本意（宗旨）在〈逍遙遊〉，而不是像陸西星一樣，要求讀者從文本之外去尋找一個思想依歸。〔註92〕在討論《莊子》的語言表述方式與理解方法上，陸西星和林希逸、朱得之一樣，認為這是類近禪宗的語言表達，是戰國文章習氣使然，不能從字面上了解：

> 是經篇章雖多，閶闔鼓舞，一意貫串，但其言突兀驚人。其詆侮聖賢，正如禪宗中喝佛罵祖，見釋迦始生，手指天地，作獅子吼，便要一棒打殺，與狗子喫了，貴在天下太平。此中深意如何理會？識者謂其深報佛恩。於此悟入，然後許讀此書。〔註93〕

> 《南華經》還是一等戰國文字，為氣習所使，縱橫跌宕，奇氣逼人，却非是他自立一等主意……却不知一字一義祖述《道德》，……熟於

〔註90〕（明）釋德清：《莊子內篇註》，頁2：「其學問源頭，《影響論》發明已透，請細參之。」

〔註91〕（明）陸西星撰，蔣門馬點校：《南華真經副墨・讀南華真經雜說》（北京：中華書局，2010年3月），頁8。

〔註92〕（明）釋德清：《莊子內篇註》，頁2：「此為書之篇首，莊子自云：『言有宗，事有君。』即此便是立言之宗本也。」

〔註93〕（明）陸西星撰，蔣門馬點校：《南華真經副墨・讀南華真經雜說》，頁8。

《道德》者，始可以讀《南華》。〔註94〕

自郭象開始，詮釋《莊子》者多會強調莊子表述的言（文字）和意（思想）落差，尤其是主張三教和會或從儒家本位理解的詮釋者，認爲《莊子》一書中對儒家或儒家所主張的道德原則強烈批判的文字，是戰國時代的文章風氣使然，或藉由強烈措辭批判，致使當時僵化的儒家知識分子，因這些文字而驚愕、而反省，從而回歸到莊子認同、言行合一的原始儒家。因此，陸西星說《莊子》「其言突兀驚人」、「其詆侮聖賢，正如禪宗中喝佛罵祖」，就是從這個角度來理解莊子的言意落差：不能從正面解讀《莊子》的語言文字，認爲他的文字忠實傳遞他想傳遞的意義，而必須理解他的語言文字背後尚隱藏著眞正的諦義。至於那眞正的諦義爲何，林希逸認爲只要理想讀者有充分的學養和適切的前理解，就能別具隻眼洞察莊子之意；但陸西星卻要求讀者從閱讀《道德經》來把握道家的基本立場與思想，認爲唯有如此才能確實掌握《莊子》的眞實意義。朱得之在〈讀莊評〉認爲《莊子》「亦周末文勝之習，今觀其書，止是詞章之列，自與五經不同」〔註95〕，由此區分《莊子》和儒家經典表述的差異，與林希逸「況此書所言仁義性命之類，字義皆與吾書不同」〔註96〕的主張相近；陸西星則因爲身爲道士，並非站在儒家立場，所以不曾說過「字義與吾書不同」這樣的話。

面對前行學者對讀者的要求、對《莊子》其人其書的基本認知的分析，以及由此提出的正確閱讀方法，釋德清自然也必須提出一套屬於他自己的讀者論。在作者論中，釋德清已從歷史的角度與佛教立場來闡述、界義莊子其人；而在討論作者思想依歸時，他與林希逸、陸西星一樣承認老莊之間存在緊密的思想連結。關於文字與思想二者之間的落差，釋德清也對讀者提出相同的警告，並且要求讀者不要被文字的表層意義迷惑，應當追索文字背後的「立言本意」：

> 《莊子》一書，乃《老子》之註疏。予嘗謂：「老子之有莊，如孔之有孟。」若悟徹老子之道，後觀此書，全從彼中變化出來。以其人宏才博辯，其言洸洋自恣，故觀者如捕風捉影耳。直是見徹他立言主意，便不被他瞞矣。一部全書三十三篇，只內七篇已盡其意，其

〔註94〕（明）陸西星撰，蔣門馬點校：《南華眞經副墨・讀南華眞經雜說》，頁8。
〔註95〕（明）朱得之：《莊子通義・讀莊評》，頁605上。
〔註96〕（宋）林希逸撰，周啓成校注：《莊子鬳齋口義校注・發題》，頁1～2。

外篇皆蔓衍之説耳。學者但精透内篇，得無窮快活，便非世上俗人矣。〔註97〕

此篇立意，以「至人無己，聖人無功，神人無名」爲骨子，立定主意，只説到後，方才指出。此是他文章變化鼓舞處，學者若識得立言本意，則一書之旨了然矣。〔註98〕

初起且説別事，直到此方拈出本意，以「故曰」一句結了，此乃文章機軸之妙，非大胷襟無此氣槩。學者必有所養，方乃知其妙耳。〔註99〕

言雖戲劇，而心良苦矣，此等文要得其趣，則不可以正解，別是一種風味，所謂「詩有別趣」也。後諸篇中，似此寓意者多，學者不可不知也。〔註100〕

「宏才博辯，洸洋自恣」，即陸西星所謂的「氣習所使，縱橫跌宕，奇氣逼人」，展現了莊子文章變化的精彩，卻也點出不可盡信其説、不能從文字表層解讀其義的原則；想要理解《莊子》一書的眞義，釋德清要求讀者們必須把握文章或篇章的「立言本意」。至於要如何把握「立言本意」呢？這必須回歸到釋德清的作者論，唯有對作者擁有基本而正確的理解，就能掌握作者的「立言本意」。爲了避免讀者無法正確掌握「立言本意」，《莊子内篇註》中對於每個篇章的立言本意都予以點出、闡述，這也隱涵了釋德清自詡爲一個優秀的讀者，擁有洞見《莊子》「立言本意」的能力的證明。「一部全書三十三篇，只内七篇已盡其意，其外篇皆蔓衍之説耳」，表明了釋德清爲何只爲内七篇作註的原因：讀《莊子》書的目的在於掌握「立言本意」，而内七篇已經窮盡莊子之意，那麼只要能夠掌握内七篇的立言本意，就足以解讀抽繹外（雜）篇的文章意旨。有趣的是，釋德清並沒有討論《莊子》三十三篇是否存在僞作篇章的問題，與譚元春《莊子》一書爲莊子所撰、沒有僞作篇章的立場一致，但與林希逸、陸西星的立場則不同。〔註101〕

〔註97〕　（明）釋德清：《莊子内篇註・序》，頁153～154。
〔註98〕　（明）釋德清：《莊子内篇註・逍遙遊》，頁156。
〔註99〕　（明）釋德清：《莊子内篇註・逍遙遊》，頁174。
〔註100〕　（明）釋德清：《莊子内篇註・逍遙遊》，頁185。
〔註101〕　譚元春雖然認爲〈説劍〉不似莊子所作，但仍然認爲《莊子》一書皆爲莊子所作。例如《遇莊・閱駢拇》：「〈讓王〉、〈盜跖〉、〈漁父〉、〈説劍〉，吾定其爲莊作。使非莊作，則〈駢拇〉、〈馬蹄〉諸篇，亦不敢定爲莊作也。」又《遇

　　對於莊子文章的表述風格，以及如何不被他的文章變化、戲劇鼓舞所迷惘困惑，逕直掌握立言本意以解讀文章，亦是釋德清詮釋的一大要點。以上文引述〈逍遙遊〉註文爲例，釋德清指出〈逍遙遊〉的立言本意爲「至人無己，聖人無功，神人無名」，前面一大段故事不過是鋪陳推演此一立言主意而已，學者（讀者）以立言主意爲解讀關鍵來理解，故事蘊含的種種意涵就洞若觀火。《莊子》一書中存在許多以自己爲主角，或具有自我寄託意涵的寓言，如〈逍遙遊〉最後一則莊子與惠施討論有用無用的故事，釋德清藉此提醒讀者，這些故事不能用嚴肅的態度來分析理解，而要從閱讀中體會作者的用心，領會他的弦外之音（趣），並引述嚴羽「詩有別趣」〔註102〕來強調此一閱讀原則。除了正確理解之外，釋德清也要求讀者必須涵養自身、體認莊子之心和實踐，在論〈逍遙遊〉「鯤化爲鵬至神人無名」一段，他明白指陳這一則一則故事鋪衍烘托，乃爲提出「至人無己，聖人無功，神人無名」此一立言本意，而沒有深刻的修養，就難有這種宏闊氣概提出這種獨出天地的見解。釋德清認爲一個好的讀者，想要準確理解作者之心、體認文章意旨，就應當與作者一樣涵養學問與工夫，而不能僅止於文章表層的閱讀與理解而已。〔註103〕

莊・閱說劍》：「獨〈說劍〉眞無義類、無精魄，……吾平心察之，眞不似蒙公筆也。然則此篇贋乎？曰：何贋也？古文人奇怪不可測正在此。」譚氏說見氏撰，陳杏珍標校：《譚元春集・遇莊》，頁910、928。林希逸在《莊子口義・盜跖》稱：「東坡謂〈讓王〉以下四篇，非莊子所作，此見極高。」又《莊子口義・漁父》：「〈讓王〉以下四篇，其文不類莊子所作，〈讓王〉篇中，猶有一二段，〈漁父〉篇亦有好處，〈盜跖〉篇比之〈說劍〉又更踈直矣。」林氏說見（宋）林希逸撰，周啓成校注：《莊子鬳齋口義校注》，頁465、475。陸西星認爲〈盜跖〉、〈說劍〉、〈漁父〉三篇是僞作，說〈盜跖〉：「〈盜跖篇〉譏侮列聖，戲劇夫子，蓋效顰老莊而失之者」，說〈說劍〉：「〈說劍篇〉類戰國策士之雄談，意趣薄而理道疏，識者謂非莊叟所作，誠然誠然」，說〈漁父〉：「〈漁父篇〉論亦醇正，但筆力差弱於莊子，然非讀《莊子》熟者亦不能辨」，陸氏說見（明）陸西星撰，蔣門馬點校：《南華眞經副墨》，頁439、452、455。

〔註102〕（宋）嚴羽撰，郭紹虞校釋：《滄浪詩話校釋》（台北：文馨出版社，1972年12月），頁23。

〔註103〕釋德清在註文中常要讀者知曉莊子之心、體認《莊子》一書中的工夫並實踐，如《莊子內篇註・齊物論》，頁199～200：「今方說天籟，即要人返觀言語音聲之所自發，畢竟是誰爲主宰，若悟此眞宰，則外離人我，言本無言，又何是非堅執之有哉？此〈齊物論〉之下手工夫，直捷示人處。只在『自取怒者其誰』一語，此便是禪門參究之功夫。必如此看破，方得此老之眞實學問處，殆不可以文字解之，則全不得其指歸矣！」點出〈齊物論〉實際上載記了莊

　　在《莊子內篇註》的讀者論中，最有趣的地方，是釋德清向讀者辯白自己援引佛學詮釋《莊子》並非牽強附會，而是依循閱讀原則所做的合理詮釋。在此，釋德清既是詮釋者也是讀者，既是閱讀原則的制定者，也是合法運用該原則的人；他既意識到自己佛教僧徒的立場，也認爲自己的作法並沒有違背客觀詮釋的界線。這種「詮釋者／讀者」身分的游移轉換，雖然可能減損詮釋者的發言權威，但卻也可能讓詮釋更具說服力、讓讀者興起親切感。這段自我辯白出現在《莊子內篇註·應帝王》：

> 此儵忽一章，不獨總結〈應帝王〉一篇，其實總結內七篇之大意。前言逍遙，則總歸大宗師。前頻言小知傷生，養形而忘生之主，以物傷生，種種不得逍遙，皆知巧之過，蓋都爲鑿破渾沌，喪失天眞者。即古今宇宙兩間之人，自堯舜以來，未有一人而不是鑿破渾沌之人也。此特寓言。大地皆凡夫愚迷之人，槩若此耳。以俗眼觀之，似乎不經，其實所言無一字不是救世愍迷之心也，豈可以文字視之哉！讀者當見其心可也。即予此解，亦非牽強附合，蓋就其所宗，以得其立言之旨。但以佛法中人天止觀而參證之，所謂天乘止觀，即《宗鏡》亦云：「老莊所宗，自然清淨無爲之道，即初禪天通明禪也。」吾徒觀者，幸無以佛法妄擬爲過也。〔註104〕

釋德清在〈應帝王〉篇末，對於各篇的立言本意進行簡略的歸納總結，意在使讀者能夠對內七篇的內在理路，能有更明晰的聯繫與理解。〔註105〕釋德清

　　子的實踐工夫。《莊子內篇註·大宗師》，頁402：「既悟此道，則一切日用頭頭，觸處現成，縱橫無礙，雖在塵勞之中，其心泰定常寧，天君泰然，湛然不動，工夫到此，名爲攖寧。何謂攖寧？蓋從雜亂境緣中做出，故曰：『攖而後成者也。』觀此老言雖蔓衍，其所造道工夫，皆從刻苦中做來，非苟然也。今人讀其言者，豈可槩以文字視之哉！」釋德清解釋攖寧工夫時，運用了禪定的術語與概念來理解攖寧，並強調《莊子》一書所陳述的工夫是莊子深刻體會實踐的，不能將之徒然視作織錦文章，僅從文字的表面來解讀，而不去體認莊子的實踐工夫與用心。

〔註104〕　（明）釋德清：《莊子內篇註·應帝王》，頁451～453。

〔註105〕　〈大宗師〉篇末釋德清註云：「然此大宗師，即〈逍遙遊〉中之至人、神人、眞人；其不知爲知，即〈齊物論〉之因是：眞知乃眞宰，即養生之主。其篇諸人，皆德充符者。總上諸意，而歸結於〈大宗師〉，以全內聖之學也。下〈應帝王〉，即外王之意也。」透過概念的連結，歸納出〈大宗師〉與前面各章的關聯，這是一般詮釋者會用的方式，但釋德清會探討各篇、各章、各概念的內在聯繫，使全書或思想體系的一體性相當連貫，這與佛經詮釋科判的訓練

認為莊子前六篇目的在教人如何達到逍遙，探討為何人無法逍遙、問題的癥結與解決的方法、體現逍遙的理想人格（大宗師）；〈應帝王〉則在尋求外王——世法——的實踐可能與方法，並引出對釋德清而言，既是詮釋經典的標準也是修行法則進程的三觀（真空觀、不空觀、中道觀），〔註106〕而以「壺子示（四）相」作為引入三觀的依據。〔註107〕

我們可從釋德清此段收束全篇大意的結論可歸結出以下要點和反思：

第一，從莊子的立場來看，從堯舜這等聖賢以降，眾人之所以不得逍遙的因由，是因為眾人都鑿破渾沌、喪失天真，因而渾沌不是外在於人自身的事物，而是本有的真知真宰；在釋德清的思想體系中，莊子之渾沌

不無關係。在此，他也點出《莊子》內聖、外王的區別，是以佛教或他的觀念，就是出世法、世法的差異來表述；而內聖外王在《莊子》的結合，正符應他期望將出世法與世法完美結合體現的願望。參見（明）釋德清：《莊子內篇註·大宗師》，頁430～431。《莊子》詮釋中有關內聖外王詮釋傳統、論述模式與釋德清內聖外王說的基本模型，可參見李雅嵐：《《莊子》「內聖外王」說疑義商榷》（淡江大學中國文學系碩士論文，2009年）。李氏於第二章提及釋德清之說，並於第三章提出個人新詮，頗有創見。

〔註106〕釋德清的三觀和龍樹中道的三觀並不同，比較屬於依從《大乘起信論》和天台宗建構的系統。然而，釋德清的三觀是他建構的佛學體系中的一環，而他的體系既融合了華嚴、天台、唯識（非玄奘的唯識系統）、禪學，也資鑑援借了永明延壽和明代的佛學，加以消化建構。關於他的一心三觀體系，比較完整體現在他的《楞嚴通議》中。釋會雲《釋德清三教會通思想之研究——以《莊子內篇註》為中心》，頁66～85對釋德清的《大乘起信論直解》如何詮釋一心、解讀真如門及生滅門的關係有詳細的分析。可惜的是，釋會雲只關注到釋德清援用《大乘起信論》的部分，卻未和他從《楞嚴通議》建構的唯心識觀概念相結合，因此工夫論（尤其是觀）與心、識之間的關聯和辯證性落空，也使得他在討論三教判釋時，顯得無法和唯心識觀進行緊密的結合。

〔註107〕釋德清在「壺子示（四）相」的故事中，將壺子示現的每一個境界形相皆用佛教止觀解釋，如詮釋地文：「此即佛門之止觀，乃安心之法也。地文，乃安心於至靜之地，此止也。」詮釋天壤則說：「天壤，謂高明昭曠之地，此即觀也。」詮釋太沖莫勝：「言動靜不二也，初偏於靜，次偏於動。今則安心於極虛，動靜不二，猶言止觀雙運，不二之境也。」前三相是止、觀和止觀雙運，具備了階序和辯證性，最後，在詮釋未始出吾宗則提出了攝三觀於一心：「宗者，謂虛無大道之根宗，安心於無有，了無動靜之相，即佛氏之攝三觀於一心也。」最後之工夫、境界與理想為攝三觀於一心，如此敘述展現了釋德清認為工夫、境界有其階序推演，不可凌躐，也再度呼應了他認為只有佛法可以印證莊子思想的斷言，因為壺子最後的示相即佛之攝三觀於一心，也就是真常心，而真常心正是莊子之道的宗本。參見（明）釋德清：《莊子內篇註·大宗師》，頁443～446。

即真常心，**鑿破渾沌**就是迷失此一真常心而以八識為心。

第二，莊子之言雖然不經，但其救世愍迷的心卻是真實的，因此解讀《莊子》必須先掌握作者之心，而此心的實質意涵，可參考作者論域的論述。釋德清認為，唯有掌握莊子之心，才能把握《莊子》的立言本意，於此，他毫不在意時代懸隔可能造成的理解困難。相反的，釋德清肯認作者之心的可被理解性，將作者論域與讀者論域進行辯證整合，而「心」則成為兩者辯證整合的關鍵與保證。釋德清如此強調以讀者之心理解作者之心，經由洞見、理解作者之心以正確理解文本意義，確實會給人類似禪宗「以心印心」的聯想。這樣的聯想是正確的，但不能直接比擬。釋德清在討論心時，是在更大的框架結構下論述（唯心識觀），若逕以禪宗「以心印心」比擬，可能會衍生過度詮釋的問題。釋德清的唯心識觀的理論內涵與結構，以及唯心識觀如何和他的判教系統相結合，則必須從他的其他經典詮釋裡建構，這方面的理論細節無法從《莊子內篇註》的詮釋中獲得。

第三，從「不經」、「豈可以文字視之」等論述，可以看出釋德清對於《莊子》一書的語言真確性，與讀者能否適當理解是抱持質疑的。所謂的語言真確性不是說語言文字偽造，而是他認為《莊子》的文字無法真切確實反映出莊子的用心；若讀者僅從文字表層直接把握詮釋，也無法適當理解莊子企圖表達的意旨。將釋德清此言放回他的時代，還有一個深層意義是，釋德清並不認同將《莊子》視為文學性文本，偏好從文字創構、文法結構、章法等文學視域詮釋《莊子》的作法。因為這類詮釋，等於在作者論域中以文學家來定位莊子，而不是將他視為心繫天下的思想家。而且語言文字本身存在游移與不定性，不能直接掌握，這正是釋德清以「立言宗本」點明莊子之心，讓讀者真切理解莊子用心、正確解讀《莊子》的原因。然而，詮釋無法脫離文字，讀者閱讀亦必須由文字入手，那麼，如何正確剝除莊子文字的不經、遊戲，以獲致真實意義，就必須有一套方法。

第四，釋德清辯駁自己雖然援引佛經、佛法來詮釋《莊子》這一部外道經典，但完全依循《莊子內篇註》開篇對所有讀者——包括曾經作為一個讀者的他——的基本要求：尋求《莊子》的立言本意，就能找到正確詮釋與理解《莊子》的進路與關鍵之鑰。況且，以佛法的人

天止觀參證《莊子》的立言本意，可以證明該立言本意就是天乘止觀，他並以永明延壽的話加以佐證。只是，永明延壽是以佛教僧徒的立場和觀點出發，因此釋德清以永明延壽之語來證明自己的觀點，等於以佛教既有觀點來強化自身觀點，而不是提出更為客觀的論證。不過，有趣的是他將自己放回讀者的立場，以勸說其他讀者相信自己，最主要的訴求群體是「吾徒」，亦即和他擁有相同立場的佛教僧徒。因此他引用永明延壽之語來支持自己的原因與目的，正是因為他訴求認同的群體是佛教僧徒，使用佛教前賢之語，既有熟悉感，也能由此引發共識與共鳴。

由上述分析可知，通讀《莊子內篇註》的詮釋，很難全面掌握釋德清隱含未言明的佛學預設體系，以及他所使用的各種概念的確切意義（例如唯心識觀、三觀等等），而這些答案及線索都必須從他的其他經典詮釋裡尋找。

第五節　小結

由上文的分析可知，釋德清的《莊子》作者論與讀者論，彼此存在著相互辯證的關係。釋德清作為一個詮釋者，他必須先是一個讀者，並從閱讀的過程和經驗中，把梳出作者的思想傳承與特質、生存時代的歷史處境、書寫的原因動機與目的動機等，由此建構出自身作者論應當涵蓋的論點與論證；作為一個對自身閱讀經驗及詮釋具有信心的詮釋者，也會拿取他身為讀者時培養出的閱讀經驗及閱讀法則，要求讀者要如何適當理解文本意義、提出一個好的讀者應該具備何種態度及素養，以及種種適切的閱讀方法或法則──因為他正是透過這樣的過程獲致作者之心的。

一個確當的作者論論點是由正確的讀者心態及素養、合適的閱讀方法，從閱讀文本的過程中逐漸建構推演的；想要正確理解作者，讀者就必須培養、自我要求正確的心態及素養，並採取合適的閱讀方法和切入視角，才能沒有偏頗的體會作者之心。作者論與讀者論之間存在辯證依存的關係，因此只要其中一論的觀點或立場預設有所不同，就會連帶影響另一論。

然而，作者論和讀者論都不會詳細討論詮釋經典的原則，以及詮釋者詮釋這本經典時，究竟採用了什麼操作方法。從上述關於釋德清作者論與讀者論的引文及分析中，我們並沒有辦法從文獻字義上轉譯出釋德清的詮釋方

法。方法論是後設建構出來的操作方式和原則，古代的經典詮釋者並不會在行文中詳細交代，但這不代表我們無法透過同情的理解，經由分析、歸納、詮釋等方法，從詮釋者——在此爲釋德清——的經典詮釋文本、文集書信或他人的評論中建構出他的方法論。

當我們從文獻的片段分析、歸納、詮釋、建構出釋德清詮釋《莊子》的方法論時，會發現方法論正是詮釋者用以分析、歸納、詮釋和建構文本思想體系與結構關係，以及詮釋建構作者論的鎖鑰；讀者在閱讀詮釋作品的過程中，也可能不自覺接受了詮釋者隱藏預設的方法論，甚至將此方法論內化成往後解讀其他作品的技巧或方法。舉例來說，如果我們閱讀了郭象《莊子注》後，接受郭象「要其會歸而遺其所寄」的詮釋原則，我們可能就會無意識地忽視《莊子》中的物象，不會將它們視爲具有象徵意義或隱喻意涵的事物。然而，這種拒絕或排除物象象徵意義的詮釋方法，卻是陸西星和釋德清所不解和反對的，他們都會在詮釋中找出具有特殊或關鍵意義的物象或事件，透過轉譯或破譯符碼，意即將它們視爲某種特殊譬喻，透過揭明其喻意，以使整個故事或篇章意義更完整。

因此，同一個詮釋者在作者、讀者、方法和文本四個論域的論述乃是相互連動、彼此辯證，而不是獨自孤懸發展的。若經典詮釋文本本身是完善的、完備的，而我們經由分析、歸納、詮釋所建構的四大論之間存在無法彌縫的落差，則可能就是作爲後設建構的研究者的責任，必須從詮釋者的其他經典詮釋或文本，尋找能夠使我們後設建構的論域論述能夠更爲完整的文獻。釋德清的《莊子》詮釋正是無法從單一文本，就建構起他四大論域論述的最佳例證。

第四章 方法論：釋德清《莊子》詮釋方法及其限制

第一節 尋找立言本意：知人論世與以心會心之詮釋方法及限制

　　中國經典詮釋並不像現代的學術論文，並非每個詮釋者都會在詮釋經典之前，用嚴謹而詳盡的說明，來向讀者解釋使用的詮釋方法理論和操作程序——即使詮釋者們都意識到讀者的存在，或具備嚴密的方法意識，並依循邏輯思維進行詮釋——有時這種不對自身的經典詮釋方法進行說明，是因為詮釋者所用的詮釋方法，乃是當時的學術思潮的主流，讀者既然是同時代的人，自然能夠理解他所採用的詮釋方法。例如漢代運用章句訓詁解釋經典，卻幾乎沒有詮釋者認為這種詮釋方法需要被揭示或闡釋，因為章句訓詁是當時的主要詮釋方法。〔註1〕有時詮釋者只會大概表述自己詮釋方法，或表明詮釋方法是根據何者而來，例如鄭玄（127～200）在〈詩譜序〉說：「太史《年表》自共和始，歷宣、幽、平王而得《春秋》次第，以立斯《譜》。欲知源流清濁

〔註 1〕章句訓詁是古代學術養成的基礎，在西漢，五經博士以章句訓詁為主，對於經典文章的梗概和核心宗旨似乎不是他們所關心，所以劉歆才會批評五經博士：「往者綴學之士，不思廢絕之闕，苟因陋就寡，分文析字，煩言碎辭，學者罷老，且不能究其一藝，信口說而背傳記，是末師而非往古。」這裡已隱約指出五經博士的詮釋方法是以分文析字的章句訓詁為主，並且服膺於傳承和權威，也太過於執著於單一的方法，無法經由詮釋方法提取文本總體意義，也不願接受其他新的文獻或伴隨新文獻而來的新詮釋方法。

之所處，則循其上下而省之；欲知風化芳臭氣澤之所及，則傍行而觀之，此《詩》之大綱也。」〔註2〕鄭玄運用了司馬遷《史記》中的表編纂《詩譜》，點明《詩譜》所使用的詮釋方法是史學的編年繫事，只是在《詩譜》裡，繫記的是《詩經》中每一首詩的發生時間與撰述源始；而鄭玄又依據國風賦予《詩譜》「傍行而觀之」的空間地域觀點，這實際上融合了《漢書‧地理志》〔註3〕對各國風俗的紀錄。鄭玄從沒有詳細說明他撰述《詩譜》時的操作方法，只說明自己方法的依據和梗概。〔註4〕

然而，沒有明確揭明自身使用的詮釋方法，或僅僅只是在詮釋作品中提及粗略梗概的方法，不能就此武斷認為中國古代經典詮釋沒有方法論。只能說，中國古代經典詮釋缺乏嚴謹的方法論意識，但經典詮釋者非常明白自身依循一套詮釋原則和操作方法，而且對於經典裡的重要概念——尤其是想藉由經典詮釋強調的，對自身的學派或思想體系而言相當重要的概念——也會盡量要求解釋上的一致性，減少前後矛盾或例外狀況。上述的情形，在流傳至今，也具備權威或經典地位的經典詮釋作品中都能看見，例如毛傳運用比興、鄭玄運用《詩譜》、朱熹採用淫詩說來解釋《詩經》，同為對《詩經》的詮釋，三人採用的方法、主要概念都不盡相同，但三人都遵循了自己提出的方法與主要概念，構成詮釋的一致性。

回觀《莊子內篇註》，釋德清對於讀者閱讀《莊子》一個極為關鍵的要求，就是要讀者探求莊子（作者）的「立言本意」，但他並沒有明確提出一套尋求作者本意的方法，只是在注疏中不斷點出該篇、該章、該節的「立言本意」。

〔註2〕　（漢）鄭玄：〈詩譜序〉，（唐）孔穎達正義：《毛詩正義》，收入（清）阮元校勘：《十三經注疏》（台北：藝文印書館，2007年8月15刷），頁6下～7上。

〔註3〕　（漢）班固：《漢書‧地理志》在討論地理與各國詩風時，就是結合風俗的概念，這是沿用毛傳的觀點，但當班固將之援引入《漢書‧地理志》時，就是將風俗與文學風格相結合，並以此作為一種史學方法來運用。《漢書‧地理志》的論點如下：「凡民函五常之性，而其剛柔緩急，音聲不同，繫水土之風氣，故謂之風；好惡取舍，動靜亡常，隨君上之情欲，故謂之俗。孔子曰：『移風易俗，莫善於樂。』言聖王在上，統理人倫，必移其本，而易其末，此混同天下一之摩中和，然後王教成也。」見（漢）班固撰，世界書局編輯部編：《新校漢書集注》（台北：世界書局，1972年），頁1640。

〔註4〕　鄭玄撰述《詩譜》的目的是要建構完整的《詩經》脈絡，使《詩》的讀者能有一完整的前理解，因此《詩譜》屬於鄭玄《詩經》詮釋的一部分。鄭玄雖然沒有言明，但《詩譜》在形式上取用了史學方法，對於三百首中各詩的歸屬，則應當是以知人論世與以意逆志交互運用來判斷。

如此一來確實可能讓人疑惑：到底釋德清是否眞有一套尋求作者本意的方法？還是他只是依循自身的主觀理解，將自己的理解普遍化、客觀化？會產生這樣的問題，也是因爲釋德清沒有提出明確的方法。

更重要的是，「立言本意」的探尋關涉到釋德清的作者論與讀者論，所以此一探尋，究竟是建立在主觀、直觀的理解與描述，還是建基於具有方法意識的客觀方法與主觀理解的辯證融合上？前者是具個人色彩的詮釋，或許可以從中提取出個人體系，但很難作爲中國經典詮釋方法理論內造建構的資源；後者雖然可能只是運用已有的、傳統的經典詮釋方法，卻可以提供我們檢視釋德清對過去經典詮釋方法論的吸納與運用情況，抽絲剝繭考察他是否有其創造性的建構，並在未來思考如何內造建構中國經典詮釋方法的類別、方法理論和操作程序，由此更深入、更確切理解中國經典詮釋或《莊子》詮釋的方法論域。〔註5〕畢竟，在中國經典詮釋中，詮釋者幾乎不會系統化陳述自己採用的詮釋方法，以及方法理論、操作程序，因此方法論域在中國經典詮釋裡，其實是一個隱性論域。然而，詮釋者又不是完全沒有方法意識和方法論，只是他們的方法意識和方法論必須從注疏中耙梳勾勒，經由研究者後設建構出來。

我以爲，釋德清在建構作者論與讀者論時，主要運用的詮釋方法有二：一是自孟子揭櫫以來，被普遍運用的「知人論世」，將作者的歷史脈絡呈現在讀者面前，凸顯作者的生存處境與時代問題；二則是「以心會心」〔註6〕，此

〔註5〕內造建構的方法論是顏崑陽先生提出的觀點，對於內造建構的定義可參見顏崑陽：〈《文心雕龍》做爲一種「知識型」對當代之文學研究所開啓的知識本質論及方法論的意義〉，《反思批判與轉向——中國古典文學研究之路》（台北：允晨文化有限公司，2016 年 4 月），頁 41：「所謂『內造建構』，乃直接理解中國古代既存的經典或散落在個別文本中的論述，洞觀其內在隱涵有關文學知識之本質論與方法論的意義，從而提舉之，進行精密之意義詮釋與體系之重構，以建立可做爲『典範』（paradigm）的基礎理論，轉而應用於對其他文本的詮釋。」雖然顏先生在此指的是文學理論的內在建構，但經典詮釋方法論的內在建構其實也適用於此一定義，只是要將文學知識改成經典詮釋知識。本論文正是以經典詮釋的四個論域爲內造建構的嘗試，雖然未必能爲其他學者接受，但一味以固定論域（如宇宙論、形上學、本體論）來分析文本，對中國經典詮釋與哲學研究難免有隔靴搔癢之憾，甚至可能割裂文本，造成越詮釋而文本意義更形支離的不當結果。

〔註6〕以心會心一詞援借自顏崑陽先生。在《李商隱詩箋釋方法論》，頁 98 評介陸昆曾《李義山詩解》時，顏崑陽先生稱陸氏「他的箋釋即是從這個處活的角度切入，『以心會心』，而不求索已亡失不可考證的事實」，雖然此處是討論詩

一理論近似以意逆志，但以意逆志在孟子的論述中，存在客觀合理檢驗，並以閱讀者或詮釋者爲主進行主客融合，然而釋德清「以心會心」更接近以作者爲主，進行閱讀和詮釋主體的同情理解以達到主客辯證融合，體現出「作者本意」。當然，釋德清的「以心會心」詮釋出來的結果仍然有很大的主體認知成分，例如他以佛教的觀點來理解《莊子》，導出老、莊歸屬天乘、佛法前矛的結論，絕對是道士群體與以儒家爲本位的儒士群體無法接受的判斷。重點在於，釋德清這兩個詮釋方法並非僅運用於《莊子》詮釋，而是普遍運用在他的其他經典詮釋，這乃是他有意識的選擇和運用的兩種詮釋方法，而且這兩種方法主要在建構經典作者論和讀者論。

孟子提出「知人論世」的閱讀方法和用「以意逆志」解讀《詩經》，在中國經典詮釋史上，是相當具有代表性且被廣泛使用的詮釋方法。「知人論世」出於《孟子‧萬章篇》：

> 孟子謂萬章曰：「一鄉之善士，斯友一鄉之善士；一國之善士，斯友一國之善士；天下之善士，斯友天下之善士。以友天下之善士爲未足，又尚論古之人。頌其詩，讀其書，不知其人，可乎？是以論其世也，是尚友也。」〔註7〕

孟子在與萬章討論的知人論世的脈絡，並非是將文本作者當成客觀的知識認知對象，而是從道德實踐的「友善士」此一脈絡來探討知人論世的方法與目的，而此一方法的目的在於切實理解作者的精神人格。〔註8〕對釋德清而言，就是體會作者之心，而一旦體會作者之心，就能確定文本的立言本意。知人

文箋釋，但釋德清本身確實很重視詮釋者和文本作者二者心的會通與理解，因此以心會心比以意逆志更適合用來稱呼釋德清所運用的詮釋方法。

〔註7〕 （漢）趙岐注，（宋）孫奭疏：《孟子注疏‧萬章章句下》，收入（清）阮元校勘：《十三經注疏》，頁 188 下。

〔註8〕 顏崑陽：《李商隱詩箋釋方法論——中國古典詮釋學例說》，頁 107：「我們可以說，『知人論世』所指出的是一種道德修養的途徑，此一途徑是通過文學作品的賞讀，進而體會效法古人的精神人格。假如，我們將它也看作一種文學活動，那麼『知人論世』實則爲文學的道德實用功能，提供具體切實於作者精神人格的方法。」此外，林維杰探討朱熹解釋「知人論世」和「以意逆志」的方法，並指出朱熹亦以此做爲自己詮釋經典的方法原則，亦相當嚴謹地析論出朱熹依孟子之言建立的詮釋方法。釋德清和朱熹的詮釋方法雖有相當程度的差異，但林氏的文章亦提供相當客觀且有趣的切入視角。參見林維杰：〈知人論世與以意逆志——朱熹對《孟子‧萬章》篇兩項原則的詮釋學解釋〉，《中國文哲研究集刊》第 32 期（2008 年 3 月），頁 109～130。

論世與以心會心是存在階序與辯證關係的詮釋方法，對釋德清而言，想從語言表層獲得作者撰述的眞實本意，根本是緣木求魚，語言的不定性、模糊性與多義性，總是會造成文字語言意義的難以貞定；如果詮釋者只是以己意去探求文本意義，那不過是詮釋者的立場之見而已。〔註9〕所以，他才會在〈註道德經序〉中批判諸家註釋「則多以己意爲文，若與之角，則義愈晦」〔註10〕，以己意爲文，就是以己意逆作者之志，如此獲得的意義，對他而言，是詮釋者過分立基於自我成見的詮釋，並非會心之解。

　　本節將以「論世而知人」、「知人以會心」和「會心乃定意」三小節，援

〔註9〕　釋德清所屬的佛教學術社群的意識形態中，對人能否藉由語言文字體會眞理，本就抱持質疑。舉例來說，〈示妙湛座主〉中說：「是知古人參求，只在生死路頭討端的、求究竟，非離此外，別於紙墨文字、三乘十二教中，當作奇特事也。所以達磨西來，不立文字，只在了悟自心，以此心爲一切聖凡十界依正之根本也。」對釋德清而言，了悟眞心才是根本、是道、是終極的目標和眞理，那些依循文字建立的經典、三乘十二教是爲了達到根本的橋樑、媒介，不能將那些視爲眞理、根本，引文參見（明）釋德清撰，（清）錢謙益等編纂：《憨山老人夢遊全集・卷3・示妙湛座主》，頁128。讀書的目的，對釋德清而言，也是爲了體會作者之心，因而創作與書寫，也要流自自心，這個觀點在〈示梁仲遷甲寅〉被明確地陳述出來：「即讀書做文字，亦不妨本參，讀了做了，放下就還他个本來無一物，自然胸中平平貼貼。久之，一旦忽見本無心體，如在光明藏中，通身毛孔，皆是利生事業，又何有身命可捨哉？如此用心，操存涵養，心精現前，看書即與聖人心心相照，作文自性流出，此是眞慷慨丈夫之能事！」此處提及的，是以心會心詮釋方法背後的修養論問題，但這背後涉及釋德清佛教學術社群的工夫修養論，待日後專文探討。釋德清在此明確表示，看書的目的不在於對書籍的語言文字逐一分解領會，而是要「與聖人心心相照」，而心心相照即本文所謂「以心會心」：「作文自性流出」，則保證了詮釋者和作者之心的相會相照的可能性，因爲詮釋者所會照的，不是作者編織的語言文字，而是文章書籍之源──作者自性。上述引文見（明）釋德清撰，（清）錢謙益等編纂：《憨山老人夢遊全集・卷4・示梁仲遷甲寅》，頁212。中國經典詮釋的方法論域中，修養論是個有趣的次論域，有些修養論甚至會討論詮釋者修養論跟詮釋效度之間的關係──無論是以詮釋者閱讀的廣度深度、或像釋德清提出參禪般的修養工夫，有時則以「讀書法」的名目出現，例如朱熹的《朱子讀書法》──但西方詮釋學理論卻較少觸及這部分，而這是中國經典詮釋內造建構理論中可以深究的一個論題。然而，在中國經典詮釋裡，必須注意到，雖然同一概念語詞可能同時出現在不同論域中，但其內在意涵可能完全不同、不能混爲一談。舉例來說，「心」這一概念在釋德清的莊學思想體系中，既出現在方法論也出現在文本論，但方法論中的心，是個殊的、具體顯現的個體人格道德精神，但文本論裡，屬於內在思想體系中的本體層次意義上的心。這兩者，不能混爲一談。

〔註10〕　（明）釋德清：《老子道德經解・註道德經序》，頁37。

引文本分析討論釋德清如何運用知人論世和以心會心的詮釋方法，建構尋求作者之心與確立文本立言本意的階序，以及運用這兩個詮釋方法所得出的作者之心，如何與文本立言本意辯證相融。

一、論世而知人：作者歷史脈絡化與思想取向確立

知人論世作為一套詮釋方法，其操作的程序時則是先論世，將作者身處的歷史處境予以實際描述，再將作者置入這個歷史脈絡中，提出作者身處此歷史脈絡時，他個人的選擇與判斷，以此論定作者的撰述的原因動機與目的動機。這套方法的理論與概念，筆者在此借用顏崑陽先生在《李商隱詩箋釋方法論》的論述，並予以整理為：知人論世所要達致的目的是體會效法經典文本作者的道德修養，由閱讀文本鍥入作者歷史貫時的人格世界中，體會作者的道德精神；論世是指穿透歷史情境的表層現象，進入作者深層的存在經驗及價值觀念體系，以此達到知人之目的，而知人最重要的目的在於體知作者之心。〔註11〕

釋德清「知人論世」詮釋方法的理論與運用，奠基於《觀老莊影響論》：

嘗謂五伯僭竊之餘，處士橫議，充塞仁義之途，若非孟氏起而大闢之，吾意天下後世難言矣！況當群雄吞噬之劇，舉世顛瞑，亡生於物欲，火馳而不返者眾矣，若非此老崛起，攘臂其間，後世縱有高潔之士，將亦不知軒冕為桎梏矣。均之濟世之功，又何如耶？然其工夫由靜定而入，其文字從三昧而出，後人以一曲之見而窺其人，以濁亂之心而讀其書，茫然不知所歸趣。苟不見其心而觀其言，宜乎驚怖而不入也。且彼亦曰：「萬世之後，而一遇大聖知其解者，是旦暮之遇也。」然彼所求之大聖，非佛而又其誰耶？吾意彼為吾佛破執之前矛，斯言信之矣。世人於彼尚不入，安能入於佛法乎？〔註12〕

且出無佛世，觀化知無，有似獨覺；原其所宗，虛無自然，即屬外道；觀其慈悲救世之心，人天交歸，有無雙照，又似菩薩。〔註13〕

上述兩段引文的相關概念出處及詳細分析，前一章已有論證，此處不再詳論。這兩段引文中，釋德清對於莊子所身處的戰國之世，取用的視角、勾勒出的

〔註11〕 參見顏崑陽：《李商隱詩箋釋方法論——中國古典詮釋學例說》，頁107～108。
〔註12〕 （明）釋德清：《觀老莊影響論・論教乘》，頁18～19。
〔註13〕 （明）釋德清：《觀老莊影響論・論工夫》，頁21～22。

輪廓，是一幅倫序破壞、仁義不行、舉世是非顛倒、盲目逐尋、混亂不安的畫面，生活於這樣的世界，一般人的生命經驗與存在感受是「亡生於物欲，火馳而不知返」，被外在物欲與混亂的失序影響而隨之起舞。他選擇此一面相描寫，正是爲了對比孟子、莊子與一般人的差別。他們與一般人同處於混亂不安的戰國時代，卻沒有選擇追逐外在之物，拒絕沉迷於物欲我執，而是反省、涵養道德，並以自身之道對抗、廓清世間的混亂沉淪，力圖拯救天下之人。不過，如果更進一步分析，可以看出在釋德清的闡釋中，孟子和莊子面對同樣的亂世，各自的問題視域並不盡相同，因而融入他們存在經驗的對象，構成他們思想體系的根源，造成回應的方式也有所差異。當然，孟子和莊子背後的思想系統不同，所以面對同樣的現象與事物，他們觀察著眼的重點自然不同。但我想必須注意到釋德清說「後世縱有高潔之士，將亦不知軒冕爲桎梏矣」此句背後隱含的動機與用心，從表面看來，他似乎要強調高潔之士若沒有莊子，就會受限在孟子所揭櫫的儒學系統中，將禮或官方秩序（軒冕所象徵的體制與秩序結構）的穩定視爲價值依歸；但依釋德清的三教五乘系統來看，他其實是在暗示，身陷人乘就是桎梏，莊子是要將人從人乘引渡至天乘，使人脫離拘泥此世爲實有的人乘境界。

有上述的認知，我們可以進一步分析此段內容。孟子的問題視域是世間的倫理失序，因此他意圖恢復建構儒家的仁義道德，故而「五伯僭竊之餘，處士橫議，充塞仁義之途」才是眞正進入他存在經驗的現實問題，而他的思想體系與根源是以孔子爲代表的人乘。〔註14〕如果五伯僭竊是上位者侵凌倫常，導致禮崩樂壞、倫理秩序失去應有的管束力量，則群雄相互吞噬，衍生的後果，正是世人對外在物欲的渴望、逐求乃至不擇手段地奪取。因此「舉世顛瞑，亡生於物欲，火馳而不返者眾矣」是莊子存在經驗中最重要的問題，他要打破揭明的，是現實事物表象隱藏的眞實面貌──作爲榮耀富貴與禮制

〔註14〕以孔子爲代表的人乘，是認同萬物的存在是眞實的，其思想和目的在於建構倫理秩序與維持社會穩定。釋德清在《觀老莊影響論》中是如此理解孔子：「是以孔子欲人不爲虎狼禽獸之行也，故以仁義禮智接之，姑使捨惡以從善，由物而入人。修先王之教，明賞罰之權，作《春秋》以明治亂之迹。正人心，定上下，以立君臣父子之分，以定人倫之節。其法嚴，其教切，近人情而易行。」參見（明）釋德清：《觀老莊影響論·論教乘》，頁15。孟子的思想之源是孔子，因此孔子的思想理念，實則也是孟子的思想理念。釋德清在《觀老莊影響論·論去取》也引述焦竑《焦氏筆乘》「老之有莊，猶孔之有孟」，並稱「斯言信之」，可見他認爲孔孟思想有其傳承性與一體性。

代表的軒冕，實際上是約束人身自由、將人囚禁並殘害生命的監牢枷鎖，在釋德清的系統中，就是以現世爲實有，以五戒爲本的人乘。所以莊子乃師法於老子，而他所修行的道與隸屬的位階，則是佛家所謂的天乘。莊子的責任與義務，是要將世人從孔孟所揭櫫的人乘中度化至天乘；因此縱使釋德清沒有否定孔、孟，卻已隱然透露孔、孟對戰國亂象的無能爲力。因爲他們仍深陷在我執之中，莊子思想才能使世人認清我執之弊病。但我們也必須明白，釋德清「若非孟氏起而大闢之，吾意天下後世難言矣」此句對孟子的肯認，一方面是孔孟儒學有所裨益於人世，另一個方面則是源於五乘不能躐等，因此世人若不經人乘之教，自然難能體會天乘之教。

第一段引文中，釋德清在論世之後，緊接著就是勾勒出莊子的思想特質：「其工夫由靜定而入，其文字從三昧而出」，此處的靜定可以理解爲老莊思想本有的靜定，但更好的理解其實是佛家的靜定，因爲釋德清的正是以靜定和三昧——又稱三摩地、三摩提，也譯爲止、定、禪定——構成互文比義，三昧即靜定。他的敘述裡，是將莊子置入佛家的框架與體系中，而此段敘述，正是緊接著論世之後的知人。第二段引文中，釋德清也是先描述莊子生存的歷史情境：「生無佛世」。既然莊子生存在佛法與佛都不存在的歷史情境中，他的認知與體會就只能是由老子之道繼承或獨自覺悟洞察；在論世之後，第二段引文一樣陳述莊子思想的內涵：「觀化知無，有似獨覺；原其所宗，虛無自然，即屬外道」，觀察世間變化而知曉世間沒有永恆不變的事物（無），莊子所信仰宗從的是虛無自然之道，也就是老子之道，以釋德清的唯心識觀理論來說，即是八識精明之體（阿賴耶識）。

論世而知人，是爲了確立作者的歷史脈絡，從作者的歷史脈絡梳理他的思想定位。從釋德清的敘述中，我們可以看見他確實都是先論世，將莊子的歷史脈絡予以貞定，縱使非常片面簡略，但仍提供了某些訊息讓讀者理解莊子生存的歷史處境與存在經驗；接著，他對莊子思想進行定位，陳述莊子在此歷史處境中，其思想取向、現實狀況，構成他生存經驗所無法迴避而必須回應的課題，以及思想的特質，這是知識與思想體系的知人；最後，也是最重要的，知人論世最終想臻至的，並非只是知道古人提出的客觀知識，而是體會作者的道德精神，對釋德清來說，就是知曉作者之心。

第一段引文在論世、知人之後，指出讀者必須「見其心」，否則只會在閱讀的《莊子》時「驚怖而不入」，而此一「不入」，就是無法「以心會心」；第

二段引文則在論世、知人後，直接斷定莊子之心：「觀其慈悲救世之心，人天交歸，有無雙照，又似菩薩」，明言莊子之心是慈悲救世的，一如菩薩。最後，釋德清依莊子之心認定，莊子所追求尋覓的萬世後的聖人，正是釋迦牟尼佛；而他之所以會如此推斷，除了是以心會心的主客辯證融合後得出的合理答案——他身為佛教僧徒，這樣的認知非常合理——也回應了他運用知人論世方法檢視莊子時，對莊子思想取向得出的結論（靜定、三昧）。

　　由此可見，釋德清確實依循著論世——知人（先確定思想取向，再指出作者之心）的操作階序來運用知人論世的詮釋方法，而此一詮釋方法的目的，最終在於貞定確立作者之心。確立了作者之心，就能由此角度詮釋文本，突破文本語言文字的表層，深入作者以此心所撰述的作品的深層涵義。

二、知人以會心：主客辯證融合、相應理解以得出作者之心

　　經由知人論世的詮釋方法獲致作者之心後，又該如何檢證所得知的作者之心是正確的呢？這其實是個辯證問題，然而釋德清並沒有進行嚴謹的論證。事實上，釋德清之所以能得出莊子之心，乃是因為他透過閱讀《莊子》之書，由此琢磨體會而得出的會心之見。所以，孟子說：「頌其詩，讀其書，不知其人可乎？」對於古人的道德精神的探求，無法經由客觀的史料歸納獲致，更何況是生平資料極少，甚至毫無留存的作者？因此論世是對作者生存的歷史情境進行想像還原，再思索在此一歷史情境脈絡，作者的生存經驗與思想取向是隨波逐流，抑或堅持某種價值信念，而這部分的線索都可從作者書中的論述勾沉詮釋，以此建構出作者的道德精神（心）。

　　然而，作者既然去我已遠，當我在閱讀的過程中，發現與我理解的客觀事實、作者身處的歷史境況、我對作者的道德精神（心）之理解產生衝突、矛盾的文字時，又該如何？孟子用「以意逆志」來處理這個問題，釋德清則是以心會心，兩者都屬於主客體辯證、相應理解文本並試圖做出合理詮釋的詮釋方法。然而，以意逆志偏向客觀理解，從客觀的事實分析檢證作者之意，達到確認作者道德精神（志）的目的；釋德清的以心會心則偏向同情理解作者之心，以作者脈絡為主，從論世建立作者生存的歷史情境脈絡後，回歸文本閱讀體會作者之心，使我之心與作者之心相互會通理解，以此實踐修養工夫。誠如顏崑陽先生所言，知人論世與以意逆志都具有道德實踐的目的，釋德清的以心會心亦是如此。只是釋德清的以心會心方法是建構在「唯心識觀」

的理論上，因而強調主客辯證融合，要求讀者深入體會作者之意以與作者之心相契合，這應該也與他禪悟、閱讀佛經的經驗有關。〔註15〕

所以，我們要瞭解釋德清如何「知人以會心」，就必須回歸到他在《莊子內篇註》的詮釋：在作者論中，我們已可看見釋德清不斷提出莊子之心、莊子之意，而釋德清之所以可以如此確定他所陳述的莊子之心，正是因為他在《觀老莊影響論》中已經運用了知人論世的方法，將莊子之心貞定在「慈悲救世，又似菩薩」，而回歸文本詮釋，則可以從文本中鉤索出更多佐證和線索。如此一來，釋德清便運用了方法論將作者論與文本論結合起來，符應中國傳統「人如其文，見文知人」的觀念。

然而，處理《莊子》一書最麻煩的問題，在於他對於儒家和孔子的描寫不全然是贊同，有些故事還明顯在批判與諷刺儒者和儒家堅持的仁義禮智。一如牟先生從「正言若反」來理解老莊對儒家的批判，〔註16〕釋德清也認為莊子的批判乃是為了掃蕩世間執迷之情，復歸孔子思想的原貌；而莊子之所以能理解孔子，乃是因為他已體會老子之心，而老子之所以批判儒家，亦是以心會知孔子之心，是「見聖人之心」而後言。〔註17〕所以在釋德清的層層論述中，莊子正是同時會悟孔子與老子之心的人，這也是為何他會將莊子置於三教橋梁關鍵之位的原因——莊子了解以心會心以理解作者的方法，他同時領會孔、老二聖之心，因而可以推求，如果他遇見佛，亦能會見佛之心。不過，釋德清在此隱藏的深意應該是，如果莊子遇見佛，得佛印決，就會悟知自己的道並不究竟，因而離天而入佛吧！

只是，莊子似乎並沒有遇見佛的，這是歷史已發生的必然結果。但釋德清在運用知人論世時，有個不合理且逾越了嚴格歷史方法的地方，可是非常符合佛教的時間觀：強調莊子知道有佛（此老胷中已知有佛），並且相信佛能

〔註15〕 釋德清對老莊的詮釋，與他的禪悟經驗應該有關，相關的研究可以參考蔡振豐：〈憨山德清的禪悟經驗與他對老莊思想的理解〉，《法鼓人文學報》第 3 期（2006 年），頁 211～234。

〔註16〕 參見牟宗三：《中國哲學十九講·道之「作用的表象」》（臺北：臺灣學生書局，2002 年 8 月九刷），頁 127～156。

〔註17〕 （明）釋德清：《觀老莊影響論·論教乘》，頁 16：「而學者不見聖人之心，將謂其道如此而已矣，故執先王之迹以挂功名，堅固我執，肆貪欲而為生累，至操仁義而為盜賊之資，啟攻鬪之禍者有之矣！故老氏愍之曰……此天之行也，使人學此，離人而入天。」老子的悲愍，既同時悲愍世人的執著，也悲愍孔子之心被誤解。

印證自身的理論；稱孔、老爲佛密遣，以爲佛法前導，則在時間序列上比孔、老晚生的釋迦牟尼，卻在更早之前就密遣兩人。這樣的論述對我們所理解的線性時間發展而言是矛盾的，但對承認輪迴因果存在的佛教而言，則沒有任何邏輯矛盾的問題。〔註 18〕另外一種解讀是，釋德清認爲，那些信服莊子思想、推崇《莊子》的人，就如此世之莊子。這些此世之莊子在閱讀了他所詮釋的《莊子》，獲得佛法印決之後，得知莊子思想的缺陷不完滿，就會願意皈依於佛法。

在此，我們可以歸結出釋德清從知人論世，過渡到以心會心的詮釋方法時，呈現莊子的三個向度：

第一，在《莊子》中顯現的莊子之心、之意，一如在《觀老莊影響論》時所貞定的，是救世愍俗；莊子的批判與嘲諷，目的在於使人去執離迷，達於逍遙大道。因此，莊子的批判乃是奠基於對世間的透徹了解，理解世人之執迷導致了世局的混亂與倫序的崩解，因此認爲破解我執遠比重建形式的倫序更爲重要，而他的批判中懷藏的是一份對人間眾生的悲憫之情。所以在〈德充符〉注文中，以惠施和莊子論有情無情的寓言，點出莊子「忘情絕欲以全天德」，使人從情欲執著中超脫，目的在於「警世勵俗」〔註 19〕；在〈大宗師〉注裡，批判儒墨各執我見，迷其眞宰，以妄心處世，因而批判的背後動機乃是因爲他懷著悲世之心〔註 20〕；〈應帝王〉「渾沌鑿七竅而死」的寓言中，釋德清也直指莊子因爲天下之人無非迷失眞君（眞心），以妄

〔註18〕　（明）釋德清：《觀老莊影響論・論教乘》，頁 15：「原彼二聖，豈非吾佛密遣二人，而爲佛法前導者耶？」雖然釋德清在此爲推論口吻，但這是佛教僧徒群體的意識形態，他們相信這是合理且眞實的。以理性觀點來看，這樣的論點一點都不合理，也缺乏歷史依據，甚至違背歷史的線性發展。然而，這是因爲不了解佛教的時間觀所導致的論斷。佛教的時間觀並非線性發展，而是循環反覆，過去、現在、未來彼此影響。想要批判佛教的觀點，必須理解佛教的時間觀是循環反覆連續，且時間彼此可以回返干涉。

〔註19〕　（明）釋德清：《莊子內篇註・德充符》，頁 368：「此篇以忘情絕欲以全天德，故其德乃充。前已發揮全德之妙，故結以無情非人，以盡絕情全德之意，所以警俗勵世之意深矣。」

〔註20〕　（明）釋德清：《莊子內篇註・大宗師》，頁 370：「次〈齊物論〉，蓋言舉世古今之人，未明大道之原，各以己見爲是，故互相是非。首以儒墨相排，皆未悟大道，特以所師一偏之曲學，以爲必是，固執而不化，皆迷其眞宰，而妄執我見爲是。故古今舉世未有大覺之人，卒莫能正之，此悲世之迷而不解，皆執我見之過也。」

心觀看世界，所以以此寓言批評天下之人無不是鑿破渾沌、喪失天真的人，其用心是希望喚醒世人，破除我執以回歸真君，而這份用心正是莊子的救世愍俗之心。

第二，在確定了莊子之心，也就是莊子撰述的原因動機後，釋德清也點出莊子對自我的認知、定位與撰述的目的動機。首先，他認為莊子是見知大道之全體的人，所以能批判儒墨偏執己見，能洞察未來之大覺的存在與必至，所以他說莊子明白自己「是有大道之人，可為萬世之大宗師」〔註 21〕，但為命所限，亦無可奈何；其次，莊子可洞察未來有可印證自己之道的大覺者——在釋德清看來即是佛〔註 22〕；在他的三教五乘階序中，最理想、最終極的境界也是佛——讓人更理解該大覺者所揭示的真理，為中國眾生繼軌佛法鋪路，成為莊子撰述的目的動機之一。莊子撰述最重要的目的動機，當然是要世俗之人能獲得「逍遙物外自得之妙」〔註 23〕，而這逍遙之道，實際上就根植於破我執此一關鍵。

第三，要達到撰述的目的動機，莊子文章的表現方式自然不能是呆板無趣，也不能毫無章法。所以〈逍遙遊〉注文說莊子「屬意精密嚴整之不可當」，文章章法嚴謹有度，不可因其表象妄斷那是荒唐之言；莊子運用的文章技法有重言、寓言和巵言三者，而其中巵言「大似詼諧戲劇之意」，亦即文字看來相當諧趣、荒唐，卻是刻意安排的結果。〔註 24〕在

〔註 21〕 （明）釋德清：《莊子內篇註·大宗師》，頁 430：「然此篇所論，乃大宗師，而結歸於命者，何也？乃此老之生平心事，有難於言語形容者，意謂己乃是有大道之人，可為萬世之大宗師，然生斯世也，而不見知於人，且以至貧極困以自處者，豈天有意使我至此耶？然而不見知於時者，蓋命也。」

〔註 22〕 （明）釋德清：《莊子內篇註·齊物論》，頁 261：「言必待萬世之後，遇一大覺之聖人，知我此說，即我與之為旦暮之遇也。意此老胷中早知有佛，後來必定印證其言。不然，而言大覺者，其誰也耶？」

〔註 23〕 （明）釋德清：《莊子內篇註·大宗師》，頁 417：「言方外真人之學，逍遙物外自得之妙，非世俗耳目之所及，故托孔子、子貢發揮，將以破迂儒執禮法之曲見，以解憒憒之執情，亦將使其自得超然之境，斯正此老著書之本意也。」

〔註 24〕 （明）釋德清：《莊子內篇註·逍遙遊》，頁 182：「莊子文章，觀者似乎縱橫洸洋自恣，而其中屬意精密嚴整之不可當，即〈逍遙〉一篇，精意入神之如此。逍遙之意已結，所謂寓言、重言，而後文乃巵言也，大似詼諧戲劇之意，以發自己心事，謂人以莊子所言大而無用，但人不善用，不知無用之用為大用，故假惠子以發之。」

〈應帝王〉結尾更再度強調：「以俗眼觀之，似乎不經，其實所言無一字不是救世愍迷之心也，豈可以文字視之哉！讀者當見其心可也。」〔註25〕所謂的不經，不過是莊子刻意編織文字，呈現出來的荒唐怪謬表象，背後隱藏的莊子之心，卻是救世愍迷，希冀能使眾生脫離妄念執求，回歸眞心。

釋德清透過層層推演，辯證整合的方式，將莊子之心和《莊子》的文字進行主客的辯證融合，提出自己所見的莊子撰述的原因及目的動機，爲理解莊子之心貞定了方向，也同時強化了他詮釋《莊子》的可信度與合理性。

三、會心乃定意：依循作者之心以貞定文本意義

從〈應帝王〉注文中，釋德清稱《莊子》一書「豈可以文字視之哉！讀者當見其心可也」，明示他對語言文字可以直接對應眞理的可信度非常懷疑，因此詮釋經典時，文本意義的揭明與確立，所憑藉的並非文本的語言文字，而是作者之心。所以釋德清在詮釋經典時，常用運用知人論世和以心會心的詮釋方法，藉由對經典作者之心的貞定，進而推展到對文本意義的揭明。這套方法其實有理論根據，在〈觀楞伽寶經閣筆記〉，釋德清就已指出他對語言文字所構築的表層意義的質疑，認爲任何學問眞理都必須回歸人之性源，也就是「妙悟心」：

> 嘗見古人謂：「文字之學，不能洞當人之性源。」貴在妙悟自心。心
>
> 一悟，則回觀文字，如推門落臼，固不難矣。〔註26〕

釋德清節引北宋靈源惟清（？～1117）對惠洪覺範（1071～1128）所說的話，〔註27〕對語言文字是否能夠完全而正確指涉描述人的性源這件事，表達了強

〔註25〕（明）釋德清：《莊子內篇註・應帝王》，頁451～452：「此儵忽一章，不獨結〈應帝王〉一篇，其實總結內七篇之大意。前言逍遙，則總歸大宗師。前頻言小知傷生，養形而忘生之主，以物傷生，種種不得逍遙，皆知巧之過，蓋都爲鑿破渾沌，喪失天眞者。即古今宇宙兩間之人，自堯舜以來，未有一人而不是鑿破渾沌之人也。此特寓言。大地皆凡夫愚迷之人，駃若此耳。以俗眼觀之，似乎不經，其實所言無一字不是救世愍迷之心也，豈可以文字視之哉！讀者當見其心可也。」

〔註26〕（明）釋德清撰，（清）錢謙益等編纂：《憨山老人夢遊全集・卷23・觀楞伽寶經閣筆記》，頁1202。

〔註27〕（宋）淨善重集：《禪林寶訓》，大藏經刊行會編輯：《大正新修大藏經》第48冊，第2卷，頁1023c：「靈源謂覺範曰：『聞在南中時究《楞嚴》，特加箋釋，非不肖所望。蓋文字之學不能洞當人之性源，徒與後學障先佛之智眼，病在

烈的懷疑。文字語言或許能夠表述真理，卻無法使人真實體會真理，這是因為文字語言本身所涉及的是知識的理解，而非行為的實踐貫徹。他認為一個真正優秀的詮釋者所該具備的能力，最首要、最重要的並非對語言文字的精確掌握，而是妙悟自心，然後以此妙悟心解讀經典，則經典背後隱含的意義、作者之心，都能精準確切地掌握。

　　所以，他在注疏時，一再指出「莊子立言本意」、「立言宗本」，而他之所以能確定自己指出的確實是莊子之本意，正是因為他已經透過以心會心的方法，徹底而真切地掌握了莊子之心。如詮釋〈逍遙遊〉時說：

> 此為書之首篇。莊子自云：「言有宗，事有君」，即此便是立言之宗本也。逍遙者，廣大自在之意，即如佛經無礙解脫。佛以斷盡煩惱為解脫，莊子以超脫形骸，泯絕知巧，不以生人一身功名為累為解脫。〔註28〕

> 莊子立言本意，謂古今世人，無一得逍遙者但被一箇血肉之軀為我所累，故汲汲求功求名，苦了一生，曾無一息之快活，且只執著形骸，此外更無別事，何曾知有大道哉？唯大而化之之聖人，忘我忘功忘名，超脫生死而遊大道之鄉，故得廣大逍遙自在，快樂無窮，此豈世之拘拘小知可能知哉？正若蜩鳩斥鴳之笑鵾鵬也。主意只是說聖人境界不同，非小知能知。〔註29〕

釋德清的詮釋特色之一，就是同一個概念會用不同的詞語表示，此處的立言宗本或立言本意、立言主意（本文統稱為立言本意），都是指涉同一個概念，意即他相信任何的經典之作，其語言文字必有其發言撰述的依歸與目的；只要把握了作者之心，就能掌握該書的思想根源與撰述目的，由此而把梳解釋，就能在不扭曲誤解作者之心與該書主旨的前提下，做出合理且恰當的詮釋。然而，因為是宗本、本意、主意，所以對釋德清而言，最不適切的詮釋反而是執著於語言文字的表層意義。逐字逐句的解讀、拘泥於界定區分不同名詞概念的作法，並無助於掌握立言本意，這也是為什麼他在詮釋時，並不嚴格區分概念名詞，而是將意義相通的名詞混用。這種詮釋方法，絕對和清代樸

依他作解，塞自悟門。資口舌則可勝淺聞，廓神機終難極妙證，故於行解多致參差，而日用見聞尤增隱昧也。（章江集）」

〔註28〕（明）釋德清：《莊子內篇註·逍遙遊》，頁154。

〔註29〕（明）釋德清：《莊子內篇註·逍遙遊》，頁173。

學興起以後，重視語言文字的精確運用，並相信唯有透過對語言文字的嚴格區分、界義，方能建構起眞切的文本意義的詮釋方法，是完全不同且有所衝突的。

釋德清在上述的引文中，帶出了幾個他詮釋的重要觀念：第一，莊子思想和佛相近，但還是有根本性的不同，而且莊子所欲達至的終極目標（解脫）不如佛。因爲佛以「斷盡煩惱」爲解脫，若以佛家的概念來說，就是斷盡根本無明，但莊子僅是「超脫形骸，泯絕知巧，不以生人一身功名爲累」爲解脫，只是斷絕我執，可還陷在無明之中。第二，莊子思想中，有聖凡境界差異的概念，而境界較低者（小知）無法理解境界較高者的思想與境界；這樣的觀念，就是佛教不覺者無法理解覺者，境界低者需要境界高者引導使其升至更高一層境界的基本預設。由此可見，釋德清所指出的莊子立言本意，與其說是客觀理解莊子後的獨到見解，不如說那仍是以佛教立場爲基底的詮釋。

釋德清在詮釋的過程中，會將莊子撰述《莊子》，各篇章所要討論的核心要旨逐一點出，並且會非常果斷地告訴讀者：此篇立意爲何、此一節即此篇立言本意；而他在解釋這些立言本意時，也確實和他通過知人論世、以心會心所建構出來的作者論相契合。以心會心的詮釋方法所要達到的目的，不會僅停留在作者論建構，這在任何中國經典詮釋的方法論都是如此。

以下將結合釋德清的注解文字，歸結他以心會心詮釋方法所要達到目的及效果，與此方法顯現出的限制和問題：

第一，釋德清運用以心會心的詮釋方法，揭櫫各篇章的立言本意，具有爲各篇章內容設定主題、確立詮釋方向的目的，而這樣的提挈，已涉及文本論的討論。因此以心會心，正是將作者論與文本論相結合的詮釋方法，並爲讀者確立閱讀的進路——同時也達到限定了讀者的理解視域——以達到自身詮釋的有效性、權威性和一致性的目的。以〈齊物論〉注爲例，釋德清說：「今莊子意，若齊物之論，須是大覺眞人出世，忘我忘人，以眞知眞悟，了無人我之分，相忘於大道，如此則物論不必要齊而是非自泯，了無人我是非之相，此〈齊物〉之大旨也。」〔註30〕大覺眞人在〈齊物論〉中並非最核心的關鍵，但釋德清爲了將莊子和佛教予以縮合，因此在此特別強調大覺眞人的絕對性，並指出唯有大覺眞人——即是佛——能以眞知眞悟涉世，啓迪世人，使世人相忘於

大道（應指佛道）。他強調這是「此〈齊物〉之大旨」，即在做出權威
性的宣示：在我之詮釋脈絡中，如此理解〈齊物論〉是最為正確的取
向。其他六篇，釋德清也會抓住一核心的寓言或觀念，揭示該寓言、
觀念即是立言本意，但此一立言本意的揭櫫，也隱含著限制讀者詮釋
視域的作用。〔註31〕

第二，當各篇立言本意確立時，也能同時將探討的主題聚焦，因此，我們能
看到釋德清在各篇立言本意中凝聚出的幾項主題：逍遙是莊子思想的
終極關懷、根本（道的內涵），人之所以不能逍遙的原因在於對形骸與
由此衍生的功名的執著（我執），因為世人的我執導致視野的偏狹而難
以理解聖人境界（凡聖之異）；聖人／真人的境界及其觀看理解世間的
方式是真知真悟，妙悟真性，和世人之所以無法理解聖人，乃是因為
觀看理解世間方法的歧異（真知／強知妄作）；〔註32〕因為世人與聖人
理解世間的方法視域的歧異，衍生萬法的不同，而聖人乃融會萬法（世
出世之道，無不包羅，無不盡理）；〔註33〕要跳脫世人的視域，必須通
過學道，學道有其根本的要求（德充於內，不事物欲）；〔註34〕聖人不

〔註31〕 舉例來說，釋德清認為〈養生主〉最核心的寓言故事是庖丁解牛：「此〈養生
主〉一篇立義，只一庖丁解牛之事，則盡養生主之妙。……言聖人學道，妙
悟性真，推其緒餘以治天下國家，如庖丁先學道而後用於解牛之技也。」在
他看來，庖丁解牛的寓言傳遞的核心觀念是：聖人必須先學道悟道，才能涉
世。這和莊子的基本立場並不完全符合，莊子的立場應該是從日常實踐和涉
世的過程中體證道，而不會強調要先悟道不可。然而，若在佛教的立場，未
悟之人本就不擁有接引或啟迪世人、印可他人的權利，所以釋德清在此強調
非先悟道不可，是從佛教立場著眼，未必是莊子本意。參見（明）釋德清：《莊
子內篇註‧養生主》，頁284～285。
〔註32〕 （明）釋德清：《莊子內篇註‧大宗師》，頁375～376：「此一節，乃一篇立言
之主意，以一知字為眼目。古人所云：『知之一字，眾妙之門；知之一字，眾
禍之門。』蓋妙悟後，方是真知。有真知者，乃稱真人，即可宗而師之也。
然「知天知人」，即眾妙之門也；『雖然有患』，即知之一字，眾禍之門也。謂
強不知以為知，恃強知而妄作，則返以知為害矣。此舉世聰明之通病也。」。
〔註33〕 （明）釋德清：《莊子內篇註‧人間世》，頁317～318：「《莊子》全書，皆以
忠孝為要名譽，喪失天真之不可尚者，獨〈人間世〉一篇，則極盡其忠孝之
實，一字不可易者。誰言其人不達世故，而恣肆其志耶？且借重孔子之言，
曷嘗侮聖人哉？蓋學有方內方外之分：在方外，必以放曠為高，特要歸大道
也；若方內，則於君臣父子之分，一毫不敢假借者，以世之大經大法不可犯
也。此所謂世出世間之道，無不包羅，無不盡理，豈可以一隅目之哉？」。
〔註34〕 （明）釋德清：《莊子內篇註‧德充符》，頁340～341：「此篇立意，謂德充實

離世道，則聖人與世間的互動關係、治理世間的方式亦是莊子所著意的（推其緒餘以治天下、時運將出而應命、無爲而化）；〔註35〕凡聖之別與聖人特質皆歸屬於莊子思想體系本具（內聖外王）。

第三，以心會心的詮釋方法中，釋德清雖然一再強調其客觀性，但任何詮釋、任何理解都難免帶著詮釋者的主觀意識形態，而主觀意識形態正是他以心會心詮釋方法的限制和問題。以上述引文爲例，在〈逍遙遊〉注文中，他以「廣大自在」解釋逍遙，拿佛經與莊子對比，便已將自身的意識形態滲入詮釋行動；〈齊物論〉中的大覺眞人，若以《觀老莊影響論》和後續的注文合觀，則大覺眞人即佛；〈人間世〉以世出世間之道爲主要概念來論述莊子思想、〈大宗師〉裡用禪宗語錄對「知」的討論來詮釋《莊子》的「知」，都是從佛教的意識形態立論。

任何詮釋都會帶著詮釋者的主觀意識形態，這是任何講究客觀的詮釋方法都無法避免的問題，因此我們不能說釋德清的知人論世與以心會心的詮釋方法失敗，相反的，正因爲他的詮釋方法顯現出個人特色，其獨特的詮釋方法與詮釋特色，使得他的詮釋作品更顯無可取代，並成功承載他的思想體系。詮釋方法的限制，並不是失敗，反而更像詮釋者的個人徽章或標記，讓讀者或研究者能一眼辨認出其作品的獨特風格與面貌。

方法論所提出的方法論述，是爲了讓其他三個論域的論述彼此辯證結合，構成一具備內在邏輯合理性與有機性的經典詮釋作品。如果有任何一個經典詮釋者提出的方法論只是虛設的，或僅僅是爲提出而提出，根本無法落實到詮釋行動中，那麼，我們就能稱那是一本失敗的經典詮釋作品。

然而，釋德清之所以成爲一個傑出的經典詮釋者，就是因爲他的經典詮釋行動中，四個論域的論述構成緊密的連結與有機辯證，並且單一經典詮

於內者，必能遊於形骸之外，而不寢處軀殼之間。蓋以知身爲大患之本，故不事於物欲，而心與天遊，故見之者自能神符心會，忘形釋智，而不知其所以然也。故學道者，唯務實德充乎內，不必計其虛名見乎外，雖不求知於世，而世未有不知者也，故引數子以發之。蓋釋《老子》『處眾人之所惡，故幾於道』之意也。」。

〔註35〕（明）釋德清：《莊子內篇註・應帝王》，頁431～432：「莊子之學，以內聖外王爲體用。……以前六篇發揮大道之妙，而大宗師乃得道之人，是聖人之全體已得乎己也。有體必有用，故此〈應帝王〉以顯大道之用。若聖人時運將出，迫不得已而應命，則爲聖帝明王，推其緒餘，則無爲而化，絕無有意而作爲也。此顯無爲之大用，故以名篇。」

釋，與其他的詮釋作品形成互文、補述的作用，使得我們能從閱讀、分析、歸納他的經典詮釋作品論述，逆向建構一套他個人獨特的思想體系，而這套體系極爲嚴密地落實在他的經典詮釋行動，形成一本本論述完整的經典詮釋作品。

第二節　符碼破譯，轉喻爲義：物象隱義之揭明

在討論釋德清如何運用知人論世，以心會心的詮釋方法建構作者論，並以此將方法論、作者論、讀者論、文本論予以辯證連結後，接下來要探究的是，面對自詡「以謬悠之說，荒唐之言，無端崖之辭」〔註36〕撰述，使用了重言、寓言和卮言的表述手法，〔註37〕以大量故事編織串連以呈現自我思想的《莊子》，釋德清在詮釋這些故事時，又採取了什麼詮釋方法呢？

釋德清在詮釋《莊子》時，經常採用筆者稱之爲「符碼破譯，轉喻爲義」的詮釋方法，目的在於將莊子苞藏在故事和象徵性人物底層的意涵，予以揭明。釋德清之所以使用「符碼破譯，轉喻爲義」的詮釋方法，其根本的原因有四：第一，以文本性質而言，《莊子》以故事爲主體，書中又自陳寫作方法以重言、寓言、卮言爲主，則故事本身就存在作者寄託思想情志的目的，因此破解故事表面的符碼或譬喻，才能揭示作者寄託於文本的眞義。第二，釋德清既不信任語言文字能直接指陳眞理，而在莊子在撰述時，實際上也不以嚴肅認眞的態度在使用語言文字，因此若從《莊子》字面逐字、逐句、逐章、逐篇解讀，反而會過度拘泥語言文字的表層意義，而誤解了莊子意圖表達的實際意義；所以釋德清認爲必須先以知人論世和以心會心，掌握莊子的撰述動機和眞實本意，再回頭詮釋文字，這即是他在〈觀楞伽寶經閣筆記〉中所說的「心一悟，則回觀文字，如推門落臼」〔註38〕，而在莊子用來隱藏本意或作爲關鍵性象徵的符碼和譬喻，則須加以破解翻譯，轉譯出莊子本意。第三，用譬喻陳述無法直接言說的眞理，或以解讀譬喻來揭明義理，是佛教悠

〔註36〕（清）郭慶藩輯：《莊子集釋・天下》，頁 1098。
〔註37〕（清）郭慶藩輯：《莊子集釋・天下》，頁 1098：「以卮言爲蔓衍，以重言爲眞，以寓言爲廣。」又《莊子集釋・寓言》，頁 947：「寓言十九，重言十七，卮言日出，和以天倪。」
〔註38〕（明）釋德清撰，（清）錢謙益等編纂：《憨山老人夢遊全集・卷 23・觀楞伽寶經閣筆記》，頁 1202。

久的文化傳統，而釋德清乃長久浸淫在此文化傳統中，因此採用破解符碼、譬喻的方法來詮釋經典，是他歸屬的佛教僧徒學術群體的既有傳統。〔註39〕第四，視《莊子》中的故事爲寓言，將書中的詭譎特殊人物當作象徵或隱喻，透過解釋揭明的方式指涉莊子之意，是莊學詮釋方法論域中許多詮釋者皆曾提出的論述，但操作的細節和意義指涉內涵不同，釋德清接受這套經常被運用的詮釋方法，並予以改造成屬於自己的詮釋方法。〔註40〕

　　在此，必須對筆者運用的詞彙加以界義。「符碼破譯，轉喻爲義」是針對文本中兩種性質不同的文字結構所使用的同一套方法，猶如上述「知人論世，以心會心」是不同層次的，但具有承續性質的詮釋方法。符碼破譯的對象是物象，也就是像鯤、鵬這類單獨且具體的事物，釋德清在注疏時，會將這些具有特殊意義的物象與以破譯，他通常以「喻某」表示，指出莊子寄託於這些物象的意涵，這個方法我稱之爲「符碼破譯」。而「轉喻爲義」的對象是較長的篇幅段落，有時是一整個故事，有時是頭尾完整但長達兩段以上的譬喻，他會用「喻某義」的陳述表示，這個方法我稱之爲「轉喻爲義」。有時這兩個方法是連續使用的，但未必是先符碼破譯而後轉喻爲義；有時釋德清會只運用其中一項，此端看《莊子》文本的表述狀況，與釋德清對文本意義的理解來決定。然而，這個方法不

〔註39〕佛教經典中有《百喻經》，內容即佛以譬喻（故事）來闡述眞理，除此之外，佛教經典如《楞嚴經》、《法華經》、《華嚴經》、《楞伽經》等，佛都會以譬喻和故事來解答問難、講述眞理，而詮釋這些經典的詮釋者，也都會以解構譬喻的詮釋方式來進一步揭示佛所要傳達的意旨。佛教僧徒學術群體在撰述經論時，也常運用譬喻來闡釋，如僧肇〈物不遷論〉以「人則謂少壯同體，百齡一質，徒知年往，不覺形隨。是以梵志出家，白首而歸。鄰人見之曰：昔人尚存乎？梵志曰：吾猶昔人，非昔人也。鄰人皆愕然，非其言也。」爲譬喻來解釋物不遷義。參見（後秦）僧肇：：《肇論·物不遷論》，大藏經刊行會編輯：《大正新修大藏經》第45冊，頁151b。

〔註40〕在《莊子》注疏傳統中，點出某段文字爲譬喻，然後解構譬喻的詮釋方法頗爲常見，而這個詮釋方法的基本理論，乃建構在《莊子》書中多以「寓言」承載意義的表現筆法此一前提上。但每一個詮釋者認定的譬喻段落不盡相同，對於解構譬喻詮釋方法運用的時機和自覺也有程度的差異。舉例言之，成玄英在〈逍遙遊〉「且夫水之積也不厚」至「而後乃今將圖南」一節，就認爲水之積是「起譬」，解構譬喻後點出莊子想要表達的意思是：「是以大舟必須深水，小芥不待洪流，苟其大小得宜，則物皆逍遙。」見（清）郭慶藩輯：《莊子集釋·逍遙遊》，頁7。林希逸注該節時，也認爲該段「爲下句風之喻也」，但林希逸比較是從文學譬喻上來解讀，有時雜用譬喻和寓言來稱呼，在方法學上並不嚴謹，參見（宋）林希逸撰，周啓成校注：《莊子鬳齋口義校注·逍遙遊》，頁3。

涉及全篇或多數章節的總體意義，釋德清處理大篇幅文字的總體意義，通常是運用以心會心詮釋方法衍伸的「會心定意」來指出。

〈逍遙遊〉首段鯤化為鵬故事的注文，是「符碼破譯，轉喻為義」並用共存，承續辯證的最好範例：

> 莊子立言自云：「寓言十九，重言十七，巵言日出，和以天倪。」一書之言，不出三種。若此鯤鵬，皆寓言也，以托物寓意以明道，如所云譬喻是也。此逍遙主意，只是形容大而化之謂聖，惟聖人乃得逍遙，故撰出鯤鵬，以喻大而化之之意耳。北冥，即北海，以曠遠、非世人所見之地，以喻玄冥大道。海中之鯤，以喻大道體中，養成大聖之胚胎，喻如大鯤，非北海之大，不能養也。鯤化鵬，正喻大而化之之謂聖也。然鯤雖大，乃塊然一物耳，誰知其大？必若化而為鵬，乃見其大耳。鵬翼若垂天之雲，則比鯤在海中之大，可知矣。怒而飛者，言鵬之大，不易舉也，必奮全體之力，乃可飛騰，以喻聖人雖具全體，向沈於淵深靜密之中，難發其用，必須奮全體道力，乃可捨靜而趨動，故若鵬之必怒，而後可飛也。聖人一出，則覆翼羣生，故喻鳥翼若垂天之雲，此則非鯤可比也。海運，謂海氣運動，以喻聖人乘大氣運以出世間，非等閒也。將徙，徙者遷也。南冥，猶南明，謂陽明之方，乃人君南面之喻。謂聖人應運出世，則為聖帝明王，即可南面以臨蒞天下也。後之大宗師，即此之聖人；應帝王，即徙南冥之意也。所謂言有宗、事有君者，正此意也。〔註41〕

釋德清明確點出「若此鯤鵬，皆寓言也，以托物寓意以明道，如所云譬喻是也」，則鯤化為鵬的故事是寓言，是莊子用物象故事來寄託有關於大道的意義。他說「如所云譬喻」，這裡的譬喻不能用文學性質的譬喻來理解，而要用哲學思想意義的譬喻來理解，更精準地說，我們應從佛教學術社群運用譬喻來闡釋佛法、解讀佛經的層面來理解「如所云譬喻」。由此可知，釋德清將《莊子》中的寓言和佛經中的譬喻列為同等性質的表述模式，目的在於托物寓意以明道；而詮釋者解讀寓言（譬喻）的方法則是「符碼破譯，轉喻為義」，此一方法所要達到的詮釋目的，則是將作者運用譬喻隱含的真理予以揭明。

若仔細將上述的注文予以區分，可以明顯看出釋德清一開始即用轉喻為義，解釋鯤化為鵬的寓言故事的總體意義是「大而化之之意」；「北冥，即北

〔註41〕 （明）釋德清：《莊子內篇註・逍遙遊》，頁157～159。

海，以曠遠、非世人所見之地，以喻玄冥大道」則是運用符碼破譯，將北冥所代表的意義予以揭明，要讀者不能拘泥或停留在文本語言文字呈現的表層意義。然而，若更進一步分析，可以看出釋德清運用符碼破譯與轉喻為義的詮釋方法，破轉語言文字的表層意義，其實存在著三序進程，經由這三序進程，他也確實將寓言故事與一篇之本意、一書之本意，與他對莊子其人其書的理解予以緊密連結，並以此說服讀者依隨他的邏輯與思想體系來觀看、理解莊子其人其書。三序進程有時會因釋德清表述的需要而有所省略或跳躍，但完整的表述進程為：第一序為破譯符碼／轉喻寓言表面文字意義為實指意義，如「北冥，即北海，以曠遠、非世人所見之地，以喻玄冥大道」，就是破譯北冥一詞的實指意義；第二序為「衍義」，就是將自己的理解融入被指出的實指意義中，構成主客交融視野後的理解，但表現的方式很像由實指意義鋪衍而出的敘述，而且常會整合不同符碼以構成一完整意義，如「海中之鯤，以喻大道體中，養成大聖之胚胎，喻如大鯤，非北海之大，不能養也」，此處釋德清整合了北冥和鯤的符碼實指意義，表達海中之鯤是大聖之胚胎，而北冥則是育養胚胎的地方，這樣的見解在莊學詮釋史是非常獨創的；第三序則是辯證融整，將「符碼破譯，轉喻為義」所得出的意義，辯證融合到本意之中，使篇章之意頭尾相應，彼此相繫，如「謂聖人應運出世，則為聖帝明王，即可南面以臨蒞天下也。後之大宗師，即此之聖人；應帝王，即徙南冥之意也。所謂言有宗、事有君者，正此意也」一段注文，整合了海運、南冥的實指意義，並將〈大宗師〉與〈應帝王〉的篇旨辯證融入，也將內聖外王的概念一併融整進入此段注文。仔細觀察，會發現第二序的衍義對釋德清的詮釋具有關鍵意義，他會在此引入自己的觀點、運用佛教的概念與觀念來詮釋，或以自己的理念和理解來詮釋、整合符碼意義和喻義。

　　以下，試以釋德清極度讚譽、為人所熟知的庖丁解牛寓言，析論並證明釋德清「符碼破譯，轉喻為義」詮釋方法及三序進程的運用：

> 此〈養生主〉一篇立義，只一庖丁解牛之事，則盡養生主之妙，以
> 此乃一大譬喻耳。若一一合之，乃見其妙：庖丁喻聖人，牛喻世間
> 大事，大而天下國家，小而日用常行，皆目前之事也；解牛之技，
> 乃治天下國家、用世之術智也；刀喻本性，即生之主，率性而行，
> 如以刀解牛也。言聖人學道，妙悟性真，推其緒餘以治天下國家，
> 如庖丁先學道而後用於解牛之技也。初未悟時，則見與世齟齬難行，

如庖丁初則滿眼只見一牛耳；既而入道已深，性智日明，則看破世間之事，件件自有一定天然之理，如此則不見一事當前，如此則目無全牛矣。既看破世事，則一味順乎天理而行，則不見有一毫難處之事，所謂技經肯綮之未嘗也。以順理而行，則無奔競馳逐以傷性真，故如刀刃之十九年若新發於硎，全無一毫傷缺也。以聖人明利之智，以應有理之事務，則事小而智鉅，故如游刃其間，恢恢有餘地矣。若遇難處沒理之事，如筋骨之盤錯者，不妨小心戒惕，緩緩斟酌於其間，則亦易可解，亦不見其難者。至人如此應世，又何役役疲勞，以取殘生傷性之患哉？故結之曰：「聞庖丁之言，得養生焉。」而意在至人率性順理而無過中之行，則性自全而形不傷耳。善體會其意，妙超言外。此等譬喻，唯佛經有之，世典絕無而僅有者，最宜詳玩，有深旨哉！〔註42〕

首先，「庖丁喻聖人，牛喻世間大事」、「刀喻本性」皆是符碼破譯，將庖丁實指聖人、牛實指世間大事、刀實指本性一一破譯；其次，釋德清整合此三個符碼意義，衍義闡釋：「言聖人學道，妙悟性真，推其緒餘以治天下國家，如庖丁先學道而後用於解牛之技也。」此處的妙悟性真，必須從全書的總體概念來理解，性和心對釋德清是同一概念的不同表述，是他佛教化後的概念，且他用「妙悟」一詞，已顯現他是援用佛教術語來理解詮釋《莊子》。在釋德清的衍義中，我們也能清楚看出他將「心一悟，則回觀文字，如推門落臼」的觀念置入庖丁解牛的故事中。然而，若回到故事本身，庖丁的悟道是在每日具體的實踐中逐漸體會，整個故事中，重點不在於刀，而是身心在反覆練習中體悟到解牛之技；釋德清的詮釋將重點放在刀，是為了強調「率性而行」，並提出自己心悟、性悟為先，對經典、技術的理解為後的觀念。不過，因為他運用詮釋方法時非常嚴謹，所以詮釋的邏輯與系統極為一致，若非跳脫他的詮釋脈絡來分析，其實很難察覺他的詮釋與故事的矛盾之處。

「初未悟時」以降，釋德清開始運用「轉喻為義」，但表述的方式有變，他將實指意義先點出，再以「如某句」來進行喻義之間的連結。所以「初未悟時，則見與世齟齬難行」，是「使臣之解牛之時，所見無非全牛者」的實指意義，而此處雖運用了轉喻為義，卻也將先前的符碼實指意義整合進敘述之中。有趣的是，釋德清在此將庖丁的悟道分解為「初未悟道，則見與世齟齬

〔註42〕　（明）釋德清：《莊子內篇註・養生主》，頁284～287。

難行」、「既而入道已深，性智日明，則看破世間之事」、「既看破世事，則一味順乎天理而行，則不見有一毫難處之事」，則隱然與青原惟信所揭櫫的悟道層次，〔註43〕相互應和，這應當是受到他的意識形態影響所構成的類比，或是他有意爲之的悟道層次分別。

最後，釋德清在第三序的辯證融整中，將前兩序得出的實指意義與衍義整合得出：「意在至人率性順理而無過中之行，則性自全而形不傷耳。善體會其意，妙超言外。」至人即聖人，對釋德清而言，理想人格並沒有高下層次之分，至人、聖人、大宗師不過是同一種理想人格的不同稱呼，因此他常會隨著敘述脈絡改變稱呼，但意義是一致的。「率性順理而無過中之行」一句，乍看之下極似儒家知識分子會使用的陳述，然而此處的性仍是佛教概念意義的性，此處的理的意義實際上即指佛法，但釋德清並未加以說破。釋德清對庖丁解牛寓言的評價極高，稱此寓言「只一庖丁解牛之事，則盡養生主之妙，以此乃一大譬喻耳」，則他辯證融整得出的意義，實質上就是〈養生主〉的篇旨；更重要的是，他還是以佛教僧徒本位點出庖丁解牛寓言之所以獨特，乃是因爲「此等譬喻，唯佛經有之，世典絕無而僅有者」。

「符碼破譯，轉喻爲義」詮釋方法在許多經典詮釋中經常可見，但合併三序進程以構成詮釋循環的經典詮釋作品，卻並非如此常見。然而，此種詮釋方法也並非沒有限制，畢竟《莊子》一書中，並非每一個寓言故事都有如此完備的符碼譬喻；一旦遇到寓言過於簡略或僅是用來補述的譬喻，釋德清也會選擇省略進程，如〈逍遙遊〉「楚之南有冥靈者，以五百歲爲春，五百歲爲秋；上古有大椿者，以八千歲爲春，八千歲爲秋」，這兩個譬喻只是用來補充小知不知大知，因此釋德清也只以「如朝菌蟪蛄，豈知有冥靈大椿之壽哉」一句，將之整合進「小知之人，不知聖人之廣大，以各盡其量，無怪其然也」〔註44〕此一喻義中。此外，以重言方式描寫的故事，釋德清也不會採用這種詮釋方法，所以像顏回與孔子的對話，除非是文中出現符碼或譬喻，否則他一般不會運用這個詮釋方式，而是直接詮解。

〔註43〕（宋）普濟編，蘇淵雷點校：《五燈會元》（臺北：文津出版社，1991 年），第 17 卷，頁 1135：「吉州青原惟信禪師，上堂：『老僧三十年前未參禪時，見山是山，見水是水。及至後來，親見知識，有箇入處，見山不是山，見水不是水。而今得箇休歇處，依前見山祇是山，見水祇是水。大眾，這三般見解，是同是別？有人緇素得出，許汝親見老僧。』」

〔註44〕（明）釋德清：《莊子內篇註‧逍遙遊》，頁 168。

第三節　互文詮釋：跨文本之意義聯結與整體思想建構

　　筆者在〈釋德清《老子道德經解》與《莊子內篇註》互文詮釋方法析論〉中，曾經指出釋德清詮釋《莊子》時，以「《莊子》爲《老子》註疏」的前提構成「原典——原典」、「原典——注文」和「注文——注文」的三重互文詮釋。〔註 45〕文中，我以三重互文詮釋來區分同一詮釋者不同文本，依據特定前提予以連結時，該詮釋者在詮釋兩者時，必然具備某種相互引述、補充的情形或意圖。在該文中，我也定義所謂的「互文詮釋」爲：「經典詮釋中，依據經典詮釋者對文本本身體系、字義之理解，對於單一經典本身的不同文句、字義或同一系統之不同經典，持有異字同義、合文會義、相互補充等傾向，因而將之置於同一脈絡下詮解。」而在該文章中，我也僅處理釋德清分別詮釋《老子》與《莊子》時的互文詮釋，並區分出上述的三重詮釋。

　　然而，該文爲對互文詮釋方法的初步探討和嘗試建構，如今看來，仍存在許多問題。舉例來說，對釋德清來說，《莊子》和《老子》確實存在獨特的思想傳承關係，但互文詮釋眞的只存在於這兩個文本之間嗎？釋德清在詮釋《莊子》時，也援引了其他佛典，他也曾對許多佛典加以注疏詮釋，難道不該將《莊子內篇註》與這些經典注疏的互文詮釋也一併考量嗎？三重互文詮釋在理論上是可以切割的，但在釋德清實際操作時，他眞能如此清楚的區分嗎？抑或三重互文詮釋實則渾融爲一？筆者以爲的「還有一種互文詮釋的向度是《老子道德經解》和《莊子內篇註》注文合觀以獲取一完足意涵，但這個層面乃是後設研究者，或讀釋德清注解的讀者所必須從事的工作」〔註 46〕，

〔註 45〕沈明謙：〈釋德清《老子道德經解》與《莊子內篇註》互文詮釋方法析論〉，《中國學術年刊》第 37 期，頁 72：「釋德清的《老子道德經解》與《莊子內篇註》存在三個主要的互文詮釋向度：『原典——原典』模式，此一向度主要是以「《莊子》爲《老子》註疏」的前提構成，屬第一重互文詮釋；『原典——注文』模式，此一向度主要由《老子道德經解》的注文與《莊子》文本構成，或者《老子道德經解》斷章取用《莊子》文句，反之亦然；『注文——注文』模式，則主要從讀者或後設詮釋者採用互文詮釋視域，將釋德清的注文構成意義的補充與闡釋，透過兩篇相關的注文互觀，方能獲得一深刻且完足的詮釋意義。因此，在解讀釋德清《老子道德經解》與《莊子內篇註》時，應該先釐清兩個文本內部的互文詮釋情況，方能使釋德清的詮釋系統有一完整而清楚的結構，也才能避免在解讀時產生意義不全或誤讀的狀況。」

〔註 46〕沈明謙：〈釋德清《老子道德經解》與《莊子內篇註》互文詮釋方法析論〉，《中國學術年刊》第 37 期，頁 69。

　　會不會實際上是釋德清刻意安排的結果？最後，我們必須加以探求的是，如果釋德清是以一個完整而具體的宇宙系統觀或特殊理論來理解這個世界、三教經典，則會不會他的所有經典詮釋，都可以視爲他特殊理論或宇宙觀下同一系統的文本呢？

　　《莊子內篇註》的特殊之處，在於該書是釋德清晚期的經典詮釋之作，因此確實立基於釋德清已然成熟並完整的理論系統，而此套理論系統即《觀老莊影響論》中提及的「唯心識觀」〔註47〕。釋德清判釋三教、遍注三教經典，其目的確實是想運用他獨特的宇宙觀與理論系統納取三教思想和經典，使三教思想階序重構成以佛教爲上層或終極理想的結構。因此，若以他運用唯心識觀爲理論依準來統攝三教思想的詮釋行動爲前提，則我們可以由此將他所詮釋的經典都置入同一理論系統，並將互文詮釋推擴到釋德清詮釋的所有經典。至於三重互文詮釋是否能明確切割，我以爲在中國經典詮釋裡，三重互文詮釋雖然可以從抽象層面予以建構出不同層次，但詮釋者在引述、運用某一段經典文句時，必然帶著對自身引述、運用文句的再理解或再詮釋，甚至是依據某個前行學者的詮釋來定義該文句；因此當詮釋者在注文中引述一段其他經典的文字時，我們必須要考量到他究竟是從何種角度、根據哪個經典詮釋意義來理解該段文字，如果詮釋者本身有該書的詮釋之作，就必須參考該文本中他對該文句的理解，來作爲理解的依準，而不能單從字面上、從我們個人的理解妄自臆測。

　　三重互文詮釋是我從後設研究者立場與角度，所提出的分析、綜合，以期望由此得出經典詮釋者在詮釋行動中，背後所以依準的詮釋系統、思想整體，以及釐清同一作者的經典詮釋文本之間的聯繫性與互文性。然而經典詮釋的互文現象之所以存在，正是因爲中國的經典詮釋者從來都不是以斷裂、純分析的思維在進行詮釋行動，也不像現在的學者是爲了出版研究著作而進行詮釋。中國經典詮釋者總是帶著原因動機和目的動機，對經典的屬性、文句的意義和文本的總體思想，帶著反覆閱讀後的深刻理解，對於他們所引述的經典也受到歷史情境、個人所屬群體和思想社群、閱讀經驗等等的影響。因此在理解一本經典詮釋之作時，應該理解到，歷史情境、作者其他作品或詮釋文本、他意欲透過經典詮釋行動介入的論域之爭，其實就是該經典詮釋之作的巨大互文文本，過去以封閉文本的方式來研究經典詮釋作品的方法，

〔註47〕　（明）釋德清：《觀老莊影響論・敘意》，頁2：「是故余以唯心識觀而印決之。」

易將經典詮釋之間的互文性予以斷開，如此建立起的思想系統，很可能是個殘缺斷裂、甚至不確實的思想系統。

以下，將從兩個例子來展示，釋德清如何運用互文詮釋貞定、統一甚至強化經典詮釋中的概念、術語和總體意義。我們無法猜測釋德清是否有意為之，但至少能從他的詮釋中，看出中國古代經典詮釋在進行詮釋行動時，受限於經典的篇幅，縱使引述了其他經典的文句，卻不能進行更多的引申論述；然而當我們回歸釋德清的其他經典詮釋文本時，就能明顯看出他的詮釋充滿一致性、互文性，而原本簡略表述的意義也更明顯、具體，原本模糊的概念或觀點也更加明朗確實。

釋德清在注〈逍遙遊〉「物莫之傷」時，在解釋了這句話的意義之後，指出此句和《老子》「以其無死地焉」意思一致，在此釋德清運用了第一重互文詮釋：「原典——原典」，指出兩個不同原典的文句具有相同或相似的意義。而從讀者的閱讀來理解，「物莫之傷」或許表示神人因為不會被外物所傷，所以沒有死地，可是確切的意思並不明朗。然而，當我們回到《道德經解》，隨著釋德清的注疏耙梳，就能隱約發現他以第二重互文詮釋「原典——注文」貞定兩個文句的定義，而在第三重互文詮釋「注文——注文」中，兩段注文互文詮釋成一個完整的詮釋。有趣的是，如果我們隨著他的注文不斷追索，會發現他也意圖使《莊子內篇註》的各篇彼此互文、彼此補充闡釋：

> 言己脫形骸，無我與物對，故物莫能傷，即《老子》云「以其無死地焉」。〔註48〕

> 此言聖人所以超乎生死之外者，以其澹然無慾，忘形之至，善得養生之理也。出生入死者，謂死出於生也，言世人不達生本無生之理，故但養形以貪生，盡為貪生以取死。……生之徒者，養形壽考者也；死之徒者，汩慾忘形，火馳而不返者也；動之死地者，嗜欲戕生，無所避忌者也。舉世之人，盡此三種，而皆不免入於死者，以其出於貪生也。何所以故，以其生生之厚耳。是皆但知養生，而不知養生之主。苟不知養生之主，皆為不善養生者也。攝，養也。蓋聞善養生者，不養其生，而養其生之主。然有其生者，形也。主其生者，性也。性為生主，性得所養，而復其真，則形骸自忘。形忘則我自

〔註48〕 （明）釋德清：《莊子內篇註・逍遙遊》「物莫之傷」注，頁179。

空，我空則無物與敵。故陸行不遇兕虎，入軍不避甲兵。色欲伐性，
甚於兕虎、甲兵也。以無我故，縱遇之而亦無可傷。……夫何故？
以其無死地焉。是知我者生之寄，生者死之地也。無我無生，又何
死之有？〔註49〕

在「物莫之傷」注中，釋德清指出，神人之所以能不被外物所傷，乃是因爲
他「已脫形骸，無我與物對」，所以能夠不被物所傷，因此關鍵之處在於「無
我」。如此一來，釋德清說此句和《老子》「出生入死」章的「以其無死地焉」
一句意思相同，或許也是從「無我」此一關鍵理解。回歸到《道德經解》第
五十章，該章的原文是如此：

出生入死。生之徒，十有三；死之徒，十有三；人之生，動之死地
者，亦十有三。何故？以其生生之厚。蓋聞善攝生者，陸行不遇兕
虎，入軍不避甲兵。兕無所投其角，虎無所措其爪，兵無所容其刃，
何故？以其無死地。〔註50〕

釋德清取用的是該章最後一句，但「以其無死地」實際是統攝全章的要旨，
所以不能單純從該句的文意來理解，而該以全章的章旨來理解。釋德清在詮
解第五十章時，他想要表達的是「養生之主」的概念，因此他在注解〈逍遙
遊〉「物莫之傷」時，用「以其無死地焉」將該句——或者該說是神人此一形
象所代表的修爲特質——聯繫到養生之主，遂將〈逍遙遊〉和〈養生主〉所
欲傳遞的篇旨和意義予以連結，形成篇與篇之間的互文詮釋。而「已脫形骸」
在《道德經解》中表明的更清楚，是「忘形之至，善得養生之理」，而不是眞
的成仙；神人即是聖人，這和《莊子內篇註》中將神人、聖人、至人視爲統
一理想人格的不同稱呼的作法，是極爲一致的。〈養生主〉中，其實很少批評
養生的文字，因此釋德清也沒有進一步強調或批評養生與養生主之間的差
異，但此章對世人貪生養生的批評，卻可以作爲〈養生主〉注文的補充。

　　在〈逍遙遊〉注文中，釋德清並沒有明白講述神人如何達到「物莫之傷」
的境地，而是從結果上稱其「已脫形骸，無我與物對」；從第五十章注文中，
我們可以知道已脫形骸是因爲「澹然無慾，忘形之至，善得養生之理」。然而，
聖人又是如何達到澹然無慾的境界呢？釋德清在此進一步解釋：「性爲生主，
性得所養，而復其眞，則形骸自忘。形忘則我自空，我空則無物與敵。」性

〔註49〕　（明）釋德清：《老子道德經解》第 50 章「出生入死」章注，頁 190～191。
〔註50〕　（明）釋德清：《老子道德經解》，頁 189～190。

為生主，跟釋德清在庖丁解牛寓言中的解釋一致。性得所養，回歸到庖丁解牛寓言的注解，即「率性順理，而無過中之行」〔註51〕。性復其眞，即回復到人原本性眞的狀態，則人就能忘卻、捨棄我執，也就不再執著於形骸以及由此而生的種種慾望，因而忘形我空。我自空一詞，須從佛教觀念理解，即空去我執。空去我執就能達到無我，所以無死地，因此無死地乃是因為無我，兩者之間確實是以「無我」為關鍵連結。

若以《道德經解》第五十章注為線索，我們也可以與《莊子內篇註・養生主》的詮釋合觀：

> 此篇教人養性全生，以性乃生之主也。意謂世人為一身口體之謀，逐逐於功名利祿，以為養生之策，殘生傷性，終身役役而不知止，即所謂迷失眞宰，「與物相刃相靡，其行盡如馳而不知歸者，可不謂大哀耶？」故教人安時處順，不必貪求以養形，但以清淨離欲以養性，此示入道之功夫。〔註52〕

「世人為一身口體之謀，逐逐於功名利祿，以為養生之策，殘生傷性，終身役役而不知止」一段的實際內涵，可以《道德經解》第五十章的「生之徒者，養形壽考者也；死之徒者，汨慾忘形，火馳而不返者也；動之死地者，嗜欲戕生，無所避忌者也。舉世之人，盡此三種，而皆不免入於死者，以其出於貪生也」一段加以補充，構成更具體且詳密的批判。而釋德清在注〈養生主〉時，卻又引述了〈齊物論〉「與物相刃相靡，其行盡如馳而不知歸者，可不謂大哀耶」，並指出世人之所以與物相刃相靡，是因為迷失眞宰的緣故。〔註53〕回到〈逍遙遊〉「物莫之傷」的注文，則神人與世人的差別就顯現在悟得眞宰（性）或迷失眞宰（性），而悟迷決定了人是否得道、是否逍遙。支撐著這個觀點的，正是釋德清的唯心識觀，也是下文將要揭櫫的詮釋方法與其理論依

〔註51〕 （明）釋德清：《莊子內篇註・養生主》，頁287。

〔註52〕 （明）釋德清：《莊子內篇註・養生主》，頁277～278。

〔註53〕 （明）釋德清：《莊子內篇註・齊物論》「與物相刃相靡，其行盡如馳，而莫之能止」注，頁210：「言眞君為我有形之主，而不知所養，使之與接為搆，日與心鬥，以為血肉之軀，故被外物相傷，如刃之披靡，往而不返，可不悲乎？」必須注意的是，〈齊物論〉注中說的是眞君，但〈養生主〉注中引用此段正文前，說的卻是「迷失眞宰」，可見眞君和眞宰是同一個概念的不同稱呼。〈齊物論〉中完全沒有出現過「養」字，釋德清在此用了「不知所養」，是為了與〈養生主〉形成互文詮釋，是刻意讓讀者將眞君與性、生之主聯想在一起，理解這三個詞語指涉的是同一個概念。

據。若將〈齊物論〉注文互觀，就能發現釋德清亦採用互文詮釋，將性、眞君、眞宰視爲同一概念的不同稱呼，則性、心、眞君、眞宰雖在不同篇章中出現，但無論在哪一篇中，都是極爲重要的概念；將有形之形軀（形骸）與無形之性區分開來，養形使人與物相敵相對，養生之主則忘我全性，與〈養生主〉構成互文詮釋，也和〈逍遙遊〉互文；不養生主則迷此眞性，迷此眞性則以妄情入世，如此則導致我執，形骸在追逐慾望中銷毀殆盡，〔註54〕這是貫穿《莊子內篇註》的核心觀念，而這一觀念時則根本於「唯心識觀」。

　　有時，釋德清會在詮釋《莊子》時引述佛經，因爲《莊子》和佛典並非同一系統，因此當讀者從兩個經典原文進行同步理解時，其實會非常困惑；然而，如果將注文互觀，並結合釋德清的「唯心識觀」，就能理解他採用了互文詮釋來綰合兩部不同系統的經典：

> 賅，猶該也，言該盡一身，若俱存之而爲我，不知此中那一件是我最親者，若以一件爲親，則餘者皆不屬於我矣。若件件都親，則有多我，畢竟其中誰爲我者？此即佛説小乘析色明空觀法，又即《圓覺經》云：「四大各離，今者妄身當在何處？」此破我執之第一觀也。〔註55〕

> 世尊先示脩止爲前方便，今示入觀正答思惟之問。先示假觀之方：初教觀身次第分析，然後觀心，此示漸次之方也！然觀亦有三，謂「空」、「假」、「中」，今依《楞嚴》「如幻三摩提」，乃示先從假入空，次從空假入中，正顯脩心之漸次。此先觀身如幻，故爲假觀。三觀圓具一心，總釋前「知幻即離」一知字。〔註56〕

釋德清注〈齊物論〉「賅而存焉，吾誰與爲親」時，反覆辨析，指出若以身之一件爲親，則會衍生排他性和兼義性，也就是執一件爲親而排斥其他，或以全體爲親而找不到究竟何者最能代表自我。釋德清認爲，莊子之說與小乘析色明空法相同——就是一一分析色相之不可依據，證明色相爲空、爲假的

〔註54〕（明）釋德清：《莊子內篇註・齊物論》「其形化，其心與之然，可不謂大哀乎」注，頁 210：「言其妄情馳逐而不休，而形骸與之俱化，而心亦與之俱溺而不悟，如此可不謂之大哀乎？」。

〔註55〕（明）釋德清：《莊子內篇註・齊物論》「賅而存焉，吾誰與爲親」注，頁 206～207。

〔註56〕（明）釋德清：《大方廣圓覺修多羅了義經直解》，《明嘉興大藏經》（臺北：新文豐出版公司，2010 年）第 18 冊，頁 719c～720a。

論辯方法——並引用《圓覺經》「四大各離，今者妄身當在何處」來支撐他的論點。

然而，釋德清這樣的引述在讀者眼中是非常突兀的。在之前的注文中，他並沒有提及任何有關析色明空法或《圓覺經》的內容；《圓覺經》和《莊子》，一屬佛典，一屬道家，將兩者相等同——釋德清在此不是用「似」或「如」對比兩者，而是用「即」，這在釋德清的用語慣例，就是兩者可以等而視之的意思——他會如此等同二者，是因為他有一套統攝三教思想的理論，並以佛教融攝了儒道，因此《莊子》之說等同於《圓覺經》之說，若從他的理論系統來理解，就顯得極為合理。在此引述《圓覺經》之說，應該是釋德清刻意造成某種驚異或陌生化，促使讀者因驚異與陌生的感受，意欲進而尋求《圓覺經》文本此句文字的意義，進而閱讀他的《大方廣圓覺多羅了義經直解》（以下簡稱《圓覺經直解》），再由他的注文進一步了解貞定《莊子內篇註》此句注文的意涵，達到他互文詮釋的目的與效果。

若將《圓覺經直解》的注文與〈齊物論〉「眇而存焉，吾誰與為親」合觀，我們就能清楚理解釋德清令人費解的「此破我執之第一觀」，原來是指《圓覺經直解》中所稱的「先示假觀之方：初教觀身次第分析，然後觀心，此示漸次之方也」，意即假觀中的初教觀身。如此一來，〈齊物論〉中的層層逼問，就是觀身次第分析，目的在於凸顯形軀四肢百骸皆非真我，藉此讓人「觀身如幻」，將〈齊物論〉裡對形軀與自我關係的反思逼問，與佛教一心三觀的理論和修行取徑結合在一起。一心三觀是釋德清「唯心識觀」理論中非常重要的概念，而此三觀的次第、進路，則可由「今依《楞嚴》『如幻三摩提』，乃示先從假入空，次從空假入中，正顯脩心之漸次」一段可知，乃是先假觀、次由假觀入空觀，最終則從空觀入中道，達到中道觀的理想境界。

由此可知，釋德清將三教經典，與他所詮釋的三教經典統括在互文詮釋的使用範圍之內，是因為他的詮釋行動背後有一套完整而詳密的理論系統，而此一理論系統建構了一完整的世界觀、思想次第，將三教都融攝在其中，而以佛教統攝其他二教。這一套理論系統有其理論基礎，也有檢別思想位階高低的標準和方法，這一套理論系統所構成的詮釋方法，不斷將意義相近或相同，但隸屬不同系統的經典文句交互援引，使得三教思想在他的詮釋行動中不斷交織、結合，而讀者在閱讀的過程中也不斷被說服接受他所建構出的

理論系統。這一套理論系統即「唯心識觀」，而根據此一理論所建構出的判教、經典文句互涉、一心三觀等操作方法，則是釋德清以此將佛教觀點滲透進經典詮釋文本的詮釋方法。

第四節　以佛法爲鑰：「唯心識觀」之理論與操作

在詮釋《莊子》時，釋德清提出了一個很有趣，但思想來源爭論亦紛雜的理論：唯心識觀。李懿純曾經整理對釋德清此觀點的研究，並歸納爲五個不同的說法，分別爲：法界眞心流演而來、教取華嚴證用楞嚴、起信論眞常心系統、眞心一元論和占察善惡業報經說。〔註57〕李懿純認爲，釋德清的「唯心識觀」確實受到《楞嚴經》、《華嚴經》影響，其所說的一心確如陳松柏所言的眞常心，因此她參酌前行研究者的說法，將「唯心識觀」定義爲「楞嚴爲首，華嚴爲次」的理論定位。〔註58〕

然而，若從歷史情境與社會文化層面來看，將釋德清的思想直接歸諸於經典，不如思考他究竟吸納了哪幾位佛教前行學者的觀點與論點。晚明是個極其有趣的時期，三教之間彼此交流、會通、吸納對方的觀點以建立自身的理論，或是藉由學習理解對方的觀點以反駁對方、強化凸顯自身理論的嚴密性與意義價值，所以三教會通和三教論諍的現象同時存在於當時。爲了從本身教派的學術傳統中尋找辯駁的資源和支撐自身理論的論點，晚明另一個非常有趣的現象，就是對教派經典的整理、對前行學者論點的反思與推廣。表現在經典詮釋行動上，就是集評、集林、集注的盛行；表現在出版事業方面，則是經典和前行學者著作的重新整理刊刻。對自身學派源流的耙梳整理，一方面是爲了廓清學派的源流始末，一方面也是整理者自身透過此一行動，意圖對發展分歧的學派進行判釋、統合，建構出一套嚴密的理論來回應三教會通和三教論諍。若從此一觀點來理解釋德清的「唯心識觀」，就能發現他的理論其實吸納了清涼澄觀、宗密、永明延壽等人的論點，而不能單純歸攝爲受到某一部或兩部經典的影響，而他們正是他在《觀老莊影響論》中拿出來討論的前行學者。釋德清的「唯心識觀」是受到前行的學術傳統所影響，綜合了他自身的經典閱讀經驗，反思融合而提出的一套觀點，若我們能將清涼澄觀、宗密和永明延壽的著作與之合觀，就能發現釋德清有其因襲與創發的地方。

〔註57〕李懿純：《憨山德清註〈莊〉之研究》，頁43～54。
〔註58〕李懿純：《憨山德清註〈莊〉之研究》，頁54～56。

　　此外，用「教取華嚴，證用楞嚴」或「楞嚴爲首，華嚴爲次」這樣的
說法來統攝「唯心識觀」，是犯了忽視經典詮釋發展脈絡的錯誤。舉例來說，
《華嚴經》和《楞嚴經》的詮釋者很多，我們到底要說釋德清所根據的是
原典意義，還是參考了前行詮釋者透過詮釋行動所發展出來的理論和觀
點？他又是取用那一位前行詮釋者的詮釋，來進一步推闡《華嚴經》和《楞
嚴經》的基本思想？「唯心識觀」本身也是個雜糅不同教派觀點，綜合出
來的結果，若將釋德清的論點和永明延壽《宗鏡錄》相比對，就能發現他
其實也參酌取用了許多永明延壽的論點，而永明延壽又是綜合經論之說而
構成自身論點，而非受限於單一或唯二經典。眞常心說的論點，是忽略了
《大乘起信論》是如來藏系的經典，釋德清在詮釋經典時，也是依據如來
藏的說法；如來藏的一心當然是眞常心，「二門」只是迷覺不同，造成妄眞
有別，但從其本體而言，都是眞實絕待。

　　關於「唯心識觀」的源流，並非本論文要條分縷析以廓其根本的部分，
此處只是從經典詮釋的角度提出理解釋德清該論點，應該從歷史情境和社會
文化傳統、學術思想的發展脈絡切入，而不能只是將其論點溯源回經典本身。
以下將以《觀老莊影響論》和《楞嚴通議》的詮釋，嘗試建立「唯心識觀」
此一詮釋方法的理論和操作模式。

　　《觀老莊影響論》在討論「唯心識觀」時，實則包含幾個要點：

第一，一心的特質與本源：所謂的一心究竟是什麼？是世界宇宙（萬法）的
　　　本源，抑或只是人的心識？一心是眾人皆有，抑或只有佛才具備？一
　　　心是有待抑或絕待？

第二，一心、法界、識藏的互動生成及境界階層：法界是如何構成的？若一
　　　心是眾人皆有的，那爲何會有修行境界的差異，會有五乘之別？識藏
　　　（阿賴耶識）和一心之間的互動及差異爲何？法界的基本結構爲何？
　　　萬法的變現生成與識藏、一心之關係又爲何？

第三，一心三觀的工夫論：眞妄之心的差別和實質意義爲何？我們如何轉識
　　　成智，復歸一心？一心三觀是哪三觀、實質內容爲何？

　　釋德清的經典詮釋中，多少都能歸納出「唯心識觀」的概念定義、實質
內涵、操作方法，但此處將以《楞嚴通議》爲主要參照文本，來補充《觀老
莊影響論》闡述不足或簡略帶過的部分。這是因爲在《性相通說・百法論義》，
釋德清明確指出，對性相二宗闡述最詳密清楚的，並非《大乘起信論》，而是

《楞嚴經》。〔註59〕因此與其從《大乘起信論直解》抽繹概念、論述以建立釋德清「唯心識觀」的理論模型和操作方式，不如從《楞嚴通議》著手。

　　以下將從「一心的特質與本源」、「一心、法界、識藏的互動生成及境界階層」和「一心三觀的工夫論」三個主軸，進行釋德清「唯心識觀」理論的分析與建構，最後以「唯心識觀在《莊子內篇註》的應用」舉例分析闡釋。此處主要以《觀老莊影響論》爲主，若意義不清或概念需要進一步說明的部分，則援引《楞嚴通議》相關注文加以詮釋。

一、一心〔註60〕的特質與本源

　　在「唯心識觀」中，「一心法界」〔註61〕是相當重要的理論，此理論將一心視爲萬法的根源，萬法與法界都是一心所創、所變現，因此從根源義而言，

〔註59〕（明）釋德清：《性相通說・天親菩薩百法論義》，（後秦）鳩摩羅什等撰：《佛藏經・裴相發菩提心文・性相通說・入楞伽心玄義》（臺北：新文豐出版公司，1974 年），頁 1a～2a：「佛說一大藏教，只是說三界爲心，萬法唯識。及佛滅後，弘法菩薩解釋教義，依唯心立性宗，依唯識立相宗，各豎門庭，甚至分河飲水，而性相二宗不能融通，非今日矣。唯馬鳴大師作《起信論》，會相歸性，以顯一心迷悟差別，依一心立二種門，謂心眞如門、心生滅門。良以寂滅一心，不屬迷悟，體絕聖凡。今有聖凡二路者，是由一心眞妄迷悟之分，故以二門爲聖凡之本，故立眞如門顯不迷之體，立生滅門顯一心有隨緣染靜之用。故知一切聖凡修正迷悟因果，皆生滅門收。其末後拈華爲教外別傳之旨，乃直指一心本非迷悟，不屬聖凡，今達磨所傳禪宗是也。其教中修行，原依一心開示，其所證入，依生滅門悟至眞如門，以爲極則。其唯識所說十種眞如，正是對生滅所立之眞如耳。是知相宗唯識，定要會歸一心爲極，此唯《楞嚴》所說一路涅槃門，乃二宗之究竟也。」釋德清認爲佛教過去區分性相二宗，是一種自我割裂，無法復歸佛所說法的眞諦。這裡我們可以看見，他融合了《大乘起信論》（一心開二門）、天台（四聖六凡十法界）、禪宗（直指一心本非迷悟，不屬聖凡）、唯識，最後會歸到《楞嚴經》（一路涅槃門，乃二宗之究竟）。因此，《楞嚴通議》中實則詳密討論了釋德清關於「唯心識觀」的種種概念和理論基礎，若不通過《楞嚴通議》，則很難一窺「唯心識觀」理論的完整面貌。

〔註60〕釋德清經典詮釋的一個特色，就是會運用佛教經教的不同稱謂（概念名詞），來指涉同一個對象，因此一心在他的論述中，可能多名同義。如《大方廣圓覺修多羅了義經直解》，頁 714a：「此經以單法爲名，一眞法界如來藏心爲體，……圓覺二字，直指一心，以爲法體。此有多稱，亦名大圓滿覺，亦名妙覺明心，亦名一眞法界，亦名如來藏清淨眞心。《楞伽》云『寂滅一心』，即《起信》所言『一法界大總相法門體』。稱謂雖多，總是圓覺妙心。」

〔註61〕一心法界有時又被稱爲一眞法界，釋德清「無不從此法界流，無不還歸此法界」的法界，即指一心法界。

三教萬法、聖凡法界，都統歸於一心：

> 竊觀古今衛道藩籬者，在此則曰：「彼外道耳。」在彼則曰：「此異端也。」大而觀之，其猶貴賤偶人，經界太虛，是非日月之光也。是皆不悟自心之妙，而增益其戲論耳。蓋古之聖人無他，特悟心之妙者。一切言教，皆從妙悟心中流出，應機而示淺深者也。故曰：「無不從此法界流，無不還歸此法界。」〔註62〕

釋德清認為三教之法都根源於一心，所以三教的衛道之士彼此相互攻訐，稱對方為外道、為異端，都是不理解三教萬法本乎一心，只因外顯的表相不同而妄自分別。他認為這些衛道之士，或妄分三教之別異，強加分別的人，是「不悟自心之妙」；由此，我們可以連結到他「以心會心」的詮釋方法，也是從詮釋者與作者之心的相互會合感通，而他之所以相信不同時代、個體的人心之所以能彼此會合感通，正是根植於一心法界的理論。一心法界提出一個眾生之心的根源，即所謂的妙悟心，因此他說：「一切言教，皆從妙悟心中流出」，而此一妙悟心實則是超越卻又普遍內在於不同個體的形而上、根源意義的心，但同時保障了個體之心乃具有妙悟之特質與可能，不能理解為有一殊異於個體眾生的心作為形上的創生者而存在。既然一切言教都從妙悟心流出，則三教之學無非根本於妙悟，則爭論彼此誰是異端、誰是外道，或以此排斥對方，對釋德清而言不過是妄見作用而已。這裡，釋德清的理論存在一個非常有趣的推演過程：如果人能悟自心之妙，就能以融通會合那超越個體的妙悟心，就能領會由妙悟心所變現的萬法，也就能由己心之悟而會合感通其他自悟心妙的學者所提出的見解；反之，那些因迷執而生妄心的人，就無法透過以上的過程體證妙悟心，也無法會合感通其他人的想法。有這樣的認識，就能理解釋德清下述的觀點：

> 余幼師孔不知孔，師老不知老；既壯，師佛不知佛。退而入於深山大澤，習靜以觀心焉。由是而知三界唯心，萬法唯識。既唯心識觀，則一切形，心之影也；一切聲，心之響也。是則一切聖人，乃影之端者；一切言教，乃響之順者。由萬法唯心所現，故治世語言資生業等，皆順正法。以心外無法，故法法皆真，迷者執之而不妙。若悟自心，則法無不妙。心法俱妙，唯聖者能之。〔註63〕

〔註62〕　（明）釋德清：《觀老莊影響論・論教源》，頁4。
〔註63〕　（明）釋德清：《觀老莊影響論・論心法》，頁5。

釋德清「唯心識觀」雖然在理論論述層面資借了前行學者的觀點與論述，例如永明延壽、宗密、清涼澄觀等，但他之所以對此理論深信不疑，並運用此理論將三教、佛教各宗統攝在同一宇宙觀和系統中，則是有他親身體證的經驗作為動力和支持，所以蔡振豐才會認為釋德清詮釋《老子》、《莊子》，和他的禪悟經驗有密切關係。由此也說明了，釋德清極度強調要先悟自心的堅持與理論前提，是有他個人經驗為依據，實際操作檢測的結果。從釋德清的個人經驗出發，他提到自己悟自心的方式是「習靜以觀心」，是以止觀工夫作為妙悟的修行入徑，這也是為何「唯心識觀」如此強調止觀工夫。釋德清認為，當人自悟妙心，就能體會世界萬法乃「三界唯心，萬法唯識」：三界有情眾生皆以一心為根本，也以心之迷悟來判定其境界；萬法是六識、七識、八識所變現，而根據眾生執迷的程度，可以判屬其六識、七識或八識。但此一唯心，亦包含真心與識心，由此又衍生真心和識心之間的關係，以及為何原本人人皆具真心，會落入妄心、識心，而又該以什麼樣的修行工夫來轉變妄心識心，以恢復真心等問題？釋德清也從萬法皆從心所變現——此處援用一心開二門的概念——強調法法皆真實，但執迷之人無法領會，所以會有所分別執求。這裡釋德清想說的是，三教雖有差異，但不能以各自的立場否定他者，而應該認識到不同的法針對的是根器淺深不同的人，因此既不能因為孔子為人乘、老子為天乘，就否定他們的思想，儒、道也不該以自身的理論來否定佛教。

> 或問：三教聖人本來一理，是果然乎？曰：若以三界唯心，萬法唯
> 識而觀，不獨三教本來一，無有一事一法，不從此心之所建立；
> 若以平等法界而觀，不獨三聖本來一體，無有一人一物，不是毗盧
> 遮那海印三昧神威所現。〔註64〕

因此，如果認同「三界唯心，萬法唯識」的理論，則確實會得到三教、萬法都是一心——此乃涵攝真心與妄心，如來藏心與識心——所變現建立。釋德清以此理論統攝、判定三教階序，因而得出三教一理，三教聖人（三聖）一體的結論，而這是從根源義（三教依一心而立）推論而來。然而，釋德清在《觀老莊影響論》中，從未定義一心，因而關於一心概念的定義，須從《楞嚴通議》中把梳而得其義：

> 而其所談，直指一味清淨如來藏真心為體。蓋此心體，本自靈明廓

〔註64〕　（明）釋德清：《觀老莊影響論·論教乘》，頁 11～12。

徹，廣大虛寂，平等如如，絕諸名相，聖凡一際，生佛等同。然迷
之則生死無端，悟之則輪迴頓息。〔註65〕

經云：「佛以一大事因緣故現於世。」所謂一大事，乃一真法界如來
藏清淨真心。此心乃諸佛眾生均賦而同稟者也。以眾生迷之，故如
來特因此出世，開示眾生，令其悟入。故此實最大一事也。〔註66〕

原夫一真法界，不生不滅常住真心，諸佛眾生同稟此心，本源無二
者也。良以眾生無始無明，一念不覺而有生滅，即此生滅與不生滅
和合，變此真心成阿賴耶識，而為眾生生死之根本。〔註67〕

從釋德清對《楞嚴經》的詮釋來看，一心是採用了《大乘起信論》的如來藏
清淨心的概念，並且賦予一心「靈明廓徹，廣大虛寂，平等如如，絕諸名相，
聖凡一際，生佛等同」的特質，是佛與五乘、三界眾生同具的心體。但佛之
所以出世，眾生之所以流連生死之際，正是因為眾生迷此如來藏清淨心而為
妄心，因無明妄作妄念而生生滅心，而此生滅心衍生各種執著──依佛教而
言，主要是我法二執──使真心被遮蔽而變成阿賴耶識，也就是識心，在《楞
嚴通議》中又稱之為八識精明之體，亦即老莊所秉持的道。由絕待靈明的一
心，因眾生的迷妄而變現成具生滅性的阿賴耶識，因而與原不生滅的真心形
成對立的概念，這樣的論述是根據《大乘起信論》的一心開二門而來。由此，
釋德清定義了一心，並指出佛與眾生的差異，乃在於一心之迷悟，並引出了
萬法唯識的觀念。在此必須釐清一個觀念，「萬法唯識」必須建立在心有迷悟
的基礎上，因為若眾生與佛皆稟賦一心，恆不迷悟，則眾生皆在絕對無待的
一真法界之中，佛根本無須說法，識心也不存在，則由六識、七識、八識所
衍生建立的種種現象觀念都不復存在，因此「萬法唯識」可視之為現象世界
的創生流衍；「三界唯心」是從根源義來說，三界眾生皆與佛同具如來藏清淨
心，但有迷悟之別。

二、一心、法界、識藏的互動生成及境界階層

前文曾指出，「唯心識觀」是釋德清詮釋、統攝三教與佛典的基本理論和
操作方法，但在討論三教關係時，釋德清比較常用「三界唯心，萬法唯識」

〔註65〕（明）釋德清：《楞嚴懸鏡・首楞嚴懸鏡序》，頁7。
〔註66〕（明）釋德清：《楞嚴通議》，卷1，頁112。
〔註67〕（明）釋德清：《楞嚴通議》，卷1，頁138。

的論述，以五乘中的人、天二乘和佛乘為討論對象。釋德清用此五乘架構安排三教，並將儒家判入人乘、道家判入天乘，是以佛教的立場指出二教思想都屬於迷妄之心，未及如來藏清淨心，因此仍陷落在生死無明之中。《觀老莊影響論》中，釋德清曾將他使用的五乘判教結構予以說明：

> 所言十界，謂四聖六凡也；所言五教，謂小、始、終、頓、圓也；所言五乘，謂人、天、聲聞、緣覺、菩薩也，佛則最上一乘矣。然此五乘，各有修進，因果階差，條然不紊。……佛則圓悟一心，妙契三德，攝而為一，故曰圓融；散而為五，故曰行布。然此理趣，諸經備載。由是觀之，則五乘之法，皆是佛法；五乘之行，皆是佛行。良由眾生根器大小不同，故聖人設教淺深不一，無非應機施設，所謂教不躐等之意也。由是證知：孔子，人乘之聖也，故奉天以治人；老子，天乘之聖也，故清淨離欲，離人而入天；……佛則超聖凡之聖也，故能聖能凡，在天而天，在人而人，乃至異類分形，無往而不入。且夫能聖能凡者，豈聖凡所能哉？據實而觀，則一切無非佛法，三教無非聖人，若人若法，統屬一心。……原彼二聖，豈非吾佛密遣二人，而為佛法前導者耶？〔註68〕

釋德清運用十法界和五乘的概念，和天台、華嚴判教所使用的五教概念，將三教思想予以融攝判釋。「各有修進，因果階差，條然不紊」說明了五乘有其修進的階序，因此人、天乘不可能躐等凌駕聲聞、緣覺、菩薩，更遑論是佛乘，以此五乘判教結構，釋德清將儒、道思想置於低於佛乘（佛教思想）的位階，但亦保存了儒道作為基礎教化的地位和意義。「五乘之法，皆是佛法；五乘之行，皆是佛行」一語則將儒道思想也歸攝入佛法之中，而佛之所以可以統攝儒道，乃是因為佛妙悟一心，因而能統攝亦本於一心的儒道思想，這裡即與上述的一心概念相結合。由此可見，五乘亦皆與妙悟一心與否有關，其妙悟的程度與實踐的行為，決定了所屬的階層。釋德清認為佛教統攝三教，而儒道二教的作用乃是為了施教根器較淺、無法直接領會佛法的眾生，所以「眾生根器大小不同，故聖人設教淺深不一，無非應機施設」解釋了儒道對佛教之意義，也為他稱「原彼二聖，豈非吾佛密遣二人，而為佛法前導者」埋下伏筆，這也是為什麼他稱莊子是在待佛印決其思想。

　　為了使佛法與儒道之間的關係更為明確，釋德清更進一步以釋迦牟尼和

〔註68〕　（明）釋德清：《觀老莊影響論・論教乘》，頁12～15。

自己的例子來說明五乘階序的推演：

> 原夫即一心而現十界之像，是則四聖六凡，皆一心之影響也。豈獨
> 人天爲然哉！究論修進階差，實自人乘而立，是知人爲凡聖之
> 本。……由是觀之，捨人道無以立佛法，非佛法無以盡一心，是則
> 佛法以人道爲鎡基，人道以佛法爲究竟，故曰：「菩提所緣，緣苦眾
> 生，若無眾生，則無菩提。」此之謂也。……故現身三界，與民同
> 患，乃說離欲出苦之要道耳。且不居天上，而乃生於人間者，正示
> 十界因果之相，皆從人道建立也。……且必捨父母而出家，非無君
> 親也，割君親之愛也；棄國榮而不顧，示名利爲累也；擲妻子而遠
> 之，示貪欲之害也；入深山而苦修，示離欲之行也；先習外道、四
> 徧處定，示離人而入天也。捨此而證正徧正覺之道者，示人天之行
> 不足貴也。成佛之後，入王宮而舁父棺，上忉利而爲母說法，示佛
> 道不捨孝道也；依人間而說法，示人道易趣菩提也；假王臣爲外護，
> 示處世不越世法也。……竟不知吾佛教人出世，以離欲之行爲第一
> 也，故曰：「離欲寂靜，最爲第一。」以余生人道，不越人乘，故幼
> 師孔子；以知人欲爲諸苦本，志離欲行，故少師老莊；以觀三界唯
> 心，萬法唯識，知十界唯心之影響也，故皈命佛。〔註69〕

人乘是修進的首階，因此人乘雖處於五乘之末，卻也是五乘之初，雖然境界
最低，卻也不能躐等而逕入天乘。「捨人道無以立佛法，非佛法無以盡一心，
是則佛法以人道爲鎡基，人道以佛法爲究竟」，正是由此階差不可躐等的論點
出發所構成的辯證關係，也揭示了所有的修進都是以佛法爲最終理想，因此
不僅人道以佛法爲究竟，實際上是五乘皆以佛法爲究竟。釋德清以釋迦牟尼
爲例，釋迦牟尼生於人間，代表佛教亦以人道爲最初、最基本的入道之處；
但人有我執、有欲求，所以釋迦牟尼捨棄國家、父母妻子，修行苦行與外道，
彰顯了由人道而修進天道，追求由人乘入天乘的境界提升。釋德清此處以修
外道爲「離人而入天」，也呼應了老莊與儒家的差別，以及老莊亦是外道，不
過其所代表的天乘，仍高於孔子所代表的人乘。最終，釋迦牟尼捨棄人天二
乘，方能入於佛乘。但成佛之後的釋迦牟尼並非安居於佛乘，而是涉入人間，
克盡孝道，說法講道，並尋求政治的支持與庇護以推廣佛法。釋德清強調佛
的這些行爲，是有他自己的生命經驗作爲深刻感受，所以加以深刻著墨：釋

〔註69〕 （明）釋德清：《觀老莊影響論・論行本》，頁22～26。

德清對母親極爲孝順，他認爲佛教僧徒仍必須憑藉政治力量推廣佛法和經典，因而將釋迦牟尼塑造爲融合世法和出世法的世尊形象。世法和出世法相融不悖的世尊，可作爲釋德清涉足政治以推廣佛法的有力支持，更可以讓他以此向堅持叢林、反對佛教僧徒涉足政治的學術社群辯駁。釋德清強調佛法主張離欲以超越人乘，此一觀點亦遍布《莊子內篇註》中：身爲天乘的老莊思想，與人乘的孔子思想，最關鍵的差異，就是離欲與否。最終，釋德清以自身經驗爲例，指出自身的學習經驗亦依循五乘之階序：以人道爲基礎、爲進路，所以先學孔子人乘之道；後知人欲爲苦本，所以轉習以離欲爲修行目標的老莊之學；最終領會「三界唯心，萬法唯識」，所以學佛以求妙悟一心。

　　綜論釋德清的境界階層（五乘）和一心、法界的關係後，必須進一步探討生成萬法的「唯識」：

> 老氏所宗虛無大道，即《楞嚴》所謂「晦昧爲空，八識精明之體也。」然吾人迷此妙明一心，而爲第八阿賴耶識；依此而有七識，爲生死之根；六識爲造業之本，變起根身器界生死之相，是則十界聖凡，統皆不離此識，但有執破染淨之異耳。以欲界凡夫，不知六塵五欲境界，唯識所變，乃因六識分別，起貪愛心，固執不捨，造種種業，受種種苦，所謂人欲橫流。故孔子設仁義禮智教化爲隄防，使思無邪，姑捨惡而從善，至於定名分、正上下。然其道未離分別，即所言靜定工夫，以唯識證之，斯乃斷前六識分別邪妄之思，以袪鬥諍之害；而要歸所謂妙道者，乃以七識爲指歸之地，所謂生機道原，故曰「生生之謂易」是也。至若老氏以虛無爲妙道……且其教以絕聖棄智，忘形去欲爲行，以無爲爲宗極，斯比孔則又進。觀生機深脈，破前六識分別之執，伏前七識生滅之機，而認八識精明之體，即《楞嚴》所謂「罔象虛無，微細精想」者；以爲妙道之原耳，故曰「惚兮恍兮，其中有象；恍兮惚兮，其中有物」；以其此識，乃全體無明，觀之不透，故曰「杳杳冥冥，其中有精」；以其識體不思議熏，不思議變，故曰「玄之又玄」，而稱之妙道；以天地萬物皆從此中變現，故曰「天地之根，衆妙之門」；不知其所以然而然，故莊稱自然。且此老乃中國之人也，未見佛法而深觀至此，可謂捷疾利根矣。借使一見吾佛而印決之，豈不頓證眞無生耶？〔註70〕

〔註70〕　（明）釋德清：《觀老莊影響論・論宗趣》，頁 26～29。

依照唯識宗的說法，識有八種，分別爲眼識、耳識、鼻識、舌識、身識、意識、末那識和阿賴耶識（或稱阿黎耶識、藏識）。〔註71〕釋德清在運用的唯識的觀念，並將之與一心統攝融合起來，這並非他的創舉，《大乘起信論》和宗密、永明延壽等基本上都曾嘗試將唐代發展的不同宗派予以融合，他不過是吸收相關的論點以建立「唯心識觀」的理論。此處無意詳細解說釋德清所運用的各種術語概念，諸如六塵、五欲、五蘊、色法等等，這些是「唯心識觀」理論的「萬法唯識」中使用並構成其宇宙觀的概念與術語，若要研究釋德清如何將此套理論擴及其他佛典詮釋，並以此統攝不同佛典的各個論域，就應當細膩分析統合各概念在他詮釋中的定義。但在儒道經典的詮釋中，釋德清並不分析詮釋這些概念術語，因此我們只須瞭解六識、七識和八識概念基本的定義，就能理解他如何詮釋儒道所認知的眞理，以及如何判釋儒道的境界。

釋德清認爲，眼、耳、鼻、舌、身、意六識是凡聖皆有，六識也是變現世間萬法的根本，但依聖凡的執著或照破、染污或清淨，而有境界的差異。人間之所以有人欲，孔子之所以用仁義禮智來教導世人，正是爲了對治六識染污所生的各種欲望妄想，所以釋德清認爲孔子之道乃是第七識末那識，以思量自制、不隨六識欲求起舞而定止己心；他以思無邪、捨惡從善、「生機道原」來詮釋孔子之道，即認爲孔子之道雖然斷前六識（六根之識）的邪妄之思，但仍有分別（善惡是非分別），並且認爲六識所變現之現象爲實有，所以著重的是萬事萬物之生生。

道家則不然，釋德清認爲道家老莊已看透萬法乃心識變現，但非實有的虛無本質，並且以「絕聖棄智，忘形去欲爲行，以無爲爲宗極」，斷絕對現象世界萬法的分別意識。絕聖棄智在此即絕棄儒家的生機道原，意即「伏前七識生滅之機」，不再從生衍萬物、有爲以對治六識的方法看待世界，而是要人捨棄我執、忘卻形軀以止息由此而生的各種欲望妄想。因此，釋德清認爲道家老莊萬物皆由道而生、皆歸於道的觀點，是認知到了八識精明之體，亦即阿賴耶識——生起宇宙萬法的藏識——是宇宙萬物萬法的本源。釋德清運用《老子》文句來證成他的論點，實際上他的理論未必合乎老莊的思想，但在「唯心識觀」的理論系統內，他的論述仍具一定的邏輯，並以此與上述五乘境界階層孔（人乘）——老莊（天乘）——佛（佛乘）相符應：孔子以第七

〔註71〕參見于凌波：《唯識三論今詮》（臺北：東大圖書有限公司，1994年），頁33。

識為妙道，老莊以第八識為妙道，佛則妙悟一心，所以孔子境界低於老莊，老莊又低於佛，這乃是因為三者之學有淺深不同的關係，而判定的關鍵在於三者認定的道之本體為何。老莊以第八識為妙道，第八識的特質是萬法由此變現（天地萬物皆從此中變現），是宇宙萬法之根源（妙道之原），非感官所能察覺（以其此識，乃全體無明，觀之不透），不斷生成變化、無法掌握（以其識體不思議熏，不思議變），這與老莊對道的界義非常類近，但用來詮釋的理論則完全是唯識學。釋德清經由此一論述將儒道安置入他「唯心識觀」的理論架構中，同時賦予佛教僧徒以佛教立場詮釋三教關係的理論基礎。

在《觀老莊影響論》中，釋德清並沒有很明白解釋第八識和一心之間的關係，以及第八識究竟由何而來。《楞嚴通議》則明確指出，第八識之由來，乃眾生迷此如來藏心所致：「意謂如來藏性，唯一堅密身，了無能所，本不可入。良由一念妄動，遂起無明，迷此真心而為八識，所謂識精元明也。」〔註72〕眾生生起妄念，引起無明，所以迷此如來藏心，使真心轉為第八識，而第八識又被釋德清稱之為「識精元明」。「識精元明」此一概念，是指第八識變現世間萬法萬物，雖是迷妄所致，但其根本仍是真心，若能去妄破執，仍能還歸真心。〔註73〕然而，這裡牽涉到一個問題：我們要怎樣才能去妄破執呢？關於這個問題，釋德清提出的解決之道是一心三觀，也就是他詮釋《老子》和《莊子》時經常提及的人天止觀。

三、一心三觀的工夫論

釋德清在詮釋佛典時——無論是《大乘起信論》、《楞伽經》、《圓覺經》或《楞嚴經》——都耗費一定的篇幅強調或解釋一心三觀的重要性。一心三觀是佛教重要的工夫論，雖然釋德清未必是依循龍樹中觀的理解與界義來定義假、空、中三觀，但在他的「唯心識觀」中，一心三觀正是修行復歸一心

〔註72〕（明）釋德清：《楞嚴通議》，卷3，頁269。
〔註73〕（明）釋德清：《楞嚴通議》，卷1，頁147～148：「諸修行人不能得成無上菩提，乃至別成二乘外道、諸天魔王，正為惑之所使，由不得知真妄二種根本，故錯亂修習耳。二根本者，一者眾生所迷生死根本，即汝今者用攀緣妄想心為自性者是也；二者諸佛所證菩提涅槃清淨體，即汝今者識精元明，能生諸緣，以認諸緣而遺失者是也。由諸眾生失此本明，故枉受生死。識精乃八識之體，元明乃本覺妙明真心。由諸眾生迷此本妙明心，變為識精而起妄想，意將先破妄想，次破識精，而本覺真心乃顯。」

的觀法。〔註74〕然而，儒道二教雖然也強調定止、觀照的工夫，卻很難找到跟佛教三觀完全一致或類近的敘述，所以釋德清在解讀儒道經典時，多是側重儒道的止觀工夫，或至多強調老莊有類似佛教假觀的止觀工夫。釋德清不以三觀而以止觀來解釋儒道的工夫論，還有一個非常關鍵的原因，即儒家以現象世界為實有，所以根本不可能提出以觀色相為假有的假觀；道家雖然勉強可以稱其觀萬物萬法為虛無，由此有類似佛教假觀的修行工夫，但對道家而言，道還是實有，所以不可能進到空觀的境地。不過，也正因為釋德清「唯心識觀」理論中，修證如來藏真心的工夫是一心三觀，而儒道本身缺乏這部分的工夫論，他也順理成章地以此判釋儒道無法到達佛的究竟境界。

「唯心識觀」以一心為三界萬法之根源，三教之工夫論所欲達致的目標，即是返歸一心，所以釋德清指出五乘修行工夫，著重點皆在修心，而其根本皆為止觀：

> 吾教五乘進修工夫，雖各事行不同，然其修心，皆以止觀為本。……
> 孔氏亦曰：「知止而後有定。」又曰：「自誠明。」此人乘止觀也。
> 老子曰：「常無，欲以觀其妙；常有，欲以觀其徼。」又曰：「萬物
> 並作，吾以觀復。」莊子亦曰：「莫若以明。」……至若黃帝之退居，
> 顏子之心齋，丈人承蜩之喻，仲尼夢覺之論，此其靜定工夫，舉皆
> 釋形去智，離欲清淨，……此天乘之止觀也。〔註75〕

> 《老子》一書，向來解者，例以虛無為宗，及至求其入道工夫，茫
> 然不知下手處。故予於首篇，將觀無、觀有一觀字，為入道之要，
> 使學者易入。然觀照之功最大，三聖人皆以此示人。……佛言止觀，
> 則有三乘止觀，人天止觀，淺深之不同。若孔子，乃人乘止觀也；
> 老子，乃天乘止觀也。然雖三教止觀淺深不同，要其所治之病，俱
> 以先破我執為第一步工夫。〔註76〕

孔子較少用及「觀」字，因此釋德清稱儒家止觀工夫的重點在於定止，即定止一心，不隨六識起舞，以仁義禮智禁絕自身流入妄想欲望之中，此為人乘

〔註74〕 （明）釋德清：《楞嚴通議》，卷1，頁97：「蓋釋迦世尊所秉盧舍那佛一實印，是謂微密一心，而空、假、中三觀法門，乃為破惑之利具。」關於三觀的實際內涵，可參見《楞嚴懸鏡》，頁18～19。
〔註75〕 （明）釋德清：《觀老莊影響論‧論工夫》，頁19～20。
〔註76〕 （明）釋德清：《老子道德經解‧發明工夫》，頁46～47。

止觀；然而儒家還是認知萬事萬物為實有，所以仍有我執、仍有人欲，所以以第八識爲妙道的道家，就特別強調觀照破執的工夫，透過忘形去智，捨離儒家所執求的人欲，以達到去我執的境地，此爲天乘止觀。對釋德清而言，三教皆是聖人，三教止觀目的皆是破我執爲第一步工夫，孔子不是不知定止工夫不能完全破除我執，但對人乘學淺之人，不能凌躐階差，否則他們亦無法接受理解；老子知曉孔子之心，而更進一層，由止而強調觀照工夫，使學有所進之人能循此而忘形釋智，洞觀萬法爲假有、流轉不定，老子之觀法亦即佛教的假觀，讓學者洞察世間萬物萬法乃唯識變現，熏習而成，並非恆常不變。依循此理論來判釋三教，則老莊最多也僅能觸及一心三觀中的假觀，他們理解的妙道亦僅是第八識阿賴耶識，想要返歸一心，則必須仰賴佛法的一心三觀。

　　一心三觀是釋德清經典詮釋理論裡極爲關鍵的工夫論，詳細的階序與內容可以參考《圓覺經直解》。在他的莊學體系裡，最多僅涉及假觀，而未及空觀與中觀。在《楞嚴通議》中，釋德清強調三觀是依如來藏清淨心而建立，目的在於分辨洞見萬法之本原眞妄，而迷失眞心、陷入妄想欲望的人，則能依循三觀的修行，返歸一心。〔註 77〕在《楞嚴通議‧序》中，他也指出一心三觀是他用以詮釋、理解經典內容的詮釋方法：「是夜秉燭述《懸鏡》一卷，乃依一心三觀融會一經，爲迷悟不出一心，究竟不離三觀，以提大綱，但以理觀爲主。」〔註 78〕此處「依一心三觀融會一經」是指以一心三觀爲核心觀念來詮釋《楞嚴經》，若通觀《楞嚴通議》，則明顯可見釋德清將佛說法的部分依序分爲假觀、空觀和中觀，嚴格依循三觀的階序，並指出佛藉由三觀修行之法，教阿難修此三觀而歸返一心。

　　此即「唯心識觀」理論中，一心（唯心，三界唯心）、唯識（萬法唯識）和三觀（假、空、中道三觀，二乘止觀）概念的主要內涵與彼此辯證融攝的關係。

　　釋德清在《莊子內篇註》如何運用一心三觀以詮釋莊子思想，下章將予以分析。不過，《莊子內篇註》中提到觀法的部分並不多，原因或許有三：第

〔註77〕（明）釋德清：《楞嚴懸鏡》，頁 10：「蓋迷眞逐妄，遂沈生死之流，今欲返妄歸眞，須建依眞之行，而此經者，蓋以一味清淨法界如來藏眞心爲體，依此一心建立三觀，以此三觀還證一心，故曰：『無不從此法界流，無不還歸此法界。』」
〔註78〕（明）釋德清：《楞嚴通議‧序》，頁 88。

一，《莊子》中出現的觀字雖多，但內篇僅出現七次，且多為狀態義或觀看義，較無工夫論的指涉，因此釋德清很難由此發揮；第二，《道德經解》中對於道家系統中「觀」的工夫有較多闡釋發揮，釋德清或許希望讀者藉由兩個文本的互讀來理解道家系統中觀的工夫；第三，對釋德清來說，道家所理解的大道並非他所謂的如來藏清淨心、真常心，因此老莊觀的工夫並不究竟，甚至僅止於假觀而已。因此釋德清很難在《莊子》文本中引入一心三觀的工夫，因為如果他耗費篇幅來闡釋一心三觀的工夫論，但最後卻僅能告訴讀者：「莊子的工夫境界僅止於假觀」，反而導致他在詮釋中直接貶抑莊子思想，就會和他之前推崇莊子思想的基調，產生嚴重的衝突。

因此，若要對唯心識觀中一心三觀的工夫有較全面的理解，應從《楞嚴懸鏡》對一心三觀的解釋入手。畢竟唯心識觀雖是釋德清三教經典詮釋的主要理論，但關於理論關鍵概念的闡釋卻主要集中在《楞嚴懸鏡》、《楞嚴通議》、《圓覺經直解》、《大乘起信論疏略》等著作中，讀者必須經由閱讀這些經典，互文融攝之後，才能真切理解釋德清經典詮釋所欲揭櫫的意義。

四、唯心識觀在《莊子內篇註》之應用

在互文詮釋一節中，筆者已指出釋德清在詮釋〈齊物論〉時，如何運用互文詮釋和「唯心識觀」將假觀概念引入《莊子》詮釋，以下則再舉數例說明他如何運用「唯心識觀」來詮釋《莊子》：

> 言天籟者，乃人人發言之天機也；吹萬不同者，意謂大道本無形聲，托造物一氣，散而為萬靈，人各得之而為真宰者，如長風一氣而吹萬竅也。……使其自己者，謂人人迷其真宰之一體，但認血肉之軀為己身，以一偏之見為己是，故曰「使其自己」，謂從自己而發也。〔註79〕

> 言此真君，本來不屬形骸，天然具足。人若求之而得其實體，在真君亦無有增益；即求之而不得，而真君亦無所損。即所謂不增不損，迷之不減，悟之不增，乃本然之性真者。此語甚正，有似內教之說。但彼認有箇真宰，即佛所說識神是也。〔註80〕

〔註79〕 （明）釋德清：《莊子內篇註·齊物論》「敢問天籟？子綦曰：『夫吹萬不同，而使其自己也』」注，頁198。

〔註80〕 （明）釋德清：《莊子內篇註·齊物論》「如求得其情，與不得，無益損乎其真」注，頁207～208。

在「唯心識觀」中，釋德清指出老莊所認知的虛無妙道是第八識阿賴耶識，所以他在詮釋《莊子》的眞宰時，就以「彼認有箇眞宰，即佛所說識神」來定義，而識神即藏識，即第八識阿賴耶識。藏識和一心都是眾生本有的，但迷而爲識心，悟而爲眞心，所以他稱「人人迷其眞宰之一體，但認血肉之軀爲己身，以一偏之見爲己是」。這即「唯心識觀」所言一有妄想則迷此眞心，迷此眞心遂有我法二執，執著這個血肉之軀，就會以血肉身軀之我的名利、欲望爲追求目標，陷入逐欲的不復之境裡。不過，釋德清在詮釋《莊子》時，雖運用了「唯心識觀」的理論，但行文之中卻常提及性眞、眞心，這些術語或概念比較不似指涉老莊妙道（第八識），而比較是指一心。因此在第二段引文中，性眞、眞君應指一心（眞心），而與眞宰是分屬兩個概念，但依「唯心識觀」，眞心和識心皆本於如來藏清淨心，只是迷悟之別（執與不執）而已。

在《莊子內篇註》中，釋德清依循《莊子》之文詮釋時，多指出莊子談及忘形、離欲，與佛教的假觀相同，但幾乎不及空觀，遑論中道觀。因此在詮釋〈德充符〉「寓六骸，象耳目，一知之所知」時，即稱莊子此說爲「即佛說假觀，乃即世間出生死之妙訣，正予所謂修離欲禪也。」〔註81〕在〈應帝王〉壺子示（四）相的寓言故事中，則揭示止觀辯證階序：

> 以下三見壺子，示之以安心不測之境，此即佛門之止觀，乃安心之法也。地文，乃安心於至靜之地。此止也。〔註82〕
>
> 天壤，謂高明朝曠之地，此即觀也。〔註83〕
>
> 踵，最深深處也。言自從至深靜之地而發起照用，如所云即止之觀也。〔註84〕
>
> 言動靜不二也。初偏於靜，次偏於動，今則安心於極虛，動靜不二，猶言止觀雙運不二之境也。〔註85〕
>
> 宗者，謂虛無大道之根宗，安心於無有，了無動靜之相，即佛氏之

〔註81〕（明）釋德清：《莊子內篇註・德充符》，頁346～347。

〔註82〕（明）釋德清：《莊子內篇註・應帝王》「以告壺子，壺子曰：『鄉吾示之以地文。」注，頁443。

〔註83〕（明）釋德清：《莊子內篇註・應帝王》「列子入，以告壺子。壺子曰：『鄉吾示之以天壤。」注，頁444。

〔註84〕（明）釋德清：《莊子內篇註・應帝王》「而機發於踵」注，頁444。

〔註85〕（明）釋德清：《莊子內篇註・應帝王》「列子入，以告壺子。壺子曰：『吾鄉示之以太沖莫勝。」注，頁444～445。

攝三觀於一心也。〔註86〕

壺子所示四相之階序爲地文、天壤、太沖莫勝和未始出吾宗，釋德清將之解讀爲止、止之觀、止觀雙運不二、攝三觀於一心。止是安一心處於至靜之境，止之觀則由止到觀，即由至靜而轉爲動，照見萬法之生成變法、觀照自我與他者。由靜而動，則靜的狀態就被打破，但釋德清認爲第三階修行是達到止觀雙運不二，在觀照的同時，內心亦處於至靜。最終，釋德清以「唯心識觀」所舉出的一心三觀，來詮釋壺子所示的未始出吾宗之相，認爲此即佛氏之攝三觀於一心，則壺子實際上已達到佛的境地，即復返如來藏清淨心。在此，釋德清並沒有將假、空、中道三觀一一對應到壺子的四相中，這應當是受限於《莊子》文本內容，而他也不願過度詮釋，因而僅以止觀的辯證來闡述止觀修行的階序與進程，最終則能臻至一心三觀的境界。「宗者，謂虛無大道之根宗，安心於無有，了無動靜之相」，意謂莊子在此處所指的「宗」乃是虛無大道——即第八識識精元明——的根本，即未迷之前的如來藏清淨心，此一論點亦根據「唯心識觀」的理論而來。

從釋德清《莊子內篇註》的詮釋來看，我們也較能理解他爲何將莊子置於儒道和佛法之間的橋梁地位，因爲他認爲莊子的思想認知遠比老子更深刻高遠，因此能認知到眞心、一心三觀，卻無法運用佛教的理論來解釋，所以必須待佛印決。無論是否贊同釋德清的詮釋，但他確實建構了一系統嚴密的「唯心識觀」詮釋理論與操作方法，藉此安頓三教思想，並爲佛教僧徒提供了一套完備的經典詮釋方法和世界觀，足以與晚明當時立基於儒道所建立的理論相抗衡。

第五節　小結

釋德清運用於經典詮釋的方法，其主要的理論基礎是「唯心識觀」：因爲由眾生皆具一心，萬法皆由一心所生，因此保證了以心會心的可能性；三教思想皆在五乘架構之中，三教聖人皆本乎一心，則三教經典皆不出一心，所以不同系統的文本可以相互跨涉、概念亦可相互會通，只要以「唯心識觀」的理論爲依準即可；最後，落實到《莊子》文本詮釋，釋德清在詮釋《莊子》

〔註86〕　（明）釋德清：《莊子內篇註‧應帝王》「壺子曰：『鄕吾示之以未始出吾宗。』」註，頁446。

書中的特殊概念，如眞宰、眞君時，也使用了「唯心識觀」理論來賦予各概念意涵，並援引止觀和一心三觀來解讀莊子的工夫論。

　　釋德清在《莊子》詮釋方法論域中，援引佛教前行學者的觀點，並自行融合建構出一套完密、以佛教思想爲基礎、以佛教爲主要立場的詮釋方法論述，而這一套詮釋方法論述足以和其他詮釋方法論述相抗衡。這也回應了本論文第二節所強調的，釋德清詮釋《莊子》的目的動機之一，就是建構出一套以佛教立場爲基礎的論述，而「唯心識觀」可說是最嚴密且最足以代表佛教立場以統攝三教的理論。

　　釐清釋德清的《莊子》詮釋方法，就能回歸到《莊子內篇註》，分析在以「唯心識觀」爲詮釋理論下，運用上述的詮釋方法所撰述的《莊子內篇註》，統整歸納文本結構和思想體系，重構釋德清的莊學體系。

第五章 文本論：《莊子》內外思想結構之建構與辯證聯結

第一節 篇章形式關係與內在意義的互攝

　　《莊子》一書的分篇原因與概念，從魏晉以降就一再被提出討論，「內篇為《莊子》所作、莊子思想精華與哲學依準，外雜篇則可能混雜了莊子學派、戰國乃至秦漢學莊者與莊子本身的片段著作」，這樣的觀點與看法，從宋代開始質疑《莊子》文本眞僞時，逐漸形成且幾乎爲所有莊學詮釋者接受的主流認知。民國以降，雖然《莊子》一書的作者、篇章的分類意義與篇名的實際意涵仍是莊學研究的主要課題，但以內七篇爲眞、爲要、爲莊子思想的主要依據，幾乎已是一般共識。〔註1〕

　　以本論文提出的論域概念區分，我們可以將文本論域視爲主論域，而內部涵攝了文本的外在形式結構和內部思想兩個次論域，以此分別《莊子》詮釋者對《莊子》分篇的原因及刪減歸整標準、篇章名稱意涵與主旨、篇章名稱與主旨間的意義連結等外在形式的討論，與實際落實到文本文章段落、探討文章段落體現的作者思想、對文章內部矛盾或衝突的如何詮釋調整等內在

〔註1〕雖然學術界主流意見是以《莊子》內篇爲莊子所作，其思想義理的水準最高也最具代表性，但《莊子》應當非一人一時之作，而是集體創作的結果，內篇則代表了這群體最細緻、精密的思想結晶。相關的見解與論證，參見顏樞：《《莊子》養生論體系之重構》（東華大學中國語文學系碩士論文，2015年），頁61～68。

意義的萃取，然後落實到詮釋文本本身，觀察詮釋者如何將兩者辯證融合，構成一具備體系且邏輯完整的詮釋。當然，文本論無論在討論外在形式或內在思想時，都必然牽涉連動經典詮釋者的作者論；文本論的形塑與建構，也意謂詮釋者提供讀者一個關於《莊子》的整體面貌和閱讀視角，而這個整體面貌和閱讀視角可能和其他詮釋者提供的不盡相同；建構這個文本論所需的詮釋方法，則仰賴方法論，詮釋者不可能仰賴主觀想法隨意論斷《莊子》外在形式與內在思想結構，他仍須仰賴一套方法分析外在形式和內在思想，並予以相互連結成具備內在邏輯一致性的論述。

《莊子》分章分篇的標準、原因和歷史脈絡，我在《王雱《南華眞經新傳》思想體系詮構》第二章第二節曾整理郭象、成玄英、王雱、陳景元對分篇標準和各篇篇名意義聯結，予以概述，並指出在蘇軾之前，並沒有人對郭象定本《莊子》提出篇章眞僞的問題。〔註2〕釋德清與郭象、成玄英、王雱和陳景元一樣，都認爲《莊子》內篇乃莊子思想的精華，而外雜篇雖以事例爲主，但本身沒有眞僞問題，都是莊子所作。〔註3〕這和當時廣爲流傳的林希逸《莊子口義》、陸西星《南華眞經副墨》和焦竑的《莊子翼》，認定《莊子》外雜篇摻入僞篇的觀點不同，而這也是晚明莊學文本論域的爭論焦點。〔註4〕

釋德清在解釋內七篇之間的內在聯結，和成玄英與王雱詮釋內七篇內在聯結的方式非常不同。成玄英和王雱解釋內七篇之間的聯結，採用的是「直線遞進」思維，篇與篇之間的關係是前後遞承，但彼此之間是否以某個關鍵事物或概念串接，則未必有清楚交代；釋德清採取的是「辯證融攝」思維，他會在解讀篇旨時，透過某些概念、物事將不同的篇章予以辯證融攝，彷彿以隱約可見的線索將不同篇章串接在一起，而不僅僅從篇章排列的次序來理解篇章之間的關係。

成玄英解釋篇章聯結，是以修行的進程理解，所以一開始以「所以〈逍

〔註2〕 沈明謙：《王雱《南華眞經新傳》思想體系詮構》（臺灣師範大學國文研究所碩士論文，2008年），頁31～50。

〔註3〕 （明）釋德清：《莊子內篇註・序》，頁153：「一部全書三十三篇，只內七篇已盡其意，其外篇皆蔓衍之說耳。」釋德清稱外篇爲蔓衍之說，並非否定外篇，而是指外篇多是事例，就像《韓詩外傳》用故事來解釋或運用《詩經》一樣。

〔註4〕 明代的文本論域中關於《莊子》分篇意義、篇章的眞僞與歸屬架構（例如有人就直接將外雜篇打散入派入內篇）、章節眞僞問題的討論非常多元複雜，因此明代《莊子》文本論的外在形式結構問題是可以另文探討的。

遙〉建初者，言達道之士，智德多敏，所造皆適，遇物逍遙，故以〈逍遙〉命物」〔註5〕解釋〈逍遙遊〉之篇名意義與篇旨，重點在具有智德、無境不適的達道之士，他面對外物境遇都逍遙自得，因此以〈逍遙遊〉爲首篇之名義及篇旨所在。在解釋〈齊物論〉時，則從「無待聖人」著墨，而〈養生主〉到〈大宗師〉都在討論無待聖人的各種特質、修養和境界，大抵依循「內聖外王」的結構來詮釋無待聖人；而〈應帝王〉則從無待聖人轉向以古之眞聖來比擬今之聖人，稱古之眞聖「知天知人，與造化同功，即寂即應，既而驅馭羣品，故以〈應帝王〉次之」。〔註6〕從成玄英的闡釋來看，「知天知人，即寂即應」是內聖，「驅馭羣品」是外王，雖然他是在討論「古之眞聖」，但實際上也是在說今之「無待聖人」；而他使用「次之」來固定篇章之間的前後次序，也強調篇章的內在意義是直線遞進的，即外在形式與內在意義是同時符應固著的，不可更改。這樣的敘述在王雱手上獲得進一步的發揮，此處以王雱《南華眞經新傳》對〈齊物論〉和〈養生主〉篇名意義與篇旨解釋爲例：

> 萬物受陰陽而生，我亦受陰陽而生，賦象雖殊，而所生同根。惟能知其同根則無我，無我則無物，無物則無累。此莊子所以有〈齊物〉之篇也。〔註7〕

> 夫齊物者必無我，無我者必無生，無生所以爲養生之主，而生之所以存，此莊子作〈養生主〉之篇而次之於〈齊物〉也。〔註8〕

王雱在解釋〈齊物論〉篇名意義和篇旨時，萬物與我皆因爲接受陰陽變化而生成，從皆受陰陽而生這個角度來看，我與萬物具有相同根源（同根）；知曉並承認我與萬物同根，就不會強行區分我與他者的差異，王雱稱此爲「無我」，意即解消以我爲中心、強行區別我與萬物差異的觀念，而一旦我能捐棄分別心態，就能與萬物並齊而沒有分別（從心態觀念上認同萬物與我根源相同）。王雱的解釋比成玄英更好的地方在於，他會運用某個概念或事物來建構前後篇章的聯結，而不是將可見的外在形式聯結直接等同內在意義聯結。所以在解釋〈養生主〉篇名意義和篇旨時，王雱先用「夫齊物者必無我」引出〈齊物論〉的篇名意義和篇旨，接著說「無我者必無生，無生所以爲養生之主」

〔註5〕　（清）郭慶藩輯：《莊子集釋・莊子序》，頁34。
〔註6〕　（清）郭慶藩輯：《莊子集釋・莊子序》，頁34。
〔註7〕　（宋）王雱：《南華眞經新傳・齊物篇》，收入《景印文淵閣四庫全書》（臺北：臺灣商務印書館，1986年）第1056冊，頁356下。
〔註8〕　（宋）王雱：《南華眞經新傳・養生主篇》，頁367下

將兩篇篇名意義和篇旨予以聯結，構成了關係更爲緊密強烈的直線遞進——王雱尤其喜歡用「必」來強調兩種不同概念之間的關係。最後王雱以「作〈養生主〉之篇而次之於〈齊物〉」，依循成玄英的「某篇次之」的表述方式，將內在意義與外在形式聯結整合爲一。無論成玄英或王雱，他們對內七篇篇名意義、篇旨和彼此聯結的解釋，雖成功整合外在形式（篇章次序）和內在意義，卻是建立在前後存在某種絕對次序和遞進關係的前提下，而不是將內七篇的篇名意義和篇旨交織融攝在一起。

釋德清詮釋內七篇的外在形式與內在意義時，所採用的是「辯證融攝」思維。他承認內七篇的外在形式具有特定意義，但卻不固著在外在形式的前後次序上，而是在強調前後兩篇篇名意義和篇旨之間的聯結關係之外，還透過相同的概念或觀念來聯結不同篇章。他認爲，篇章之間，並非僅是單向的後篇承繼前篇，而是前後篇概念，或不同篇章篇旨之間相互發明。

釋德清運用「辯證融攝」思維來解釋篇章之間的外在形式及內在意義，也提供了《莊子》詮釋的文本論域一種新的觀點和論述。首先以釋德清解釋〈逍遙遊〉和〈齊物論〉的篇名意義和篇旨爲例：

> 此爲書之首篇。莊子自云：「言有宗，事有君」，即此便是立言之宗本也。逍遙者，廣大自在之意，即如佛經無礙解脫。佛以斷盡煩惱爲解脫，莊子以超脫形骸，泯絕知巧，不以生人一身功名爲累爲解脫。蓋指虛無自然爲大道之鄉，爲逍遙之境，如下云無何有之鄉、廣漠之野等語是也。意謂唯有眞人能遊於此廣大自在之場者，即下所謂大宗師其人也。世人不得如此逍遙者，只被一箇我字拘礙，故凡有所作，爲自己一身上求功求名。自古及今，舉世之人，無不被此三件事苦了一生，何曾得一息之快活哉？獨有大聖人，忘了此三件事，故得無窮廣大自在逍遙快活；可悲世人，迷執拘拘，只在我一身上做事，以所見者小，不但不知大道之妙，即言之而亦不信。如文中「小知不及大知」等語，皆其意也。〔註9〕

> 物論者，乃古今人物眾口之辯論也。蓋世無眞知大覺之大聖，而諸子各以小知小見爲自是，都是自執一己之我見，故各以己得爲必是。既一人以己爲是，則天下人人皆非，竟無一人之眞是者。大者則從儒墨兩家相是非，下則諸子眾口，各以己是而互相非，則終竟無一

〔註9〕　（明）釋德清：《莊子內篇註・逍遙遊》，頁 154～156。

人可正齊之者。故物論之難齊也久矣,皆不自明之過也。今莊子意,若齊物之論,須是大覺真人出世,忘我忘人,以真知真悟,了無人我之分,相忘於大道,如此則物論不必要齊而是非自泯,了無人我是非之相,此〈齊物〉之大旨也。〔註10〕

解釋〈逍遙遊〉篇名意義與篇旨時,釋德清先引入「立言本意」作為判讀一篇篇旨的標準,而他在每篇提出、鎖定的「立言本意」,也成為引導甚至限定讀者理解文本的特定視域。讀者論、作者論和文本論藉由「立言本意」此一概念聯結在一起,也是釋德清《莊子》詮釋中極為關鍵的概念。釋德清在分析〈逍遙遊〉的立言本意時,首先以〈逍遙遊〉中的逍遙概念和佛經對比,指出「逍遙」的意義為「廣大自在」,類近於佛經的無礙解脫;如此筆法是刻意的安排,目的在於將莊子思想與佛法相縕合,造成讀者莊子思想近似佛法的第一印象,而這種筆法並非釋德清獨創,林希逸在《莊子口義》的〈發題〉與各篇詮釋,一再將莊子思想與儒家思想對比、提舉同異,就是採用此種筆法。然而,釋德清對文字的使用是非常精確的,當他用「即」聯結兩個句子的概念時,表示這兩個句子的概念是相等的;但當他用「如」聯結兩個句子或概念時,卻只是表示此兩句句義和概念是類近、近似,但不可以畫上等號。從「唯心識觀」的理論來看,老莊之道是第八識阿賴耶識(又稱為識精元明、識神),而佛法究竟是如來藏清淨心(又稱真心、真性、一心),因此老莊的境界和佛無法放在同一個平台上比較,這也是釋德清以「如」來聯結莊子境界和佛境界的原因。所以,釋德清以「佛以斷盡煩惱為解脫,莊子以超脫形骸,泯絕知巧,不以生人一身功名為累為解脫」來比較二者的不同,斷盡煩惱是我法二執皆斷盡,而超脫形骸、泯絕知巧、不以一身功名為累,還僅是斷卻我執而已。

釋德清在〈逍遙遊〉的立言本意中,言及了幾個他《莊子》詮釋的關鍵概念:第一,莊子之道的本質是虛無自然,體證莊子之道後所達到的境界是逍遙,也就是他所謂的「超脫形骸,泯絕知巧,不以生人一身功名為累」;第二,唯有真人——在釋德清的《莊子》詮釋中,真人、聖人、神人、至人是同一理想人格的不同稱呼——能體證逍遙境界,也就是唯有真人能體知大道,而真人就是大宗師,他以此將〈大宗師〉辯證融攝入〈逍遙遊〉之中;第三,釋德清在此區分出聖凡——不是四聖六凡意義下的聖凡,而是聖人(體

〔註10〕 (明)釋德清:《莊子內篇註・齊物論》,頁 189～190。

道者）和凡眾（迷執者）──的不同，中國思想相當重視對立概念的辯證整合，如陰陽、君民、聖凡，雖然在討論對立概念時，總是會涉及價值判斷，如陽好陰壞、君上民下、聖聰凡愚，但對立概念不能捨棄或缺少彼此而成立，所以陽缺少了陰就無法生成變化，君缺少了民就失去權力與治理國家的名義，聖少了凡就不能實現引導、教導凡眾成聖成賢的天職。在此釋德清先分別聖凡之別，但在《觀老莊影響論》中也說：「即此世界爲極樂之國矣，又何庸夫聖人哉？」〔註11〕所以聖人之存在，乃是因爲有愚迷凡眾、小知之人；第四，凡眾之所以愚迷，是因爲他們先有我執，從此我執而生種種功名欲望，而莊子之聖人沒有我執，所以能體證逍遙，這表示莊子的聖人斷絕的是我執，而未盡斷法執；第五，「可悲世人，迷執拘拘，只在我一身上做事，以所見者小，不但不知大道之妙，即言之而亦不信」一段，是爲引出「知」這個關鍵概念，而以此概念聯結〈齊物論〉。

在解讀〈齊物論〉的立言本意時，釋德清一開始以「蓋世無眞知大覺之大聖，而諸子各以小知小見爲自是，都是自執一己之我見，故各以己得爲必是」分殊眞知與小知，實際上就是對〈逍遙遊〉「小知不及大知」的闡釋與發揮，此處即可看見釋德清辯證融攝思維的落實，與王雱、成玄英的直線遞進思維有極大的不同。在解讀〈齊物論〉時，釋德清故意埋下伏筆，將眞知與大覺聖人聯結起來，並將大覺聖人與諸子並舉共列成對立概念，並運用正反合的辯證敘述指出：大覺眞人具備眞知而忘我忘人（正），諸子之小知根本於我執而造成物論紛紜（反）；若要平齊物論，必須大覺眞人出世，「以眞知眞悟，了無人我之分，相忘於大道，如此則物論不必要齊而是非自泯，了無人我是非之相」（合）。所謂大覺眞人，《莊子內篇註・齊物論》就明白指出：「言必待萬世之後，遇一大覺之聖人，知我此說，即我與之爲旦暮之遇也。意此老胸中早知有佛，後來必定印證其言。不然，而言大覺者其誰也耶？」〔註12〕釋德清認爲，〈齊物論〉中的大覺，就是佛教中的大覺者，也就是釋迦牟尼佛，若從此著眼，其實他也隱然將莊子列入諸子之列，而唯有佛法能消弭諸子物論，如此使莊子思想也落入佛教的籠罩之中。

其次，釋德清會直接表明各篇之間的辯證融攝或遞進推演，但他所謂的

〔註11〕　（明）釋德清：《觀老莊影響論・論行本》，頁23。
〔註12〕　（明）釋德清：《莊子內篇註・齊物論》「萬世之後，而一遇大聖，知其解者，是旦暮之遇也」注，頁261。

遞進推演是根據外在形式的篇章安排次第，但內在意義仍是辯證融攝：

> 此篇蓋言聖人處世之道也。然〈養生主〉乃不以世務傷生者，而其
> 所以養生之功夫，又從經涉世故以體驗之，謂果能自有所養，即處
> 世自無伐才求名，無事強行之過。其於輔君奉命，自無誇功溢美之
> 嫌，而其功夫又從心齋坐忘、虛己涉世，可無患矣。極言世故人情
> 之難處，苟非虛而待物，少有才情求名之心，則不免於患矣，故篇
> 終以不才爲究竟。苟涉世無患，方見善養生之主，實與前篇互相發
> 明也。〔註13〕

> 此言性得所養，而天眞自全，則去來生死，了無拘礙。故至人遊世，
> 形雖同人，而性超物外，不爲生死變遷者，實由得其所養耳。能養
> 性復眞，所以爲眞人。故後〈人間世〉，即言眞人無心以遊世，以實
> 庖丁解牛之譬，以見養生主之效也。篇雖各別，而意實貫之。〔註14〕

在〈人間世〉的立言本意中，釋德清詳細分析此篇與前篇〈養生主〉之間的
辯證融攝關係：〈養生主〉強調不以世務傷生，但若非眞正經過世事體驗，琢
磨鍛鍊，則人又如何能不被世務所傷，養得性眞？一旦養得性眞，就能體證
大道，斷卻我執，則「天眞自全，則去來生死，了無拘礙」，無論是出使國家
或輔佐君王，無論面對的是生死交關或得失利害，都沒有拘執罣礙。釋德清
在詮釋〈人間世〉與〈養生主〉時，將兩篇的概念、篇名意義、篇旨相互交
融辯證，構成一彼此循環的詮釋，這並非單純的以外在形式篇序來解釋兩者
的遞進關係。

　　將〈養生主〉和〈人間世〉辯證融攝還根本於釋德清對《莊子》篇章結
構意義的基本預設：內聖外王，而釋德清之所以特別強調內聖外王，又與他
「世出世法」不二的理念有關。在討論釋德清的詮釋動機時，曾提及他和釋
袾宏實屬同一思想群體但不同學術社群，兩人對佛教僧徒是否入世的看法其
實有極大的衝突。釋袾宏認爲佛教僧徒應該回歸叢林，避免過度涉足政治；
但釋德清秉持是出世法不二的觀念，認爲以世法推廣出世法，才能將佛法推
廣遍及一般凡眾。釋德清在《觀老莊影響論・論行本》以釋迦牟尼的生平爲
例，也是想強調這個觀點；他詮釋《莊子》刻意強調內聖外王，實際上也隱
含爲自己的世出世法不二的觀念建立支持論證的意圖。這裡提供了世出世法

〔註13〕（明）釋德清：《莊子內篇註・人間世》，頁293～294。
〔註14〕（明）釋德清：《莊子內篇註・養生主》，頁291。

如何可能的功夫論取徑：唯有入世經理世務，才能在事上磨練心性，養得真性，養得真性就能天真自全，如此則能「去來生死，了無拘礙」；能養得真性，就達到至人境界，如此入世就能不被世俗所染而徒生煩惱，而是「性超物外，不為生死變遷」，遊世以教化愚昧凡眾，救凡眾脫離我煩惱中，達到「超脫形骸，泯絕知巧，不以生人一身功名為累」的逍遙境界。對佛教而言，使眾生離苦得樂正是他們修行的目的，而釋德清正由〈養生主〉和〈人間世〉的辯證融攝，將此一觀點與莊子內聖外王的觀念結合為一。

釋德清在〈大宗師〉的立言本意中，將外在形式的遞進演變與內在意義的辯證融攝，重新予以整理表述，並提出關於《莊子內篇註》幾個相當重要的觀念與概念：

> 莊子著書，自謂「言有宗，事有君」，蓋言有所主，非漫談也。其篇分內外者，以其所學，乃內聖外王之道，謂得此大道於心，則內為聖人，迫不得已而應世，則外為帝為王。乃有體用之學，非空言也。且內七篇乃相因之次第：其〈逍遙遊〉，乃明全體之聖人，所謂大而化之之謂聖，乃一書之宗本，立言之主意也。次〈齊物論〉，蓋言舉世古今之人，未明大道之原，各以己見為是，故互相是非。首以儒墨相排，皆未悟大道，特以所師一偏之曲學，以為必是，固執而不化，皆迷其真宰，而妄執我見為是，故古今舉世未有大覺之人，卒莫能正之；此悲世之迷而不解，皆執我見之過也。次〈養生主〉，謂世人迷卻真宰，妄執血肉之軀為我，人人只知為一己之謀，所求功名利祿，以養其形，戕賊其真宰而不悟；此舉世古今之迷，皆不知所養耳，若能養其生之主，則超然脫其物欲之害，乃可不虞生矣，果能知養生之主，則天真可復，道體可全，此得聖人之體也。次〈人間世〉，乃涉世之學問，謂世事不可以有心要為，不是輕易可涉，若有心要名干譽，恃才妄作，未有不傷生戕性者，若顏子葉公，皆不安命，不自知而強行者也；必若聖人忘己虛心以遊世，迫不得已而後應，乃免患耳，其涉世之難，委曲畢見，能涉世無患，乃聖人之大用也。次〈德充符〉，以明聖人忘形釋智，體用兩全，無心於世而與道遊，乃德充之符也。其〈大宗師〉，總上六義，道全德備，渾然大化，忘己、忘功、忘名，所以稱至人、神人、聖人者，必若此乃可為萬世之所宗而師之者，故稱之曰大宗師，是為全體之大聖，意

謂內聖之學，必至此為極則，所謂得其體也。若迫不得已而應世，則可為聖帝明王矣，故次以〈應帝王〉，以終內篇之意。至若外篇皆蔓衍，發揮內篇之意耳。〔註15〕

第一，《莊子》分內外篇，乃依循莊子思想中極為基本且重要的觀念：「內聖外王」，這個對立觀念亦是辯證融攝地表現在各篇篇名意義和篇旨中。然而，這裡並非說內篇中無外王，外篇中無內聖，內外篇其實兼有內聖外王的論述與闡釋，只是主要的觀念和概念都已在內篇交代，外篇只是多以故事蔓衍內篇的觀念及概念。

第二，內七篇如此相因為次序，展現了思想的邏輯次第：〈逍遙遊〉交代了莊子思想的總貌和根本，如大道本質、大道境界，由體道而有全體之聖人，有聖人才使凡眾和道之間有相互聯結的橋樑關鍵；〈齊物論〉解釋了凡眾之所以迷妄真心的原因，乃在於拘泥我執，迷失真宰（真心、真性），所以堅持一己之論，相互攻訐，而聖人未出，所以物論難平；〈養生主〉強調聖人教人，必要人先養其真宰，才能斷卻我執，如此才能「天真可復，道體可全，此得聖人之體」；〈人間世〉列舉養心之主與不養心之主而涉世的案例，顯示入世養心之重要，而聖人既以救凡眾於妄作，斷卻凡眾之我執以重獲真宰、體證大道，就不能不涉世，涉世就不能不養心之主，所以聖人須「忘己虛心以遊世」，而〈養生主〉是全聖人之體的功夫，〈人間世〉則是聖人顯現其本分天職之大用；若〈養生主〉和〈人間世〉是分別說聖人之體用，則〈德充符〉就是將體用辯證為一，將體用合一之聖人涉世的言行體貌予以展現於文字故事之間；若〈德充符〉是辯證融攝〈養生主〉與〈人間世〉，則〈大宗師〉就是辯證融攝前五篇篇旨與篇名意義（包括己篇則為六義），顯示大宗師即聖人、至人、神人，是可為萬世之師表者，其工夫境界已經「道全德備，渾然大化，忘己、忘功、忘名」，因此能入世而不為外物所傷，「是為全體之大聖，意謂內聖之學，必至此為極則，所謂得其體」，總極內聖之體之意；〈應帝王〉則言大宗師若迫不得已而應世，則發揮聖人之大用，即外王之意，並統合內七篇，達到詮釋循環與內七篇意義的整合。

由此可以總結《莊子內篇註》的幾個重要概念：道有體用，聖人亦有體

〔註15〕　（明）釋德清：《莊子內篇註・大宗師》，頁369～372。

用，而得道的關鍵是以心體會印證，此乃本於「唯心識觀」的理論，也是「以心會心」詮釋方法成立的原因。所以「得此大道於心，則內爲聖人，迫不得已而應世，則外爲帝爲王」，得道於心則爲內聖，爲體，以大宗師爲代表；迫不得已，因時命運勢而出而應世，則爲帝王，因此稱之爲應帝王。聖人是大道與迷妄凡眾之間的關鍵與橋樑，而內聖對應於大道、體，外王對應於凡眾、用。聖人與凡眾的差異在於眞宰（眞心、眞性）之迷悟，而迷悟的關鍵在於是否斷絕我執，因此相關的工夫都在斷絕我執、回復眞宰，而人一旦回復眞宰，亦能體證大道，成爲聖人而脫離愚迷凡眾之列，臻入逍遙境界。然而，若以釋德清的觀點，則縱使脫離凡眾，成爲聖人，只要世間還有愚迷凡眾，則成爲聖人者仍須隨時命運勢而應世，以救凡眾脫離我執愚迷。由此來看，這仍是一不斷辯證融攝、世出世法交相印證的歷程。

如前所述，內七篇的安排次第有一定的目的，而各篇亦有主題，但相互辯證融攝，一層一層擴充深入，展現出莊子思想的體系。釋德清在詮釋《莊子》時，亦循此進路，因此〈逍遙遊〉論道，以及道的本質、體用與創生，而此道之本質、體用與創生，亦與承道而生的聖人、心性有密切關係，若不先論道，則聖人、心性之本質、體用也無法闡釋說明；論及聖人，就必須理解到，對釋德清而言，聖人與凡眾在根本上並無不同，只是一悟一迷，一體道一逐溺於外物欲望，但聖凡都是由道而生，都稟有天生之心性，而聖人的天職使命，正是將凡眾從迷妄逐欲的處境中拯救出來，使其脫離物欲，體證大道，同登逍遙境界；既要救凡眾於迷妄，聖人就必須涉世，而想要涉世又不被世俗所傷所害，就必須要有調養心性的工夫，並以此工夫教導愚迷凡眾，使他們也能循此而對治自身的迷妄，由此而有內聖和外王的工夫。因此，以下三節將分別從道論、聖凡論與心性論、工夫論四個次論域，分析釋德清文本論在此四個次論域提出的論述，是如何透過分別概念、整合論述，辯證融合成《莊子內篇註》文本論的內在思想體系。

第二節　道論：道之體用一如

釋德清對老莊之道的認知，在討論「唯心識觀」時已經指出，他認爲老莊之道是「第八識阿賴耶識」，又稱爲識精元明或識神。因此在釋德清的莊學體系裡，道的本質或性質實則可以參照《觀老莊影響論》和《道德經解》來

定義理解。不過，既然本論文以莊學體系爲名，除非《莊子內篇註》中的訊息和資料過於簡略、不夠充分，否則應當以文本本身的內容爲主。若把梳《莊子內篇註》，可以得出釋德清莊學思想體系中的道論，對道之本質從體用一如理解，對道體的定義爲虛無自然、無形無狀，而且大道是絕對無待的——這一點和如來藏清淨心的本質相似：

> 因天地之有，乃推「無名，天地之始」，此蓋就有形以推道本無形也。
> 〔註16〕

> 此言天地萬物有形出於無形，而大道體中有無不立，故云「未始有」。
> 〔註17〕

> 上言有無俱無，此言俱無亦無，迥絕稱謂，方是大道玄同之域，故以此稱爲虛無妙道。〔註18〕

> 言大道體中，了無名相，一法不立，故強稱虛無大道。忽然生起有無，而不知誰使之也。前云「若有眞宰，而不知有所爲使」，直論到此，方回頭照顧，暗點於此。〔註19〕

道與由道創生的萬物不同，道體是虛無自然、無形無狀，因此道沒有邊際、形體拘束，其創生作用亦非有爲而是不知其所以然的自然。天地萬物世界則不然，天地萬物世界都有其形體邊際，所以釋德清稱「有形以推道本無形」，從被創生物的有形，逆推創生天地萬物的道本來無形。大道之中沒有有無對立，是絕對無待的，因此釋德清稱之爲「大道體中有無不立」，甚至「俱無亦無，迥絕稱謂」，連無一概念都取消，沒有名謂稱呼來構成分別；但天地萬物因爲有形軀差異，因而有上下、雄雌、高低、有無等相對概念和觀念，而由此相對概念觀念遂形成價值判斷、爭執取捨。不過，如果道體是絕對無待、無形無狀，那麼道又是如何創生萬物的呢？釋德清用「自然」來解釋驅動道創生萬物的原因。我們無法解釋、理解道創生萬物背後的動機與目的，因此用人的有心有爲來解讀道創生萬物的作用根本就是錯誤，所以最好的理解是，道創生萬物並非出於任何動機，只是自然而然地創生萬物，落實到體道

〔註16〕　（明）釋德清：《莊子內篇註・齊物論》「有無也者」注，頁240。
〔註17〕　（明）釋德清：《莊子內篇註・齊物論》「有未始有無也者」注，頁240。
〔註18〕　（明）釋德清：《莊子內篇註・齊物論》「有未始有夫未始有無也者」注，頁240。
〔註19〕　（明）釋德清：《莊子內篇註・齊物論》「俄而有無矣」注，頁240。

聖人的行為中，就是無為。這就是為什麼是德清說「忽然生起有無，而不知誰使之也」，不知誰使之，表示沒有意志的涉入，因此只能理解道之創生乃自然而然。

　　道具有體用，而此一性質也存在於聖人和人之心性，由此衍生內聖和外王工夫的差異與辯證關係。此處以《道德經解》第一章對道之體用的闡述予以說明：

> 此章總言道之體用，及入道工夫也。……所言道，乃真常之道。……且道本無名，今既強名曰道，是則凡可名者，皆假名耳，故非常名。此二句，言道之體也。然無相無名之道，其體至虛，天地皆從此中變化而出，故為天地之始。斯則無相無名之道體，全成有相有名之天地，而萬物盡從天地陰陽造化而生成。此所謂「一生二，二生三，三生萬物，故為萬物之母。」此二句，言道之用也。……意謂全虛無之道體，既全成了有名之萬物。是則物物皆道之全體所在，正謂一物一太極。……意謂我觀無，不是單單觀無，以觀虛無體中，而含有造化生物之妙；我觀有，不是單單觀有，以觀萬物象上，而全是虛無妙道之理。是則有無並觀，同是一體，故曰：此兩者同。恐人又疑兩者既同，如何又立有無之名，故釋之曰：出而異名，意謂虛無道體，既生出有形天地萬物，而有不能生有，必因無以生有；無不自無，因有以顯無。此乃有無相生，故二名不一，故曰：出而異名。至此恐人又疑既是有無對待，則不成一體，如何謂之妙道？故釋之曰：同謂之玄。斯則天地同根，萬物一體。深觀至此，豈不妙哉？老子又恐學人工夫到此，不能滌除玄覽，故又遣之曰：玄之又玄。意謂雖是有無同觀，若不忘心忘跡，雖妙不妙。殊不知大道體中，不但絕有無之名，抑且離玄妙之跡，故曰：玄之又玄。〔註20〕

依《道德經解》對道體的理解，結合《莊子內篇註》之說，可得出老莊道體本質為真常、虛無、無名無相、無形無狀、自然、絕待無跡（不但絕有無之名，抑且離玄妙之跡），能創生萬物且遍在萬物之中（物物皆道之全體所在）；道之用則是創生萬物。然而，在理解釋德清和中國哲學時，我們必須清楚明白，雖然在分析概念時，中國哲學可以區分對立概念，各自定義耙梳，但相

〔註20〕　（明）釋德清：《老子道德經解》，頁57～61。

互對立的兩組概念或事物是互依互存，辯證融攝的。所以釋德清在此稱道具體用，因此由道創生的聖人（聖人兼具內聖外王）和眾人之心性（性體虛靜湛然，性用可以鑑物悟理）也具備體用，由此發展的體道、悟道工夫也有體用之別（臻至內聖與發用於外王），但道、聖人、心性、工夫之體用都是辯證融攝為一，而不能割裂成二。

釋德清在此認為老子從觀有、觀無分別觀照道之體用，而觀有和觀無都不是分別去觀，而是在觀之中辯證融攝，如「我觀無，不是單單觀無，以觀虛無體中，而含有造化生物之妙；我觀有，不是單單觀有，以觀萬物象上，而全是虛無妙道之理。是則有無並觀，同是一體」一句，明確表明觀無雖是觀照道體，卻亦從虛無道體中觀照創生萬物之妙有；觀有雖是觀照萬物之生生不息，著眼於創造萬物表象紛紜差異的道用，卻能從中觀照出使萬物得其生、得其善的道體虛理。

道創生萬物，亦創生聖人與凡眾，而落實在聖人與凡眾中的虛理，亦即使聖凡能夠體道成聖的根本依據；在釋德清莊學體系中則稱之為眞宰、眞君、眞性，而此一眞宰、眞君、眞性，即「唯心識觀」中的一心、如來藏清淨心。能夠體證此眞宰、悟道的人，則被稱之為聖人、至人、神人、眞人或大宗師，而迷失眞宰，陷溺於我執、追求物欲的人，則被稱之為凡眾：

> 此明大宗師者，所宗者大道也，以大道乃天地、萬物、神人之主。今人人稟此大道而有生，處此形骸之中，為生之主者，所謂天然之性。以形假而性眞，故稱之曰眞宰；而人悟此大道，徹見性眞，則能外形骸，直於天地造化同流，混融而為一體，而為世間人物之同宗者，故曰大宗師者此也。此大宗師，即〈逍遙〉所稱神人、聖人、至人；所言有情有信，即〈齊物〉之眞宰及〈養生篇〉生之主。若不悟此而涉人世，必有形骸之大患。顏子心齊，教其悟之之方。既悟性眞，則形骸可外，故〈德充符〉前，一往皆敷演其古今迷悟之狀，到此方分明說破。〔註21〕

體證大道，並非僅從知見理解大道的體用，而是以自身之生命理解並實踐大道，因此體證大道的聖人——又稱之為大宗師、神人、至人、眞人——亦兼具體用，其體為內聖，表現在他的修為、對世界與大道的理解觀照與境界，

〔註21〕　（明）釋德清：《莊子內篇註・大宗師》，頁396～397。

此即釋德清在〈逍遙遊〉注中說的「能遊此廣大自在之場」〔註22〕、「若悟此大道，則看破天地萬物，身心世界，消融混合而爲一體」〔註23〕、「悟此大道，徹見性眞，則能外形骸，直於天地造化同流，混融而爲一體」，與大道合爲一體，即「唯心識觀」所謂的歸返一心；其用則是教化凡眾，讓凡眾能體悟大道，而非在我執欲望中沉迷，終日追逐欲望而傷生毀性，火馳而不返。

如果仔細觀察釋德清的表述方式，會發現他非常喜歡運用對舉的方式，來凸顯兩組概念之間的相對性或層次，或以正反合辯證的方式將相對的概念融攝爲一。以上述引爲例，在討論道與聖人的關係時，釋德清將聖人的特質，如境界、體用都歸攝到道之中，形成層次的落差，但這種層次落差又不是絕對嚴明的上下關係，而是辯證的。所以雖然釋德清指出，聖人和道之間存在有形體段與無形無狀的差異〔註24〕，因此聖人唯有由道才能臻至逍遙境界，也只有大道之廣大才能孕育培養出心胸寬闊之大聖；〔註25〕不過，道體無形，凡眾捉摸不著，所以只有聖人能體證大道，從容悠遊於廣大自在的道之境界，能涉世教導凡眾入道工夫。最終，聖人與道混融爲一體，聖人是道之體用在世間的展現，是凡眾追隨與學習的對象。這樣的敘述與理解，是建基於辯證融攝的認知與詮釋，而不是單純的概念分析而已。

既然人人皆本於大道，皆有眞性眞宰，那麼爲什麼會產生聖人與凡眾的差異呢？聖人與凡眾的差異究竟在什麼地方、什麼關鍵點產生並凸顯出

〔註22〕（明）釋德清：《莊子內篇註‧逍遙遊》，頁154～155：「蓋指虛無自然爲大道之鄉，爲逍遙之境，如下云無何有之鄉，廣漠之野等語是也。意謂唯有眞人能遊此廣大自在之場者，即下所謂大宗師即其人也。」依釋德清的敘述，眞人就是大宗師。

〔註23〕（明）釋德清：《莊子內篇註‧大宗師》，頁391～392：「此發明大道無形而爲天地萬物之根本，人人稟此無形之大道而有生，是爲眞宰。若悟此大道，則看破天地萬物，身心世界，消融混合而爲一體。若悟徹此理，則稱之曰大宗師，是所謂大而化之謂聖者也。」在此，釋德清將大宗師和聖人畫上等號，而聖人指體證大道之人，大宗師也是。不過，必須注意的是，釋德清這裡所指涉的道，應該仍是在他設定的道家系統中的道，亦即具生滅義、不眞實的八識精明之體。

〔註24〕（明）釋德清：《莊子內篇註‧逍遙遊》，頁162：「意謂聖人之大雖大，亦落有形，尚有體段；而虛無大道無形，不可以名狀，又何有於此哉？此即聖人之所以逍遙者，以道不以形也。」

〔註25〕（明）釋德清：《莊子內篇註‧逍遙遊》，頁157～158：「北冥，即北海，以曠遠非世人所見之地，以喻玄冥大道。海中之鯤，以喻大道體中，養成大聖之胚胎。喻如大鵬非北海之大不能養也。」

來呢？釋德清認為，道的創生作用與過程並沒有造就聖凡差異，真正決定聖凡差異的關鍵，是我執。〔註26〕我執和自迷真性是同時發生的，人一旦產生我執，就不再清楚認知萬物與我、聖與凡在本質上是相同的，即我和萬物、聖與凡都擁有真宰真性，因而在本質上屬於同體（皆由道創生，皆歸屬於道）；我執使人遮蔽迷失真宰，執著於血肉形軀，以血肉形軀欲望的滿足為首要目的，因而造成各種爭端與逐求，如求功、求名、求利、求身體欲望的滿足等等。

對莊子和釋德清而言，我執造成的另一個重大影響，是從我執所引發的成見和言論爭辯。此處的成見和言論爭辯，並非單純指個體想法意見的抒發，而是系統化言論的建構，也就是類似學派或教派所建構的錯誤真理系統，這些似是而非的觀念與理論，能夠造成更為廣泛的影響，甚至鞏固人的我執，使人更難信從確切的真理：

> 夫道一而已，本來不分，但在天地有形之內，而人倫之序不得不分。
>
> 人物雖分，而道未嘗分，所謂性一而已矣。〔註27〕
>
> 道包天地，與太虛同體，本無封畛，只為眾人迷大道而執己見為是，故是非之辯由之而起。聖人心與道合，即六合之外，未嘗不知，但存之而不論，以非耳目之所及，恐生是非，故不論耳。〔註28〕
>
> 六合之內，聖人未嘗不周知萬物，但只論其大綱，如天經地義，以立君臣父子之序，而不議其所以之詳。〔註29〕

道無形且廣大無邊，對於凡眾而言，道的實際意義無法體知也無法用感官證明，但聖人卻能透過修養工夫來體證領會，因此釋德清稱「聖人心與道合，即六合之外，未嘗不知，但存之而不論，以非耳目之所及，恐生是非，故不論耳」、「六合之內，聖人未嘗不周知萬物，但只論其大綱，如天經地義，以立君臣父子之序，而不議其所以之詳」。當道從無形創生有形天地，則天地之

〔註26〕（明）釋德清：《莊子內篇註・齊物論》「道之所以虧，愛之所以成」注，頁231：「愛，私愛於一己也。成，前云『一受其成形』，自迷真性，成此形骸，固執為我，故大道虧損多矣。」

〔註27〕（明）釋德清：《莊子內篇註・齊物論》「故分也者，有不分也」注，頁246。

〔註28〕（明）釋德清：《莊子內篇註・齊物論》「六合之外，聖人存而不論」注，頁246。

〔註29〕（明）釋德清：《莊子內篇註・齊物論》「六合之內，聖人論而不議」注，頁246。

有形、邊界就成了凡眾認知世界的依準與極限，由此而有天地（六合）之內與外的分別。從無形到有形，構成了空間與時間的概念，也在人的觀念中創造了各種對立的概念，這是不得不的結果，所以釋德清也承認「夫道一而已，本來不分，但在天地有形之內，而人倫之序不得不分」。因爲有形，所以各種依循彼此關係所構成的對立概念，在人的意識與言論中成形，對儒家而言，就是人倫次序關係的建立；可是對釋德清來說，這樣的分別也僅是不得已的區分，從根本來看，道的體用一如意義和作爲創生根源及推動者的身分依然存在，只是凡眾不曉得而已。

然而凡眾無法體知大道，只能就其感官所能知曉的六合之內萬物，以及其稟受的形器差異而衍生的氣質，提出各種不同的觀點，或與他人辯駁，構成各種相互爭執不休的學派之爭或是非之爭：

> 此長風眾竅，只是箇譬喻，謂從大道順造物而散於眾人，如長風之鼓萬竅。人各稟形器之不同，故知見之不一，而各發論之不齊，如眾竅受風之大小淺深，故聲有高低長短之不一。此眾論之所一定之不齊也。……然天風一氣，本乎自然，元無機心存於其間，則爲無心之言，聖人之所說者是也。〔註30〕

> 言天籟者，乃人人發言之天機也。吹萬不同者，意謂大道本無形聲，托造物一氣，散而爲萬靈，人各得之而爲眞宰者，如長風一氣而吹萬竅也。以人各以所稟形器之不一，故各各知見之不同，亦如眾竅之聲不一，故曰吹萬不同。〔註31〕

個人追逐欲望，所傷所害也僅僅是個人，除非是君王或有權者，他們的逐欲會造成廣大人民或國家的損害；然而比君王或有權者更可怕的，卻是言之有物的學派論爭和似是而非的眞理，因爲這些學派觀念與錯誤眞理會伴隨著信從者而流傳，甚至跨越廣大的區域和世代。莊子以儒墨之爭爲例，實際上就是想強調言論思想的跨區域性和世代流傳，遠比僅百年身的個人影響更大。釋德清亦強調諸子之言論所造成的影響，但他著墨更深的是我執造成的機心，和個體與個體之間的是非之爭。這或許是因爲，在「唯心識觀」理論裡，他已經將三教涵攝在佛法之內，因而在莊學體系裡凸顯教派或眞理言說權之

〔註30〕　（明）釋德清：《莊子內篇註・齊物論》，頁196～197。
〔註31〕　（明）釋德清：《莊子內篇註・齊物論》「敢問天籟。子綦曰：『夫吹萬不同，而使其自己也』」注，頁198。

間的爭奪抗衡並無意義，所以在此凸顯的是不斷言說是非的我執之凡眾，與以無言為本、發言亦本於無心的聖人〔註32〕，兩者之間造成的衝突落差，藉此強調聖凡之別。〔註33〕

雖然釋德清在此強調聖凡的差異含藏價值高低的判斷，但聖人之存在就是為了泯除凡眾的我執，消除是非言論之爭及推動是非之爭的機心，使凡眾亦能體證大道，以臻至逍遙之境，達到聖凡皆與萬物一體的終極理想。此處僅是約略勾勒釋德清道論中的體用一如，以及由此聯結到聖凡論、心性論和工夫論的內在線索。以下將闡述聖凡論與心性論之間的辯證聯繫，並由此梳理出釋德清如何由聖凡論及心性論，推展出聖人內聖外王的工夫，並以此和工夫論進行緊密的聯繫與融攝。

第三節 聖凡論與心性論：聖凡分別之緣由與心性之特質

一、聖凡論：聖凡差異與分別之緣由

從創生之根源來看，聖人與凡眾都從道承繼了真性真宰，由此立論，則聖凡並沒有根本上的差異，這也是釋德清聖凡論的基本前提：

> 謂今言辯之人，不必說與聖人類與不類，但以己見參合聖人之心，妙契玄同，則本無聖凡之別，故與彼聖人無以異，了無是非矣。彼字即上是字，指聖人也。〔註34〕

> 言我之不知，不是世人之知耶！謂聖凡之知，本來無二，但世人習

〔註32〕釋德清認為聖人以無言為本，是因為言語會產生更多的名相，而聖人無言是為了泯絕名相。然而，語言並非僅有不斷衍生名相、產生爭端的負面效果，不過釋德清十分強調語言的這個面向，有可能是依據禪宗對語言的立場所下的判斷。參見（明）釋德清：《莊子內篇註・齊物論》「今我則已有謂矣」注，頁241：「言有無既無，了絕名相，何有言論之辯耶？然我既已於無言之中，而有言說矣，但我言本無言。」

〔註33〕釋德清刻意強調聖凡體道與否，會造成他們表述和認知的差異，這和他反覆強調體道、悟道重要性的原則是一致的。參見（明）釋德清：《莊子內篇註・齊物論》「聖人懷之」注，頁247：「聖人與道為一，明知萬化之多而未嘗分，明知眾口之辯而道非言之可及，故葆光斂耀，懷之於心而不示於人。」

〔註34〕（明）釋德清：《莊子內篇註・齊物論》「類與不類，相與為類，則與彼無以異矣」注，頁239。

於妄知，故偏執爲是，總非眞知耳。〔註35〕

聖凡本就同根於道，所以從創生之源來看，聖凡本來就沒有分別，聖凡之心
性、知見皆本於大道，都是眞性眞知。聖凡之別肇始於凡眾世人迷此眞心眞
性，以我執爲用，發爲知見則爲妄知，因此顯現聖凡之別。在此，釋德清將
從創生根本上將聖凡論與道論、心性論相繫聯，並藉由強調以心會心——以
己見參合聖人之心，妙契玄同——開啟心性論與工夫論的聯結。在釋德清所
建構的聖凡論中，聖人經常以作用的保存來體證道，實踐道，並由此表現出
聖凡涉世行徑的差異。如前所言聖人洞徹眞性、忘卻形骸、忘我，無求於世，
而凡眾世人卻依我執而逐求物欲，求功求名；諸子凡眾爭論不休，以我是非
議彼是，聖人卻無心而言說，甚至不言。

釋德清在聖凡論中，有時會分別討論聖人和凡眾各自的特質，並以此論
及他們和道論、心性論、工夫論，但更多時候則是並置觀之，採用聖凡對立、
辯證的敘述，將聖凡論與道論、心性論、工夫論融攝爲一。舉例而言，釋德
清專就聖人特質立論，而不涉及凡眾，但會將聖人與道論、心性論或工夫論
相結合：

> 此一節要忘是非，必須達道之聖人，知萬物一體，故無是無非，無
> 適而不可，順乎自然，此謂之道。〔註36〕

> 彼聖人乘大道而遊，與造化混而爲一，又何有待於外哉？〔註37〕

> 此章形容聖人之德必須忘形全性，體用不二，內外一如，平等湛一，
> 方爲全功。故才全德不形，爲聖人之極致。蓋才全則內外不二，德
> 不形則物我一如，此聖人之成功，所以德充之符也。〔註38〕

前兩則引文中，前一則稱達道聖人知曉萬物一體，所以泯除是非言辯，順乎
自然；後一則稱聖人乘大道而遊，與造化（道）混而爲一，因此無須憑藉依
待外物。此二則都沒有涉及凡眾，在探討聖人特質時，將聖人與道論辯證融
攝。第三則引文則在論聖人時，同時涉及道論、心性論與工夫論：忘形全性
是聖人之工夫，雖在此引文中無法看出工夫的內涵與細節，但此忘形全性在

〔註35〕 （明）釋德清：《莊子內篇註・齊物論》「非知邪」注，頁253。
〔註36〕 （明）釋德清：《莊子內篇註・齊物論》，頁227。
〔註37〕 （明）釋德清：《莊子內篇註・逍遙遊》「以遊無窮者，彼且惡乎待哉」注，
　　　　頁172。
〔註38〕 （明）釋德清：《莊子內篇註・德充符》，頁362。

釋德清的莊學體系中有其實踐的歷程階序，歸屬於工夫論。體用不二，內外一如，平等湛一是道體的特質，此處用來描述聖人境界，是因為這是與道合一的結果；內外一如指聖人之行為與心性境界相符相合，即內聖外王工夫究竟融攝於一身；平等湛一則運用了佛家語。〔註39〕全性一詞實已與心性論相繫，在此引文中，才全之才就等同於性；因此才全德不形在此屬工夫論，但亦對應於忘形全性。第三段引文雖然不長，但已將聖人與心性論、工夫論與道論辯證融合為一。

　　有時，釋德清也會專門討論凡眾何以為凡眾，以及凡眾的特質為何：

> 此喻世人小知，取足一身口體而已，又何用聖人之大道為哉？莊子因言世人小見，不知聖人者，以其志不遠大，故所畜不深厚，各隨其量而已。〔註40〕

> 使其自己者，謂人人迷其真宰之一體，但認血肉之軀為己身，以一偏之見為己是，故曰：「使其自己」。謂從自己而發也，此物論不齊之病根也。〔註41〕

> 此一節形容舉世古今之人未明大道，未得無心，故矜其小知以為是，故其所言若仁義，若是非，凡所出言皆機心所發，人人執之，至死而不悟。〔註42〕

第一則和第三則引文雖然都提及大道和聖人，但並沒有要刻意將聖人和道論引入來一起討論或並舉的意圖。〔註43〕凡眾知見偏狹（小知小見）、迷其真宰、出言皆本於機心，都是因為我執造作的關係。因為我執，所以迷其真宰，只認這一血肉之軀為我，因此凡事都只考慮「取足一身口體而已」；因為我執，

〔註39〕（明）釋德清：《觀老莊影響論・論教乘》，頁12有「聖凡平等」一語；頁14論及佛之境界時，亦有「一際平等」之說。平等湛一意涵相同。

〔註40〕（明）釋德清：《莊子內篇註・逍遙遊》，頁166。

〔註41〕（明）釋德清：《莊子內篇註・齊物論》「敢問天籟。子綦曰：『夫吹萬不同，而使其自己也』注，頁198。

〔註42〕（明）釋德清：《莊子內篇註・齊物論》，頁202。

〔註43〕有時釋德清在討論聖人時，也會提及凡眾（世人），但只是用來略做對比而已，並沒有要進一步討論的意思，例如《莊子內篇註・逍遙遊》，頁180：「至人、神人、聖人，只是一箇聖人，不必做三樣看，此說逍遙之聖人也。以聖人忘形絕待，超然生死，而出於萬化之上，廣大自在，以道自樂，不為物累，故獨得逍遙，非世之小知之人可知也。」此處「世之小知之人」只作為陪襯強調，並沒有特別的意義。

以自我爲中心去思考事務，以己是爲是，非議他人之是，所思所慮、所說所論，都只從我著眼出發，言說行事都根本於機心（妄心），結果便是造成世間凡眾爭議不休，物論因此不齊。

　　雖然在釋德清的聖凡論中，凡眾是沉溺我執，追逐物欲導致傷性害身、流轉生死而不悟的負面形象，但若沒有凡眾，聖人就會失去存在的意義，而道論與心性論也不再存在討論的必要。因此，釋德清在討論聖凡時，更多時候是將兩者並舉，凸顯聖凡相互依存辯證的關係：

> 莊子立言本意，謂古今世人，無一得逍遙者，但被一箇血肉之軀爲我所累，故汲汲求功求名，苦了一生，曾無一息之快活，且只執著形骸，此外更無別事，何曾知有大道哉？唯大而化之之聖人，忘我、忘功、忘名，超脫生死而遊大道之鄉，故得廣大逍遙自在，快樂無窮，此豈世之拘拘小知可能知哉！〔註44〕

> 言聖人不由世人之是非，而獨照明於天然之大道，故是爲眞是，故曰「亦因是也」。此言聖人之因是，乃照破之眞是，不似世人以固執我見爲是，而妄以人爲非也。〔註45〕

> 物論者，乃古今人物眾口之辯論也。蓋言世無眞知大覺之大聖，而諸子各以小知小見爲自是，都是自執一己之我見，故各以己得爲必是。既一人以己爲是，則天下人人皆非，竟無一人之眞是者。大者則從儒墨兩家相是非，下則諸子眾口，各以己是而互相非，則終竟無一人可正齊之者。故物論之難齊也久矣，皆不自明之過也。今莊子意，若齊物之論，須是大覺眞人出世，忘我忘人，以眞知眞悟，了無人我之分，相忘於大道，如此則物論不必要齊而是非自泯，了無人我是非之相，此〈齊物〉之大旨也。〔註46〕

此三段引文中，釋德清皆將凡眾（世人）與聖人對比，並且花費一定的篇幅討論聖凡對立的緣由、心性、思想與行爲，並辯證融攝於工夫論或道論。三段引文中，聖凡差異的關鍵都在於我執。第一段言凡眾（世人）之所以不得逍遙，乃是因爲有我執，所以執著於血肉形軀以爲我，而一旦拘執於此形軀，

〔註44〕　（明）釋德清：《莊子內篇註・逍遙遊》，頁173。

〔註45〕　（明）釋德清：《莊子內篇註・齊物論》「是以聖人不由而照之於天，亦因是也」注，頁219。

〔註46〕　（明）釋德清：《莊子內篇註・齊物論》，頁189～191。

則一切思想行為目的都從此形軀出發，都為了滿足此形軀的欲望，而由此產生的知見自然是小知小見、妄知妄見；而大而化之的聖人則因為忘我、忘名、忘功，所以能超脫生死而遊於大道之鄉。第二段言聖人因其工夫獨照於大道，所以產生真實的認知與理解（真是），因此有別於凡眾（世人）固執我見為是，而以他人為非，此一固執我見，亦是本於我執；此處「因是」，已涉及道論和工夫論的辯證融攝。第三段與第二段的重點相似，皆在討論凡眾因我執而生我見我是，以此非議他人，因而造成天下物論不齊；而若要物論齊平，必須大覺真人出世，以忘我忘人的工夫，真知真悟的洞見，令凡眾達到相忘於大道的境界，才能齊平物論。這三則引文都採用聖凡對比的筆法，最後則辯證融攝至工夫論和道論之中。

　　此處要特別說明的是，雖然聖人在釋德清莊學體系中並沒有特別劃分出境界差異，但在「唯心識觀」中，五乘聖人雖都稱之為聖人，可是其境界與修為還是有高低階層之分。因此孔子為人乘之聖，老子為天乘之聖，佛為佛乘之聖，三者皆是聖人，但境界與入道階序以孔子為最初、境界較低，老子次之，佛統攝五乘，境界最高。但在釋德清的莊學體系中，聖人的境界並沒有高低之分，只有「大覺之聖人」或「大覺真人」是特殊的存在，專指佛，〔註47〕境界自然比《莊子內篇註》中的其他聖人來得高。釋德清雖沒有刻意去比較，不過如果仔細推敲，即可以發現，此大覺之聖人不但能夠齊平物論，〔註48〕甚至能印決莊子思想，〔註49〕自然比莊子思想所能勾勒描繪的聖人擁有更高的境界，方能凌駕於莊子的思想之上。依據「唯心識觀」，三教思想境界在莊子之上的，也僅有佛而已。

　　道有體用，則由道而生，悟道之聖人亦有體用。釋德清認為聖人之體用，在莊子思想裡，須從內聖外王來論。因此莊子之聖人必須涉世入世，而為了不被世所傷，則必須修養內聖工夫。所以釋德清聖凡論中的聖人，是以內聖

〔註47〕　（明）釋德清：《莊子內篇註・齊物論》「萬世之後，而一遇大聖，知其解者，是旦暮遇之也」注，頁261：「言必待萬世之後，遇一大覺之聖人，知我此說，即我與之為旦暮之遇也。意此老胷中早知有佛，後來必定印證其言，不然而言大覺者其誰也耶？」

〔註48〕　（明）釋德清：《莊子內篇註・齊物論》「而待彼也耶」注，頁264～265：「彼字近指前文所待大覺之聖人，遠則指前『非彼無我』之彼字，意指真宰。謂既舉世之人都在迷中，橫生是非之辯，如夢中諍論，誰能解而正之？除非是大覺之聖人出世，方能了然明白。」

〔註49〕　（明）釋德清：《莊子內篇註・齊物論》，頁261～263。

為體，外王為用，內聖外王辯證統攝於聖人：

> 蓋亦言其雖有聖人，必須舉世有見知者，而後乃得見用於當世也。
> 〔註50〕
>
> 此一節總結上鵾鵬變化圖南之意，以暗喻大聖必深畜厚養而可致用
> 也。意謂北海之水不厚，則不能養大鵾。及鵾化為鵬，雖欲遠舉，
> 非大風培負鼓送，必不能遠至南冥。以喻大道淵深廣大，不能涵養
> 大聖之胚胎；縱養成大體，若不變化，亦不能致大用。縱有大聖之
> 作用，若不乘世道交興之大運，亦不能應運出興，以成廣大光明之
> 事業。是必深畜厚養，待時而動，方盡大聖之體用。〔註51〕
>
> 聖人應運出世，則為聖帝明王，即可以南面臨莅天下也。〔註52〕

釋德清以「符碼破譯，轉喻為義」的詮釋方法，指出鵾鵬變化圖南的寓言，實指意義為「大聖必深畜厚養而可致用」，而大聖深畜的資源依據，正是大道真性，深畜厚養亦必涉及修道工夫，而此即內聖；致用即「應運出興，以成廣大光明之事業」，也就是入世涉世，成就外王事業，救治凡眾脫離愚迷，臻至大道境界。不過，釋德清在論及聖人外王之用時，著眼點卻十分實際，他不認為聖人必定能成為凡眾追隨嚮往的對象，反而一再揭示凡眾因我執而鄙棄忽略聖人及大道，因此聖人若要成就外王事業，致其大用，就需要時機運勢和凡眾的認同。因此，「雖有聖人，必須舉世有見知者，而後乃得見用於當世」是從極為現實的狀態論及外王的可能性；而舉世有見知者，使聖人見用於當世，即是「應運出興」，但因為聖人並非汲汲營營追求見用於世的機會，所以釋德清稱應運出興是「迫而應世」。

聖人內聖外王的工夫與境界，仍與道論和工夫論辯證融攝：

> 此一節，釋上乘天地、御六氣之至人、神人、聖人之德如此，即下
> 所稱大宗師者。若此等人，迫而應世，必為聖帝明王，無心御世，
> 無為而化，其土苴緒餘以為天下國家，決不肯似堯舜弊弊焉以治天
> 下為事。極言其無為而化世者，必是此等人物也。〔註53〕
>
> 前云「滑疑之耀，聖人所圖」，故舉六合內外之事，聖人無所不知，

〔註50〕 （明）釋德清：《莊子內篇註·逍遙遊》，頁185。
〔註51〕 （明）釋德清：《莊子內篇註·逍遙遊》，頁164。
〔註52〕 （明）釋德清：《莊子內篇註·逍遙遊》，頁159。
〔註53〕 （明）釋德清：《莊子內篇註·逍遙遊》，頁180。

> 但知而不言，以其大道本來無知無辯故也。聖人安住廣大虛無之中
> 以遊人世，故和光同塵，光而不耀，是之謂葆光。聖人工夫必做到
> 此，方為究竟，故云「聖人所圖」。〔註54〕

聖人對世間萬物凡眾無所求，因此也不會因萬物凡眾不合己意、求之不得而憤慨受傷；聖人體道，因此對六合內外之事無所不知，但決不輕易言說，因為大道無知無辯，展現於外王工夫則是知而不言；聖人與大道冥一，了悟生死，所以在處世涉世時，能忘卻利害得失，超脫生死；〔註55〕聖人既是被迫應世，無所求於世〔註56〕，亦不以形骸我執為目的，則其外王工夫乃「無心御世，無為而化」，不以個己的私欲情感涉世入世。聖人內聖外王的工夫本之於道，而亦唯有辯證融攝內聖外王，才能全盡聖人體用，才能如釋德清所言：「聖人工夫必做到此，方為究竟」。

　　釋德清此處將聖人體用與道之體用對應融攝，而聖人之體本出於道，但落實在心性講。心性是聖人之體，亦是聖人內聖之根據，而修養心性、恢復凡眾迷妄心性的工夫，則歸屬於內聖工夫；聖人處世、涉世、遊世，迫而應世，是昭顯於外意向行為，而其應世的指導原則是道、是本有之心性，落於世用則無為而化、無心御世，隸屬於外王工夫。釋德清認為，聖人必然融攝此兩層工夫為一，使得內外一如，才能稱得上究竟。依此看來，則道論、聖凡論、心性論與工夫論四個次論域，雖然可以分別為四，但在釋德清的論述中卻彼此已辯證相涉，交織融攝了。

二、心性論：心性之特質

　　道創生萬物聖凡，則聖凡本身即是含融具備了道的特質，中國哲學將人之所以為善成聖體道的依據與媒介，都歸諸於心性，莊子如此，釋德清亦是如此。既然心性本於大道，則心性亦具備大道的特質，即自然本有、無形無狀，是聖凡皆生來即有的：

〔註54〕（明）釋德清：《莊子內篇註‧齊物論》，頁250。
〔註55〕（明）釋德清：《莊子內篇註‧大宗師》「古之真人，不知悅生，不知惡死」注，頁378：「前略言真人處世忘利害，此則言真人不但忘利害，而且超死生，以與大道冥一，悟其生本不生，故生而不悅；悟其死本不死，故不惡其死。」
〔註56〕（明）釋德清：《莊子內篇註‧逍遙遊》「斧斤不傷」注，頁187～188：「大樹本已不材，而又樹之無人之境。斧斤不傷，以喻聖人無求於世，故不為世所傷害也。」

> 道者，性之固有，人之所當行也。人稟此性而爲人，乃道與之貌，即天與之形也。既有此性，豈非人乎？〔註57〕

> 彼，即上此字，指真宰也。謂非彼真宰，則不能有我之形；若非我之假形，而彼真宰亦無所托。〔註58〕

> 人有死生，如時之夜旦，不可免者，且陰陽有夜旦，太虛恆一而無昏曉，喻人形雖有生死，而真性常然不變，如太虛之無變，故曰天也。〔註59〕

「道，性之固有」解釋了心性具有道的特質，因此是人應當依循遵行的準據，而人也因爲有此心性才得以爲人，此即「人稟此性而爲人」。心性既本於道，所以其體自然、爲天機之主；〔註60〕人稟此性而爲人，所以人人皆具此現成本有真心〔註61〕，不假外求〔註62〕，一旦外求，就是貪逐物欲，迷而不返；真宰與道一樣無形無狀，所以必須寄託依存於人身形骸，一如大道必須仰賴聖人來體證其存在與展現其用，這裡亦是對立二者的辯證存在（真宰與假形），也是我執之所以生而難以避免的原因。〔註63〕道既然真常不變，真性真宰亦恆常不變，而真宰真性所寄託的假我形骸則有生老病死。因此，就形軀假我看，生滅是真實存在的，但就真常之性來看，則不曾有生滅增損：

> 言此真君，本來不屬形骸，天然具足。人若求之而得其實體，在真君亦無有增益；即求之而不得，而真君亦無所損。即所謂不增不損，迷之不減，悟之不增，乃本然之性真者。此語甚正，有似內教之說。但彼認有箇真宰，即佛所說識神是也。〔註64〕

〔註57〕 （明）釋德清：《莊子內篇註・德充符》「莊子曰：『道與之貌，天與之形，惡得不謂之人』」注，頁366。

〔註58〕 （明）釋德清：《莊子內篇註・齊物論》「非彼無我，非我無所」注，頁204。

〔註59〕 （明）釋德清：《莊子內篇註・大宗師》「其有夜旦之常，天也」注，頁386。

〔註60〕 （明）釋德清：《莊子內篇註・齊物論》「而不知其所爲使」注，頁205：「謂真宰乃天機之主，其體自然，而不知其所爲使之者。」

〔註61〕 （明）釋德清：《莊子內篇註・齊物論》「夫隨其成心」注，頁211：「現成本有之真心也。」

〔註62〕 （明）釋德清：《莊子內篇註・齊物論》「而師之，誰獨且無師乎」注，頁211：「言人人具有此心，人皆可自求而師之也。」

〔註63〕 （明）釋德清：《莊子內篇註・齊物論》「一受其成形」注，頁209：「言真君本來無形，自一受軀殼以成形。」

〔註64〕 （明）釋德清：《莊子內篇註・齊物論》「如求得其情，與不得，無益損乎其

前云「咸其自取，怒者其誰」，今云「取是」，是即上此、彼二字，

意指眞宰也，謂人能識取此眞宰，亦近道矣。〔註65〕

此處釋德清更加強調眞性（眞宰、眞君、眞心）與有形之形骸的殊別：眞性
自然恆常，不因為人心迷悟而有所增損生滅，這與《心經》言舍利子「不生
不滅，不垢不淨，不增不減」的意義是相同的，釋德清在此確實是以佛教的
概念來理解眞性；形骸有生滅增損，因此以有形之感官認知無法體認眞性與
大道，這也是我執產生的緣由，以及工夫論和心性論相聯結之處；唯有透過
工夫修養，迷性我執之人才能重新妙悟此眞宰眞性，體證大道。然而，釋德
清在此否定用知見意識認取心性，認為那並非究竟工夫。所以「識取此眞宰」
對釋德清而言，只是「近道」，而識取眞宰，乃是第八識阿賴耶識的作用。這
也是為何他稱「彼認有箇眞宰」這個識取的動作與依賴的意識，是「佛所說
識神」。識神即第八識阿賴耶識，也就是「唯心識觀」所稱的老莊之道、《楞
嚴經》所謂的識精元明，是仍具無明的心識。

　　那麼，凡眾世人為何會迷此眞性呢？迷失眞性的原因、歷程、狀態又
是如何呢？釋德清在《莊子內篇註》中，極為細膩地分析凡眾世人因為迷
此眞心、我執妄作，導致凡眾世人逐於外物、相互爭辯傾軋的推演過程及
結果：

言各人情狀之不一，而人但任私情之所發，而不知有天眞之性為之
主宰，因迷此眞宰，故任情逐物而不知返本，故人之可哀者此耳。
前云「咸其自取，怒者其誰」，到此卻發露出眞宰，要人悟此則有眞
知，乃不墮是非窠臼耳。上言眞宰雖是無形，今為有形之主，若要
悟得，須將此形骸件件看破，超脱有形，乃見無形之妙。〔註66〕

釋德清認為凡眾世人之所以迷失眞宰，主要有兩個原因：第一個原因，是在
先天結構上，無論聖人或凡眾，都是稟受眞性，但眞性所寄託的此身乃是肉
身假形，每個人的情狀有其差異殊別，有的人本就容易體察大道，有的人卻
偏溺於我執物欲；選擇體察大道而修行的人，遂成為聖人，反之則沉溺外物
欲望。第二個原因，如果情狀相仿，但任隨私情的發用，由此逐求欲望以滿
足私情，或在言論上爭辯是非以獲得自得意滿的感受，這類人也會深陷我執

眞」注，頁207～208。

〔註65〕（明）釋德清：《莊子內篇註‧齊物論》「取是亦近矣」注，頁204。

〔註66〕（明）釋德清：《莊子內篇註‧齊物論》，頁205～206。

而難以自拔。由此，可歸結我執作用的三個面向：順任私情導致好惡喜怒的妄情濫作，貪逐物欲以滿足一己血肉之軀的欲望，憑藉妄知而非議他人以爭辯是非。此三者相互糾結纏繞，迷蔽真心。

分別言之，我執可以區分爲此三個面向，但若落實到釋德清的論述，實則三者亦辯證融攝，難分彼此：

> 言真君爲我有形之主，而不知所養，使之與接爲搆，日與心鬭，以爲血肉之軀，故被外物相傷，如刃之披靡，往而不返，可不悲乎？〔註67〕

> 此一節言是非之端，起於自欺之人，強不知以爲知，且執己見爲必是，故一切皆非。蓋未悟本有之真知，而執妄知爲是，此等之人，雖聖人亦無奈之何哉！可惜現成真心昧之而不悟，惜之甚矣。由不悟真心，故執己見爲是，則以人爲非，此是非之病根也。〔註68〕

如「使之與接爲搆，日與心鬭，以爲血肉之軀，故被外物相傷」，看似是在論述凡眾世人貪逐物欲，不斷逐求物欲所以導致被外物所傷，但若仔細推敲，就能發現釋德清其實將此三者（妄情、物欲、妄知）總繫於心，也就是此三者的發起作用本於被遮蔽蒙昧的妄心，但此妄心越是作用，我執亦越深，血肉形軀就在此競逐不休的妄心作用中耗損銷毀。

妄心亦稱作機心，因爲妄心的發動作用有其徼向目的，有爲刻意，如機關的製作有其目的、出於人手所以有爲，而且終日鼓動不休，沒有最終的目標與止境，只爲滿足形骸的種種物欲、私情和妄知：

> 接謂心與境接，心境內外交搆，發生種種好惡取捨，不能暫止，則境與心交相鬭搆，無一念之停也。〔註69〕

> 此小知之人，日與心鬭，而機心如此之不同，總之自伐真性，天理日消，如秋冬之殺氣，絕無生機可望也。〔註70〕

〔註67〕 （明）釋德清：《莊子內篇註・齊物論》「與物相刃相靡，其行盡如馳，而莫之能止，不亦悲乎」注，頁210。此一段可以作爲先天結構造成人陷入迷妄的原因的補充説明。釋德清此處強調的是，人若不悟真君爲形骸之主，就會將人的存在側重於血肉之軀的欲望滿足，這樣的自我認知，結果就是形塑我執。

〔註68〕 （明）釋德清：《莊子內篇註・齊物論》，頁212〜213。

〔註69〕 （明）釋德清：《莊子內篇註・齊物論》「與接爲搆，日以心鬭」注，頁200〜201。

〔註70〕 （明）釋德清：《莊子內篇註・齊物論》「其殺如秋冬，以言其日消也」注，頁201。

前但敷演世人不悟眞宰，但執我見，以未隨其本有之眞心，但執妄
見，所以各各知見不同。到此方入物論，謂世人之言乃機心所發，
非若風之吹竅也。〔註71〕

所以釋德清稱「心與境接，心境內外交搆，發生種種好惡取捨，不能暫止，
則境與心交相鬥搆，無一念之停」、「小知之人，日與心鬥，而機心如此之不
同，總之自伐眞性，天理日消」、「世人之言乃機心所發」，心與外境、外物相
接，卻因爲物欲、私情和妄知而產生種種好惡取捨，鎭日不休，永不停止；
長此以往，則火馳而不返，〔註72〕以我見我執來評斷世間和他人，形骸因此
而損毀傷害，心亦越來越深陷我執，讓釋德清不得不感慨：「此等機心之人，
沈溺於所爲以爲是，不可使復其眞性也。」〔註73〕無法復其眞性，也就沒有
生機可言，只是在終生的妄心作用，物欲、私情、妄知的競相交纏發用中傷
生毀形，終至死滅而已。

釋德清認爲，想要對治機心妄心，必須「悟本有之眞心」〔註74〕，而一
悟眞心，則能體證眞知、無情；有眞知則能將形骸件件看破，則物欲滿足的
對象就不復存在；看破形骸假我，則我執亦不復存在。妙悟眞心即復其眞性，
在釋德清的莊學體系中，眞心、眞性、眞宰、眞君是同一概念的不同稱呼。
然而，在討論凡眾世人的虛妄造作、論及工夫修養時，心的作用就顯得相當
關鍵。若是分析地說，釋德清心性論中的心性不二，心即性、性即心，心的
體用即性的體用；但若涉及妄想造作的發動作用，還有修行工夫的作用主體，
釋德清會從心講，而不討論性的作用：

德者，謂性之德用也。以性德之用難以言語形容，故以水平爲喻。
蓋言水之平者，乃停之盛，謂湛淵澄靜之至，故可以取法爲準。言
性體湛淵澄淨，寂然不動，則虛明朗鑑，乃內保之而外境不蕩，爲
守宗保始之喻，謂性靜虛明則可以鑑物爲用也。〔註75〕

〔註71〕　（明）釋德清：《莊子內篇註・齊物論》「夫言非吹也」注，頁213。
〔註72〕　（明）釋德清：《莊子內篇註・齊物論》，頁211：「此一節言眞君一迷於形骸
之中，而爲物欲之所傷，火馳不返，勞役而不知止，終身不悟，可不謂之大
哀者耶？由其迷之也深，顛倒於是非而不覺也。」
〔註73〕　（明）釋德清：《莊子內篇註・齊物論》「其溺之所爲之，不可使復之也」注，
頁201～202。
〔註74〕　（明）釋德清：《莊子內篇註・齊物論》「未成乎心而有是非」注，頁212：「言
人未悟本有之眞心，而便自立是非之說。」
〔註75〕　（明）釋德清：《莊子內篇註・德充符》「曰：『平者，水停之盛也，其可以爲

性和聖人皆稟受道，所以道有體用，性與聖人亦有體用。引文中，釋德清又運用「符碼破譯，轉喻爲義」的詮釋方法，分別解釋性之體用爲「性體湛淵澄淳，寂然不動」和「性靜虛明則可以鑑物爲用」。性體湛淵澄淳，性用可以鑑物，所以性體處於極靜止平的狀態，而性用則發爲眞知洞鑑形骸爲假、一切是非言辯皆偏執一己。這也是爲何釋德清在討論工夫論時，會從止觀入手，因爲止即對應性體的湛淵澄淳，而觀即對應性用的鑑照萬物萬事。

　　雖然人人皆有本有自然的眞心眞性，但釋德清也承認聖人並非生而知之者，還是需要經過一段循序漸進的修行工夫，才能體證眞心眞性：

　　　　謂眞性在人，天然自具，一毫人力不能與其間，此人人同有之眞體，

　　　　所謂眞宰、天君是也。此須養而後知。〔註76〕

在《觀老莊影響論・論行本》中他就以釋迦牟尼爲例，指出釋迦牟尼也必須經歷漫長的修行，才能體證大道；而釋迦牟尼之修行，亦依循人乘、天乘，最後方能覺悟，臻入佛乘。〔註77〕所以，釋德清以「須養而後知」，此一養字既指涉「養生之主」，也指涉唯有實踐工夫，才能體知眞心眞性。

　　那麼，聖人和凡衆要做實踐工夫時，又要如何做呢？釋德清否定單純的心識可以證道，這在前文他批評「識取有箇眞宰」一語是「識神」作用可知。不過，釋德清還是將做工夫的主體歸諸於心：

　　　　此句謂何必聖人有之？蓋知代者。乃聖人知形骸爲假借，故忘形而

　　　　自取於心者也。〔註78〕

　　　　夫子言人人雖皆有此心，但衆人之心妄動如流水，而聖人之心至靜

　　　　如止水，故衆人之心動而不止，唯聖人能爲與止之耳。〔註79〕

　　　　雖然有患者，意謂我說以所知養所不知，此還有病在，何也？以世

　　　　人一向妄知，皆恃其妄知，強不知以爲知，未悟以爲悟，妄爲肆志，

　　　　則返傷其性。必待眞悟眞知，然後爲恰當。第恐所待而悟者，未必

　　　　眞悟，則恃爲己悟，則未可定也。必若眞眞悟透天人合德，本來無

　　　　法也，內保之而外不蕩也」注，頁360～361。

〔註76〕（明）釋德清：《莊子內篇註・大宗師》「人之有所不得與，皆物之情也」注，
　　　　頁387。

〔註77〕（明）釋德清：《觀老莊影響論・論行本》，頁22～25。

〔註78〕（明）釋德清：《莊子內篇註・齊物論》「奚必知代而心自取者有之」注，頁
　　　　211。

〔註79〕（明）釋德清：《莊子內篇註・德充符》「仲尼曰：『人莫鑑於流水而鑑於止水，
　　　　唯止，能止衆止」注，頁344。

二，乃可爲眞知。〔註80〕

他說「忘形而自取於心」、「眾人之心妄動如流水，而聖人之心至靜如止水」，前一句稱忘形而自取於心，雖然是從性之所在乃心的觀點，來解釋歸返於性的工夫，但忘形卻不是性在作用，而是心忘假我形骸，因此心是性、亦是性之所在，更是實踐工夫的主體。後一句更將心的能動性闡發得淋漓盡致，凡眾之心妄動如流水，此即前文所述妄知、妄情和物欲的交纏融攝，發動者乃是機心妄心；聖人之心至靜如止水亦非本來如此，乃是因爲聖人已實踐了止觀工夫，才能至靜如止水。

因此，在世間因我執而沉溺的凡眾心性，非工夫不能返歸眞性；聖人不實踐工夫，難以涉世而不爲世所傷，亦難以教化凡眾循一定進程次序，實踐工夫，看破形骸假我，妙悟眞心。

第四節　工夫論：止觀工夫與進道之序

前章曾說，釋德清的「唯心識觀」中，工夫論實繫屬在「觀」——一心三觀——但在《莊子內篇註》卻除了明確提過假觀外，有提及一心三觀的地方，也僅僅是「壺子（示）四相」的注中提及，並未進一步析論：

> 此下三見壺子，示之安心不測之境，此即佛門之止觀，乃安心之法也。地文，乃安心於至靜之地。此止也。〔註81〕

> 天壤，謂高明昭曠之地，此即觀也。〔註82〕

> 踵，最深深處也。言自從至深靜之地而發起照用，如所云即止之觀也。〔註83〕

> 言動靜不二也。初偏於靜，次偏於動，今則安心於極虛，動靜不二，猶言止觀雙運不二之境也。〔註84〕

〔註80〕（明）釋德清：《莊子內篇註·大宗師》「雖然，有患。夫知有所待而後當，其所待者特未定也」注，頁374。

〔註81〕（明）釋德清：《莊子內篇註·應帝王》「以告壺子，壺子曰：『鄉吾示之以地文』」注，頁443。

〔註82〕（明）釋德清：《莊子內篇註·應帝王》「列子入，以告壺子。壺子曰：『鄉吾示之以天壤』」注，頁444。

〔註83〕（明）釋德清：《莊子內篇註·應帝王》「而機發於踵」注，頁444。

〔註84〕（明）釋德清：《莊子內篇註·應帝王》「列子入，以告壺子。壺子曰：『吾鄉示之以太沖莫勝。』」注，頁444～445。

> 宗者，謂虛無大道之根宗，安心於無有，了無動靜之相，即佛氏之
> 攝三觀於一心也。〔註85〕

壺子四次示相，但僅見到三次季咸，因此釋德清說「三見壺子」。釋德清指出，壺子是莊子刻意捏造來說明不測境界的人物，而此不測，就是所謂的道，所謂的眞性。道與眞性無形無狀卻深不可測，所以莊子僅能以壺子四相的故事，具體表現出道與眞性是眞實存在的，只是必須仰賴像壺子這樣的眞人或聖人來體現展示。〔註86〕莊子描述壺子四次示相時，確實存在循序漸進的進道意味，所以壺子四次示相所展示的，非但是境界的由低而高，亦隱含了修道的階序與進程。釋德清詮釋此四次示相，亦有循序而進，辯證相融的味道，而這也是因爲莊子在此的描述手法，與他在「唯心識觀」工夫修行必須循序漸進、依循一定進程而完成的觀念相符應。因爲莊子思想無法對應一心三觀中的假觀、空觀和中觀漸進辯證，所以釋德清在此取用的是止觀辯證。第一次示相是地文，地文是處於至靜之地，即要人返回至靜的眞性之體；第二次示相是天壤，天壤是動觀萬事萬物，如凌居高空而遍觀；第三次爲太沖莫勝，則是體用相融，由至靜性體發動觀萬物之用，而此觀是眞知眞見之觀照，動中有靜，靜而趨動，動靜不二；第四次示相則已與道爲一。第三次示相的太沖莫勝有如聖人內聖外王境界相融爲一，但仍有形有相，未始出吾宗之相則已與道爲一體，因此絕無對待之相，沒有動靜分別。釋德清在注〈齊論物〉時，稱此即是莊子所謂的「莫若以明」〔註87〕。

　　止觀工夫對應於性之體用，而其漸進辯證的修道進程並非僅止於理論，釋德清在〈逍遙遊〉運用「符碼破譯，轉喻爲義」的詮釋方法解讀鯤化鵬寓

〔註85〕　（明）釋德清：《莊子內篇註・應帝王》「壺子曰：『鄉吾示之以未始出吾宗。』」注，頁446。

〔註86〕　（明）釋德清：《莊子內篇註・應帝王》，頁447～448：「莊子恐世人不知不測是何等境界，爲何等人物，故特撰出箇壺子，乃其人也；即所示於神巫者，乃不測之境界也。如此等人，安心如此，乃可應世，可稱明王，方能無爲而化，其他豈可彷彿哉！」壺子已臻至內聖，所以釋德清稱如壺子這類已然具備內聖工夫境界的眞人聖人，才能出而應世，無爲而化，成就外王工夫事業。

〔註87〕　（明）釋德清：《莊子內篇註・齊物論》，頁219～220：「此一節言世人之是非，乃迷執之妄見，故彼此是非而不休。唯聖人不隨眾人之見，乃眞知獨照於天然大道，了然明見其眞是，故曰『亦因是也』。此是則與眾天淵，故以亦字揀之。前云『與其儒墨互相是非，莫若以明』，明即照破之義，故此以『聖人照之於天』以實『以明』之明，此爲齊物之工夫。謂照破，即無對待，故下文發揮絕待之意，而結歸於莫若以明。」

言時，也說：

> 以喻聖人雖具全體，向沈於淵深靜密之中，難發其用，必須奮全體
> 道力，乃可捨靜而趨動，故若鵬之必怒而後可飛也。〔註88〕

聖人具全體，即體證性體的至靜，也就是臻至內聖，然而如此仍難發其用，
也就是無法展現外王工夫、成就事業，這樣的狀態就是止之工夫。奮全體
道力，即由至靜之止趨向動態的觀，也就是由止到觀（止之觀），亦即實
踐外王工夫，成就事業。然而，外王工夫必須無爲而化，所以縱使聖人應
世，仍必須修習內聖工夫，使自己不致於被外物所影響，做出有爲造作的
行爲：

> 若聖人時運將出，迫不得已而應命，則爲聖帝明王，推其緒餘則無
> 爲而化，絕無有意而作爲也。〔註89〕

絕無有意而作爲，則必須達到止觀雙運，動靜不二的工夫境界，不斷觀照而
沒有止的工夫，就會被外物牽引而去，迷失眞性眞心。對釋德清而言，聖人
以內聖外王工夫辯證融攝不二以應世，最終的目的，是要使凡眾的迷失本性
重返眞性，以復歸大道眞性，即未始出我宗的境界：

> 此一節言聖人照破，則了無是非，自然合乎大道，應變無窮，而其
> 妙處皆由一以明耳。〔註90〕

> 篇中立言，以忘我爲第一。若不執我見我是，必須了悟自己本有之
> 眞宰，脫卻肉質之假我，則自然渾融於大道之鄉，此乃齊物之功夫。
> 〔註91〕

聖人照破，是說聖人以止觀工夫照破世間萬象、愚情癡妄，則原本紛紛紜紜
的是非爭論就止息無爭。第一則引文中，聖人未必能止息天下凡眾的是非爭
論，但能止息的是內心對於外在言語境界的起心動念，經止觀工夫而得眞知
眞見，遂能體證大道（合乎大道），理解凡眾世人爭訟不休乃肇因於妄心作用，
而能以不言、無爲應對這些是非爭論而沒有窮竭（應變無窮）；第二則引文中，
齊平物論工夫的第一義是忘我，〔註92〕忘我工夫一旦實踐，則能捨棄我見我

〔註88〕（明）釋德清：《莊子內篇註・逍遙遊》，頁158。
〔註89〕（明）釋德清：《莊子內篇註・應帝王》，頁432。
〔註90〕（明）釋德清：《莊子內篇註・齊物論》，頁222。
〔註91〕（明）釋德清：《莊子內篇註・齊物論》，頁190。
〔註92〕（明）釋德清：《莊子內篇註・齊物論》「隱几而坐」，頁192：「端居而坐，忽
　　　　然忘身，如顏子之心齋，此便是齊物論之第一工夫。」

執，悟得眞性眞宰，脫卻形骸假我而渾融於大道。由此可見，工夫的目的都在體證大道眞性，聖人內聖工夫是如此，教化凡眾脫離執迷的工夫也是如此。

在《莊子內篇註》中，雖然釋德清並沒有每次都清楚指出何種工夫爲止、何種工夫爲觀，何種工夫又是止觀雙運，但還是能從他的注疏和對止觀的定義來歸類。舉例而言，釋德清稱心齋「以虛爲極，虛則物我兩忘，己化而物自化耳」〔註93〕，以虛爲極是入於極深至靜的境地，所以以心齋工夫應屬於止觀工夫中的止。釋德清也經常在注疏中運用「觀」〔註94〕、「返觀」〔註95〕、「以道眼觀」〔註96〕等等，這些觀法、觀照工夫都屬於止觀工夫中的觀或止觀雙運不二。若要深入探索《莊子內篇註》的止觀工夫，並將各篇文獻一一詮釋歸類，以建構分繫釋德清所論工夫何屬止，何屬觀，何者是止觀雙運，何者又是攝三觀於一心，臻於大道，則不是本論文要處理的議題或層面。然而，釋德清《莊子內篇註》確實有許多獨特但散亂無統緒的工夫論述，若能以止觀工夫爲核心或綱領，將這些工夫論述一一統合系連，確實會比較有條理脈絡可循；而且，釋德清也曾在《莊子內篇註》將部分止觀工夫與佛教假觀進程一一相連對應，從相關論述切入，亦能抽繹他以佛解莊、引佛入莊的著力點和方法。〔註97〕這些部分，則有待來者持續深入探索。

〔註93〕 （明）釋德清：《莊子內篇註·人間世》，頁307～308。

〔註94〕 （明）釋德清：《莊子內篇註·人間世》「入則鳴，不入則止」注，頁308：「言不可執一定成心而往，但觀其人精神氣味，相入則言，不入則止，不可強行。」此處的觀偏向於藉由觀人而分辨人的特質，只是這裡釋德清要我們觀照的是人的精神氣味，類近於人的氣象、境界，沒有一定的工夫修養，其實很難做到這種地步。

〔註95〕 （明）釋德清：《莊子內篇註·齊物論》，頁199：「齊物之意，最先以忘我爲本指。今方說天籟，即要人返觀言語音聲之所自發，畢竟是誰爲主宰。若悟此眞宰，則外離人我，言本無言，又何是非堅執之有哉？此〈齊物論〉之下手工夫直捷示人處，只在自取『怒者其誰』一語，此便是禪門參究之功夫。」返觀是一種內觀的工夫，或與「機發於踵」的工夫有關，但釋德清並未明確指出。

〔註96〕 （明）釋德清：《莊子內篇註·齊物論》「恢恑憰怪，道通爲一」注，頁225：「言莛楹之長短，屬施之美惡，恢恑憰怪之變狀，以人情視之，其實不得其一樣，難其無是非；若以道眼觀之，則了無長短美惡之相，一際平等。此言非悟大道，決不能齊天下之物論也。」

〔註97〕 （明）釋德清：《莊子內篇註·齊物論》，頁274～277：「此論立意，若要齊物，必先破我執爲第一，故首以『吾喪我』發端。然吾指眞宰，我即形骸。初且說忘我，未說工夫，次則忘我工夫，須要觀形骸是假，將百骸、九竅、六藏，一一看破，散了於中，畢竟誰爲我者，方才披剝出一箇眞君面目。意謂若悟

釋德清工夫論還有一個特色，那就是不講頓悟，強調工夫必須循序漸進，這與「唯心識觀」以五乘境界階序修行不可躐等的觀念相符應。可見釋德清雖屬佛教僧徒思想群體，卻不認為人可以當下頓悟。所以他雖然亦融攝禪宗，但在工夫論上，仍堅持修行必須漸進：

> 此齊物以喪我發端，要顯世人是非都是我見，要齊物論，必以忘我為第一義也。故逍遙之聖人，必先忘己，而次忘功忘名。〔註98〕
>
> 此前論大道雖是可宗可師，猶漫言無要，此一節方指出學道之方。意謂此道雖是人人本有，既無生知之聖，必要學而後成。今要學者須要根器全美，方堪授受；授受之際又非草率，須要耳提面命，守而教之；其教之之方，又不可速成，須有漸次而入，故使漸漸開悟。其三日外天下，七日外物，九日外生死，而後見獨朝徹。此悟之之效也。既悟此道，則一切處日用頭頭，觸處現成，縱橫無礙，雖在塵勞之中，其心泰定常寧，天君泰然，湛然不動，工夫到此，名曰攖寧。何謂攖寧？蓋從雜亂境緣中做出，故曰「攖而後成者也。」觀此老言雖蔓衍，其所造道工夫，皆從刻苦中做來，非苟然也。〔註99〕

釋德清在詮釋〈齊物論〉時，經常提及「忘我」是齊平物論的第一義或第一工夫，而第一義或第一工夫就是最重要關鍵的入手工夫。所以釋德清說「逍

眞君，則形骸可外，形骸外則我自忘，我忘則是非泯矣。此其中大主意也。重重立論，返覆發揚者此耳。謂若未悟眞君，則舉世古今皆迷如在大夢之中，縱有是非之辯，誰當正之耶？縱有正之者，亦若夢中占夢耳。若明正是非，必待大覺之聖人，即不能待大聖，亦直須各人了悟當人本來面目，方自信自決矣。要悟本來眞宰，須是忘我，然忘我工夫，先觀人世如夢，是非之辯，如夢中事；正是非者，如夢中占夢之人。若以夢觀人世，則人我之見亦自解矣。雖解人我而未能忘言，若觀音聲如響，則言語相空，如此則言自忘矣。言雖忘而未能忘我，則觀自己如影外之影，觀血肉之軀如蛇蚹蜩翼，此則頓忘我相，不必似前分析也。蓋前百骸九竅，一一而觀，乃初心觀法，如內教小乘之析色明空觀。今即觀身如影之不實，如蛇蚹之假借，乃即色明空，更不假費工夫也。雖觀假我而未能忘物，故如蝶夢之喻，則物我兩忘。物我忘則是非泯，此聖人大而化之成功也，故以物化結之。如此識其主意，攝歸觀心，則不被他文字眩惑，乃知究竟歸趣，此〈齊物〉之總持也，觀者應知。」在此釋德清提到許多觀法，如夢觀、觀音聲、觀血肉，並且將之比附於（他用如字而非即字）析色明空觀法。而且他所指出的觀法具有漸進層次，這一套漸進觀法屬於《莊子》獨有。

〔註98〕最經典的例子應該是《莊子內篇註・齊物論》，頁193。
〔註99〕（明）釋德清：《莊子內篇註・大宗師》，頁401～402。

遙之聖人，必先忘己，而次忘功忘名」，若能忘卻我之血肉形骸，則能消去我執，逐一忘卻解消建功求名的意念，而能無心應世，無爲而化凡眾萬物。在詮釋〈大宗師〉時，他更明確說道，雖然道（眞性）是人人本有，但沒有生而知之的聖人，所以無論聖人凡眾都需要學習實踐。然而，人天生有形器氣質的差異，所以學者必須根器全美，即既未陷入機心妄作、我執堅強的境地，也並非是深溺私情、物欲、妄知的人，才能（由聖人）教授他（凡眾）入道工夫。工夫有方法進程，不能速成，不可凌躐，必須漸次而入，才能使人漸漸開悟。所以三日外天下、七日外物，九日才能外生死，最後則能見獨朝徹。以釋德清的莊學體系來看，這樣的進程階序是有意義：外天下指捨棄言辯爭論，不與天下之人爭執不休；外物則泯除物欲，不在追逐外物以滿足一己血肉身軀；外生死則徹底滅除我執，曉知生本不生，死亦無死；最後則與道渾融一體，體證大道本無是非有無之相，絕待唯一，因此稱爲見獨朝徹。「一切處日用頭頭，觸處現成，縱橫無礙」是因學道之人已成就內聖工夫，所以皆以眞知眞見觀照世間萬物萬事，不陷於事物表象，不糾纏於我執言辯之中。「在塵勞之中」即外王應世，「心泰定常寧，天君泰然，湛然不動」為內聖境界，既在塵勞之中而能泰定常寧、湛然不動，以眞知觀照世間萬象萬物，則已是止觀雙運，內聖外王工夫相融於一體。然而這一切工夫，都有階序進程，必須一一實踐，才能達到內聖外王辯證融攝的境界。

第五節　小結

　　釋德清的文本論的核心思維是辯證融攝，無論是外在篇章形式與內在思想義理的交相辯證，融攝發揮；或是建構莊學思想體系的四個次論域論述——道論、聖凡論、心性論和工夫論——在論述中不斷透過概念聯繫，在敘述中運用正反合辯證的方式，將四個次論域論述彼此滲透、融攝，構成緊密而無法輕易拆解網絡，藉此建構他的莊學思想體系。釋德清在詮釋《莊子》文本，藉此建構自己的莊學思想體系時，也不斷援引詮釋方法論中提到的各種詮釋方法，而憑藉依循的思想理論則是「唯心識觀」。雖然《莊子內篇註》中許多詮釋都屬於釋德清個人的見解或獨特詮釋，例如運用了止觀工夫觀念來理解、詮釋《莊子》書中提及的各種工夫，或偷偷將佛教概念引渡入莊學詮釋傳統裡常運用的概念——如忘我，在釋德清的解讀下遂變成我執——但他也

確實經由此書，在莊學詮釋傳統加入一種新的詮釋術語、系統、體系，而釋德清的莊學詮釋，也因此成爲莊學詮釋史無法忽視的一部分，也更豐富了莊學詮釋史的內涵，爲後世的讀者提供另一個詮釋視域、另一個理解莊子其人其書的取徑。

第六章　結　論

　　在漫長的莊學詮釋史中，有許多思想家窮盡一生只想從《莊子》一書挖掘個人的體會，或者以此書作為酒杯，澆灌自己被時代所壓迫、折磨的心思塊壘，因而在詮釋《莊子》時，或傾注了自己發展的觀念、或受當時主流論述影響、或注入前人已說過而詮釋者所偏愛的解釋。莊學詮釋史像一件歷代《莊子》詮釋者們共同針黹編繡的華衣，裡面的一針一線、各色各相，都有屬於詮釋者的思想體系，以及醞釀培養此思想體系的社會、文化、傳統、思想社群作為底蘊，滲透其間。因此，當我們想要了解莊學詮釋史某位詮釋者的思想體系時，不能硬生生將他的詮釋從這件華衣上拆解下來，而無視他的詮釋實際上和其他相鄰纏繞的詮釋有密不可分的關係：他所用的針法（詮釋方法）可能是依循前一位詮釋者的針法（詮釋方法）；他可能是接續前一位詮釋者而繼續編織他的詮釋體系，他的詮釋體系可能啟發了新的詮釋方法、新的視域與體系。以下將從「本文之回顧與總結」及「本文之貢獻與展望」兩小節，分述本論文之綱要梗概，以及本論文對於未來之研究者能提供何種的貢獻與研究進路的發展可能。

第一節　本文之回顧與總結

　　第一章「緒論」，提出以釋德清的莊學思想體系為研究對象的原因及目的，指出釋德清的莊學研究至今仍存在「歷史文化語境匱乏」和方法論、莊學體系不夠完整的問題，而本論文則企圖站在前人豐碩的成果之上，對過往莊學研究模式進行適度的吸納與省思，將顏崑陽先生消融哲學詮釋學、社會

學、文化學等西方哲學理論，立基於中國文化思維與文學特色所發展出的理論，予以取用裁切為可供《莊子》詮釋操作的方法論。在研究與詮釋文獻的過程中，也不再採取封閉文本、純概念分析、將歷史脈絡切割外部化的方式，而是援引與釋德清的文集、與他生存年代相同或相近的文獻紀錄，建構出他的歷史存在情境。提出論域的概念，並由釋德清莊學相關文獻中歸結出四個主要論域：作者論、讀者論、方法論和文本論，由此分析相關文獻、歸納綜合，並理解四大論域本身的辯證、互涉關係，使釋德清經由詮釋《莊子》的詮釋行動，所建構出的莊學思想體系動態整合得以重現，而非僅停留於靜態分析描述。

第二章「為何而注：釋德清注釋《莊子》之動機與試圖回應之時代課題」，運用了舒茲社會學的理論，試圖細緻分析釋德清撰寫《莊子內篇註》的原因動機及目的動機。經典詮釋是一種行動，也是社會性行為，因此經典詮釋從來不是一件閉門造車的工作，一本傑出的詮釋作品也不可能是詮釋者在徹底封閉與外界溝通的狀態下，不參考他的前行研究者著作而匠心獨運完成的作品。而且，釋德清是個多產的作者，遍注群經，遍覽群書，於是更應該考量他其他經典詮釋著作的內容，交相參照以建構完整的體系。因此，本章實則在反思過去在研究經典詮釋時，經常使用的封閉文本研究法，就是將一個詮釋者的經典詮釋視為獨立的文本，只從單一文本建構詮釋者的思想體系、概念用語。如此研究方法的弊病，是容易忽略詮釋者曾是個活生生的人，他的概念用語、思想體系並非生來就是如此，也不是僅從閉門苦思中梳理出來。每一個詮釋者都深深受到他的個人史、社會傳統、文化風俗，受到他所信仰的理念，以及他所身處的學術社群所影響。每一個層面的影響未必相同，影響的方式與向度也不盡相同，如釋德清對於晚明《莊子》詮釋的風氣並非認同，而是反動，所以他是藉由對《南華真經副墨》和《莊子口義》的批評，開啟並重新思索建構他的莊學體系，並將這一套體系體現在《莊子內篇註》之中。釋德清建構自身莊學體系的目的，除了是要對抗當時盛行的莊學詮釋風潮，其最重要的目的，是將老莊——也就是道家——吸納到他所建構的判教系統之中，提供佛教僧徒詮釋《莊子》，乃至論辯三教會通的論述模式。

第三章「作者論與讀者論：釋德清對莊子其人、其書，以及該如何閱讀之基本觀點」，第三、四、五章為論域的實際探討及操作，本章從文獻的歸整和分析著手，提出釋德清對莊子其人其書的基本看法，分別從莊子撰書意圖、

莊子與老子思想的傳承、莊子思想的侷限三個部分討論。釋德清將孔（孟）、老（莊）、佛都視爲聖人，但其境界與教乘有高低分別，然而既爲聖人，涉世的目的就是救世化俗，而莊子的撰書意圖與基本用心，就是本於此。釋德清將莊子視爲老子的傳承者，並將之置於佛、道二者的橋樑樞紐位置，一來是承襲舊有的說法與觀念，如永明延壽將老莊判爲通明禪，即認爲兩者是屬於同一系統；二來是將老莊統攝爲道家（涵攝道教），方便判教。然而，老莊畢竟還是有所差異，莊子在哲學思想上仍偏向人生的探索與開展，與老子偏向政治、辯證思維不同，因此釋德清將莊子視爲由道轉佛關鍵樞紐位置，亦是肯定莊子思想的深刻與高度。釋德清作爲佛教僧徒，他所建構的判教系統亦以佛教爲至高、終極，因此釋德清認爲莊子思想仍有其不足、未見之處，必須由佛來印證與提升，帶領眾生臻至解脫境界。讀者論和作者論一樣，一直是《莊子》詮釋的主要論域之一，不過將讀者論加以擴充、著墨討論，主要是宋代以後的事，這應該與禪講、書院、評點文學等時代風潮有關。讀者論關涉到閱讀的方法與進路、一個好讀者應該具備的特質與態度，這在宋代以降的《莊子》詮釋中，亦是被頻繁討論與關注的論域。

第四章「方法論：釋德清的《莊子》詮釋方法及其限制」，本章歸納釋德清詮釋《莊子》的四種主要詮釋方法，分別爲：知人論世與以心會心、符碼破譯與轉喻爲義、互文詮釋及唯心識觀。這四種詮釋方法，皆具有一定的方法意識，釋德清在使用這四種詮釋方法時，會依照不同的狀況、情境，針對不同的原因使用，例如知人論世與以心會心主要運用在探究作者論域及讀者論域。若能仔細條分縷析中國古代經典詮釋者的序文、編排與論證經典意義的敘述，實則能發現他們通常都具有各自的詮釋方法和方法意識，只是嚴謹度可能有所差異。然以釋德清而言，他所使用的詮釋方法都具有方法意識，且有時在不同的經典詮釋中，也能看見他運用本章所闡釋的四種詮釋方法進行詮釋。

第五章「文本論：《莊子》內外思想結構之建構與辯證聯結」，本章以《莊子內篇註》爲主要分析文本，先分析釋德清如何建構《莊子》內篇之間彼此的聯繫關係，在探討外在篇章的排序邏輯與內在思想體系之間的聯結關係，進而討論釋德清莊學思想體系中的次論域：道論、聖凡論、心性論和工夫論，以及四個次論域彼此辯證聯結的情形。我希望透過本章展現的是，當我們研究或閱讀經典詮釋文本時，雖然經典詮釋者已然消逝，但經典詮釋行動實則

是一動態的行為。文本的靜態性，無法掩飾經典詮釋者在撰述時過程中，反覆思考、論證、聯結文本前後脈絡與意義的行動，造成文本前後篇章文句的辯證整合。

以《莊子內篇註》為主要研究文本雖不多，但若將專書內的專章專節也列入計算，也多達十數篇論文；而嘗試藉由《莊子內篇註》建立釋德清莊學思想體系的論文，最具代表性的也僅有李懿純《憨山德清註《莊》之研究》。然而，李懿純運用的研究方法仍是相當傳統的文獻研究方法，整個是德清莊學思想體系的建構是從文獻的耙梳、整理、歸納、化用〔註1〕逐一建構起來的。因此本論文的「重構」除了是指運用新的觀點（論域）建構釋德清的莊學思想體系外，也隱含重新檢討李懿純論文已建構的釋德清莊學思想體系，再以我的視域重新建構一套釋德清的莊學思想體系的意涵。

第二節　本文的貢獻與展望

若運用本論文所引用的原因動機與目的動機來劃分，本論文撰作的原因動機在於，在莊學詮釋史的研究中，傳統的文本分析與文獻整理是研究《莊子》詮釋的主要方式，而研究的對象經常是單一文本的概念分析、體系建構，或者多數文本的對比。而這樣的研究方式，有時在概念分析會不夠精準，缺乏將概念置入社會文化或歷史傳統來處理分析的意識；有時會過度詮釋某些文本內的概念，或以單一文本內邏輯合理的封閉系統即為該文本、該思想家的思想體系，而忽略了每一個文本實則或多或少受到前行詮釋文本、詮釋者所身處的社會文化和歷史傳統的影響，甚至當詮釋者運用某些概念時，也會被他所從屬、加入的思想群體、社群影響。此外，有些《莊子》詮釋研究者引用西方詮釋學或哲學方法、理論來剖析《莊子》詮釋，優點是為莊學詮釋史研究開展新的視域，提供新的研究方法；缺點是西方詮釋學與哲學方法、理論都有其問題意識、理論基礎與方法，若不對其有深刻的了解與反思，貿然取用在文本研究上，很可能會像族庖斷肉折骨般，將文本析離得面目全非、

〔註1〕化用是指，李懿純在為釋德清的工夫論和境界論立定名詞時，運用的都是釋德清用過的詞，如「禪門參究」、「漸漸開悟」、「止觀」工夫論，然而這樣的分別有時會過於割裂。例如禪門參究和止觀不應該分為兩項工夫，因為看話頭、分析語言邏輯思維，在釋德清的思想系統裡，也屬於觀的一環，而其中涉及真知真見的運作。

不復本義。值此，本論文的目的動機則是試圖有限度地引用西方理論和方法，如社會學、哲學或詮釋學的理論與方法論，但經過研究者消化吸收或重新定義後，提取可以適用於文本研究的部分進行研究；或者藉由文本研究，從中國經典詮釋者的思想理路裡，抽繹汲取可供作理論內造建構的資源，由此拓展以中國經典詮釋爲主體的詮釋理論。如此一來，本論文的貢獻，除了提供釋德清莊學思想體系的另一種詮釋入徑與建構的可能性之外，或許還提供了中國詮釋經典理論內造建構的初步嘗試。

關於中國詮釋經典理論的內造建構，我以爲顏崑陽先生的觀點是我所服膺且致力的目標，並以此論文作爲嘗試的第一塊磚石：

> 中國文學知識「自體完形結構系統」的建置，其要者就是「文學批評」與「文學史」書寫的基礎理論；這在方法學上，可稱之爲「內造建構」，以有別於引藉外來的西方理論。……任何一種有效性的「文學理論」都不是純粹抽象概念的空言，而是經由對既存之文學經驗現象的認識及意義價值的詮釋，揭示其隱涵的相對普遍本質、結構、規律，而加以抽象化、概化所完成的知識建構。這些隱涵的相對普遍本質、結構、規律，假如出於一個民族文學內在之所具而散置於各篇文本中，我們將它揭而明之，並賦予現代化之系統性理論意義，就稱之爲「內造建構」。〔註2〕

雖然顏先生討論的對象是中國文學知識，但以中國思想史〔註3〕的書寫爲例，在二十世紀以降雖有胡適、馮友蘭、勞思光、張岱年、葛兆光等人的努力，在書寫時也確實提出某些獨特的觀點與方法論。可是近幾年來由多人合撰中國思想史，以及不同典籍的詮釋史（如中國莊學史），卻很難找到撰寫者撰述的方法論與核心觀點，反而比較接近文獻整理與文本分析；在時代思想背景的描述上也常以常識性的內容爲預設，例如宋代就強調理學家的興起與影響，明代就著眼於陽明心學，卻忽略兩者的影響力其實都是宋明中後期才變成主流的歷史事實，而且並非每一個經典詮釋者都是以正面容受的態度接納主流思潮。

〔註2〕 顏崑陽：〈當代「中國古典詩學研究」的反思及其轉向〉，《反思批判與轉向——中國古典文學研究之路》，頁 89～90。

〔註3〕 在當代學術界中，中國哲學與中國思想是屬於同一組概念，雖然兩者之間還是可以進一步分析出差異，但大體是相近且可以互相通用的詞彙。此處筆者皆以中國思想稱之。

　　過去中國思想專著或經典詮釋的研究，也多以文獻整理的耙梳與解讀為主要方法，其優點是就現有文本所提供的訊息加以判讀解釋，有憑有據；缺點則是難免流於文詞概念表面的理解，而沒有從文本內部的互文聯繫著眼，將相同詞彙在不同篇章或文句脈絡下顯現的異同予以區別，或忽略中國思想家或經典詮釋者常賦予同一概念不同稱謂的習慣。站在前人所累積的學術成果上，運用中國經典詮釋的內造理論來對文本進行更嚴謹的研究，或許是我們能夠將當代學術向前推展的一個路向，也能創造屬於屬於我們時代的知識型。

　　若要內造建構中國思想知識，傳統的文獻整理方法和逐章摘句的解讀已然不足，而且近來大陸出版的合撰性中國思想史書寫，也呈現重複、常識的觀點的再闡釋，將中國思想史凝固成不斷複製的知識與理所當然的斷代分期，卻漠視歷史發展的流變性與辯證性。顏先生說，我們必須發掘文學經驗現象的「相對普遍本質、結構、規律」，並加以抽象化與概化，才能內造建置中國文學的「自體完形結構系統」。若依循這樣的理解，我們想要建置中國思想知識的「自體完形結構系統」，也必須發掘中國思想經驗的「相對普遍本質、結構、規律」，並加以抽象化、概化，而不能像過去的中國思想史撰述者，停留在以單一觀點或理論視域來判斷中國思想的內涵和價值——如勞思光以基源問題來檢視中國思想，張岱年運用馬克思主義來評判中國思想家優劣。因此，重新檢視前行思想史所建構的中國思想知識，深入歷史發展的流變性與辯證性，尋找出中國思想經驗現象的相對普遍本質、結構和規律，才能進一步抽象化、概化，內造建構出一套中國思想知識系統。

　　要內造建構中國思想知識，還有一件非常重要的工作，那就是建置中國經典詮釋的知識。雖然我們經常有一個迷思：經典詮釋是建構在思想家運用自身思想體系，對經典予以選擇、詮釋的結果。這樣的迷思是對中國經典詮釋行動的誤解，以此理解來看待經典詮釋行動，會弱化詮釋者藉由經典詮釋行動來建構自身思想體系、回應時代思想與前行思想的價值意義。事實上，每個經典詮釋行動皆具有原因動機和目的動機，而經典詮釋者選擇一個文本進行詮釋，極可能是受到時代思潮影響——如魏晉時王弼注《老子》和《周易》，郭象注《莊》，明末清初重視三禮的詮釋——更重要的是詮釋者對該經典所提供的思想系統、世界觀的認同，以及試圖藉由經典詮釋行動建構出獨創的思想體系。有時，我們會以為經典文本會侷限詮釋者思想的發揮，卻鮮

少從經典文本本身的思想系統、語言表述方式、辯證思維提供詮釋者靈感並拓展其思想的角度，來理解經典詮釋行動實則是雙向互動、辯證融攝的，而由此產生的文本自然也是雙向互動、辯證融攝之後的成品。我們也經常忘記，經典詮釋者一開始也是個讀者，就像釋德清一開始也是《莊子》的讀者，而一個讀者不僅需要仰賴當代流行的詮釋文本作為入門，也會從《莊子》中獲取許多思想養分和理解世界的基本知識，再與自己所學所思結合，反過來進行經典詮釋行動。

　　因此，建置中國經典詮釋知識，實際上就是建置思想家透過閱讀、詮釋經典時，思想經驗的相對普遍本質、結構和規律。最重要的是，中國思想有極大的部分是建立在經典詮釋，若能建置中國經典詮釋知識的「自體完形結構系統」，就能使中國思想知識「自體完形結構系統」的建置更加完整且精確。

　　以釋德清為研究對象，是因為釋德清身為佛教僧侶，但在學習歷程上廣涉三教，並且對佛教經典科判有深入的了解與熟習，能運用嚴謹並具邏輯的科判，梳理思想脈絡和經典理路；釋德清雖然對語言文字與真理之間，是否能準確對應一事感到懷疑，但他並不徹底否認或屏除當時流行的詮釋方式，所以《莊子內篇註》有時可見到評點的概念與文句章法的分析。如釋德清就曾以「草裏蛇」〔註4〕來解讀莊子的行文，真實反映當時以文評點《莊子》的時代風氣。釋德清的經典詮釋成果相當豐富，他的經典詮釋遍及儒釋道三教的文本，因而可以從研究他的經典詮釋，看出文本互涉的狀態，但釋德清又經常被指為以佛解莊的代表，而如何看出他以佛解莊？以佛解莊的方法又為何？他以佛解莊是當時的思潮所致，還是對時代的反動及批判？研究者卻常對這些問題含糊其詞，好似三教會通或三教融合就能解釋士大夫學術社群詮釋佛典和老莊（如焦竑等）、道士學術社群詮釋佛典和儒家經典（如陸西星）、佛教僧徒學術社群詮釋儒典和老莊（如釋德清、方以智），因為時代風氣如此，所以這些行為非常正常。然而，若進一步提問、研究，就能發現其中涉及概念的挪借互用、系統的統整合併、對矛盾概念的刻意扭曲詮釋，而這絕對不是用時代風氣思想就能籠統帶過的。以釋德清為例，「唯心識觀」是他經典詮釋最核心的理論，而他也以此遍注三教經典，而此一理論不是單純的三教會通，而是以佛法攝三教。釋德清作為以佛解莊的代表人物，又具有方法論意

〔註4〕　（明）釋德清：《莊子內篇註・齊物論》，頁 237：「其文與意，若草裏蛇，但見其動蕩遊行，莫覩其形跡，非具正眼者，未易窺也。」

識，卻未有論文予以揭明，是我以他為研究對象的原因。

當然，如果回歸到莊子其人其書的思想定位來評價釋德清的莊學思想體系，或起莊子於九泉之下，詢問他是否同意釋德清對自身思想的論斷與評價，我想答案一定是否定的。原因在於，老、莊思想本來就具有決定性的差異性，此差異性自牟宗三先生以來，唐君毅、徐復觀、錢穆、勞思光、王邦雄等學者都已經不斷闡述析論。最明顯之處在於老子所關懷的是政治層面，而莊子關心的卻是人性與人生，乃至人的存在本質問題。然而釋德清卻是將老、莊歸整入同一系統（道家），並將之統攝到以佛教為最高理想的判教系統中。

本文另一個貢獻，或可為未來研究所利用之處，在於論域的提出。論域理論的提出，並非獨創，而是受到西方社會學理論中的場域理論啟發，將之與經典詮釋經常探討的部分，予以統整而提出的初步理論嘗試。這樣的研究方法、理論提出或許仍相當不成熟和不嚴謹，但若要突破當前取用西方哲學理論，格義中國經典詮釋的研究風氣，內造建構中國經典詮釋知識的「自體完形結構系統」，理論和研究方法的轉向應不失為一條可行之路。回歸到經典詮釋本身，透過對文獻資料的把握，再藉由嚴謹的理論與研究方法的運用，抽象化、概化中國經典詮釋的相對普遍本質、結構和規律，方能使我們擺脫格義式的西方理論援引，避免長久以來經典詮釋研究削足適履的遺憾，也能將文獻研究容易陷於表面文義解讀與文句歸納統整的窠臼，透過適切的理論，提升到更整體且更有深度的論述。

最重要的是，中國經典詮釋是歷史性的產物，就像釋德清是生存在歷史中的人，受當時的文化傳統、社會風俗所影響、滲透、浸潤；他的思維、用語、對世界的理解與焦慮，他需要面對的反對者與支持者，都成為他思想、言語、行動考量的一部分。我們必須同情的理解，並在研究的過程中將這些部分考量進去，而不是將詮釋者生存的時代風氣、文化傳統、他所閱讀理解的前行經典詮釋作品、所身處的社群核心思想目標等都視為外緣背景，只著眼於將研究對象視為封閉文本，斷卻詮釋者與詮釋文本跟外界、跟過去的種種聯繫，只分析此一文本、此一思想家落實到書面文字的種種陳述，而不將那些不斷浸潤、滲透、影響著這個詮釋者的歷史性、社會性事物與人物思想一併考量進來。這樣的研究方式或態度，所得出來的研究成果，難免會具有斷裂性。若要內造建構中國經典詮釋知識的「自體完形結構系統」，就必須將研究文本與對象的歷史性放在心中，不斷檢視他的發言與思想理路是否受到

當時的社會文化、歷史傳統、風俗習慣所刺激和影響，他是否站在某個特殊立場在回應問題、提出屬於他個人或歸屬的學術社群的觀點及論點？他的撰述及言說、行文是否本著某種原因動機和目的動機？他在經典詮釋中提出的理論或觀點、用語是否深受前行經典詮釋作品、詮釋者或思想家，還是受到當時的社會文化所影響，而他又改動了多少？然而，回歸研究文本或研究對象的歷史性，並非要像年譜一樣，確認到每個思想概念產生的時間點都細微無誤，而是要矯正過度抽象客觀化研究文本和研究對象所衍生的問題。

　　回歸到研究文本與研究對象的歷史性，也才能更精確建立中國經典詮釋知識的規律。畢竟每個詮釋者都是站在自身的時代，與當時的思想家和透過閱讀前行詮釋者的作品，不斷反思與提出問題，嘗試對文本提出一套具備體系的觀點和詮釋核心思想，並將自身的理解滲透到其間。而身為研究者的我們，若能深入研究對象與研究文本的歷史性，就能更深切理解他們為何發言、為何撰述，進而省察到自我的歷史性，理解自身研究的原因動機與目的動機，深化並拓展自我觀看理解世界的視域。

引用書目

一、古籍原典（依時代先後排列）

1. （後秦）鳩摩羅什等撰：《佛藏經・裴相發菩提心文・性相通說・入楞伽心玄義》，臺北：新文豐出版公司，1974 年。

2. （後秦）僧肇：《肇論》，大藏經刊行會編輯：《大正新修大藏經》第 45 冊，臺北：新文豐出版公司，1983 年。

3. （漢）趙岐注，（宋）孫奭疏：《孟子注疏》，收入（清）阮元校勘：《十三經注疏》，臺北：藝文印書館，2007 年 8 月 15 刷。

4. （漢）司馬遷撰，（南朝宋）裴駰集解，（唐）司馬貞索隱，（唐）張守節正義：《史記正義》，臺北：藝文印書館，2005 年 2 月。

5. （隋）智顗：《釋禪波羅蜜次第法門》，大藏經刊行會編輯：《大正新修大藏經》第 45 冊，臺北：新文豐出版公司，1983 年。

6. （唐）孔穎達正義：《毛詩正義》，（清）阮元校勘：《十三經注疏》，台北：藝文印書館，2007 年 8 月 15 刷。

7. （唐）釋道宣：《廣宏明集》，大藏經刊行會編輯：《大正新修大藏經》第 52 冊，臺北：新文豐出版公司，1983 年。

8. （唐）吉藏著，韓廷傑校釋：《三論玄義校釋》，臺北：文津出版社，1991 年 3 月。

9. （唐）法琳：《破邪論》，大藏經刊行會編輯：《大正新修大藏經》第 52 冊，臺北：新文豐出版公司，1983 年。

10. （唐）法琳：《辯正論》，大藏經刊行會編輯：《大正新修大藏經》第 52 冊，臺北：新文豐出版公司，1983 年。

11. （唐）法藏：《華嚴一乘教義分齊章》，大藏經刊行會編輯：《大正新修大藏經》第 45 冊，臺北：新文豐出版公司，1983 年。

12. （唐）實叉難陀譯：《大方廣佛華嚴經》，大藏經刊行會編輯：《大正新修大藏經》第 10 冊，臺北：新文豐出版公司，1983 年。

13. （唐）清涼澄觀：《華嚴懸談（華嚴疏鈔會本）》，台北：大乘精舍印經會，2012 年 6 月。

14. （唐）清涼澄觀：《大方廣佛華嚴經疏》，大藏經刊行會編輯：《大正新修大藏經》第 35 冊，臺北：新文豐出版公司，1983 年。

15. （唐）圭峰宗密：《原人論》，大藏經刊行會編輯：《大正新修大藏經》第 45 冊，臺北：新文豐出版公司，1983 年。

16. （唐）般剌密帝譯，（元）天如惟則會解：《大佛頂首楞嚴經會解》（景印清末常州天寧寺刊本），上海：上海古籍出版社，2011 年 12 月。

17. （五代）永明延壽：《宗鏡錄》，大藏經刊行會編輯：《大正新修大藏經》第 48 冊，臺北：新文豐出版公司，1983 年。

18. （宋）普濟編，蘇淵雷點校：《五燈會元》，臺北：文津出版社，1991 年。

19. （宋）釋契嵩：《鐔津文集》，大藏經刊行會編輯：《大正新修大藏經》第 52 冊，臺北：新文豐出版公司，1983 年。

20. （宋）蘇軾撰，張志烈、馬德富等主編：《蘇軾全集校注》，石家莊：河北人民出版社，2010 年 6 月。

21. （宋）王雱：《南華真經新傳・齊物篇》，《景印文淵閣四庫全書》第 1056 冊，臺北：臺灣商務印書館，1986 年。

22. （宋）林希逸撰，周啓成校注：《莊子鬳齋口義校注》，北京：中華書局，1997 年 3 月。

23. （宋）嚴羽撰，郭紹虞校釋：《滄浪詩話校釋》，臺北：文馨出版社，1972 年 12 月。

24. （宋）蘊聞編：《大慧普覺禪師語錄》，大藏經刊行會編輯：《大正新修大藏經》第 47 冊，臺北：新文豐出版公司，1983 年。

25. （宋）淨善重集：《禪林寶訓》，大藏經刊行會編輯：《大正新修大藏經》第 48 冊，臺北：新文豐出版公司，1983 年。

26. （宋）黎靖德編：《朱子語類》，台北：文津出版社，1986 年 12 月。

27. （明）朱得之：《莊子通義》，《續修四庫全書・子部・道家類》（影印明嘉靖四十四年浩然齋刻三子通義本）第 955 冊，上海：上海古籍出版社，2002 年。

28. （明）李攀龍：《滄溟先生集》，《明代論著叢刊》第 33 冊，臺北：偉文圖書公司，1976 年。

29. （明）陸西星撰，蔣門馬點校：《南華真經副墨》，北京：中華書局，2010 年 3 月。

30. （明）焦竑撰：《莊子翼》（景印明萬曆十六年王元貞刊本），《中國子學名著集成》第 60 冊，臺北：中國子學名著集成編印基金會，1978 年。

31. （明）李騰芳：《李宮保湘洲先生集》（影印南京圖書館藏清刻本），《四庫全書存目叢書·別集類》第 173 冊，臺南：莊嚴出版社，1995 年。

32. （明）釋袾宏：《竹窗隨筆》，藍吉富主編：《大藏經補編》第 23 冊，臺北：華宇出版社，1986 年。

33. （明）釋袾宏：《正訛集》，藍吉富主編：《大藏經補編》第 23 冊，臺北：華宇出版社，1986 年。

34. （明）釋眞可：《紫柏老人集》，趙恆愚等編：《中華大藏經》第 2 輯第 86 冊，臺北：修訂中華大藏經會，1983 年。

35. （明）釋德清撰，（明）福善日錄：《憨山大師夢遊全集》，《中華大藏經》第 2 輯第 88 冊，臺北：中華修訂大藏經會，1968 年。

36. （明）釋德清撰，（明）福善日錄：《憨山大師夢遊全集》，《明版嘉興大藏經》第 22 冊，臺北：新文豐出版公司，1987 年。

37. （明）釋德清撰，（清）錢謙益等編纂《憨山老人夢遊全集》，臺北：新文豐出版公司，2000 年 12 月 1 版 4 刷。

38. （明）釋德清：《憨山老人夢遊集》，《續修四庫全書·集部·別集類》第 1377、1378 冊，上海：上海古籍出版社，2002 年。

39. （明）釋德清：《憨山大師夢遊全集》，《四庫全書未收輯刊》第 3 輯第 25 冊，北京：北京出版社，2000 年。

40. （明）釋德清：《觀老莊影響論》，臺北：廣文書局，1974 年 3 月。

41. （明）釋德清：《觀老莊影響論》，《叢書集成續編·子部》第 97 冊，上海：上海書店，1994 年。

42. （明）釋德清：《觀老莊影響論》，《四庫全書存目叢書·子部·道家類》第 257 冊，臺南：莊嚴出版社，1995 年。

43. （明）憨山大師：《老子道德經解憨山註　莊子內篇憨山註（附觀老莊影響論一名三教源流異同論）》，臺北：新文豐出版公司，2004 年 12 月初版 5 刷。

44. （明）釋德清：《法華通義》，楊文會編：《釋氏十三經註疏》，濟南：齊魯書社，2013 年 1 月。

45. （明）釋德清：《楞嚴懸鏡、首楞嚴經通議合刊》（景印光緒二十年金陵刻經處本），臺北：財團法人佛陀教育基金會，2012 年 12 月。

46. （明）釋德清：《大方廣圓覺修多羅了義經直解》，《明嘉興大藏經》第 18 冊，臺北：新文豐出版公司，2010 年。

47. （明）釋德清：《大乘起信論疏略》，《明嘉興大藏經》第 19 冊，臺北：新文豐出版公司，2010 年。

48. （明）沈一貫：《莊子通》（影印明萬曆二十四年八閩書林鄭氏光裕堂刻本），《續修四庫全書・子部・道家類》第 956 冊，上海：上海古籍出版社，2002 年。

49. （明）陶望齡解，（明）郭明龍評：《解莊》（影印天啓元年刊本），《無求備齋莊子集成續編》第 24 冊，台北：藝文印書館，1974 年。

50. （明）陳深：《莊子品節》（據明萬曆十九年刊本影印），《無求備齋莊子集成初編》第 11 冊，臺北：藝文印書館，1972 年。

51. （明）譚元春撰，陳杏珍標校：《譚元春集》，上海：上海古籍出版社，1998 年 12 月。

52. （明）沈德符：《萬曆野獲編》（影印清道光七年姚氏刻同治八年補修本），《續修四庫全書・子部・雜家類》第 1174 冊，上海：上海古籍出版社，2002 年。

53. （明）馮夢禎撰，丁小明點校：《快雪堂日記》，南京：鳳凰出版社，2010 年 1 月。

54. （明）福善記錄，（明）譚貞默（福徵）述疏：《憨山大師年譜疏註》，藍吉富主編：《大藏經補編》第 14 冊，臺北：華宇出版社，1986 年。

55. （明）釋正勉、釋性通輯：《古今禪藻集》，《景印文淵閣四庫全書》第 1416 冊，臺北：臺灣商務印書館，1986 年。

56. （清）西懷了惪、興宗祖旺、景林心露等撰，簡凱廷點校，廖肇亨校訂：《明清華嚴傳承史料兩種——〈賢首宗乘〉與〈賢首傳燈錄〉》，臺北：中央研究院中國文哲研究所，2017 年 2 月。

57. （清）錢謙益撰，（清）錢曾箋注，錢仲聯標校：《牧齋有學集》，上海：上海古籍出版社，2010 年 9 月 3 次印刷。

58. （清）郭慶藩輯：《莊子集釋》，臺北：華正書局，2004 年 7 月。

59. （清）張廷玉：《新校本明史并附編六種》，台北：鼎文書局，1982 年。

60. 楊文會：《楊仁山居士遺著》，臺北：河洛圖書出版社，1973 年 12 月。

61. 李滌生：《荀子集釋》，臺北：臺灣學生書局，1981 年 10 月修訂再版。

二、近人研究（先依姓名筆畫先後排序，再依出版時間排序）

（一）專書

1. 于凌波：《唯識三論今詮》，臺北：東大圖書有限公司，1994 年。

2. 方勇：《莊子學史》，北京：人民出版社，2008 年 10 月。

3. 王玲月：《憨山大師的生死觀》，臺北：文津出版社，2005 年 11 月。

4. 王煜：《明清思想家論集》，臺北：聯經出版公司，1992 年 4 月第 3 次印行。

5. 王邦雄：《中國哲學論集（增訂三版）》，臺北：臺灣學生書局，2004 年增訂 3 版。

6. 王紅蕾：《憨山德清與晚明士林》，北京：中國社會科學出版社，2010 年 3 月。

7. 牟宗三：《才性與玄理》，臺北：臺灣學生書局，2002 年 8 月修訂版 9 刷。

8. 牟宗三：《中國哲學十九講》，臺北：臺灣學生書局，2002 年 8 月 9 刷。

9. 江淑君：《宋代老子學詮解的義理向度》，臺北：臺灣學生書局，2010 年 3 月。

10. 江燦騰：《晚明佛教叢林改革與佛學諍辯之研究——以憨山德清的改革生涯爲中心》，臺北：新文豐出版公司，1990 年 12 月。

11. 江燦騰：《曹溪之願》，臺北：新文豐出版公司，2005 年。

12. 江燦騰：《晚明佛教改革史》，桂林：廣西師範大學出版社，2006 年 9 月。

13. 李延倉：《道體的失落與重建——從《莊子》、郭《注》到成《疏》》，北京：中國人民大學出版社，2013 年 5 月。

14. 李懿純：《憨山德清註《莊》之研究》，《中國學術思想研究輯刊》第 2 編第 27 冊，新北市：花木蘭文化出版社，2008 年。

15. 周雅清：《成玄英思想研究》，臺北：新文豐出版公司，2003 年 9 月。

16. 施錫美：《焦竑《莊子翼》研究》，潘美月、杜潔群編：《古典研究輯刊》第 3 編第 19 冊，新北市：花木蘭文化出版社，2006 年 9 月。

17. 徐聖心：《青天無處不同霞：明末清初三教會通管窺》，臺北：國立臺灣大學出版中心，2010 年 10 月再刷。

18. 馬曉樂：《魏晉南北朝莊學史論》，北京：中華書局，2012 年 12 月。

19. 夏清瑕：《憨山大師佛學思想研究》，上海：學林出版社，2007 年 8 月。

20. 唐君毅：《中國哲學原論·原道篇卷一》，香港：新亞書院研究所，1973 年 5 月。

21. 崔大華：《莊學研究——中國哲學一個觀念淵源的歷史考察》，北京：人民出版社，1997 年 5 月初版 3 刷。

22. 崔森：《憨山思想研究》，《中國佛教學術論典》第 3 輯第 29 冊，高雄：佛光山文教基金會，2002 年 4 月。

23. 陳玉女：《明代佛門內外僧俗交涉的場域》，新北市：稻鄉出版社，2011 年 6 月。

24. 陳永革：《晚明佛學的復興與困境》，高雄：佛光山文教基金會出版，2001 年。

25. 陳永革：《晚明佛教思想研究》，北京：宗教文化出版社，2007 年 5 月。

26. 陳永革：《陽明學派與晚明佛教》，北京：中國人民大學出版社，2009 年

11 月。

27. 陳松柏：《憨山自性禪思想之理論基礎與核心論題》，《中國學術思想研究輯刊》第 14 編第 33 冊，新北市：花木蘭文化出版社，2012 年。

28. 勞思光：《新編中國哲學史（三上）》，臺北：三民書局，1987 年 2 月 3 版。

29. 楊儒賓：《儒門內的莊子》，台北：聯經出版社，2016 年 2 月。

30. 葛兆光：《中國思想史》，上海：復旦大學出版社，2001 年。

31. 熊鐵基、劉固盛、劉韶軍：《中國莊學史》，長沙：湖南人民出版社，2003 年 10 月。

32. 熊鐵基主編，劉韶軍、錢奕華、湯君合撰：《中國莊學史》，福州：福建人民出版社，2009 年 12 月。

33. 蔣義斌：《宋代儒釋調和論及排佛論之演進——王安石之融通儒釋及程朱學派之排佛反王》，臺北：臺灣商務印書館，1988 年 8 月。

34. 蔡金昌：《憨山大師的三教會通思想》，臺北：文津出版社，2006 年 6 月。

35. 劉海濱：《焦竑與晚明會通思潮》，上海：華東師範大學出版社，2010 年 1 月。

36. 錢穆：《莊子纂箋》，臺北：東大圖書公司，1989 年 4 月重印三版。

37. 顏崑陽：《李商隱詩箋釋方法論——中國古典詮釋學例說》，臺北：里仁書局，2005 年 11 月修訂 1 版。

38. 顏崑陽：《反思批判與轉向——中國古典文學研究之路》，臺北：允晨文化公司，2016 年 4 月。

39. 羅琤：《金陵刻經處研究》，上海：上海社會科學院出版社，2010 年 7 月。

40. 釋見曄：《明末佛教發展之研究——以晚明四大師為中心》，臺北：法鼓文化出版公司，2007 年。

41. 釋聖嚴著，關世謙譯：《明末中國佛教之研究》，臺北：臺灣學生書局，1988 年 11 月。

42. 龔鵬程：《晚明思潮》，臺灣：佛光人文社會學院編譯出版中心，1994 年 11 月。

43. （日）荒木見悟：《陽明學の開展と仏教》，東京：研文社，1984 年。

44. （日）荒木見悟撰，廖肇亨譯：《明末清初的思想與佛教》，臺北：聯經出版事業公司，2006 年 9 月。

45. （日）荒木見悟：《雲棲袾宏の研究》，東京：大藏出版株式會社，1985 年。

46. （日）荒木見悟撰，周賢博譯：《近世中國佛教的曙光：雲棲袾宏之研究》，臺北：慧明文化公司，2001 年 12 月。

47.（奧）舒茲（Alfred Schutz）撰，盧嵐蘭譯：《社會世界的現象學》，臺灣：桂冠圖書公司，1997 年 11 月初版 3 刷。

（二）學位論文

1. 王閬：《釋德清《老子道德經解》研究》，武漢：華中師範大學歷史文化碩士論文，2012 年。

2. 白憲娟：《明代《莊子》接受研究》，濟南：山東大學博士論文，2009 年。

3. 朱繼臣：《憨山德清以「宗」解「教」的思想》，蘇州：蘇州大學中國哲學研究所碩士論文，2008 年。

4. 吳孟謙：《融貫與批判：晚明三教論者管東溟的思想及其時代》，臺北：臺灣大學中國文學系博士論文，2014 年。

5. 李雅嵐：《《莊子》「內聖外王」說疑義商榷》，新北市：淡江大學中國文學研究所碩士論文，2009 年。

6. 李懿純：《晚明注《莊》思想研究——以沈一貫、釋德清、釋性通為核心》，新北市：天主教輔仁大學中國文學研究所博士論文，2013 年 1 月。

7. 沈明謙：《王雱《南華真經新傳》思想體系詮構》，臺北：臺灣師範大學國文研究所碩士論文，2008 年。

8. 周祥鈺：《憨山大師禪修思想研究》，成都：四川大學宗教學研究所碩士論文，2005 年。

9. 郭建云：《憨山德清《莊子內篇註》之研究》，蘇州：蘇州大學中國哲學研究所碩士論文，2011 年 4 月。

10. 曾瓊瑤《憨山治妄工夫之研究》，臺北：臺灣師範大學國文研究所博士論文，2009 年 1 月。

11. 馮劉飛：《憨山德清三教關係思想研究》，合肥：安徽大學碩士論文，2013 年 4 月。

12. 張玲芳：《釋德清以佛解老莊思想之研究》，臺中：中興大學中國文學研究所碩士論文，1999 年 6 月。

13. 許中頤：《釋憨山《觀老莊影響論》的義理研究》，新北市：華梵大學東方人文思想研究所碩士論文，2001 年 6 月。

14. 趙春蘭：《從憨山德清思想探討其夢遊詩——以〈山居詩〉為重心》，新北市：華梵大學東方人文思想研究所碩士論文，1998 年 6 月。

15. 顏樞：《《莊子》養生論體系之重構》，臺灣：東華大學中國語文學系碩士論文，2015 年。

16. 釋念如：《憨山大師對《妙法蓮華經》佛性思想之詮釋——以《法華經通義》為研究依據》，臺灣：南華大學宗教研究所碩士論文，2010 年。

17. 釋會雲：《釋德清三教會通思想之研究——以《莊子內篇註》為中心》，

臺灣：南華大學宗教學研究所碩士論文，2008 年 12 月。

18. Sung-peng Hsu: *A Buddhist Leader in Ming China: The Life and Thought of Hab-Shan Te-Ch'ing*. University Park: Pennsylvania State University Press, 1979.

（三）期刊論文

1. 王双林：〈憨山大師的判教思想論略〉，《河北師範大學學報（哲學社會科學版）》第 37 卷第 2 期，2014 年 3 月，頁 116～121。

2. 王双林：〈明末三教融合思潮之原因再剖析〉，《理論界》2014 年第 2 期（總第 486 期），頁 107～110。

3. 王双林：〈憨山德清「道」與「心」概念的統一〉，《理論界》2014 年第 4 期（總第 488 期），頁 102～105。

4. 王紅蕾：〈憨山德清注《莊》動機與年代考〉，《北方論叢》2007 年第 2 期（總第 202 期），2007 年，頁 32～35。

5. 王紅蕾：〈緣起與本根：佛教與道教宇宙觀的衝突與調和——憨山德清《莊子內篇注・齊物論》研究〉，《哲學研究》2007 年第 4 期，2007 年，頁 29～32。

6. 李大華：〈論憨山德清的莊子學〉，《學術研究》2014 年第 4 期，頁 13～18。

7. 李霞：〈憨山德清的三教融合論〉，《安徽史學》2001 年第 1 期，頁 16～19。

8. 李曦：〈釋德清《莊子內篇注》研究〉，《五台山研究》1994 年第 3 期，1994 年，頁 16～28。

9. 李懿純：〈憨山德清「唯心識觀」試析——以〈觀老莊影響論〉，《問學集》第 12 期，2003 年 6 月，頁 138～157。

10. 李懿純：〈晚明佛門解《莊》的發展脈絡——以釋德清到釋性通之師承考辨為例〉，《書目季刊》第 47 卷第 1 期，2013 年 6 月，頁 57～77。

11. 何松：〈明代佛教諸宗歸淨思潮〉，《宗教學研究》2002 年第 1 期，2002 年，頁 52～55。

12. 沈明謙：〈釋德清《老子道德經解》與《莊子內篇註》互文詮釋方法析論〉，《中國學術年刊》第 37 期，頁 51～78。

13. 邱敏捷：〈憨山《莊子內篇注》之特色〉，《中國文化月刊》第 258 期，2001 年 9 月，頁 69～95。

14. 林文彬：〈釋德清《觀老莊影響論》初探〉，《文史學報》第 31 期，2001 年 6 月，頁 15～33。

15. 林順夫：〈推門落臼：試論憨山大師的《莊子內篇注》〉，《清華學報》第

34 第 2 期，2004 年 12 月，頁 299～326。

16. 林維杰：〈知人論世與以意逆志——朱熹對《孟子·萬章》篇兩項原則的詮釋學解釋〉，《中國文哲研究集刊》第 32 期，2008 年 3 月，頁 109～130。

17. 洪燕妮：〈德清與智旭對《中庸》的詮釋〉，《世界宗教研究》2012 年第 4 期，頁 158～163。

18. 高齡芬：〈憨山大師《老子解》之道論研究〉，《興大中文學報》第 27 期，2010 年 6 月，頁 191～205。

19. 徐聖心：〈「莊子尊孔論」系譜綜述——莊學史上的另類理解與閱讀〉，《臺大中文學報》第 17 期，2002 年 12 月，頁 5～45。

20. 夏清瑕〈從憨山和王陽明的《大學》解看晚明儒佛交融的內在深度〉，《河南師範大學學報（哲學社會科學版）》第 28 卷第 6 期，2001 年，頁 10～14。

21. 夏清瑕：〈憨山德清的三教一源論〉，《佛學研究》2002 年（2002 年），頁 183～190。

22. 曾瓊瑤：〈憨山德清「解脫」書寫中的禪觀與意境——以《夢遊集》為中心〉，《成大中文學報》第 43 期，2013 年 12 月，頁 127～164。

23. 張學智：〈憨山德清的以佛解老莊〉，《道家文化研究》第 8 輯，臺北：文史哲出版社，2000 年 8 月校訂一版，頁 339～350。

24. 張洪興：〈論明代中後期莊子學的勃興及其表現特徵〉，《蘭州學刊》2012 年第 1 期，頁 169～172。

25. 黃紅兵：〈釋德清和釋性通二人的莊學思想及其比較〉，《樂山師範學院學報》第 25 卷第 3 期，2010 年 3 月，頁 116～128。

26. 黃國清：〈明末憨山德清的《法華經》思想詮釋〉，《正觀》第 59 期，2011 年 12 月），頁 5～52。

27. 陳堅：〈晚明「四大高僧」禪教關係論比較〉，《五臺山研究》1998 年第 4 期，頁 3～5。

28. 陳永革：〈知、善之詮釋——以王陽明與釋德清之解《大學》為中心〉，洪漢鼎編：《中國詮釋學》第 2 輯，濟南：山東人民出版社，2004 年，頁 247～259。

29. 陳松柏：〈憨山老學之思考方式與世間特質〉，《南開學報》第 7 期上卷，2002 年 6 月，頁 45～61。

30. 陳松柏：〈憨山老學中「道」之多義性指涉與終極關懷〉，《南開學報》1 卷 1 期 2003 年 9 月，頁 135～148。

31. 陳松柏：〈憨山《道德經解》中「道」之詮釋特質與價值定位〉，《南開學報》2 卷 2 期，2004 年 9 月，頁 223～238。

32. 陳松柏：〈《老子道德經憨山注》「以禪解老」之詮釋模式與通識教育啓

示〉，《正修通識教育學報》第 9 期，2012 年 6 月，頁 149～178。

33. 陳松柏：〈德清楞嚴思想之「此在」解讀與通識智慧〉，《南開學報》第 10 卷第 2 期，2013 年，頁 13～27。

34. 許志信：〈憨山德清《憨山老人夢遊集》之「眞心」與「圓融」思想研究〉，《圓光佛學學報》第 13 期，2008 年 6 月，頁 111～168。

35. 廖肇亨：〈慧業通來不礙塵——從蒼雪讀徹《南來堂詩集》看晚明清初賢首宗南方系發展歷程〉，《中國文哲研究集刊》第 46 期，2015 年 3 月，頁 1～29。

36. 潘桂明：〈晚明「四大高僧」的佛學思想〉，《五臺山研究》1994 年第 4 期，頁 17～23。

37. 蔡振豐：〈憨山德清的禪悟經驗與他對老莊思想的理解〉，《法鼓人文學報》第 3 期，2006 年 12 月，頁 211～234。

38. 鄧克銘：〈憨山德清論莊子的道、眞宰與成心〉，《鵝湖學誌》第 50 期，2013 年 6 月，頁 39～69。

39. 雒少峰：〈四十卷《憨山老人夢遊全集》編纂敘説〉，《學灯》第 28 期，電子全文出處：http://www.confucius2000.com/admin/list.asp?id=5775。

40. 劉怡君：〈釋德清《老子》學義理內蘊探析——兼論「以佛解《老》」的詮釋向度〉，《淡江大學中文學報》第 17 期，2007 年 12 月，頁 265～294。

41. 劉海濤：〈憨山德清注《莊》時間相關問題再論——兼與王紅蕾博士商榷〉，《重慶師範大學學報（哲學社會科學版）》2008 年第 4 期，2008 年，頁 23～26。

42. 劉海濤、謝謙：〈明代《莊子》接受論〉，《西南民族大學學報（人文社科版）》2009 年 11 期，頁 183～187。

43. 鄭燦山：〈唐道士成玄英的重玄思想與道佛融通——以其老子疏爲討論核心〉，《台北大學中文學報》創刊號，2006 年 7 月，頁 151～178。

44. 韓煥忠：〈高僧能解南華意——憨山德清的《莊子內篇注》〉，《五臺山研究》，總第 103 期，2010 年 2 月，頁 26～31。

45. 簡光明：〈當代學者以「寄言出意」爲郭象注《莊》方法的檢討〉，方勇主編：《諸子學刊》第 6 輯，上海：上海古籍出版社，2012 年 3 月，頁 159～186。

46. 顏崑陽：〈論唐代「集體意識詩用」的社會文化行爲現象——建構「中國詩用學」初論〉，《東華人文學報》第 1 期，1999 年 7 月，頁 43～68。

47. 顏崑陽：〈中國古代原生性「源流文學史觀」詮釋模型之重構初論〉，《政大中文學報》第 15 期，2011 年 6 月，頁 231～272。

48. 顏崑陽：〈混融、交涉、衍變到別用、分流、佈體——「抒情文學史」的反思與「完境文學史」的構想〉，《清華中文學報》第 3 期，2009 年 12

月，頁 113～154。

49. 顏崑陽：〈論「文體」與「文類」的涵義及其關係〉，《清華中文學報》第 1 期，2007 年 9 月），頁 6～13。

50. 蘇曉旭：〈《南華發覆》與《莊子內篇注》釋義比較及成書年代考〉，《周口師範學院學報》第 27 卷第 3 期，2010 年 5 月，頁 26～29。

三、工具書

1. （清）永瑢、紀昀編修：《欽定四庫全書總目》，臺北：臺灣商務印書館，1983 年。

2. （清）丁丙：《善本書室藏書志》，臺北：廣文書局，1988 年。

3. （清）黃虞稷：《千頃堂書目》，臺北：廣文書局，1967 年。

4. 潘重規：《中國善本書目提要》，臺北：明文書局，1984 年 12 月。

5. 嚴靈峯：《老列莊三子知見書目》，臺北：中華叢書編審委員會，1965 年 10 月。

6. 佛光大藏經編修委員會：《佛光大辭典》，高雄：佛光出版社，1989 年 6 月 5 版。

7. （英）戴維‧賈里（David Jary）、朱利婭‧賈里（Julia Jary）撰，周業謙、周光淦譯：《社會學辭典》，臺北：城邦文化事業股份有限公司，2002 年 5 月初版 5 刷。